西北大学政治传播研究所主办

公共治理与政治传播

Public Governance and Political Communication

第1辑

华炳啸◇主编

社会科学文献出版社
SOCIAL SCIENCES ACADEMIC PRESS (CHINA)

由西北大学"211"经费资助出版

编辑委员会

目 录

CONTENTS

公共治理与政治传播

政治传播的理论建构

中国语境中的政治传播

国际视野中的政治传播

舆论监督与政治传播

新媒体与政治传播

会议综述

书 评

公共治理与政治传播

推进国家治理体系和治理能力现代化

俞可平[*]

内容摘要 "国家治理"的本质是善治。推动我国国家治理体系和治理能力的现代化已经成为当代中国特色社会主义现代化建设和政治发展的必然要求。它不但是中国改革开放 35 年来的成功经验总结,也是对我国在新的发展阶段所面临的各种严峻挑战的主动回应。包括进一步解放思想、加强顶层设计、总结地方治理经验并制度化、结合国情并借鉴西方治理经验、破除不合理体制、消除官本位观念在内的六大国家治理改革的必要举措,是对十八届三中全会《决定》指导思想的深入理解和概括总结。

关键词 国家治理 政治体制 改革 举措

党的十八届三中全会提出:"全面深化改革的总目标是完善和发展中国特色社会主义制度,推进国家治理体系和治理能力现代化。"将推进国家治理体系和治理能力现代化作为全面深化改革的总目标,对于中国的政治发展,乃至整个中国的社会主义现代化事业来说,具有重大而深远的理论意义和现实意义。

一 内涵本质

强调"国家治理"而非"国家统治",强调"社会治理"而非"社会管理",不是简单的词语变化,而是思想观念的变化。"国家治理体系和治理能力现代化",是一种全新的政治理念,表明我们党对社会政治发展规律有了新的认识,是马克思主义国家理论的重要创新,也是中国共产党从革命党转向执政党的重要理论标志。从实践上说,治理改革是政治改革的重要内容,国家治理体系的现代化也是政治现代化的重要内容。推进国家治理体系和治理能力现代化,势必要求对国家的行政制度、决策制度、司法制度、预算制度、监督制度等进行突破性的改革。

---

* 俞可平,中共中央编译局副局长、教授。本文原载《前线》2014 年第 1 期。

从理论上说，治理的概念不同于统治的概念，从统治走向治理，是人类政治发展的普遍趋势。"多一些治理，少一些统治"是 21 世纪世界主要国家政治变革的重要特征。从政治学理论看，统治与治理主要有五个方面的区别。其一，权力主体不同，统治的主体是单一的，就是政府或其他国家公共权力，治理的主体则是多元的，除了政府外，还包括企业组织、社会组织和居民自治组织等。其二，权力的性质不同，统治是强制性的，治理可以是强制的，但更多是协商的。其三，权力的来源不同，统治的来源就是强制性的国家法律，治理的来源除了法律外，还包括各种非国家强制的契约。其四，权力运行的向度不同，统治的权力运行是自上而下的，治理的权力运行可以是自上而下的，但更多是平行的。其五，两者作用所及的范围不同，统治所及的范围以政府权力所及领域为边界，而治理所及的范围则以公共领域为边界，后者比前者要宽广得多。

在社会政治生活中，治理是一种偏重于工具性的政治行为。无论在哪一种社会政治体制下，无论哪个阶级行使统治，谁上台执政，都希望有更高的行政效率，更低的行政成本，更好的公共服务，更多的公民支持。换言之，都希望自己执政的国家有良好的治理。治理改革是政治改革的重要内容，治理体制也是政治体制的重要内容。但是，归根到底，治理是实现一定社会政治目标的手段，相对于国家的统治体制而言，治理体制更多体现工具理性。

国家治理体系就是规范社会权力运行和维护公共秩序的一系列制度和程序。它包括规范行政行为、市场行为和社会行为的一系列制度和程序，政府治理、市场治理和社会治理是现代国家治理体系中三个最重要的次级体系。更进一步说，国家治理体系是一个制度体系，分别包括国家的行政体制、经济体制和社会体制。有效的国家治理涉及三个基本问题：谁治理、如何治理、治理得怎样。这三个问题实际上也就是国家治理体系的三大要素，即治理主体、治理机制和治理效果。现代国家治理体系是一个有机、协调、动态和整体的制度运行系统。

国家治理的理想状态，就是善治。善治不同于传统的政治理想"善政"或"仁政"，善政是对政府治理的要求，即要求一个好的政府。善治则是对整个社会的要求，不仅要有好的政府治理，还要有好的社会治理。简单地说，善治就是公共利益最大化的治理过程，其本质特征就是国家与社会处于最佳状态，是政府与公民对社会政治事务的协同治理。作为政府与公民对社会公共事务的合作管理，善治需要政府与公民的共同努力，而且随着社会的发展和政治的进步，公民在公共事务管理中的作用将变得日益重要。然而，在所有权力主体中，任何其他权力主体均不足以与政府相提并论。

政府对人类实现善治仍然有着决定性的作用。善政是通向善治的关键；欲达到善治，首先必须实现善政。

要实现善治的理想目标，就必须建立与社会经济发展、政治发展和文化发展要求相适应的现代治理体制，实现国家治理体系的现代化。国家治理体系的现代化是社会政治经济现代化的必然要求，它本身也是政治现代化的重要表征。衡量一个国家的治理体系是否现代化，至少有以下五个标准。其一是公共权力运行的制度化和规范化，它要求政府治理、企业治理和社会治理有完善的制度安排和规范的公共秩序；其二是民主化，即公共治理和制度安排都必须保障主权在民或人民当家做主，所有公共政策要从根本上体现人民的意志和人民的主体地位；其三是法治，即宪法和法律成为公共治理的最高权威，在法律面前人人平等，不允许任何组织和个人有超越法律的权力；其四是效率，即国家治理体系应当有效维护社会稳定和社会秩序，有利于提高行政效率和经济效益；其五是协调，现代国家治理体系是一个有机的制度系统，从中央到地方各个层级，从政府治理到社会治理，各种制度安排作为一个统一的整体相互协调，密不可分。其中，民主是现代国家治理体系的本质特征，是区别于传统国家治理体系的根本所在。所以，政治学家通常也将现代国家治理称为民主治理。

十八届三中全会所说的"国家治理体系和治理能力"，其实指的是一个国家的制度体系和制度执行能力。国家治理体系和治理能力是一个有机整体，推进国家治理体系的现代化与增强国家的治理能力，是同一政治过程中相辅相成的两个方面。有了良好的国家治理体系，才能提高国家的治理能力；反之，只有提高国家治理能力，才能充分发挥国家治理体系的效能。不过，影响国家治理能力除了制度因素外，还有一个极其重要的因素，即治理主体的素质，既包括官员的素质，也包括普通公民的素质。仅以官员的素质来看，纵使有最完备的国家治理体系，如果官员素质低劣，国家的治理能力必定不强，社会也不可能有理想的善治。提高官员的素质，要对官员进行教育和培训，但更重要的是要有一套民主的选拔机制，将优秀的公民遴选出来，授予他们权力，并且以制度对官员的权力进行制约。

二 必然要求

推进国家治理体系和治理能力的现代化，是中国特色社会主义现代化建设和政治发展的必然要求。一方面，它是对改革开放35年来我国现代化建设成功经验的理论总结，另一方面也是对我国在新的发展阶段所面临的各种严峻挑战的主动回应。

改革开放 35 年来，我国社会发生了翻天覆地的变迁，现代化建设取得了举世瞩目的巨大成就，创造了世界经济发展史的奇迹。之所以能够取得如此的成就，一个基本的原因就是，我们不仅对经济体制改革进行了深刻变革，也对政治体制进行了重大变革。我国的改革开放过程，是一个包括经济生活、政治生活和文化生活在内的整体性社会变迁过程。但是，中国的政治改革不是许多西方学者理解的那种政治体制改革，这种改革不涉及基本政治框架的变动。如果按照多党竞争、全民普选、三权分立的标准来看，改革开放 30 多年来，中国政治确实没有什么变化。然而，如果从国家治理的角度看，那么就会发现中国的政治生活在过去 35 年中也发生了重大的变革。例如，在依法治国、公民参与、民主决策、社会治理、公共服务、政府问责、政治透明、行政效率、政府审批、地方分权和社会组织发展等方面，我们都可以看到巨大的变化。中国经济发展和社会转型的成功，或者说，中国能够在社会基本稳定的前提下保持经济的长期发展，首先得益于中国治理改革的成功。

经过 35 年的改革开放，中国特色的社会主义现代化进入到了一个新的发展阶段。社会中不同的利益群体已经形成，各种利益冲突日益明显。这就意味着我们在国家治理体制和能力方面，正面临着诸多新的严峻挑战。仅以政府治理和社会治理为例，我们就可以发现存在着许多亟待解决的突出问题，包括选举、协商、决策、监督等基本民主治理制度还不健全，公共权力还没有得到有效的制约，公民参与的渠道还不畅通，公共利益部门化现象相当严重，官员的腐败和特权屡见不鲜，政府的公共服务还相当不足，动态稳定的机制尚未完全确立，政治透明程度相对较低，行政成本高而效率低下，社会组织发育不健全，社会自治的程度相当低，主要公共权力机关之间的关系还不够协调，等等。

十八届三中全会强调要推进国家治理体系和治理能力的现代化，说明我们现存的治理体系和治理能力还相对落后，跟不上社会现代化的步伐，不能满足人民日益增长的政治经济社会文化生态需求。如果不采取突破性的改革举措解决国家治理中存在的紧迫问题，那么我们目前的局部性治理危机有可能转变为全面的统治危机和执政危机。化解治理危机的根本途径，就是以巨大的政治勇气，推进国家治理体系和治理能力的现代化。

三　必要举措

如何推进国家治理体系和治理能力现代化？十八届三中全会《中共中央关于全面深化改革若干重大问题的决定》（以下简称《决定》）就是总的

指导思想、全面改革的路线图和重大的战略部署。笔者在这里特别想强调以下六点必要举措。

第一，进一步解放思想，努力冲破不合时宜的旧观念的束缚。解放思想，是一个民族保持其理论思维的先进性和激发其精神活力的生生不息的源泉，只有解放思想，才可能冲破传统和教条的束缚，提出新的观点和见解。治理体制的改革属于政治改革的范畴，比起其他改革更具敏感性，更容易使人们畏首畏尾，解放思想尤其重要。"实践发展永无止境，解放思想永无止境，改革开放永无止境"。《决定》所说的"永无止境"不仅指时间的维度，也包括空间的维度。从时间上说，解放思想和改革开放是一个无限的过程；从空间上说，解放思想和改革开放涉及各个领域，包括政治领域，特别是治理领域。判断一种新的思想、观念、制度和政策，首先应当看它是否有利于国家的富强民主、人民的自由幸福、社会的公平正义，看它是否有利于建设一个富强、民主、文明、和谐的现代化强国。只要有利于"促进公平正义、增进人民福祉"的新观念和新实践，都值得重视和探索。反之，凡是束缚社会政治进步的体制机制都应当破除。

第二，加强顶层设计，从战略上谋划国家治理体系的现代化。正如《决定》指出的，我们既要摸着石头过河，在实践中探索；又要加强顶层设计，加强宏观指导。国家的治理体系是一个制度系统，包括政治、经济、社会、文化、生态等各个领域，必须从总体上考虑和规划各个领域的改革方案，从中央宏观层面加强对治理体制改革的领导和指导。碎片化、短期行为、政出多门以及部门主义和地方主义，是我国现行治理体制和公共政策的致命弱点，它们严重削弱了国家的治理能力。鉴于这样一种现实情况，顶层的制度设计和宏观指导，对国家治理体系现代化建设尤其重要。应当加强对国家治理体系现代化的战略研究，按照《决定》的总体目标，分阶段制定国家治理体制改革的路线图和任务表。一方面，要站在国家和民族根本利益的高度，超越部门和地区利益，进行全局性的统筹规划，挣脱既得利益的束缚。另一方面，既不能头痛医头脚痛医脚，也不能草率从事，应当广泛讨论，从长计议，避免短期行为。

第三，总结地方治理改革创新经验，及时将优秀的地方治理创新做法上升为国家制度。改革开放35年来，我们在政府治理和社会治理方面做了大量可贵的探索，积累了许多宝贵的经验。然而，许多好的治理改革因为没有上升为国家制度而被中止，或者仅在小范围内实施。应当系统地总结各级政府的治理改革经验，及时将成熟的改革创新政策上升为法规制度，从制度上解决政府治理和社会治理改革创新的动力问题。从根本上说，国家治理体制改革创新的动力源自经济发展、政治进步、人民需要和全球化冲击，但其直接动力则是压力、激励和制度，其中制度是长久性的动力所在。政府治理和社会治理的改革创新，无论其效果多好，多么受到群众的拥护，如果最终不用制度的形式得以固定和推广，那么，这种创新最后都难以为继，难免"人走政息"，成为短期行为。

第四，结合我国的具体国情，学习借鉴国外政府治理和社会治理的好经验。政府治理和社会治理的改革创新，是一种世界性的趋势，各国在这方面既有许多成功的经验，也有不少深刻的教训，我们应当借鉴、汲取。我们从来主张要学习人类文明的一切优秀成果，当然包括政治文明的优秀成果。改革开放以来，我们在建立现代国家治理体系方面的许多进步和成就，其实也得益于向外国的先进经验学习。例如，政策制定过程中的"听证制度"、公共服务中的"一站式服务"、责任政府建设的"政府问责"制度、司法实践中的"律师制度"、政务公开中的"新闻发言人"制度、社会治理中的"参与式治理"等，都是直接或间接地从西方发达国家引入的。我们应当具有当年邓小平同志引入市场经济那样的胸怀和胆识，站在国家富强、人民幸福和民族复兴的高度，以解放和发展社会生产力、解放和发展社会活力为目标，认清世界发展潮流，立足中国国情，大胆借鉴人类政治文明的一切优秀成果。

第五，坚决破除阻碍社会进步的体制机制，建立和完善与中国特色社会主义现代化要求相适应的现代国家治理体制。国家治理体系的现代化，最重要的还是体制机制的现代化和人的现代化。影响国家的治理水平和效益有两个基本因素，即治理者的素质和治理的制度，这两者都不可或缺。但比较而言，制度更具有根本性，因为制度可以改造人的素质，可以制约治理者的滥权和失职。因此，国家治理体系现代化的关键在于制度的改革和创新，即制度的破与立。一方面，要像《决定》所说的那样，"以促进公平正义、增进人民福祉为出发点和落脚点"，"坚决破除各方面体制机制弊端"。现存的不少治理体制机制不尽合理，有些违背了政治学的公理，有些则严重损害了国家和公民的利益。例如，至今仍有一些机构只有权力而几乎不承担责任，政出多门、职责不清、职能错位等现象大量存在。另一方面，要根据社会发展和人民群众的新要求，健全和完善政府治理和社会治理制度。例如，人民代表大会和政治协商制度，是我国根本的和基本的政治制度。然而，这两者都远远没有发挥其应有的作用，主要原因在于许多重要的制度机制或者仍然缺失，或者极不完善。宪法规定的许多公民权益，并没有得到很好的落实，重要的原因也在于相关执行制度的缺失。

第六，破除官本位观念，消除官本主义流毒。就目前我国的实际情况而言，官本位观念和官本位现象是影响治理者素质的重要因素。官本主义是长期支配我国传统社会的政治文化和政治体制，其实质是官员的权力本位，它与建立在公民权利本位之上的现代政治文明和现代国家治理是格格不入的，与社会主义政治文明是背道而驰的。改革开放35年来，我国的民主法治取得了重大进步，民主、自由、平等、公正等社会主义核心价值观日益深入人心。但不可否认，"有权就有一切"的官本主义流毒在现实中还大量存在，在一些领域和地方，官本位现象甚至有愈演愈烈的趋势。十八届三中全会《决定》正式把"破除官本位观念"列为改革的重要任务，可谓切中要害。一方面，我们要对广大公民特别是各级党政官员进行民主、自由、平等、公正、法治、和谐等社会主义核心价值观的教育，破除权力崇拜，牢固树立公民权利至上的观念；另一方面，要依靠制度来遏制官本位现象，维护公民的合法权益。在将官员的权力关进制度笼子的同时，用制度来构筑保障公民权利的长城。

《决定》指出，"到二〇二〇年，在重要领域和关键环节改革上取得决定性成果"，"形成系统完备、科学规范、运行有效的制度体系"。换言之，要在2020年初步实现国家治理体系的现代化。在七年内要完成这一任务，其艰巨性可想而知。实现这项艰巨的战略任务，不仅需要坚定的决心、坚强的领导和果断的措施，同样也需要宽广的胸怀、高度的智慧和正确的道路。国家治理体系的现代化必须超越任何组织和群体的局部利益，而以中华民族和全体人民的整体利益和长远利益为着眼点；不仅要集中全党的智慧，而且要集中全国人民的智慧；不仅要有政治精英的参与，也要有普通民众的参与；不仅要依靠党组织强大的政治动员能力，更要严格遵循民主执政、依法执政和科学执政的基本方略。

总而言之，只有沿着社会主义民主法治的道路，才能真正实现国家治理体系的现代化；反过来，国家治理体系的现代化进程，不仅在很大程度上反映着社会现代化的进程，也在很大程度上反映着中国民主法治的进程。

责任编辑　李莉

理解国家治理及其现代化

何增科*

内容摘要 本文根据中共中央十八届三中全会《决定》的内容，介绍了国家治理及其现代化的基本含义；对推进国家治理现代化的主要原因以及重点任务进行了系统阐述。

关键词 国家治理 治理能力 现代化

十八届三中全会全面深化改革的《决定》指出："全面深化改革的总目标是完善和发展中国特色社会主义制度，推进国家治理体系和治理能力现代化。"[①] 那么，什么是国家治理及其现代化？为什么要推进国家治理现代化？又该如何推进国家治理体系和治理能力现代化呢？

一 什么是国家治理及其现代化？

国家治理的概念是在扬弃国家统治与国家管理两个概念基础上提出的一个新概念。

国家统治是国家政权依靠国家暴力运用强制压制控制等专政的方式来维护公共秩序。国家统治又被称为政治统治，它建立在阶级分裂、阶级斗争的基础上，本质上是一种阶级统治，体现的是国家的阶级性。革命阶级要想取得政治统治地位，必须揭露旧国家的阶级统治本质并砸碎旧的国家机器。国家管理强调国家的公共性，它是国家政权在处理社会公共事务过程中对各种投入要素的优化组合和高效利用以实现国家利益和国民利益等社会公共利益的最大化。国家管理又被称为公共管理。公共管理的专业性和职业化程度随着社会复杂程度的提高在逐步增加。取得政权的阶级更加重视国家管理。

* 何增科，中共中央编译局世界发展战略研究部主任、研究员、博士后导师，政治学博士，河南灵宝人。本文原载《马克思主义与现实》2014年第1期。

① 《中共中央关于全面深化改革若干重大问题的决定》，人民出版社，2013，第3页。

国家治理的概念是现代国家所特有的一个概念，它是在扬弃国家统治和国家管理概念基础上形成的一个概念，它吸收了治理和善治理论与公司治理理论①的合理内容。国家治理是国家政权的所有者、管理者和利益相关者等多元行动者在一个国家的范围内对社会公共事务的合作管理，其目的是增进公共利益，维护公共秩序。国家治理的概念继承了国家统治和国家管理概念的某些要素，如以维护公共秩序、增进公共利益为目的，以国家对暴力的合法垄断为后盾并将强制性力量的使用作为最后的手段，强调合作管理中专业性和职业化的重要性等。

国家治理的概念又有其独特性。首先，它凸显了国家政权的管理者向国家政权的所有者负责并可以被后者问责这一问题的重要性。其次，它强调国家政权的所有者、管理者和利益相关者等多元行动者、政府、市场、社会等多种治理机制合作管理的重要性。最后，它把增进公共利益同维护公共秩序放在了同等重要的地位，实现这两个目的的能力是国家治理能力最重要的体现。

国家治理水平有高低优劣和有效与失效之分。高水平的、优质的、有效的国家治理，应该是国家的管理者向所有者负责的国家治理，多元行动者协商协议协同基础上的国家治理，政府治理、市场治理、社会治理机制合作互补的国家治理，公共利益得到增进、公共秩序得到维护的国家治理。反之则为劣质的、低水平的甚至是失败的国家治理。

国家治理体系及其运行过程的发达顺畅程度直接影响着国家治理的水平。国家治理体系（State Governnance System，SGS）是一个以目标体系为追求，以制度体系为支撑，以价值体系为基础的结构性功能系统。国家治理体系，见图1。

国家治理体系的目标体系由三大目标组成，即可持续发展、民生与民权的改善和可持续的稳定。国家实现这三大目标的绩效，即实现可持续发展的绩效、改善民生与民权的绩效和实现可持续的稳定的绩效，构成国家治理绩效的主要内容。国家治理能力主要表现为实现这三大目标的能力。国家治理的制度体系，主要由11类机构或个人行动者等治理主体以及塑造它们行为的规则和程序等11根制度支柱组成，它们共同支撑着国家治理目标体系，共同完成着国家治理的目标任务，因此应当均衡发展。国家治理的核心价值体系则构成国家治理体系的基础，核心价值体系在各类机构和

---

① 对治理和善治理论感兴趣的读者可参阅俞可平主编《治理与善治》，社会科学文献出版社，2000。公司治理理论是为解决公司高管可能背叛股东利益谋取自身利益最大化问题而提出的，而公司管理理论对此关注不够。

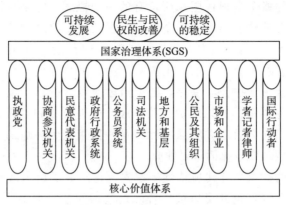

图 1 国家治理体系框架图

个人行动者以及规范其行为的规则和程序体系中内化和普及化的程度，直接影响着这些行动者的行为选择和行为方式，影响着规则和程序的执行力度。现代善治的基本价值构成国家治理的核心价值体系，它们是：合法性、透明、参与、法治、回应、责任、效益、廉洁、公正、和谐。

国家治理过程是国家治理体系不断顺利运转的一个动态的过程，是各类国家治理主体在国家治理过程中有效履行自身功能的过程。可以从主体结构与功能的角度，将国家治理体系运行流程图示如下（见图 2）。

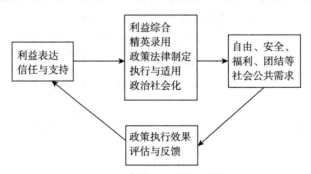

图 2 国家治理体系运行流程图

国家治理过程的流程是国家政权的所有者和利益相关者向国家政权的管理者提出利益诉求并提供必要的支持如投票、服兵役、纳税、守法、参与政治等，执政党和国家官员等管理者在接收上述输入后通过利益综合、精英录用、政策制定与执行、信息沟通、政治社会化等过程转换为公共政策产品，这些公共政策产品包括资源提取、分配与再分配、行为监管、象征性符号输出等类型以满足自由、安全、福利、团结等社会公共需求。政策执行效果在多大程度上满足了社会公共需求达到了政策目标，需要通过相对独立的评估评价反馈给决策当局，影响其下一波的政策调整或政策延续，同时也影响输入端的治理主体的信任与支持及利益诉求的表达。①

现代国家治理体系是一种强有力的、负责任的和受纪律约束的国家治理体系。国家治理体系和治理能力现代化的衡量标准至少有这么四条：第一，国家治理的民主化。人民成为国家政权的所有者（主权在民），能够通过合法的渠道直接地或者通过自己选举的代表参与决策、执行和监督等国家治理的全过程，并拥有追究国家政权管理者责任的制度化手段。第二，国家治理的法治化。无论是国家政权的所有者、管理者还是利益相关者参与国家治理的行为，都应纳入法治化的轨道合法理性地进行；国家公共权力的运行也受到宪法和法律的限制和约束。规则和程序之治代替人治。第三，国家治理的文明化。国家治理中更少的强制，更多的同意；"寓管理于服务之中"，以服务换服从；更多的对话协商沟通合作，更少的独断专行；"更多地激发权能，更少的排斥和歧视"；更少的他治，更多的自治。第四，国家治理的科学化。各类治理主体（上述 11 类机构和个人行动者）拥有更多的自主性，他们履行各自功能的专业化和职业化分工程度不断提高，执政党和政府行政机关协调其他治理主体的能力以及进行战略和政策规划的能力不断提高，型塑各类治理主体互动行为的规则和程序的有效性不断增强。现代国家治理体系建立在政治与行政、政治与法律、政治与经济、咨询参谋与政治决断、国家与社会的相互分离和各类治理主体专业分工的基础上，同时政党、政府、法律、市场、社会等多元化的治理机制也得到充分的发展，各类治理主体之间对话协商沟通合作的互动网络高度发达，决策咨询系统高度发达。

二 为什么要推进国家治理现代化？

改革开放 35 年来，中国的现代化建设进入一个高速发展的"黄金时期"，成就斐然，举世公认。中国已经进入了从现代化的早期阶段向后期阶段迈进的新的历史时期，工业化、城镇化、信息化、市场化、全球化浪潮有力地冲击着现有的国家治理体系并挑战着当下的国家治理能力，社会大转型推动着国家治理的转型和现代化。

首先，现有的党和政府强势主导的发展模式遭遇瓶颈已难持续，现有的强力维稳消极管控的维稳模式遭遇困境难以持续。改革开放之后党和政

① 美国学者阿尔蒙德从比较政治学的角度概括了政治体系的一般功能。有兴趣的读者可参见〔美〕阿尔蒙德等《比较政治学：体系、过程和政策》，曹沛霖等译，上海译文出版社，1987。

府通过政府投资、银行向国有企业注资、发行公债、土地财政、特定产业政策倾斜、行政审批等途径来直接配置资源或操纵资源流向，市场机制在配置资源中的作用难以发挥，私人经济部门在国有经济垄断格局下生存维艰。这种高投入、高消耗、低效益的国家投资拉动型经济增长模式已经难以为继。近年来随着维稳成为头等大事，依靠国家暴力来强力维稳、依靠财政花钱来购买一时的稳定、依靠各级领导大接访来平息群众闹事行为的做法日渐流行。强力维稳带来的是民间仇官情绪的积累和群体性事件的层出不穷，花钱买稳所导致的要求政府赔钱的"刁民"越来越多，信访不信法导致领导接访越多信访越多的恶性循环。维稳成本的迅速攀升，闹事和上访群众越来越多，致使各级领导不堪重负，民间的暴戾之气和暴力行为也愈演愈烈，可持续的稳定似乎也越来越远。实现可持续发展和可持续的稳定迫切要求国家治理转型。

其次，全能全控的集中化的国家管理模式导致经济社会发展的活力递减，改革创新的动力衰减。各类治理主体只有享有自主权和自由活动空间，权益得到保障，才愿意去竞争，愿意去创新，经济社会发展才有活力。但近些年来一些党政部门受扩权争利冲动的驱使，不断扩大自己的管辖范围和管辖权力，将越来越多的资源分配权和行政审批权掌握在自己手中，在寻租获利的同时将事权和责任外推下移，全能全控的集中化的国家管理模式再度复兴。扩权争利动机驱使下党政职能部门编织的管控经济社会之网日益严密，地方、基层、企业、民间组织的自主权和自由活动空间都在压缩，自主创新日益艰难，经济社会发展活力明显减少。

再次，腐败现象居高不下，收入分配差距不断拉大，特权现象再度出现，贫富阶层出现固化现象，社会流动机会减少，各类治理主体都出现了行政化现象，这些都说明国家管理者向国家所有者即人民负责任的民主责任体制的明显缺失。国家管理者受人民的委托担负着公共管理的重任，他们有权汲取社会资源、进行经济社会行为监管、对社会价值进行权威性的分配。如果国家治理结构中缺少民主责任制的制度安排或相关的制度徒具形式处于虚置状态，国家管理者群体就会"近水楼台先得月"成为一个追求自身利益最大化的特权阶层，其中有的成员不满足于已有的特权而公权私用，通过腐败犯罪发财致富，有钱人则会通过官商勾结的非法途径获取不义之财而暴富，收入分配差距由此拉大，地位待遇向官员看齐的行政化冲动会向全社会弥散开来，贫富分化的社会阶层结构就会走向固化，社会流动机会日益减少。这种官本主义体制所映衬的是民主责任制的国家治理结构的缺失。腐败、特权、贫富分化和官本主义的盛行，强化了民众的仇官、仇富心理，削弱了党和政府作为社会公共利益代表形象的公信力，危及党和政府执政的正当性。

最后，经济社会的现代化导致人的现代化，具有现代公民意识的社会群体推动着国家治理制度的现代化。专家学者、媒体记者、律师、工程技术人员、办公室职员等中产阶层是现代化的产儿和载体，他们率先具有现代公民意识，强烈要求参与社会政治生活，并成为活跃的意见领袖或社会政治活动家。农民工已经不同于传统的农民，这部分农民的工人化、市民化的生产生活方式使他们接受了现代工业文明和城市文明的熏陶而具有了强烈的现代意识。随着义务教育的普及和互联网的普及以及中国加入全球化进程，青年人群比起中年人和老年人在政治参与愿望和能力方面都有了很大的提高。经济社会现代化的深入推进导致现代化人群的"政治参与浪潮"和"期望值的革命"。现有的国家治理体制在接纳政治参与方面的制度容量和满足人们对更高水平的社会公共服务的期望的能力方面都受到了严峻的挑战。

国家治理的现代化是政治发展和政治现代化的一个重要组成部分。党和政府主导的现代化模式使得党和政府在现代化过程中处于关键位置，具有特别重要的作用。没有国家治理的转型和现代化，经济社会等方面现代化就难以进一步深入推进；不推进国家治理改革，市场化改革也难以走向深入。国家治理现代化是对工业化、城市化、信息化、市场化、全球化浪潮冲击的一种积极的和主动的回应。若无这种积极和主动的回应，则可能出现全面的、系统的国家治理危机甚至导致国家治理失败，现代化进程将因此而中断。

三　如何推进国家治理现代化？

国家治理体系作为一个制度体系，包括了经济治理、政治治理、社会治理、文化治理、生态治理、政党治理等多个领域以及基层、地方、全国乃至区域与全球治理中的国家参与等多个层次的国家治理制度体系。国家治理制度体系和治理能力的现代化对于各领域改革发挥着统领作用。全面深化改革是对各个领域、各个层次的国家治理制度的全面改革、系统改革和综合性改革，其目的是发展和完善社会主义制度，推进国家治理体系和治理能力现代化，进而建立现代国家治理体系，提高国家治理水平。

十八届三中全会全面深化改革的《决定》已经就如何推进国家治理现代化做出了总体部署，提出了路线图和时间表。这里笔者想就推进国家治理现代化的重点任务谈谈自己的观点。

（一）进一步放权和分权，让各类治理主体在国家治理中发挥更大的作用

要实现可持续发展、民生与民权的改善和可持续的稳定等三大国家治理目标，仅靠各级党委和政府是不够的。因为它们所掌握的资源、信息和知识都是有限的，理性和能力也都是有限的。全能全控型的国家治理模式需要转向一核多元良性互动合作管理的国家治理模式。为此需要向市场和企业放权，向社会组织放权，向基层自治组织和地方政府放权，同时在党委、人大、政协、政府、司法机关之间实行决策权、执行权、监督权的相互分离和制约，倡行社会参与和监督，做强做大各类治理主体，激发经济社会发展活力，使得 11 根制度支柱均衡发展，共同支撑国家治理大厦，合力实现国家治理目标。

（二）以民主责任制建设为方向，完善国家治理结构

现代国家是一个由民众授权向民众负责且民众可问责的国家。建立现代国家治理体系需要以民主责任制为方向优化国家治理结构。人大代表向选民负责、党代会代表向党员负责、人大常委会和党委会向人大和党代会负责、行政首长和党委书记分别向人大及其常委会负责和党委会负责的责任链条应当完整，薄弱环节应当加强。选举改革应当加强选举的自由选择性和竞争性。两次选举之间，人大常委会和党委会作为民意代表机关和党内代表机关其决策权能和监督权能需要进一步加强，同时应保证书记和行政首长执行权的集中和完整。逐步探索党委委员进入人大常委会任职并实现专职化（常委和书记除外），并不再兼任党内和政府内其他职务，同时强化其对政府组成人员提名审查、行政监察和财务审计、预算审议、编制和薪酬审查、行政首长弹劾等职权。条件许可时推进书记经过依法民主选举担任行政首长，党委常委经过政治任命担任相关政府部门首长，并保证行政首长对政府组成人员的提名权，强化政府的行政执行权能。

（三）健全国家治理过程中的负反馈调节机制，实现可持续的稳定

负反馈调节机制利用系统中信息沟通的多通道和衡平纠偏机制使输出起到与输入相反的作用，消除系统输出与系统目标的误差和偏差，使系统在动态调整中实现长期稳定。政治沟通中如果只有上下级党政机关之间单一的信息沟通渠道，就会出现下级对政策执行效果"报喜不报忧"的正反馈，从而使错误的政策得不到及时的纠正并最终导致系统的崩溃。在公共权力侵犯私权利的场合中，如果缺少独立于行政权的独立公正的第三方仲裁机构发挥衡平纠偏作用，官民冲突将会愈演愈烈。保证专家学者和媒体记者的言论自由，发挥好民间专业民意调查机构的作用，有利于获得政策执行效果客观真实的评价信息，从而发现问题及时纠偏。保证法官和律师在司法裁决中的独立性和公正性，有利于发挥法律的衡平纠偏作用，维护社会的公平正义。执政党和政府带头遵守宪法和法律，将会促进各类治理主体共同遵守宪法和法律，实现规则和程序之治。

（四）发展决策咨询系统健全协商民主，提高公共政策决策质量

谋断分开是第二次世界大战以后现代公共决策体制发展的一个新趋势，与此相适应，决策咨询作为一种新兴的"智力服务业"得以发展起来。协商民主作为对代议制民主的一种补充，这些年来也得到广泛的应用。它们对于提高公共政策质量具有重要的意义。为了提高立法和公共政策决策质量，提高国家治理水平，可考虑发展相对独立的决策咨询系统，将决策咨询列为各级人大立法和各级党政决策的必经程序以培育决策咨询市场。同时可考虑设立各级党委决策咨询委员会，并鼓励受聘的决策咨询委员进入政协常委会任职，先咨询后决策形成法定程序。同时可以将比较成熟的协商民主技术如协商性民意调查等广泛地应用于各个层级和领域公共政策的决策前咨询环节，使政策更好地反映民意。

（五）培养职业政治家、职业文官和法官、职业律师，推进国家治理的专业化和职业化

政治与行政、政治与法律的分离和分工，是政治发展和政治现代化的一项重要内容。政治、行政、法律从业者开始分化为职业政治家、职业文官、职业法官、职业检察官和职业律师，他们有着各自不同的专业伦理和专业能力要求。职业政治家的任务在于集中民意提出政策愿景，控制官僚机构使之服务于民众，统筹协调整合资源，把握机会实现政策目标。职业文官的责任在于利用自己所掌握的专业性公共管理知识和技能，忠实高效地完成职业政治家所提出的政策任务。职业受保障的法官、检察官和律师则就法律的适用发挥各自的专长和作用。中国在推动国家治理现代化过程中，同样需要培养自己的职业政治家、职业文官、职业法官、职业检察官和职业律师，依法建立各自的专业分工和职业保障制度，提高国家治理的专业化水平。

（六）推动核心价值体系的内化和普及化，夯实国家治理体系的基础

以现代善治基本价值（透明、参与、法治、回应、责任、公正、包容、

效益、廉洁、和谐等）为主要内容的核心价值体系只有内化于各类治理主体并体现在型塑这些治理主体的规则和程序设计之中，国家治理制度体系才能按照善治的要求有效运转，一个良好的、有效的国家治理体系才能真正建立，国家治理的三大目标才有望实现。为此需要各类治理主体特别是党和政府自觉地担当起政治社会化和政治教育的职责，推动核心价值体系的内化和普及化，促使国民和官员普遍认同和自觉践行核心价值体系，从而为现代国家治理体系奠定坚实的社会基础。

责任编辑　李洋

论政治流通：建立一种研究政党体制的新视角

王长江[*]

内容摘要 长期以来，东西方学者为一党制和多党制的孰优孰劣争论不休。其实，在政党体制模式背后真正起作用的是政治流通。对于需要进行政治体制改革的国家来说，关键问题不在于变换政党体制，而在于各要素之间的政治交流是否通畅，互动是否良好。体制改革与制度设计应着眼于此。

关键词 政治流通 流通量 沟通 政党

发展社会主义民主政治是我们的既定目标，但在推进民主的实际进程中，在对民主政治本质的把握上，我们常常会出现迷雾。这里面最常见的，是把民主的本质和民主的形式混淆在一起。例如，有些人把三权分立、多党制等同于民主，这实际上是错把民主政治的形式当成了它的本质；而有些人则试图绕开选举和竞争去另寻民主发展之途，这实际上又是错把民主的本质当成了形式。凡此种种，都说明对民主政治问题进行更加深入的思考和探讨，既十分必要，也十分迫切。在此，笔者集若干年思考之所得，提出关于政治流通理论的五个观点。笔者认为，从政治流通的角度来把握民主，可以使我们对民主的本质有更加深刻的理解。

一 政治流通与民主政治的本质是什么关系？

什么是民主政治的本质？尽管人们对民主政治的理解有很大不同，但是，作为一个大家都接受的概念，对这个问题的基本共识还是存在的。例如，民众是公共权力的所有者；公共权力是属于民众的部分权利的集合；公共权力应当为公众服务；公共权力的运行须接受公众的监督，等等。总之，民主不同于专制、专权，它把民众与公共权力捆绑在了一起。因此，

---

* 王长江，中共中央党校党的建设教研部主任，教授，博士生导师。本文原载《马克思主义与现实》2009 年第 4 期。

在笔者看来，所谓民主政治，本质上讲的是民众和公共权力之间的互动。公共权力来源于民众，公共权力的运行以民众的授权为依据，运行的过程要接受民众的评判和检验，运行的结果要得到民众的基本认同，尔后才能正常地进入下一个运程。而且，公共权力往往从公众的评判中获得反馈，并据此调整权力运行中的偏差，以保持和提高自身的合法性。可见，民主政治就是一个民众和公共权力之间彼此互动的系统。

进一步观察，我们不难发现，这种互动是由无数信息流构成的。民众表达自己的利益，实际上就是向公共权力提供诉求信息；公共权力根据民众的诉求进行决策，实际上就是汇集、综合信息并做出应对的过程；决策之后的执行，实际上就是把决策信息传递到执行部门，由它们把这些信息转变为行政行为；决策结果的反馈，就是对民众关于决策执行结果评价信息的收集；政策调整，就是把公众的评价信息添加到再决策的过程中，获得一个经过修正的、更加准确的决策；对公共权力的监督，就是让公共权力在众目睽睽之下运行，使公众始终有途径和机会对权力的不当使用发出警告信息。

所以，我们完全可以说，从运行的角度看，民主政治就是各种与政治有关的信息在一个政治共同体内流通的过程，这就是笔者所说的"政治流通"。政治流通在英文中有相应的概念，即 "political communication"。但长期以来，这个词组被译为"政治通讯"或"政治传播""政治沟通"，均不够准确。"政治通讯"显得生硬，不符合国人的用词习惯，使人有不知所云之感。"政治传播"则对主体的作用描绘得过于夸张，"互动"性质易受误解。因为政治流通中的主体，绝不仅仅是传播者，同时更是接受传播者。权衡各个因素，我们认为，"政治流通"的概念更能体现政治信息朝着不同方向流动的特点。而我们平常所讲的政治沟通，其实是某个政治主体（主要是执政者）应政治流通的需要而疏通信息渠道，促进政治互动的行为，是执政主体对政治流通客观现象的主观应对。

二 哪些因素决定着政治流通的流量？

既有流通，就有一个流量的问题。那么，是什么决定着政治流通的流量？

决定政治流通量的，首先是市场经济的发展。这不奇怪，市场经济的最大特点，就是它把人对利益的追求还原为人的本性，承认人们追求利益的正当性和合法性，利用人们对利益的追求作为社会经济发展的原动力。有了利益追求，就有了对公共权力的利益诉求，而利益诉求的量决定着所有其他环节的政治供求信息的流量。如果把这种情况和计划经济时做一个比较，问题就会看得更清楚些。在计划经济时期，我们整个政治经济的逻辑起点是否定个人对利益的追求，千方百计压抑这一追求。因为按照当时的观念，如果让人们随心所欲地去追求自己的利益，人的无限欲望（需求）必然与相对有限的资源（供给）发生矛盾。当这种矛盾发展成为一些群体与另外一些群体之间的矛盾时，就演变成了阶级斗争和阶级冲突。所以，社会主义要避免这种前景，就必须否定个人的利益追求，代之以由国家制定生产计划来满足人们需求的模式。在这种情况下，可想而知，政治流通量必然处在一个极低的水平。市场经济则使得这种情况发生了根本性的变化。其政治流通量之大，是计划经济时期所无法比拟的。有人用"信息爆炸"来形容信息社会的信息流动。这种比喻，在一定意义上也适用于对政治流通量的描述。

其次，民间组织的发展，也在相当程度上导致政治流通量的增加。我们面临的政治现实是：只要允许人们表达利益，人们终究会意识到，组织起来能够使利益得到最大限度的维护。于是，各种各样的民间组织便迅速发展起来。民间组织的发展，客观上不只是转达了有关民众的利益诉求，更强化和放大了这些诉求，这会使政治流通量迅速攀升。此外，我国社会短期内迅速转型，也使矛盾在一段时间内比较集中。这等于是把其他国家用较长时间来消化的信息汇集到一起来处理，难度大大加强。数据显示，这些年，我国的群体性事件以每年1万宗的速度增长，其中既有近年来产生的新问题，也有过去积累的老问题，甚至还有新中国成立初期的遗留问题。

再次，当今时代的传播工具，特别是新兴媒体的发展，进一步刺激了公民诉求的增长。传媒的发展，使公民的诉求有了便捷的表达渠道。尤其是有了网络、手机短信这些新兴媒体，使得人们更易于向政党和政府传递自己的意见和诉求信息。这就促使人们把过去怕麻烦、怕耽误时间而往往隐忍掉的那部分信息也显现出来，从而导致了政治流通量的急剧增加。

综上所述，在我们所处的这个时代，民主政治中的信息流动，无论在数量上，还是在质量上，都比以往任何时代要大得多。它为政治沟通提出了一个极其重大的课题。

三 政治流通在多大程度上和政治稳定相关联？

政治流通作为客观存在的事实，是向政治体制提出的挑战。政治沟通则是执政者处理政治流通问题而做出的应对之举。综观各类执政者的应对实践，我们可以看到以下几种情况。

一是缺乏沟通。所谓缺乏沟通，就是政治体制既忽视了公众诉求大量出现的事实，看不到进行政治沟通的必要性和迫切性，也不愿为这些诉求提供制度化的渠道，固守旧的观念和体制，导致流通堵塞，民怨沸腾。这好比形成了一个一个的堰塞湖，日积月累，政治体制承受的压力已经不堪重负，酿成政治体制的危机，面临崩溃的可能。在缺乏沟通的情况下，如果社会处在一个平缓变化的时期，诉求信息供给相对不足，政治体制尚可稳定。一旦社会诉求急剧增长，政治不稳定便必然发生。历代专制制度的灭亡，很大程度上往往都有这方面的原因。

二是流通不畅。执政者看到了旧的政治体制缺乏沟通渠道和沟通机制的潜在危机，尝试对大量出现的诉求进行沟通。但由于政治流通量急剧加大，政治体制却没有提供与此相应的足够渠道，于是出现了政治流通不畅的状况。政治流通不畅肯定带来政治不稳定。至于这种不稳定是不是会威胁政治体制，导致政治体制危机，则要看政治流通和政治沟通之比。我们可以由此导出一个等式：

$$政治稳定的程度 = \frac{政治沟通}{政治流通}$$

在这个等式中，政治流通量肯定大于政治沟通的量，因为任何政治体制都不可能把社会上所有的诉求信息无一遗漏地反映上来。当政治沟通实现的量与实际政治流通量相差不大时，政治体制大体上是稳定的。相反，政治沟通的量与实际政治流通量的差距越大，政治体制就越不稳定。

三是沟通顺畅。在面临诉求信息迅速增长的情况下，政治体制主动应变，广开渠道，不但能为各种政治信息提供充足的表达空间和表达途径，而且有能力对这些诉求进行引导。显然，在这种情况下我们看到，政治沟通越是主动，政治流通就会越有序；政治沟通越是有效，政治稳定的指数就越高。政治稳定的程度与政治沟通的水平成正比。当然，这一切都是建立在政治体制适时变革的前提之上。

四　如何认识当今时代的政治流通？

从政治流通的角度看民主政治，不难发现，几百年近现代民主政治发展的历史，实际上就是一部人们寻找更多的政治流通渠道和政治沟通载体的历史。不同的载体相互博弈而又相互补充，形成了民主政治的一系列具体模式。

西方多党制是民主政治长期发展形成的最典型的政治沟通模式。在这种模式中，政党成了人们最基本的政治沟通载体。人们为了表达和维护自身的利益而组织政党。不同的利益群体（如阶级、阶层、集团等）被不同的政党代表，构成了多党之间进行竞争的态势，为西方社会多元化的利益表达和沟通提供了比较有效的渠道和空间。多党制的最大优点，就是它把各种可能的利益诉求都纳入制度框架中，最大限度地消解了反制度的力量，等于为政治体制设了一个安全阀。这或许正是多党制被看作西方民主政治经典模式的原因。相比之下，后来尝试的许多其他模式虽然也各有优点，但从实践的效果看，其缺陷也相对明显，至少还没有形成比较成熟的可以效仿的类型。

于是，人们似乎自然会得出一个结论，即只有西方多党制才能解决政治沟通问题。也正因为此，人们自觉不自觉地把现代民主与多党制等同起来，乃至"左"的一方和右的一方都把这里看作自己的主战场。在"左"者看来，一般谁主张民主，谁就是在主张多党制。中国既然不能搞多党制，那么很自然的，中国就不应该强调民主。这种误识，促使当前一些学者热衷于探寻剔除了民主或仅保留民主形式的政治体制，以为这便是"中国特色"。而在右者看来，利益多元化必然要求政治多元化，政治多元化只能以多党制来体现。由此而论，要真正实行民主，就必须搞多党制，除此之外，别无他途。

能充当政治沟通载体的是不是只有政党？多渠道的政治沟通是不是只能通过多党制来实现？这就是问题的实质。对于这个问题，笔者的回答是：几十年前，或许是如此；从 20 世纪中期人类积累的民主政治经验来看，或许是如此。但是今天，我们不能不承认，时代发展给我们提供了更加丰富的选择。

政治沟通载体的多元化，是当代民主政治发展的重要趋势。除了政党之外，至少还有两种力量的发展，也越来越承担起沟通载体的功能，并在事实上不断挤压着传统上属于政党的活动空间：一是迅速发展的民间组织，二是高度发达的媒体。在一些方面，这两种载体所能起到的沟通作用，是政党无法达到的，具有政党所不具备的优势。例如，在维护群体的具体利益方面，一个党组织可能会在市场面前束手无策，而销售合作社则具有专业化的应对手段和途径；在利益表达途径方面，民众通过党的组织层层表达自己的诉求，可能会因组织层级多、手续复杂而延误和变形，而媒体（特别是网络、手机短信等新兴媒体）则能以最快的速度传播并保持信息的准确性；在利益表达方式方面，政党可以在各种不同利益之间进行协调，但无法只代表一个群体的利益，民间组织则可以确定地作为某种利益的代表参与博弈，等等。在这种深刻变化面前，即使是西方国家，也越来越明显地开始在传统的多党制之外挖掘政治沟通的资源。其实，政党从来都不是唯一的政治沟通载体。现在更加不是唯一。

在政党、民间组织、媒体都能作为政治沟通载体的条件下，我们至少可以认定存在这样一些可供选择的模式：

〔模式 1〕政党 + 政党 + 政党……（即多党制）

〔模式 2〕政党 + 民间组织……

〔模式 3〕政党 + 民间组织 + 媒体 + 其他形式

可见，多党制不是实现民主的唯一选择。政党数量的多少也不是判断政治体系是否稳定的根本标准。政治体制的政治沟通量的大小才是政治稳定的根本指标。

五 中国特色的民主政治应朝什么方向探索？

通过上面的分析，我们不难得出结论，在一党制的条件下，同样存在着发展民主的巨大空间。我国实行的是共产党领导下的多党合作制。我们完全可以在这个基本框架之下，对如何发展中国特色社会主义民主政治进行更加深入的探讨。其中，拓展政治沟通的渠道，健全政治沟通的体制，增加政治沟通的流量，寻求政治沟通量和政治流通量的平衡，是全部问题的核心，是改革应当把握的基本方向。

首先，应当充分利用现有的政治沟通载体。在我国现行体制中，多党合作、政治协商、执政党代表最广大人民群众的根本利益、发展执政党党内民主等原则，都和政治沟通的大方向相吻合，理论上不存在任何妨碍政治流通的障碍。关键在于，仅仅停留在原则上还不够，应当把它们转换成可操作的机制、规则和程序。在这方面，我们存在的最大问题是没有按照政治流通的需要和现代民主政治的要求来思考和设计这些机制、规则和程序，而仅仅在维持已有的权力配置格局的前提下进行小修小补。已有的格局归根到底是过去不合理、不科学的政治体制的体现，是需要改革的对象，而不应是改革的前提。把坚持党的领导等同于保持、维护这种权力配置格局的观念，必须改变。

其次，应当顺应公民社会发展的客观趋势，培育、扶持和引导民间组织的发展。利用民间组织吸引民众，扩大政党的影响，是许多国家的政党巩固和扩大自身基础的重要途径。我们不难发现，在国外，在有影响力的政党周围，往往活动着大量的外围组织，政党和民间组织之间有着千丝万缕的联系。在我国，在共产党是唯一执政党的框架下，让民间组织承担更多的政治表达和政治沟通的功能，不但可以大大拓宽政治流通的渠道，在很大程度上弥补执政党单一渠道的不足，而且可以大大提高社会的组织化程度。而社会组织化程度的提高，也即社会稳定性的提高。惧怕民间组织的发展，千方百计为民间组织的发展设置障碍而不是提供方便，实质上只会把公众推到对立面上去。这是典型的计划经济思维的表现。

再次，应当研究当代媒体，尤其是新兴媒体的发展规律，更好地发挥媒体政治沟通渠道的作用。近年来，和其他渠道相比，媒体在政治沟通中所起的作用格外突出。这一方面说明高度发达的媒体在今天的政治、经济、文化、社会生活中的地位日益提高，另一方面说明，媒体作为独特的沟通渠道，正在越来越相对独立地发挥作用。和民间组织一样，媒体的发展也挤占了传统上属于政党的一部分空间，替代了政党的一部分功能。从这个角度看，媒体发展对执政党提出的挑战是严峻的。但与此同时，我们也须看到，政党有很多方面的优势和特性是媒体所无法具备的。作为两种不同性质的政治介质，政党和媒体之间无疑具有很强的互补性。在政治沟通方面更是如此。所以，如何遵循媒体传播规律，充分利用它的优点促进政治沟通，最大限度地减少它带来的负面影响，是政党与媒体互动过程中需要研究的一个重大课题。

总之，当今时代的发展，为我们建立多样化的政治沟通渠道提供了更多的可供选择的思路和途径。只要坚持不断地进行探索、创新，我们就能够在民主政治中走出有中国自己特色的道路。对此我们应当充满信心。

责任编辑　李莉

论应急决策与政治传播

桂维民*

内容摘要 政治传播日益成为妥善解决中国转型时期社会突发事件的重要手段和方式。目前中国突发事件的传播中存在着主观上不愿意说，行动上不主动说，时间上不及时说，内容上不真实说，态度上不端正说，有关领导不让说的问题。在网络时代崛起的时代背景下，增强突发事件传播中的"忧患意识""说服意识""传播意识"和"公信意识"，才能最大限度减缓危机事件的发生，改善政治传播的现状和政府应急决策的水平。

关键词 突发事件 政治传播 应急决策 意识

当代中国正处在转型期，面临着经济转轨、体制转换、社会转型等多重压力，社会矛盾层现迭出，突发事件易发多发。一旦发生突发事件，如何谨防处置不当，因"小事拖大、大事拖炸"而演变成公共危机？应急决策是危机管理的核心和关键。信息传播的管理，尤其是政治传播对应急决策至关重要。

政治传播是指政治行为主体与客体之间、以达到特定目的和效果为价值取向的、以符号和媒介为途径的使政治信息得以流动的过程。它的基本方式包括：政治说服、政治修辞、政治沟通。

应急决策，是指决策主体在公共危机紧急状态下所作出的快速决断。它直接关系到公共危机事件处置的成败。应急决策与常规决策的约束条件、目标取向、决策模式、实施效果有所不同，对于担负危机处理主要责任的决策者来说，这是一道考政治、考意志、考胆识、考智慧、考能力的综合测试题。

2008年6月下旬，贵州省几乎同一时段发生了两起中学生自杀事件，由于两种不同的处理方式，造成截然不同的后果：瓮安县因为说服沟通不

* 桂维民，现任陕西省政府参事，曾任陕西省第十一届人大常委会秘书长、陕西省委副秘书长，兼任中国公文写作研究会会长、陕西省应急管理学会理事长、西北大学政治传播研究所名誉所长。

力、各种谣言四起，连续几天群众大量聚集，7 天之后演变成数千人冲击县委县政府打砸抢烧的骚乱；而德江县当死者家长受个别人的唆使煽动，在闹市举牌"喊冤"引起上千群众围观时，县上及时疏导围观的人群，在死者所在学校召开案情通报会，并通过县上的媒体向公众说明真相，以第一反应的"速度"，真诚平和的"态度"，实言相告的"尺度"及时化解矛盾、平息了事态。

一般来说，危机信息传播中普遍存在 6 个问题，就是主观上不愿意说，行动上不主动说，时间上不及时说，内容上不真实说，态度上不端正说，有关领导不让说。你不说，意味着把有限的时间、空间、话语权让渡给了不明就里的网民和群众。这时危机舆论出现指数式扩散。这种现象来源于：一个是社会学里的"社会濡染现象"或"阀门效应"；再一个是传播学中的"舆论绑架效应"，不当言论和负面舆论"先入为主"，正面声音就淹没在负面的"口水"之中。

我国现有网民 5.37 亿，约占全国总人口的 1/3。其中，在上网发帖、回帖的占网民数的 31.7%，占总人口的 10.6%。也就是说，约一成中国人经常在网上发声，他们构成"网络舆论"的民意基础。据统计，我国网民年龄在 39 岁以下的占 81.6%，大专及以上学历的占 23.2%，月收入 2000元以下和无收入的占 66.8%。这个结构表明，网民的年龄偏低、文化参差不齐、低收入和无收入人群居多数，网民情绪飘忽不定，很容易跟着流言走，被网络炒作所裹挟。

20 世纪 40 年代，美国传播学者发现，大量的信息经活跃分子中转或过滤，形成价值判断，再传递给大众。这些活跃分子就是"意见领袖"。意见领袖在信息传播中发挥着多方面的作用，是活跃舆论场的重要力量。除此之外，还有"网络推手"，主要有三类：一是"个人推手"，其实就是"意见领袖"，包括实名和虚拟名的微博博客主，大多以"公知"身份出现，发表一些个人看法和主张；二是"商业推手"，通过网络水军、社交网站进行以赢利为目的的商业炒作；三是"政治推手"，往往有很复杂的背景，这类推手对社会的热点问题聚焦放大、借题发挥，公开诋毁现行政策和公众人物、煽动网民对现实的不满，甚至策划组织网民参与群体性事件，以制造社会混乱、搞乱一方为目的。总体上看，互联网的出现深刻地改变了我们传统的观念、传统的工作模式和生活方式，也改变了社会治理的格局。要重视"意见领袖"和"网络推手"在引导网络舆情中的作用，特别是在应急管理中，有效过滤他们在制造网络热点、传播虚假信息、滋生网络事件中的负能量，积极发挥"意见领袖"在网络媒体中不可替代的"正能量"作用。

近代美国史上曾发生著名的"扒粪运动"，也就是舆论媒体对政府官员"寻租"和实业界为富不仁的黑幕"揭丑运动"，"扒粪"使政府官员的腐败、工商界诚信缺失、假冒伪劣商品"曝晒"在阳光之下，遏制了政府的腐败行为，促进了美国社会的改良，使其避免了一场重大危机。有位叫林肯·斯蒂芬斯的记者是这场"扒粪运动"的重要人物。

互联网的兴起，使我们进入了全媒体、自媒体时代，网络已成为我国社会舆论的重要阵地，数量巨大的网民变成社会重要的"扒粪者"，一大堆社会的"黑幕"、经济的"丑闻"和官员的腐败问题通过网民的揭露和曝光，引起社会的广泛关注，使作恶者得到应有的惩罚。互联网的强势介入逐渐改变了中国反腐败斗争的格局，提供了自下而上的监督力量，而且这个监督网络在网民的积极参与下越织越密，"杀伤力"也越来越强。

鉴于全媒体时代的新变化，人民网舆情研究室提出了"黄金四小时"法则，因为舆情危机发展有五个阶段，即：4 小时谣言四起、轮廓初现；6 小时信息多元、广泛传播；8 小时第 1 冲击波——议题明确；12 小时第 2 冲击波——媒体审判；24 小时第 3 冲击波——当事人当事方处在风口浪尖之上。

在全媒体时代，媒介形态与功能实现大融合。织"围脖""灌水""拍砖"司空见惯，人人都是麦克风，加之代骂服务、人肉搜索、黑客攻击，使舆论的数量、透明度和复杂程度前所未有。在突发事件中一定要把握话语权、赢得主导权。这就给应急决策提出了前所未有的挑战。

应急决策是逆境中制定预案策略的一种特殊方式，大多数是偶尔发生或首次出现的，决策过程和方法没有一定成规，在决策过程中应防止产生"危机迷情"，或优柔寡断、迟疑不决；或固执自负，意气用事；或回避问题，推诿扯皮。面对棘手和紧迫问题，既无先例可循，又没有固定的程序，必须"快刀斩乱麻""一锤定音"。在众声喧哗中，如何让党的声音最响亮？让政府的信息最可信？实践证明，传播力决定影响力，话语权决定主导权，时效性决定有效性，透明度决定美誉度。这里，政治说服、政治修辞、政治沟通的意义非同寻常。应当增强以下四种意识。

（1）增强"忧患意识"。《周易》中讲：安而不忘危、治而不忘乱、存而不忘亡。公共危机的爆发具有偶然性、突发性、易变性、危害性，导致在这种特殊环境下决策的价值取向、约束条件和决策程序及其效果都有别于常态决策，不确定、不稳定、不可靠的因素非常多。要增强忧患意识和反思的判断力，善于由个别发现一般，以小见大，由表及里，举一反三，掌握规律。要增强政治敏锐性和预警防范能力，及时察觉可能造成风险的倾向性、内幕性、隐患性问题，做好预警信息的研判和评估。对危乱之兆始终保持高度警觉，闻风而动，快速反应，把矛盾化解在基层、化解在内部，化解在萌芽状态。突发事件发生后，应急决策者就需要勇于担当，从容应对各种复杂矛盾，坚持对上负责与对下负责的一致性。古人讲："民为邦本，本固邦宁"。以人为本、执政为民是我们党的性质和全心全意为人民服务根本宗旨的集中体现，也是应急管理的灵魂。处理危机问题能否坚持人民至上，百姓为先，这是检验领导干部是否坚持以人为本、执政为民的党性原则的试金石。

（2）增强"说服意识"。危机中的政治传播是为了说服公众、引导舆论、化解矛盾，在本质上是一种论证的技能。需要同时具备"理性分析"与"感性说服"的能力。理性分析，是实现说服、获得合理、合法性的重要论据。同时，还要在情绪上感染受众，获得受众内心情感上的认同。如果受众无法在情感上产生共鸣，就不能完全接受政治说服。互联网的兴起，特别是微博、微信等新媒体出现，出现了一种传播语境的"碎片化"趋势。碎片化不但使受众群体细分，呈现为碎片化现象，也引发了受众个性化、多元化、立体化的信息需求，整个网络传播语境都变为碎片化了。碎片化现已成为一个发展的趋势，影响到社会的方方面面。碎片化是受众追求自我、追求个性的必然发展，是遍及所有媒体平台的重要趋势。特别是当一个地方发生突发事件，传播语境的碎片化，使信息多元、"蝴蝶效应"凸显，这里舞动一下翅膀，那里就掀起轩然大波，造成负面影响放大和叠加。所以，在突发事件中要适时建立起新闻发布平台、媒体采访平台、舆情研判平台、言论引导平台；做到快报事实、重报态度、多报举措、慎报原因；击败谣言、引领众言，跟进事件、查漏补缺，公开透明、取信于民，让受众从情理上认同政府所言为"真"。

（3）增强"传播意识"。在一个日益开放、价值多元的时代，应急决策和政治传播，要研究受众心理和利益构成，始终把群众拥护不拥护、赞成不赞成、满意不满意作为判断是非得失的根本标准，注重"话语体系"和"修辞模式"的重建，不仅要让人"听得到"，更需要让人"听得进"，这样，才能在信息传播过程中，制造更多的"同意"，形成更多的共识。在众声喧哗中，需要鉴别和理智，应当让真实的声音最响亮，让政府的信息最可信。对于网络谣言泛滥的问题应当下力治理，否则，网络就成了污染社会的"垃圾箱"。谣言止于公开，沟通需要智慧。我们说，危机中一定要信息公开、实话实说，但不等于实话全说，而应讲究政治修辞、实话巧说，事实上，危机中的传播中必然存在传播控制。传播者不是向受众传播所有的信息，总是会对传播内容进行取舍，避开对事件处理不利的信息，渲染对事件处理有利的信息，以实现危机事件有序、有力、有效的管理。在这个过程中，传播者起着信息把关人的作用，对信息进行筛选和过滤。在多元化的舆论格局中，政治传播就要紧扣事件的关节点，反映党和政府的举措，凝聚公众的共识，牢牢把握话语的主动权。

（4）增强"公信意识"。传播学认为，"同意"可以被制造。"制造同意"实质上是一种政治的沟通，早在 1922 年它就已成为政治家把社会心理学和大众传媒空间结合在一起的一门"自觉的艺术"。在某种程度上，危机中的政治传播，就是要通过政治沟通"促成共识"。对于所谓"善意谎言""先否定后肯定"的"官谣"也应当高度重视、严肃整治。"官谣"的产生根源，是急于想撇清自身污点的某些组织或个人，利用官方身份、公权力欺骗舆论、愚弄公众。只有对散布"官谣"、让政府公信力受损者进行严肃追责，不让这些公开说谎者逃之夭夭，才能真正从源头上遏制"官谣"不断的势头。只有这样，才能让"爬坡"中的政府公信力更加给力。紧急状态下媒体对政府、受众对媒体的态度，不再是单向接受那么简单，政府、媒体、公众三者之间要通过政治说服和沟通，寻求"互信"。政府与媒体积极争取话语权，说明真情、表明态度，努力争取更多的理解和支持，也就是争取"他信"。但是，不管是"互信"还是"他信"，都要立足于"公信"。尤其在多元利益格局以及多元价值观背景下，借助媒体增强公信力，寻求"最大公约数"，凝聚社会共识，是在危机中塑造正面形象的重要途径。总之，危机时刻瞬息万变，提高政治传播和应急决策水平，才能最大限度地减缓危机事件发生，最大限度地控制危机的蔓延升级，最大限度地降低危机所造成的损失，从而全面提升公共危机管理的效能。

责任编辑　李莉

关于网络参与时代公共治理的若干思考

梁仲明*

内容摘要 在公民广泛网络参与时代，公共治理面临全新的机遇和挑战。适应新的政治传播发展趋势要求，公共治理必须积极培育成熟的网络参与主体，努力建立防止网络参与"数字鸿沟"的机制，不断加强公民网络参与的法制化建设，等等。

关键词 公民 网络参与 公共治理

一 公共治理及其在网络参与时代的转型

20 世纪 90 年代以来，治理理论成为西方学界最流行的理论之一，公共治理理论研究内容日益丰富多彩。全球治理委员会提出："治理是各种公共的或私人的个人和机构管理其共同事务的诸多方式的总和。它是使相互冲突的或不同的利益得以调和并且采取联合行动的持续的过程。"（全球治理委员会，1995：261）从这个定义可以看出，实现治理的基本过程需要各种公共机构、社会组织和社会成员的共同参与，公共治理体系主要包括治理的主体如政府、公共组织、非政府组织、私人团体、个人等；公共治理的对象或客体包括政治事务、社会生活的各个领域；治理的目的是进行社会公共事务管理，最终达到社会利益的合理调整。

公共治理强调治理主体的多元化、治理权力的去中心化、公共服务的目标导向以及对公共利益的关注和平衡。在新媒体环境下，公共治理理念体现在政府管理中，即网络民主与公共领域的构建、网络舆论与公共决策的互动，以及公众网络参与对公民社会的推进等。

过去的数字化治理是围绕信息技术变革和信息系统变化而实现的一种治理模式，网络化治理则是面对网络时代和信息技术革命而提出的一种政府治理模式。网络参与时代的公共治理利用互联网先进技术将各种治理主体连接成为一个有机整体，在公共服务中进行整体性运作。互联网作为新

---

* 梁仲民，西北大学公共管理学院教授、博士生导师。

兴的互动型媒体，打破了时间和空间的界限，为普通民众提供了议论时政、评价官员、交流思想、反映意见的广阔平台，同时也为他们赢得了政治生活中的话语权、表达权和便捷的交流空间。网络化治理旨在利用网络媒体的传播优势和传播影响力，通过民主体制的完善，形成自下而上的公众参与渠道，将公众纳入政治决策过程中来，使政府能够更好地听取社情民意，反映公众诉求，维护公众利益。

20 世纪 90 年代以来，互联网技术突飞猛进，迅速渗透人类社会的各个领域并发挥着越来越重要的作用。互联网技术在政治生活中的运用形成了一个新的现象——网络参与政治。公共治理发展到网络时代，与互联网的关系紧密相连，不可分割。公共治理在本质上就是政府运用公共权力与公共机构、社会组织以及公众个人进行协调、处理公共事务和维护社会公共利益。网络这种新兴技术给人类所营造的网络环境、政府与公众对这种新技术的应用以及政府面临的治理危机，迫使政府必须重新审视公共治理的环境，积极主动地应对新形势下政府治理的创新问题。

二　网络参与在公共治理中的作用

互联网给人们的生活带来了前所未有的冲击和改变，不仅引发了人类交往方式、组织方式、思维方式的全面变革，同时也给全球政治生活带来了深刻的影响，政治生活全面进入了网络政治时代。

网络具有快速聚合性，能够服务于一定范围的政治和社会需要，在短时间内汇集利益关注者，并在他们之间建立合作协商关系。这种特性为政府进行公共治理提供了新的平台和便利条件。政府为了实现公共目标，可以利用新媒体信息流动的结构特征分配职责和任务，其终极目标是实现最大限度的公共价值。因此，网络媒体可以作为政府主动分配服务与任务的特别渠道，公共部门通过网络与其他部门、社会组织以及个人实现有效合作，建立实现公共价值的交流场所。

伴随着网络论坛、电子邮件、博客、微博等沟通技术的发展，互联网为政府治理提供了更为便捷、更为直接的传播沟通方式。目前政府实行政务公开，主要采取电子政务的形式，通过政府网站发布信息，实行网络问政，同时为公众提供行政办事渠道，实现电子化治理。公共治理的数字化能够强化政府资源的整合利用，同时也使政府和组织之间用以往不可能实现的方式进行合作，这些都是在新媒体环境中才能完成的任务。

公民意识的觉醒和公民社会的崛起在很大程度上归功于新媒体传播技术的推进，新媒体为公众的言论自由提供了场所，使公众的知情权、话语权得以真正展开和广泛实现。公众从未像今天这样关心社会政治，监督政府行政，参与公共事务管理，并为公共政策的制定和执行献计献策。政府要对公民参与公共事务的热望和实际参与的可能性进行回应，就必须建立一种新的政府模式，而这种模式必然与新媒体传播相关，只有借助新媒体的力量，政府才能建立将信息、服务聚合为一体的网络平台，利用网络技术将政府、社会组织以及公众连接到一起，并在公共服务中给予公民更多的选择权利。

三 公共治理创新中推进公民网络参与的基本路径

网络参与在为公共治理提供便捷的同时，也带来了巨大挑战。一方面互联网使政府实现了更加公开、透明的决策过程，公民的参与热情提高，公共决策也更加科学合理；另一方面，网络参与性的加强也使公共治理面临强大的挑战，如果不能及时引导网络舆论，不仅可能造成负面舆论泛滥成灾，而且还会阻碍公民网络参与的健康发展，影响公共治理成效。为此，公共治理要适应新形势，开辟公民网络参与的新路径。

首先，积极培育成熟的网络参与主体。网络是一个众声喧哗的自由场所，是民意生成的公共领域。网络的言论门槛低，网民素质参差不齐，这种自由的舆论空间在保证公民参与的同时，也存在许多问题。负面情绪、不实言论通过网络可以迅速蔓延，只有具备一定素质的公民进行网络政治参与，才能在公共治理过程中发挥正面的、积极的和有效的作用。

网络参与主体的培育包括参与意识的培育和参与行为的养成。成熟的网络参与主体必须具备理性的思想、规范的行为和积极的心态，这是推进网络政治参与的重要切入点。只有对公民的参与行为进行正确引导和规范，政府才能在公共治理过程中获得有效的参与支持。为此，一方面政府应加强对网络参与主体的教育和监督，通过各种有效的方式培养公民参与公共事务的良好习惯，向公民提供参与的机会和信息；另一方面，公民自身也应当自觉提高自己的参与意识，加强文化素质和道德修养，遵守网络文明公约，规范自身言论和行为，增强社会责任感和负责精神，做到言之有据，持之有故，绝不传递不明来源、毫无根据，甚至造谣中伤的负面信息。

为此，政府应当关注对网络参与主体的培育，提高网络参与主体的素质。一要加强对网络参与主体进行教育和监督，培养公民参与公共事务的兴趣和习惯，并为他们提供参与的机会；二要通过媒体不断宣传公民公共参与的知识，提高公民积极参与的意识；三要建立网络监督队伍，时刻警惕那些负面的、不健康的、影响社会稳定的信息，最大限度地减少公民接触不良信息的机会。同时，网络参与主体也要不断提升参与意识和文化素养，自觉遵守网络文明，遵守网络行为规范，对自己的网络言行负责，不传递危害社会安全的信息，增强网络识别、辨析能力，共同创造健康、积极的网络政治氛围。

其次，逐步建立防止网络参与"数字鸿沟"的机制。目前，我国的信息化水平发展不均衡，东西部之间、城乡之间、不同文化程度的群体之间存在着较大的差异，网络使用状况分布不均。经济发达地区、中青年、文化知识水平较高的群体，网络使用范围相对比较广，使用方式多样化；而经济欠发达地区、老年人、文化知识水平较低的群体对网络的使用明显不足。"数字鸿沟"是制约网络政治参与的重要障碍之一。

从公民网络参与的实践过程来看，要提高公民网络参与，必须保证公民的网络使用权利和使用方式。从政府的角度来讲，缩小"数字鸿沟"，应当从网络技术提高入手，提高网络普及率，提高公共参与中的网络使用频率，降低网络使用的难度和复杂性，加快信息基础设施建设，提高各种群体通过网络利用信息资源和实现政治参与的能力，这不仅是扩大公民网络参与的重要保障，也是政府治理创新的重要环节。

网络参与主体的扩大是一个长期的过程，政府应当制订合理的规划，在普及网络教育的同时，加大经济欠发达地区网络基础设施建设，完善我国的信息化基础设施建设和信息网络，努力消除"数字鸿沟"，推动网络政治参与，使公民享有平等的信息化公共服务。一要大力发展信息产业，利用竞争机制改变信息产业的垄断格局，降低信息产品和服务费用的价格，为公民降低上网门槛；二要加强信息资源的共享机制建设，增强地区之间的合作协调，支持经济发展落后地区和部门的信息化建设；三要以公众需求为导向，建立公正、透明、可操作性强的网络信息服务机制，加强网络服务的多样化、便捷化，扩大普遍服务的业务范围。

再次，努力加强公民网络参与的法制化建设。公民网络参与必须有法律、法规的规范和保障。有效的法律监督机制不仅有助于保证网络参与的理性行为，规范网络秩序，避免网络的虚拟和自由开放所导致的公民过度参与或无效参与、无序参与的状况。

加快公民网络参与的法制化建设，推动网络参与有序进行，一方面要提升立法层次，建立全国统一的法律、法规，对网络技术在民主政治中的角色和行为进行规范，将网络安全技术、信息资源建设等问题纳入网络立法研究与制定的过程中，通过多方努力共同建设完整、灵活、有针对性的网络法律规范；另一方面要尽量维持网络秩序和公民自由之间的平衡状态，网络参与的法律体系应当以保证公民的自由权利为前提，目的在于保障公民积极、有序地参与政治治理，同时要对公民的网络言行进行规范，提升网络文明规范程度，保证公民网络参与的质量，增强公民网络参与的价值和有效性，最大限度地保证网络参与的有序性和有效性。

参考文献

曾维和，2010，《整体政府改革时代政府治理模式创新解析及启示》，《湖北经济学院学报》第 1 期。

戈德史密斯，斯蒂芬，2008，《网络化治理：公共部门的新形态》，北京大学出版社。

黄婷，2010，《刍议政府治理创新中的公民网络参与》，《桂海论丛》第 1 期。

李斌，2006，《网络政治学导论》，中国社会科学出版社。

全球治理委员会，1995，《我们的全球伙伴关系》，牛津大学出版社。

斯劳卡，马克，1999，《大冲突——赛博空间和高科技对现实的威胁》，江西教育出版社。

责任编辑　李莉

论公共政治场域中的宪法治理与政治传播

华炳啸*

内容摘要 中国进入了一个以社会政治领域深层次改革为重点和难点的新改革时代，政治场域的民主化、法治化及其治理转型已经成为大势所趋，而通过制度创新、体制改革和宪政认同来重新整合和聚合多元化社会、保障改革开放的可持续发展成为必然选择。在这个转型过程中，宪法治理始终处于核心位置，并伴随着适应社会政治领域深层次改革要求的"政治传播革命"。这就要求我们开创中国气派的政治传播研究，结合中国实际与改革目标从宪法治理的视角，开创新时期政治传播研究的新境界。本文还进一步探讨了政治传播在未来公共政治场域结构生成中的功能地位，并展望了政治改革与传播革命的耦合与共振机制的可能性。

关键词 政治场域 政治传播 宪法 治理 体制改革

2012 年中国进入了一个以社会政治领域深层次改革为重点和难点的新改革时代，基于顶层设计的国家制度建设被摆到了突出位置。持续 34 年的经济改革与社会变迁，为新改革时代的到来奠定了坚实基础，而近 5 年来公民社会与新媒体的兴起则形成了一股倒逼新改革的力量，使得通过制度创新、体制改革和宪政认同来重新整合和聚合多元化社会、保障改革开放的可持续发展成为必然选择。

一 新改革时代的新机遇、新挑战

公民社会与新媒体的兴起交相辉映、共生共强。2008 年，中国不仅经受住了汶川地震的考验，成功举办了奥运会，而且还开始进入了"公民社会元年"，按照俞可平当时的评估，民间组织达到了 300 万个左右。也是在

---

* 华炳啸，武汉大学法学院宪法学与行政法学在读博士生，西北大学政治传播研究所所长，西北大学新闻传播学院副院长，《宪政社会主义论丛》编委会副主任、主编。本文原载《人文杂志》2013 年第 5 期。

这一年，中国网民人数开始突破 3 亿，成为世界上网民最多的国家。2009年 7 月，微博开始起步，根据《2010 中国微博年度报告》的数据，到 2010年 10 月，中国微博服务的访问用户规模已达 1.25 亿人，活跃注册账户数突破 6500 万，而 2010 年舆情热度靠前的 50 起重大舆情案例中，微博首发的就有 11 起，"关注就是力量、围观改变中国"在这一年成了流行语，微博已经成为公民参与公共生活的一种新渠道和中国式民主的加速器，因此，2010 年被视为"中国微博元年"。到 2011 年底，中国网民规模达到 5.13亿，互联网普及率 38.3%，微博用户超过 2.49 亿（中国互联网络信息中心，2012）。到 2012 年底，我国网民规模达到 5.64 亿，互联网普及率42.1%，微博用户规模超过 3.09 亿（中国互联网络信息中心，2013）。一个平面无限延伸、人人都是平等参与主体的网络舆论时代，深刻地改变了人们的社会交往形式，全球文化交融网络一体化进程与公民社会网络凝聚进程都加快了，每个网民都有机会随时参与到议程设置、意见发布，而网络世界的蝴蝶效应则推动了一系列公共事件的围观解析和解决。总之，网络普及化使正在兴起的公民社会如虎添翼。从此，中国的社会政治生态开始发生了细微而深刻的变化，甚至在某种程度上持续改变着政治力量对比关系。2012 年以来连续发生的乌坎事件、什邡事件、启东事件、宁波事件等，都体现了新媒体的介入对于群体性事件的解决乃至政治进程的演进所产生的深远影响。

有人认为中国已经开始进入了一个"网络民主时代"（隆颖，2011），并为此欢呼。但在笔者看来，不能把"网络舆论时代"或新媒体时代与"网络民主时代"相混淆。在宪政民主尚未破题、代议制民主有待全面落实的政治现实中，"电子民主""数字民主"显然缺乏制度基础与现实土壤。但"网络舆论时代"或新媒体时代的确已经到来，并形成了一种对于宪政民主、代议制民主的倒逼机制，从而加速推动着以社会政治领域深层次改革为重点和难点的新改革时代的到来。而在市场经济改革推动下成长起来的新兴中产阶层，也正在作为一种基础性力量参与着这一历史进程。

笔者在 1996 年完成的小册子《关于十五年后中国新改革的思想提纲》一书中最早对 2012 年之后的中国"新改革时代"作了前瞻性研究，认为这一时期的核心问题是政治体制改革，其方法不能再靠"摸着石头过河"，而是要靠改革的顶层设计与国家宪政制度建设（华炳啸，2011a：533），其改革的动力来自执政党的现代化转型（关键是执政功能转型）要求与公民社会的成长压力。在 15 年后的 2011 年，笔者在创办的《宪政社会主义论丛》第 1 辑卷首语中指出："以深层次的社会政治领域改革为时代主题的新改革时代"是一个生死攸关的矛盾凸显期、战略机遇期和改革攻坚期（华炳啸，2011b：1）。同时，我们把新改革理念概括为"宪政优先、宪法至上、复合民主、多元共治"，其核心理念是复合民主（华炳啸、萧三匝，2012：16—19），致力于以制度创新驱动国家政治现代化转型，而恰如林尚立所指出的，复合民主正是人民民主的实践形态（林尚立，2012：185—209）。在2012年，笔者指出："我把2012年视为新改革元年，党的十八大将成为进入新改革时代的一个重要标志。但是，进入新改革时代有一个过程，这个过程在2008年就开始了。"

在这个历史关头，我们需要思考的一个现实问题是：社会政治领域深层次变革进程中媒介体制与政治体制的关系将会怎样演化和发展？它对我们提出了哪些问题和挑战？丹尼尔·C.哈林（Danel C. Hallin）和保罗·曼奇尼（Paolo Mancini）在《比较媒介体制：媒介与政治的三种模式》一书中也提出了两个问题："声音的多样性更加充分地体现在内部多元主义还是外部多元主义的媒介体制中？"在一个变革的时代，"我们需要媒介规范理论吗？"他还提醒我们："我们对于一种媒介体制的任何判断，都必须基于清晰地理解它的社会语境——诸如社会内部现存的分裂，它们据以被（或不被）解决的政治过程以及主导性的政治信念类型等要素。""撇开社会结构的其他要素不谈，不了解国家性质、政党体制、经济和政治利益集团之间的关系类型和公民社会的发展，就不能理解新闻媒介。"（哈林、曼奇尼，2012：13—15）

二　新改革时代亟须开创中国气派的政治传播研究

"新改革时代"这一概念为我们当代中国的政治传播研究提供了一个充满挑战与机遇的特定时代背景。在此背景下的政治传播研究必须紧密联系中国国情，适应改革发展需要，开创具有国际视野、立足中国语境、解决中国问题、凸显本土特色、形成中国气派的政治传播理论。

马克思认为："理论在一个国家实现的程度，总是决定于理论满足这个国家的需要的程度。"（《马克思恩格斯选集》第1卷，1995：11）胡锦涛曾针对当代中国的"现代国家建构的理论需要"指出，改革开放30年来中国社会迸发出前所未有的活力和创造力，但同时，中国在发展进程中遇到的矛盾和问题无论规模还是复杂性都世所罕见。这些大量的"世所罕见"的矛盾课题构成了一个个"难解的方程式"，需要我们以极大的理论勇气与学识智慧去逐一破解。作为一个历史悠久的多民族的超大规模国家，中国社会政治领域的深层次改革所面临的问题的复杂性、风险性、艰巨性更是"世所罕见"，如果没有适应变化、顺应民心、高瞻远瞩、致力于现代化事业的执政党的周密统筹与战略部署，没有科学合理、切实可行的顶层制度设计与路径选择，没有排除万难、敢于闯关、积极稳健推进的改革试点与制度创新，没有改革家的卓越胆识与共和国公民的理性参与，没有成熟的政治传播理论的指导与党和国家政治传播能力的全面提升，就很难获得成功。相对于改革开放前30年，今后的新改革之路更需要直面现实问题、破解改革难题的系统改革理论，需要我们在注重实证研究的基础上提升规范研究的新视野、新境界，并在先进的价值理性引领下，在社会发展规律的指导下去解决实践理性的问题，以理论创新为先导，推进制度创新。毋庸置疑，全面系统地有序推进社会政治领域的深层次改革就是这个国家现时代的最迫切需要。只有当中国的政治传播研究能够满足这一需要的时候，它才会更具有实践意义与时代价值。因此，社会政治领域的深层次改革与政治传播事业的新发展就是当前政治传播理论研究的基本面向。

在当下中国，"总体性的历史必然性"规律正在体现为不可阻遏的宪政民主进步潮流，而总体的历史合力方向就是构建现代化的宪政民主国家。我们唯一能选择的是实现这种宪政民主化的具体形式、方式与途径。正确地把握和运用好政治传播规律，适应历史进步潮流，为推进社会主义政治文明破解难题、开辟道路，激发党和国家以及公民社会在新改革进程中的"正能量"，是发展、完善和开创社会主义新制度文明的迫切需要。

近年来，在中国政治传播学界已经出现了这样的理论自觉。荆学民、施慧玲提出："如何深入推进政治传播理论的研究，构建一种满足中国政治实践需要、体现中国政治特色、具有中国气派的政治传播理论显得尤为重要。"他们认为当下的政治传播研究应努力保持中国气派与全球视野的内在一致、西方化与本土化的有机融合、工具理性与价值理性的良性互动、"引进来"与"走出去"的适度张力。他们指出："从纯理论上讲，政治传播，在政治共同体内是政治信息和政治价值观的扩散、接受、认同、内化等有机系统的运行过程，更多的时候则是不同政治共同体之间的政治冲撞和较量。较量的'输与赢'虽然取决于诸多的因素，但归根结底，取决于较量的底线——政治文明本身。"因此，"政治形势本身对政治传播理论研究提出了严峻的挑战。面对这种挑战，中国的政治传播理论研究在'走出去'的战略上责任更为重大。我们的政治传播研究不能还仅停留在对我们的政治民主理论'迷思'的层面上，而是要做出实际行动，加紧构建中国气派的政治传播理论，以此向世界展示我们的政治文明成果。"（荆学民、施慧玲，2009：22）在我们看来，中国气派的政治传播研究与中国气派的社会主义政治文明实现形式构成紧密的正相关关系。也正因此，政治传播研究必须突破"传播学本位"与"政治学本位"的"学科本能"，着眼于改革发展的迫切需要，从"视界融合"的高度上来界定和把握"政治传播"这一范畴，使其成为交互影响、双向构造、有机融合、创造生成的新范畴。

三　从宪法治理的视角，开创新时期政治传播研究的新境界

从网络舆论时代到网络民主时代，是大势之所趋。但在这个过程里，必然要经历一个以宪法治理为核心的转型过程，以及经历一场适应社会政治领域深层次改革要求的"政治传播革命"。所谓宪法治理，即指基于一元宪法共识下的多元主体依宪参与治国理政，也可以简称为"宪治"。

俞可平指出："从政治学意义上说，治理指的是公共权威为实现公共利益而进行的管理活动和管理过程。"（俞可平，2012：184）统治的主体是一元的政府权力机关，而治理的主体则是多元的，既包括政府组织，也包括非政府的其他组织，或政府与民间的联合组织。因此，新改革理念"宪政优先、宪法至上、复合民主、多元共治"中所讲的"多元共治"，就是指多元主体商谈合作的公共治理。俞可平进一步认为，治理有"善治"与"恶治"之分，善治是公共利益最大化的管理过程，而其本质特征就在于它是政府与公民对公共生活的合作管理。民主是善治的前提，"仅有民主，不足以保证善治；没有民主则不可能有善治。"同时，公民社会是善治的基础，"善治是基于公民社会之上的治理，它不仅要求有好的政府治理，而且要求有好的社会治理。"（俞可平，2012：186）我们认为，在民主前提、宪法共识和公民社会的基础上，善治最重要的三大要素是以宪政为核心的法治、以多元共治为核心的参与以及以公正、透明为核心的开放性。只有实现了这些要素，治理主体协商理性的滋养、治理责任的落实、治理效率的提升、治理合法性及其可持续性的巩固、治理清廉度的保持才能获得一个坚实而开阔的制度平台。

在我们看来，善治不仅意味着民主治理，从根本上来看，它更是一种宪法治理。因为，我们今天所说的可以达到善治的"民主"，只能是宪政民主。在中国当下，则只能是宪政规制下的基于公意与众意、政党民主（党内民主与党际民主）与人民民主、选举民主与协商民主、国家民主与社会民主的一种复合民主，是人民民主与依宪治国、党的领导的有机统一。俞可平认为："如果把合法性定义为社会秩序和公共权威被自觉认可和服从的状态，那么我们甚至可以直接把善治等同于合法性。"（俞可平，2012：188）众所周知，宪法是人民民主治理国家的人民意志也即公意的集中体现，是共和国政权合法性唯一的法理型源泉，因此，当代治理的合法性只能体现为宪法治理，也只有宪法治理才能达致善治。宪法治理的内涵既包括了民主治理，也包括法的治理，是"建设社会主义法治国家""依法治国

首先要依宪治国，依法执政首先要依宪执政""人民民主是社会主义的生命""权为民所赋，权为民所用""把权力关进制度的笼子""给权力戴上紧箍咒"等中国共产党执政新理念的集中体现，也是新改革时期中国特色政治发展道路的必然选择。

宪法治理首先强调宪法秩序的优先性，强调宪法实施与宪政领域改革的优先性，强调在新的社会历史条件下优先建好国家宪政制度，并对政治体制与传媒体制做出适宜性的制度安排。这种宪法性制度安排必须根据"制度适宜性"原则，与中国当前的社会历史发展阶段及其具体国情相适宜，同时保持适度超前，以更好地发挥时代引领作用。理论不应当是黄昏起飞的猫头鹰，而应当是报晓的雄鸡。着眼于未来30年新改革时期社会政治转型的历史背景，从宪法治理的视角，来研究新时期政治传播发展的体制机制障碍及其改革路径，从而开创新时期政治传播研究的新境界，在当前具有特别重要的意义。

四　政治传播在未来公共政治场域结构生成中的功能地位

W. 兰斯·本奈特（W. L. Bennett）与罗伯特·M. 恩特曼（Robert M. Entman）在其《媒介化政治：政治传播新论》中开篇即指出："媒介化的政治传播已经在当今民主政治和公共生活之中占据了核心地位。"（本奈特、恩特曼，2011：1）他们所描述的现实，在中国则是可以预期的愿景。在中国，政治传播地位的上升已经伴随着新媒体时代与新改革时代的到来而加快了步伐。不断生成的网络公民社会最早敏锐地捕捉住了这一契机，倒逼着一种多元共治的新政治文明及其沟通机制萌发形成，而政府正在对充满挑战的新公共舆论环境给出日益积极的回应，但其政治传播意识、能力及其效果仍不尽理想，亟须在系统化的新改革中获得提升。

笔者认为，政治是对价值和权力的权威分配或制度安排，是对利益的聚合、整合及其实现。政治现代化必然意味着对价值和权力的权威分配不再为政治霸权所独享，而将成为公民参与、多元共享、官民共治的新格局，而利益的聚合机制与整合机制将形成张力、互为补充。詹姆斯·G. 马奇（James G. March）和约翰·P. 奥尔森（Johan P. Olsen）从制度主义的视角对聚合过程与整合过程做了严格区分，认为"聚合的政治过程基本上是利益、权力和交换的过程"，"政治参与者被看成是怀着获得特定资源（权力）和利益目的而参与政治的"（马奇、奥尔森，2011：121），也就是说正如本杰明·巴伯（Benjamin Barber）所言是"为了私人的利益而从事公共事务"（刘军宁，1998：10－11）。这使得自由主义民主积弊日深，不断受到合法性的挑战，甚至导致"民主的危机"。因此，马奇和奥尔森认为，"对于聚合式政治局限性的失望，在现代民主社会里随处可见"，"交易、结盟、互投赞成票等现象和明智、正义、效率、合理的政策是相抵触的"，尽管"聚合政治被看作是任何民主政治过程的一个重要部分，但是法学和行政学理论往往认为，社会制度不仅能够聚合个人利益，而且能够塑造个人利益并为之提供发展机会"。由此，体现着社会契约精神、普遍的社会信念结构与共同的政治文化的权利，和探索公共利益的理性协商理念，支撑起"以人民主权为旗号的整合性政治过程"。"随着权利术语向社会和经济权利的扩张，其作用从自愿交换转移到规范性制约"，同时，"整合传统追求协同和转化，而不是对立和妥协"。因此，他们认为对于宪政体系的民主秩序，应当根据整合社会和聚合多样化利益的总体贡献来进行适当的评价，而不是单纯追求越多的自由与民主或越多的共识与团结（马奇、奥尔森，2011：125－128）。在整合政治过程和聚合政治过程中，政治传播显然获得了不同的地位与功能。在整合政治过程里，"有组织的说服活动"即宣传在维持或制造共识，形成社会的主流价值体系。在聚合政治过程里，处于现实网络关系中的多元利益主体通过网络化传播这一系列符号程序去试图创造、维持、修复或改变关于利益、权力与价值的资源配置格局及其社会现实，从而在高度复杂性、不确定性、多变性与碎片化趋势的基础上为各自的利益最大化而寻求妥协。宣传是以传播者为中心，对于传播的内容具有"价值正确性"、目的正当性与功能确定性，而传播则是以交互主体性即传播者与受众的博弈关系或交易关系为中心，对于传播的内容则具有价值相对性、立场多元性（自利性）和功能不确定性。对于"宣传"，尽管乔姆斯基（Avram Noam Chomsky）和赫曼（Ed Herman）认为是在制造"被操控的、虚假的共识"，尽管在英美等国"宣传"这一概念声名狼藉而被摒弃，但是"有组织的说服活动"即制造并维持共识、维护主流意识形态的活动一天也没有停息过。但这种"宣传"，是以"传播"为基础构建和维护主流共识，同时，更为重要的是，这种"宣传"的内核与契约精神、宪政信仰相契合，其根本目的在于维系民主的宪政体制，因此，其合理性与宪政合法性获得了有机统一，并随时接受宪政原则及其程序的检视。离开了宪法共识及其宪政基础，"宣传"将失去合法性而受到质疑，"传播"也将失去共同的游戏规则与妥协－理解机制而导致难以弥合的碎片化趋势。

整合与聚合是我们首先遇到的影响政治传播的结构性因素，如果进一步分析，我们还会发现更为复杂的结构关系。

如果说宪政体制是价值与权力权威配置的静态实体，那么政治信息就是价值和权力的传播载体。媒介通过影响政治信息交换，从而影响人们在社会政治生活中的价值取向与行为倾向，并进而影响价值与权力的权威分配，调整利益结构。政治传播促成了政治价值与利益的形成，提供了政治社会化（由公权力到社会）与利益表达（由社会到公权力）的信息通道，同时也在一定程度上决定着政治生态与政治合法性，维持或改变政治文化与政治结构，影响和支配着人们的思想与行为。政治传播可以被一般性地描述为"特定政治共同体中政治信息扩散和被接受的过程"（荆学民、施慧玲，2009：19），但从深层次上看，政治传播也可以进一步被理解为在特定的公共政治场域中有关政治价值（意识形态）、政策选择与公共权力的信息流通过程，并体现为一种政治利益的聚合、整合乃至实现的社会交往机制及其所依赖的传播体制、传播技术与传播策略。

在这个政治传播概念里，我们提出了一个"公共政治场域"的概念。那么，什么是场域？布迪厄（Pierre Bourdieu）指出："从分析的角度来看，一个场域可以被定义为在各种位置之间存在的客观关系的一个网络（network），或一个构型（configuration）。"（布迪厄、华康德，1998：133—134）场域是行动者所处的客观关系网络，它首先是一个关系性概念。这一概念意味着从实体性思维到关系性思维的方法论的转换。因此，以话语为核心强调空间性的"公共领域"和以行动为核心强调关系性以及政治的公共性与开放性的"公共政治场域"概念有所不同。借用"公共政治场域"这一新的概念，我们试图强调政治传播是在特定的结构与关系的象征性互动中，传播政治价值、政策利益表达与政治支配力，实现其既定的政治目标。这种理解不仅强调了公共政治场域中"结构"与"关系"对于政治传播的制约作用，也凸显了政治传播的动态过程。从政治传播的视角来看，公共政治场域不仅是政治行动者所处的客观关系网络，更是政治行动者实践的场所，是由不同位置和资本所建构的社会公共政治空间。在这个社会公共政治空间里，行动者、惯习、位置、资本、时间、规则、信念等重要因素相互作用，在差异、冲突与争夺中共同生成了一个充满力量的构型。公共政治场域有其内在的逻辑关系，并对其中的公民个体或公民组织的集体行动者的行为逻辑产生决定性影响。公共政治场域作为一种社会关系网络构型是由制度（规则）来架构支撑起来并结构化的，行动者、惯习、位置、资本、制度（规则）、信息等要素以不同方式结合在一起，充实着这一社会政治空间。对于政治行动者而言，公共政治场域的结构及其功能以及关系网络的传播效能作为一种核心资本能力，取决于场域中的资源配置机制。由场域结构所决定的制度有效性、合法性与政治传播能力，对于场域中政治传播的关系网络构型具有型塑功能。

在公共政治场域中，结构性地存在着"公共领域""政策领域"和"宪政领域”三个层面，并对不同层面的政治传播构成不同的影响。W. 兰斯·本奈特与罗伯特·M. 恩特曼曾经引出"公共领域"与"政策领域"两个概念来揭示传播影响政治的内在机制。公共领域是指公共生活中的一些非正式场合，包括"所有能够公开传达或交流涉及政治思想和观念的场所"。"在理想的公共领域内，传播不仅不受政府约束，而且能够通过其促进协商、建立共识的特性反过来制约政府的议程和决策，而所有公民也能够平等地参与传播过程。当然，这种理想模式从来没有实现过，而且也似乎永远不可能实现。"但是，作为一种具有批判性与超越性的建构模式，公共领域理论提供了"将政府权力从排他（且由此产生永久的不平等）的利益构成中解放出来"的一种可靠的理想范式。本奈特与恩特曼主张区分两种政治，一种是在非正式的社会关系中涉及权力和价值的政治，另一种是发生在公众和政府机构（如立法机关、司法机关或行政机关）之间的政治。如果将公众和政府机构之间直接针对政府政策的讨论从公共领域中分离出来，那么就形成了一个"公共领域下的一个子集"——政策领域。于是，通过分析在公共领域里的政治传播，我们能够了解人们如何在政府体系之外交涉和交流各自的政见与思想价值，形成社会意识形态；通过分析在政策领域里的政治传播，我们能够了解到底是哪一部分人的意见在多大程度上、以什么方式在左右着政府的决策。

值得注意的是，公众对政策领域的参与受到传播策略的选择性排除与媒体商业化的侵蚀。因此，本奈特与恩特曼提出了政治传播研究的两大前提：第一，政策领域内的公共参与往往是不平等的；第二，就个人层面而言，公众对众多议题往往会选择性地采取漠不关心的态度，甚至对某些问题一无所知。造成这一状况的原因，在西方发达国家主要源于传播策略的选择性运用（有选择性地针对部分受众而排除了其他公众）和媒体商业化进程（以娱乐、生活方式以及其他消费价值为主的商业节目挤压公共政治空间）。在威权国家，则存在着政策领域的开放程度限制问题。过度的政治参与将可能使政策领域不堪重负，但政策领域如果萎缩过度，那么它也就失去了代表性和民主性。（本奈特、恩特曼，2011：2—4）实际上，在公共领域，也同样存在着参与不平等与公共政治冷漠问题，乃至造成公共领域的萎缩。值得注意的是，在西方发达国家，公共领域与政策领域的萎缩主要由资本操纵与消费文化等原因造成，而在威权主义的发展中国家，则主要是由政治控制与精英文化等原因造成的。

W. 兰斯·本奈特与罗伯特·M. 恩特曼所提出的"公共领域"与"政策领域"两个概念，并不能为我们研究传播与政治交互作用的内在机制提供一个完整的分析结构。他们显然忽略了这一内在机制存在的重要前提——"宪政领域"。如果说，在当代公共领域里，传播在塑造政治（例如，首先通过议程设置决定人们看什么、听什么、想什么）；在政策领域里，传播与政治则交互作用（例如，媒体议程设置与政党议程设置之间的博弈），那么，在宪政领域里，宪法政治则占据着绝对的支配地位，它不仅决定政治制度安排及其政治过程，同时也决定媒体制度及其传播过程。如果从比较研究的视角看，宪政领域对于政治传播更具有决定意义。本奈特与恩特曼实际上也意识到了这一点，他们认为，"媒体制度的背后存在着更大的背景，其实是整个社会的社会经济结构"，因此，完整地来看，"政治结构及决策过程与公共领域的关系才是问题的核心"（本奈特、恩特曼，2011：28）。在这里，政治结构乃至于传媒结构，与宪政领域相对应；决策过程与政策领域相对应；公共领域则成为其社会基础。

政治传播不仅在宪政领域、政策领域和公共领域中具有不同的特点，而且在公共区间、公民社会、市民社会（即私人社会）之中也呈现出明显的差异。

在公共区间，政治传播往往具有同一化、圈层化与相对封闭性。在托德·吉特林（Todd Gitlin）看来，公共区间是利益分化、政治分化不断加剧的产物，呈现为一种孤立与分化的状态，这显然与在多元基础上寻求协调一致与共识的公共领域概念明显不同。

在公民社会，政治传播一般呈现出多元化、组织化与开放性特征。公民社会的概念是从公民身份出发，强调积极自由，同时以公民社会组织为核心，强调社会公共性，与强调消极自由与私人权利的市民社会（也即私人社会）的概念相对。

在市民社会，政治传播一般呈现出权利化、利益化与排他性特征。例如，利益集团所开展的政治游说活动，往往以经济利益为核心，以私人权利为外壳，与其他利害相关者可能构成竞争性关系，因而其政治传播活动大多具有排他性。

在一些学者的文章里，"公民社会"与"市民社会"常被混为一谈，因为它们来自同一个英文术语 Civil Society。黑格尔（Georg Wilhelm Friedrich Hegel）是最早提出"市民社会"概念的学者，在他那里，"市民社会"是作为国家的对立面出现的一个资产阶级社会，以市场平等交易原则和契约精神为基础，主张私人权利。可见，"市民社会理论属于自由主义的谱系，它与自由主义一脉相承，建立和完善自由主义的宪政民主制度是其追求的社会理想"（杨仁忠，2009：4）。同时，"公民社会"理论实际上则属于共和主义与社会主义的谱系，尤其现代"公民社会"是从"市民社会"中进一步分离出来的社会实体，是对政治国家系统与市场经济系统的双重否定与分离。在德语中，"公民社会"对应的词是"Zivilgesellschaft"，"市民社会"对应的词则是"Buergergesellschaft"（韩水法、黄燎宇，2011：93）。我们认为，从逻辑起点上看，公民社会的逻辑起点是"公人"，而市民社会的逻辑起点是"私人"。从法律关系上看，"公民社会"属于公法范畴；"市民社会"则属于私法范畴。从社会机制上看，"公民社会"更依赖于整合过程，"市民社会"则更依赖于聚合过程。总体来看，"市民社会"概念的出现建立在"国家—社会"二分法的社会观基础之上，而"公民社会"则建立在"国家—市场—社会"三分法的社会观基础之上。因此，Civil Society既不能被片面地理解为公民社会，也不能仅仅被理解为市民社会，而应当被理解为"平民社会"。在英语里，Civil 的一个含义就是指"平民的"，而"平民"这一概念排除了官僚与军人。在宪政体制中，官僚与军人对于意见多元的公民社会持中立立场，对利益多元的市民社会则保持距离（官僚与军人不得经商牟利），并最终作为国家体制中的一部分而无条件地服从于社会公意。公民社会和市民社会实际上是 Civil Society 也即平民社会"一体两面"共生共存的关联性概念，而市民社会同时是公民社会的物质基础，公民社会则是市民社会的精神向度。

在当下中国"强国家—软市场—弱社会"的格局中，公共政治场域仍处于早期的生成过程或萌芽状态之中。但着眼于未来 30 年新改革时期的发展趋势，我们足以预见和把握政治传播在未来公共政治场域结构生成中的功能地位。在社会政治领域的深层次改革中，整合过程与聚合过程，宪政领域、政策领域与公共领域，公共区间、公民社会与市民社会等结构性因素，都将获得新的政治力量的建构与配置，而在此过程中，政治传播势必将会涨潮般自然而然地占据政治系统的核心地位。

五　新展望：政治改革与传播革命的耦合与共振

政治现代化是一个适度政治多元化的过程，对于中国而言，它只有两种可能的路径，即体制外多元主义，或者体制内多元主义。体制外多元主义就是实行多党民主竞选制度，体制内多元主义则是把党内民主作为突破口，发挥党员主体性作用，落实党员的知情权、参与权、选举权、监督权，允许党内思想政策派别存在并开展适度的政策竞争，通过党内竞争性提名推荐两套政府治理团队到人大竞选决定政府组阁权，即通过"党内竞争性提名、人大竞选决定"的党内民主程序与人民民主程序的对接式选举制度安排，来实现"治权为民所赋"，实行基于人民同意的治理，获得稳固的政治合法性，并在此坚实基础上在宪政框架内不断增强政治开放性与包容性。

这两种政治现代化前景，决定着未来 30 年政治传播发展的不同路径。经过系统深入的研究，我们认为，体制内多元主义是最值得我们争取也最具有可行性的新改革路径（华炳啸，2011b）。体制内多元主义是一种相对"和缓的变革"，正如利普塞特通过对体制转型与合法性危机的关系研究所得出的重要结论：在传统威权体制向现代民主体制转型的过渡时期，由于新的制度还没有健全的功能来适应公民对政治参与的要求，所以通常都会发生合法性危机，但和缓的变革更有助于培养起"一种共同的长期延续的政治文化"（利普塞特，1993：56），这是使民主制度保持合法性与稳定的重要条件。

拙著《超越自由主义——宪政社会主义的思想言说》曾系统提出过一套政治功能层级理论，不仅受到政治学、宪法学等学界的高度关注和热评，而且也先后荣获陕西省高校人文社科优秀成果一等奖、全国高校出版社优秀学术著作二等奖和第六届全国高校科学研究（人文社会科学）优秀成果三等奖，这是有关宪政及其政治体制改革的研究成果首次获得政府奖励。该书提出，建构和完善多元利益表达的民权参与层面（参政层面）、二元公共政策竞争组阁的治权竞争层面（施政层面）和一元公意价值（社会主义核心价值）整合的政权共识层面（宪政层面）等三大政治功能层级，实现"社会（包括市民社会与公民社会）参与治理力量——政党精英治理力量——国家宪政秩序维护力量"的多元共治，将是体制内多元主义的宪法治理体制改革的核心内容。在坚持人民民主、党的领导与依宪治国相结合的前提下，必须全面改革执政党的领导方式与执政方式，使其在宪政体制下合理分权、适度放权。

在宪政层面，共产党作为代表先进生产力、先进文化、先进制度和人民根本利益的公意型政党获得了基于价值整合与宪政保障功能的合法性，从而保证自身能够在最高国家权力机关全国人民代表大会赢得多数席位，实现"执政权为民所赋"和"在人大及其常委会执政"，并在人大代表和社会公众的监督以及宪政制度的规制下切实做到"执政权为民所用"，推动公意立法、民主立法、科学立法，重点发挥宪政秩序的保障与宪政运行的监护功能。执政党负责制订国家的大政方针与战略方向，维护宪治秩序，保持政局稳定，维持国家战略共识，其党权与执政权在宪政体制中获得程序性统一。共产党的执政权、领导权边界及其内容必须有明确的宪法性法律制度予以规定。

在施政层面，由执政党党代会经过党内民主程序推荐提名两个政府治理团队在全国人民代表大会上围绕公共政策问题进行竞争，从而在公共政策治理层面实现"治权为民所赋"的基于人民同意的治理，着力民生改善与经济社会发展，建设公共服务型的责任政府，切实践行"治权为民所用"。

在参政层面，在宪政体制下逐步开放参政性的结社自由，使多元众意型政团通过选举获得众意代议机构（相当于现政协）议席，并利用这一政治协商民主平台，通过多元利益表达与民主审议，实现参政议政、民主协商，从而彰显民权，形成以中国共产党为领导核心的"多元共治、共建、共享"的新宪政共和体制，实现开放性、包容性政治发展。

体制内多元主义所主张的政党政治是"公意—众意复合型"的政党依宪合作协商政治，即执政党与参政党合作协商型的社会主义多党制，也即在统一的社会主义宪政体制下允许适度多元主义的政治力量发挥建设性作用。中国共产党是以"三个代表"为建党原则的公意型政党，代表中国人民的最大公意，而参政党则代表不同的社会阶层、利益群体的多元众意，属于众意型政党。西方的自由多党制是典型的众意型政党竞争政治，与市场经济基础及其利益多元化格局相适应，各个政党代表不同阶级、阶层的选民为获取执政权而竞争选票，为了私人的利益或特殊利益而从事公共政治活动，更倾向于在选民中扩大分歧而不是促成共识，从而把选民分化为各自的"票仓"板块。这种利益分化、政治市场化、选举金钱化、赢者通吃的"选举式民主"，实质上已经构成了对民主内在价值的侵蚀，形成了当代西方社会的"民主的危机"。从理论层面上分析，"公意—众意复合型"政党协商政治相较于众意型政党竞争政治对于转型中的中国更具有制度适宜性与优越性，同时，"政策竞争"完全能够替代"政党竞争"提供给人民以政策选择的民主权利。

在这种人民民主宪政的新体制下，国家政治资源通过宪政体制分别在宪政层面、施政层面和参政层面上实现了资源优化配置与民主统合，同时也形成了"宪权（在宪法规制之下执政党权通过运用人大主权监护保障宪权，实现主权、宪权与党权的功能耦合）统合""治权竞争"与"民权参与"的三大功能层面的有机结合，形成了统合性共识民主、竞争性选举民主、参与性协商民主等三大类型民主机制的高度复合，从而能更好地实现稳定、改革与发展的多重目标，成为实现现代化转型的理想宪政民主发展路径。

如果这种体制内多元主义的改革路径具有可行性，那么政治系统的宪政层面、施政层面和参政层面，分别与前文所述的政治传播所面对的宪政领域、政策领域和公共领域相对应。在宪政领域，对于国家战略共识与主流的核心价值体系的"宣传"（以树立宪政信仰、保障宪政秩序为核心任务）将是政治传播的主要使命，并需要借助国家拨款的强势的社会化公共媒体来实现广泛的政治社会化功能，形成主流舆论阵地，确保社会主流价值体系的"文化安全"。罗伯特·哈克特（Robert A. Hackett）和赵月枝在

《维系民主·西方政治与新闻客观性》一书中就曾讨论了公共传播与可持续民主的关系问题，对市场驱动的媒介系统提出了批评，指出了一条摆脱市场经理人驱动与政府官僚驱动并更具有独立性的公共媒体的可能性（哈克特、赵月枝，2010：170）。在政策领域，应允许政府、政党（包括共产党与参政党）以及参政性政团（如人民团体）都拥有自己的"喉舌"，宣传政府组织或政团组织的政策观点，并平等地接受新闻自由法的法律规制。在公共领域，则应引领商业媒体在法律规制、新闻伦理与行业自律之下承担更多的社会责任与政治责任。

经过改革，邓小平所提出的"党政分开"难题得以破解。党政分开就是指党与政府职能分开，也即党权与治权适当分开，党权管保障宪政秩序、国家安全与社会主流价值体系的"文化安全"，而把治权下放给经过党内竞争性提名、人大竞选决定产生的政府治理团队，不再以党代政、以党干政，支持对人大负责并由人大竞选产生的"责任政府"依法行政，从而得以处于相对超脱的境界，更加有利于发挥宪政秩序的守护者与仲裁者的功能作用，确保国家的长治久安。在新的宪政体制下，党权的宪政地位获得了与宪法权威几乎同等稳固地位，因为从内在逻辑上看，执政党的执政功能已经发生了重大变化，党权已经与宪权融为一体，或者说执政党变成了"宪政党"。对于传统文化中缺乏规则意识的中国人而言，这样的"宪政党"的强势存在将有利于宪政信仰的确立与规则意识的完善。同时，对于一个超大规模的多民族发展中大国，若要保障长治久安，就必须优先强化宪法共识与宪政认同，从而使民族认同、宗教认同等得以整合在宪政认同之下，使社会主义宪政国家成为中国各族、各阶层人民的共同理想，成为中华民族伟大复兴的制度基础。

那么，体制内多元主义新改革与政治传播又有什么关联呢？实际上，从政治传播的视角，可能更有利于我们理解新改革的现实意义。

中央党校党建部主任王长江教授敏锐地发现了这一政治传播视角。他在《论政治流通：建立一种研究政党体制的新视角》一文中指出："长期以来，东西方学者为一党制和多党制的孰优孰劣争论不休。其实，在政党体制模式背后真正起作用的是政治流通。对于需要进行政治体制改革的国家来说，关键问题不在于变换政党体制，而在于各要素之间的政治交流是否通畅，互动是否良好。体制改革与制度设计应着眼于此"。他进一步指出："我们完全可以说，从运行的角度看，民主政治就是各种与政治有关的信息在一个政治共同体内流通的过程，这就是我所谓的'政治流通'。政治流通在英文中有相应的概念，即'political communication'。但长期以来，这个词组被译为'政治通讯'或'政治传播''政治沟通'，均不够准确。'政治通讯'显得生硬，不符合国人的用词习惯，使人有不知所云之感。'政治传播'则对主体的作用描绘得过于夸张，'互动'性质易受误解。因为政治流通中的主体，绝不仅仅是传播者，同时更是接受传播者。权衡各个因素，我们认为，'政治流通'的概念更能体现政治信息朝着不同方向流动的特点。"在他看来，市场经济、公民社会与新媒体的发展，决定着政治流通的流量急剧增加，从而给旧的政治体制提出了严峻挑战。解决之道，在于首先承认"政治沟通载体的多元化，是当代民主政治发展的重要趋势"（王长江，2011：176—181）。我们认为，"政治传播"概念已经约定俗成，也可以从"政治流通"的视角对此概念加以丰富和完善。"政治流通"的研究新视角对于我们的重要启示在于，如果改革者能够积极主动应变，通过体制内多元主义改革守住丹田（即巩固宪政层面），打通政治体制改革的任督二脉（即开放施政层面的治权竞争与参政层面的民权参与），就可以使政治系统中的政治传播流量达到高水平的畅通标准，并避免传播通道的阻塞与凝滞，从而实现优质高效的民主治理。在此过程里，传媒体制、传媒结构与传媒政策必然与政治体制相适应而发生相应的变革。在现代国家，政治体制的核心是政党体制，而政党通常被界定为传播型公共机构（哈林、曼奇尼，2012：9），政党体制与传媒体制紧密相关。从政治流通的视角看，这场变革甚至可以被视为一场"传播革命"。于是，政治改革将有可能与中国未来的传播革命形成耦合与共振效应，共同开创一个新的时代。

丹尼尔·C. 哈林和保罗·曼奇尼曾分析了三种可供选择或批评的媒介模式：流行于英国、爱尔兰和北美的自由主义模式；流行于欧洲南部地中海国家的极化多元主义模式（特点是媒介被整合进政党政治，商业性媒介较弱的历史发展和国家的强大角色）；流行于欧洲大陆北部的民主法团主义模式（其特征是商业性媒介与有组织社会和政治团体相联系的媒介共存的历史，以及相对活跃但是在法律上受到限制的国家角色）（哈林、曼奇尼，2012：11）。中国可以结合中国国情部分借鉴民主法团主义模式，通过社会主义宪政改革重构传媒体制。

最后，笔者谨以罗伯特·W. 麦克切斯尼（Robert W. McChesney）的名著《传播革命》一书中的一段话来结束本文：

> 在即将到来的时代里，我们拥有一个前所未有的机会去创造一个传播系统，它具有强大的力量推动社会的平等、人性化、可持续性和创造力，公正和自治是该时代的秩序。机会的窗口——我称之为"紧要关头"——不会长久的存在，我们将遭到那些势力强大、根深蒂固的公司和政治利益集团的反对，我们需要所有人的支持来赢得这场胜

利（麦克切斯尼，2009：2）。

参考文献

布迪厄、华康德，1998，《实践与反思：反思社会学导引》，中央编译出版社。

本奈特，W. 兰斯、恩特曼，罗伯特·M. 主编，2011，《媒介化政治：政治传播新论》，清华大学出版社。

韩水法、黄燎宇编，2011，《从市民社会到公民社会：理解"市民—公民"概念的维度》，北京大学出版社。

华炳啸，2011a，《超越自由主义——宪政社会主义的思想言说》修订版，西北大学出版社。

华炳啸主编，2011b，《宪政社会主义论丛》（第 1 辑）《大国复兴的宪治之道》，西北大学出版社。

华炳啸、萧三匝，2012，《地方治理可为新时期改革再探新路》，《同舟共进》第 6 期。

哈林，丹尼尔·C. 、曼奇尼，保罗，2012，《比较媒介体制：媒介与政治的三种模式》，中国人民大学出版社。

哈克特，罗伯特、赵月枝，2010，《维系民主·西方政治与新闻客观性》，清华大学出版社。

《马克思恩格斯选集》第 1 卷，1995，人民出版社。

荆学民、施慧玲，2009，《政治与传播的视界融合：政治传播研究五个基本理论问题辨析》，《现代传播》第 4 期。

刘军宁等主编，1998，《直接民主与间接民主》，三联书店。

利普塞特，1993，《政治人》，刘钢敏等译，商务印书馆。

林尚立，2012，《复合民主：人民民主在中国的实践形态》，《宪政社会主义论丛》第 3、4 合辑《复合民主与治理转型》，西北大学出版社。

隆颖，2011，《网络民主时代的到来——浅议掘客对网络民主的影响》，《武夷学院学报》第 8 期。

马奇，詹姆斯·G. 、奥尔森，约翰·P.，2011，《重新发现制度》，三联书店。

麦克切斯尼，罗伯特·W.，2009，《传播革命》，上海译文出版社。

王长江，2011，《论政治流通：建立一种研究政党体制的新视角》，《宪政社会主义论丛》第 2 辑，西北大学出版社。

杨仁忠，2009，《公共领域论》，人民出版社。

俞可平，2012，《敬畏民意：中国的民主治理与政治改革》，中央编译出版社。

中国互联网络信息中心，2012，《第 29 次中国互联网发展状况统计报告》

中国互联网络信息中心，2013，《第 31 次中国互联网发展状况统计报告》。

责任编辑　李莉

政治传播的理论建构

论中国特色政治传播中的"主体"问题

荆学民*

内容摘要 政治传播是人类的一种活动，因而政治传播的"主体"说到底是人而不是其他。"主体"以种种"形态"而存在，可区分为个体、集体、社会总体和人类总体几种形态。"主体"的个人形态对应的是政治传播的"个人主体"；"主体"的集团形态对应的是政治传播的"社会组织""各种共同体"；"主体"的"社会总体形态"对应的是"国家、政党、政府"。目前的中国，国家（政党、政府）仍然是政治传播的主体，主导着政治传播的过程，因此我们在认识上，仍然要坚持这种主体的主导地位不能动摇的理念。政治传播的"多元主体"在中国还不现实，各种"社会组织"的政治传播功能还有待于挖掘和培育。同时，当我们强调中国特色政治传播中国家（政党、政府）作为"主体"的主导地位不能动摇的时候，并不排斥社会（包括社会组织和个人）的积极作用。相反，努力培育和积极发挥"社会"的政治传播功能，实现国家与社会的良性互动，是目前中国特色政治传播构建的重要战略理论之一。

关键词 政治传播 政治传播主体 中国特色政治传播

中国特色的政治传播在根本上不同于西方的以政治竞选为中心的政治传播，因而研究、构建中国特色政治传播在理论上面临许多问题。这些问题可能并不是按照理论逻辑自身显现出来，而是依据中国政治传播实践中的迫切程度而显现出来。其中，中国特色政治传播的"主体"问题，就是一个既在基本理论上没有说清，又在实践操作上不易掌控的重要问题。

一 人是政治传播活动的主体

政治传播是人类的一种活动，因而政治传播的"主体"说到底是人而

---

* 荆学民，山西临猗人，教授，博士生导师，哲学博士，从事政治传播研究。本文系 2011 年国家社科基金重大课题"中国特色政治传播理论与策略体系"（项目批号 11&ZD075）的阶段性成果。

不是其他。这看起来似乎是个毋庸置疑的常识，其实不然。比如，长期以来，传播学中虽然大量论及传播的"主体"问题，但几乎不使用"传播主体"一说。这突出地表现出传播学对"传播"的某些偏执。

在"传播学之父"施拉姆之前，被公认为"构建了传播学学科框架"的拉斯韦尔认为，说明传播行为有一个简便方法．就是回答"谁？说什么？通过什么渠道？向谁？有什么效果？"五个问题（著名的五"W"学说）。在他看来，研究"谁"的学问，主要是探讨"激发和引导传播行为的诸因素"，被称为"控制分析"（张国良，2005：199－200）。而在笔者看来，拉斯韦尔这里的"谁"，本来就是作为"传播主体"的人，可是，他却把对"谁"的研究定位于"激发和引导传播行为的诸因素"，这里的"因素"本来也是对"传播主体"的进一步分析，结果又被他定性为"控制分析"。

拉斯韦尔之后，人们就似乎不再分析"传播主体"了。所谓传播的"控制分析"也渐渐远离了"人"。在传播学中，有"传播者"一说。这个说法也是出自拉斯韦尔。拉斯韦尔在谈到"大众传播"时，使用了"传播者"一词，他对"传播者"的具体定义是："传播者，又称传播人，是大众传播的信息发布者，由大众传播组织及其内部工作人员组成。大众传播组织包括报社、杂志社、电台、通讯社等，工作人员包括董事、发行人、主编、编辑记者等。"（陶涵，1997：28－29）这一定义被沿袭至今。现在中国学者对"传播者"的定义是："在传播过程中负责搜集、整理、选择、处理、加工与传播信息。"很明显，这说的是"传播者"在做些什么，是"传播者"的功能，与"传播主体"还是没有什么关系。

在"传播者"的基础上，库尔特·卢因把"传播者"规定为"把关人"，这是传播学中直接用"人"来说明"传播者"的理论。但是，卢因的"把关人"遍布整个传播过程的各个环节，完全失去"主体"的规定和意义，因而"把关人"也不能被理解为"传播主体"。这期间，有人把"把关人"理解为"守门人"，这与"传播主体"的意涵相去更远了。

现在对于"传播"的研究，存在着"见物不见人""只见过程不见主体"的严重偏执。在一些研究者看来，传播过程是不能用"主体—客体"模式来分析的，认为传播过程"无所谓主体与客体"，是一个"无头无尾"的"截断面"，是一种没有主客之分的"场"。这些观点更不认为，只有人才是传播中的"主体"，比如，媒体就可以是"主体"等。可以看出，由于对"传播"缺乏哲学高度的审视，强烈的"过程"意识完全埋没了"主体"意识。有幸的是，中国较早研究政治传播的邵培仁先生，在其主编的《政治传播学》中旗帜鲜明地提出了"人是政治传播的起点与终点"的观点："人，是政治传播的关键。政治传播，总是人在传播，人在受传。在从传者到受众的路上，不论是作为起点的传者、作为终点的受众，还是在传播过程中作为滤网的中介者，都是人。因此，政治传播过程中的人，就不能不是政治传播中的一个研究重点。"（邵培仁，1990：151）笔者认为，这样的一个道理，不仅仅适应于政治传播，还适应于所有的传播。只是在政治传播中，作为传播主体的人，其"主体"地位更加突出，"主体意识"更为自觉。

二 政治传播中的主体形态

传播是人的活动，人是传播的主体，传播作为人的活动，不能抹杀人的主体意识和主体地位，更不能把人"物化"。这种内在的哲学机理，是传播及政治传播理论研究的理论基础。但是，从哲学上讲，仅仅确定"人"是政治传播的主体还是不够的，因为人还是一个抽象的概念。"主体"就是对"人"的进一步规定。只有在具体的社会活动中人才能成为"主体"。这个时候，社会性就成为抽象的人转化为主体的内在条件。就是说，"社会"也正是"主体"的现实存在形式。仅仅具有自然物质结构和功能的生命个体还不能成为主体。只有在社会化中，具有一定的自然物质结构和功能的生命个体，才能发展成为具有主观性、自主性和自为性的人，才能成为现实的主体。这样的主体，只能是在社会中存在的、具有社会性的人。

可见，社会也并不是许多生命个体的外在结合，而是在物质生产劳动基础上形成的、具有内在联系的个人构成的活动总体。社会关系就是个人结合的社会形式。讲到此，传播的社会本质与主体的社会本质就融合在一起。①

"主体"以种种"形态"而存在，可区分为个体、集体、社会总体和人类总体几种形态。在现在的传播学研究中，并没有很好地说清楚这个问题，因此需要在此花费些笔墨稍作展开。

一是"主体"的个体形态。主体是人，这是就人的总体或类而言的。在现实中，"人"总是表现为一个个具体的个人。个人活动是人类社会集体

---

① 人的社会本质、传播的社会本质、政治的社会本质是"三位一体"的历史生成过程。笔者在新著《政治传播活动论》（尚未出版）中指出：政治的生成过程，可以归纳为政治的国家化、经济化、社会化过程。这种过程既是一种时间意义上的历时展开过程，又是空间意义上的横向扩展过程。这种过程正是政治从无到有、从己到人、从私到公、从内到外、从一到多地通过"传播"这一根基性路径的生成过程。在这个意义上，传播在被理解为"人类社会的特质"的基础上与政治的本质取得了同一性。可以通俗地表述为：没有不通过传播而形成的政治，正像不存在没有被统治者的统治者一样，即所谓的"政治即传播"。

活动的基础和前提。马克思说："全部人类历史的第一个前提无疑是有生命的个人的存在。"（《马克思恩格斯全集》第 1 卷，1995：67）所谓社会，就是由处于一定具体关系中的个人活动构成的活动系统。所谓人类历史，"始终只是他们的个体发展的历史"（《马克思恩格斯全集》第 4 卷，1995：532）。社会历史并不是某种"无人身"的抽象存在物，而是由无数个体的活动构成的。承认"主体"的个体形态具有十分重要的方法论意义：第一，只有承认"主体"的个体形态，才能坚持主体的自然物质性；第二，只有承认"主体"的个体存在形态，才能坚持"主体"的现实性、具体性。个人是"主体"的一种重要形态，它是其他几种形态的前提和基础。在此前提下，才能进一步研究"主体"的其他存在形态。

二是"主体"的集团形态。集团、团体或集体是由个人构成的具有自我意识、共同目的和自觉组织的活动的群体。集体作为活动的"主体"，首先必须自觉意识到所有成员的共同利益，并且在此基础上形成统一的、共同的目的。集体活动必须在集体意识、共同目的的支配下才有可能。集体是由个人联合而成的，但不是个人的简单集合。在不同的关系和层次上，可以形成不同的，甚至对立的集体。集团主体的作用是双重的：一方面，它把个人的力量、能力汇集起来，并超越了许多个体力量的局限，发挥了人的种属能力。共同的活动创造了一种新的力量——社会集体力，因而使集团的力量和能力远远超出了个体能力和人员的机械总和。另一方面，不同集团的形成和划分，又减弱了人的类意识；不同集团的对立和斗争，在一定历史条件下也减弱了人类社会总体的力量。因而，只有把不同集团的对立和斗争限制在一定秩序范围内，形成统一的社会总体，才能保证社会历史的正常发展。

三是"主体"的社会总体形态。"主体"的社会总体形态，是指在同一地域、同一时间内，处于同一经济形态的不同集团和个人构成的主体形态。个人和集团必须在一定关系中结合成为一个统一的社会总体，这样就形成了"主体"的社会总体形态。在阶级社会中，国家是社会总体的集中代表。恩格斯说："国家是整个社会的正式代表，是社会在一个有形的组织中的集中表现"（《马克思恩格斯文集》第 3 卷，2009：561）。国家是一种社会"公共权力"，是社会利益自觉的、集中的表现，是社会总体意志的体现。国家既是社会整体的集中表现，又是经济上占统治地位的阶级利益的集中表现。国家在实现统治阶级利益的同时，也实现了它的社会总体职能。面对自然，国家代表最强大的"社会整体主体"力量。

四是人类主体形态。人类主体形态是主体社会形态的最高表现，是主体作为类的存在形态。其基本内涵是指地球上不同国家、地区和民族作为认识和改造自然的主体的内在统一性。人类主体形态，经历了一个逐渐形成、发展和完善的历史过程。资本主义大工业的发展，使人类开始形成某种全球性的联系，交通工具和通信工具的发展、分工和交换的发展、世界市场的开拓，使一切国家的生产和消费都成为世界性的了。世界各国人民联合行动维护人类的利益，已经形成不可阻挡的潮流。当然，人类的这种统一还是有条件的，人类主体形态还不能得到自觉的、完满的实现。只有真正形成自觉为全人类利益而奋斗的人类的自觉联合行动，人类才能成为一个完满的、自由自觉的主体。

传播活动，尤其是政治传播活动作为人类的一种活动，其"主体形态"的划分，应基本依据这种划分标准。一般说来，"人类主体形态"是一种理想类型，就像现在流行的"全球传播学"，对"全球"即"人类"作为"隐形主体"也是一种理想性的假想而已。这样一来，主体的个人形态对应的是政治传播的"个人主体"；主体的集团形态对应的是政治传播的"社会组织""各种共同体"；主体的"社会总体形态"对应的是"国家、政党、政府"。可能在一些传播学研究者的思想中，把"国家、政党、政府"对应到"集团形态"中，他们还没有能够严格、细致地区别出主体的"集团形态"与"社会总体形态"。

三　国家与社会的关系：政治传播主体变化的分界线

在以上我们对政治传播主体所划分的个人、集团、社会总体、人类四种形态的布局中，由于作为"社会总体"的"国家"始终处于人类政治活动的中心，就相应形成了"国家—社会"的分界线。以国家为一端，始终是政治传播的主体形态；与之对应的另一端包括个人、集团（区别于政治国家的社会组织、共同体、理想性的人类），后者对应于政治国家，被人们称为"社会"。"国家—社会"成为分析人类政治活动的主线，因而也自然成为分析政治传播活动主体的分界线。

从政治学理论上讲，国家与社会的关系大体有几种状态：混沌不分、对峙紧张、良性互动和高度融合。从西方社会发展的历史看，古希腊、古罗马时代、中世纪时期是属于混沌不分状态。那个时候人们的政治生活就是人们的社会生活，社会生活就是人们的政治生活。资产阶级国家的诞生，国家与社会的关系进入对峙紧张状态。这种紧张状态的特点是国家几乎"吞噬"了社会。之后，一些资本主义国家不断地进行自身的调节，在国家与社会的关系上，从对峙转入一定的良性互动状态。

"国家—社会"模式一定意义上决定着一个国家的政治传播模式。学者们已经对这些模式进行了较为深入的比较与研究。施拉姆、赛伯特、彼得森三人合著的《报刊的四种理论》一书，实际上研究了与特定社会政治制度匹配的四种政治传播模式。他们详尽地描述了集权主义模式、自由主义模式、社会责任模式以及苏维埃模式。施拉姆之后，美国印第安纳大学新闻学院赫伯特·阿特休尔出版了《权力的媒介：新闻媒介在人类事务中的作用》一书，被学术界认为是对《报刊的四种理论》的"重大挑战"。阿特休尔批评施拉姆等人从特定的框框中看问题，因此他们可以毫不费力地断定哪个传播制度好哪个不好，这样做妨碍了人们正确地理解传播制度。阿特休尔认为，世界上的新闻传播不可简单地分为"我们""他们"，因为全部媒介是由多种不同主题和旋律组成的交响乐。交响乐的"每一乐章都包罗了新闻媒介所处环境的全部现实，包括历史的、政治的、社会的、文化的、还有心理的现实"。他认为，可以将这首交响曲分为三个乐章：第一乐章为第一世界或西方乐章；第二乐章为第二世界或东方乐章；第三乐章为第三世界或南方乐章。于是，就可以将其分别冠以西方传播体系、东方传播体系、南方传播体系（阿特休尔，2003：489）。

阿特休尔详尽地描述了"东方传播体系"，认为其特点是：在这一体系中，新闻事业的目的是教育人民正确地为人处事，并以此来捍卫社会制度；要求人民寻求真理，善尽社会责任；以政治方式教育人民并争取盟友；要求人们拥护社会制度；在重大问题上，要求统一观点，协调行动。东方乐章中的新闻工作者有责任帮助人们改变错误的意识，并教育工人使之具有阶级觉悟；媒介努力满足人民的客观需要，客观地报道世界的变化，并促进社会变革。在对新闻自由的认识上，这一体系认为，新闻自由不仅仅是富人的意见表达自由，而应是全体人民自由发表意见的自由；新闻自由必须建立在反对或没有压迫和剥削的基础上；为确保新闻自由的正确实施，需要推出一项国家性的新闻政策。这一体系中的决策者们较为重视新闻媒介的政治功能，而一般不太重视其商业功能（阿特休尔，2003：490 - 508）。在这种体系中，政党、国家、政府三位一体成为政治传播的唯一主体。

随着人类政治文明的融合与进步，无论是施拉姆所描述的四种理论，还是阿特休尔所归纳的三种体系，其大体风貌依然存在。但是，各种理论的体系在互相改变着彼此，各种理论和体系的对象不断地在演变，彼此之间的界限也越来越模糊化。这种变化的主线就是，对应于"政治国家"的、包括集团和个人形态的"社会"形态的政治传播主体正在迅速崛起；尤其是以微博为突出载体的互联网，带来的"个人政治传播主体"对原有政治传播的"革命性冲击"，几乎颠覆着人们对政治传播主体的传统观念。

因此，现在再谈政治传播主体，就出现了几种不同的观点和主张。第一是国家（政党、政府）主体说，认为政治传播有其特殊性。这种特殊性在于所传播的内容和传播手段具有一定的政治属性。这种政治属性决定了政治传播的主体应该是作为政治组织的政治共同体。这种共同体的现实形态就是国家（政党、政府）。第二是多元主体说。政治传播是一个历史的动态的过程。在过去只能通过国家（政党、政府）所实现的政治传播，随着人类政治文明和传播技术的发展，现在可以由很多社会组织（国家、政党、政府之外的各种民间团体等）来实现。就是说，"社会"也是政治传播的主体。第三是无主体说。随着人类政治文明和传播技术的发展，特别是互联网给人类的传播带来的革命性变革，已经没有"谁"只是单独的"受众"，政治传播的"主体"逐步从过去的国家（政党、政府）是唯一主体向"全民参政""全民议政"转变。在这种情况下，宣传成为传播，单向成为双向甚至多向，被动接受成为互动交流甚至主动制造。各种社会组织、企业甚至个人均可能是政治传播的"主体"。这样一来，人人都是"主体"，也就是人人都不是"主体"，因而"主体"一词已经不适合描述现在的政治传播。

四　实现中国政治传播中国家与社会的良性互动

那么，究竟该怎样看待中国特色政治传播的主体呢？简单套用以上种种观点，都不能孤立地说明中国特色政治传播的实际情况。在目前的中国，国家（政党、政府）仍然是政治传播的主体，主导着政治传播的过程，因此我们在认识上，仍然要坚持这种主体的主导地位不能动摇的理念。具体地说，政治传播的"多元主体"在中国还不现实，各种"社会组织"的政治传播功能还有待于挖掘和培育。至于政治传播的"无主体"说，更是一种对政治传播的误读，是把一般的大众传播无条件地生套在政治传播上。现在有一种观点认为，目前中国社会存在着政府、精英、平民三大政治话语传播系统，而且三大话语系统不交融，其后果是导致"社会撕裂"。在笔者看来，在目前的中国，并没有真正的"政治精英话语体系"。独特的政治与行政不分的体制，导致了所谓的政治精英一般都在"体制内"。共同的政治立场与利益，使得所谓的政治精英话语体系往往就是政府话语体系，或者说，政府话语体系往往通过自己的政治精英话语体系来表达与传播。至于"平民政治话语体系"在中国则还是一种"政治奢望"：场域很小、通道很窄、偶然性很强、影响很微，完全不能用与政府话语体系并列的"体系"来描述和总结。

　　这种看法基于如下四点认识。第一，中国特色社会主义的政治体制有其特质。这种特质对于政治传播来说，就是政治传播的主体是政党、政府、国家"三位一体"。中国共产党是来自人民群众的执政党，因而从根本上代表着民族和国家的利益；政府在政党的领导下管理和治理着国家。这种政治体制决定了任何社会组织和个人都无法在与国家（政党、政府）等同的地位和意义上成为政治传播的主体。第二，从现实的人类政治治理机制和政治生态来看，国家（政党、政府）仍然是政治体系、政治过程、政治传播中政治信息的元生成者，是政治信息传播的控制者和"把关人"。第三，政治传播的目的在于"政治社会化"和政治信息、政治价值观的输出，因而传播的权威性和影响力是其核心要素。而目前中国的政治传播，国家（政党、政府）的权威性和影响力无以取代。第四，在政治传播中，政治统领传播。其中，国家利益是政治传播特别是国际政治传播的"轴心"和"底线"。在目前的世界政治格局中，任何一个国家的社会组织乃至个人都无法实现对政治传播中国家利益的最大保护和捍卫。鉴于这些认识，我们还不太赞成无原则、无条件地在中国目前的政治传播中喧嚣一种削弱甚至取代国家（政党、政府）主体地位的观点。

　　当然，从理论上讲，国家（政党、政府）应该代表人民，因而在政治传播上应该实现国家与社会的高度一致。然而，能否在实际上做到这一点是另外一回事。因此，在政治传播中国家与社会的关系始终是一个决定政治传播整体状态的轴心问题。对于中国特色的政治传播而言，这个问题也不能回避。当我们强调中国特色政治传播中国家（政党、政府）作为"主体"的主导地位不能动摇时，并不排斥社会（包括社会组织和个人）的积极作用。相反，要进一步强调的是，努力培育和积极发挥"社会"的政治传播功能，实现国家与社会的良性互动，理应成为目前中国特色政治传播构建的重要战略理论之一。

　　从中国的实际情况看，我们长期坚持马克思主义的国家与社会观。马克思当年是批判资产阶级的国家至上主义的，因而马克思主义给我们的理想是国家与社会的高度融合，即国家的消亡、社会的高度自治。但是，马克思也说得很清楚，达到这种目标需要一个很长的社会主义过渡时期。也就是说，要达到国家与社会的高度融合，需要一个很长时期的国家与社会良性互动的阶段。我们现在面临的问题正是如何避免国家与社会的紧张关系，保持国家与社会的良性互动。

　　就政治传播主体意义上的国家与社会关系来说，我们要认识到，政治传播不只是国家（政党、政府）的事情，要在保持国家（政党、政府）主体的主导地位的基础上，承认"社会"在政治传播中的内在地位与作用。

尤其是全球化背景下的国际政治传播，一般情况下，国家主导的政治传播极易被人理解为意识形态的宣传而产生天然的警惕和抵触，也很容易对由国家主导的政治传播产生不信任，而通过社会所实现的政治传播较少带有强烈的意识形态色彩，可能在国际受众眼中更为真实可信。因此，将社会中存在的多元利益主体，包括企业、非政府组织甚至个人的积极性发挥出来，拓展政治传播的渠道，改变过去由国家（政党、政府）包揽政治传播的局面，对当下中国的政治传播具有重大意义和迫切性。当然，发挥这些"社会主体"作用的一个重要前提：一方面是，这些主体不被强大的国家权力吞噬，能够独立地发出自己的声音；另一方面，国家与社会也不能"各说各话"。这就是我们要强调的二者之间保持适度张力、实现良性互动的深刻内涵。而要做到这一点，需要我们努力培育和积极发挥"社会"的政治传播功能。

参考文献

阿特休尔，2003，《权力的媒介》，《新闻媒介在人类事务中的作用》，转引自张国良主编《20世纪传播学经典文本》，复旦大学出版社。

《马克思恩格斯选集》（第1、4卷），1995，人民出版社。

《马克思恩格斯文集》（第3卷），2009，人民出版社。

邵培仁，1990，《政治传播学》，江苏人民出版社。

陶涵主编，1997，《新闻学传播学新名词词典》，经济日报出版社。

张国良主编，2003，《20世纪传播学经典文本》，复旦大学出版社。

责任编辑　李莉

我国政治传播结构对领导层的信息结构的影响

孙旭培[*]

内容摘要 我国的政治传播结构中存在着人际传播、组织传播和大众传播三个系统。历史地看，人际传播和组织传播的发展已经呈现出了诸种传播弊端，严重阻碍了社会信息的流通和共享。与此同时，大众传播的现实也不容乐观，影响了信息的高效传播。事实表明，这三个传播子系统都无法单独承担起领导层获知决策与施政信息的需求，只有当三个子传播系统紧密耦合时，中国政治传播的结构才能趋于合理，提升社会民主的发展。

关键词 政治传播　人际传播　组织传播　信息结构

政治传播，广义上是指一切有关政治的信息（事实信息和意见信息）的沟通和流动。国家运行的有序状态，依赖于政治传播机制对政治系统进行正常有效的信息输入和输出。西方政治传播研究的问题主要是竞选。我国政治传播研究什么呢？在本文中，政治传播尤指推行政治的信息的传播和监督政治的信息的传播。本文的内容主要是分析我国的政治传播结构对领导层的信息结构的影响。

一　我国两类传播渠道的不合理分工

在现代社会，传播主要可以分两类：大众传播与人际传播。前者是借助大众传媒——印刷媒介（报纸、期刊、图书）、电子媒介（广播、电视、电影）和网络媒介；人际传播是不以上述媒介为手段，而是通过演讲、对话、开会讨论、通信、写报告、送材料、上访告状等形式进行的传播。当然，也可以把传播分成三类，即大众传播、人际传播之外，加上组织传播。组织传播看上去兼有前两种传播形式，但是在一个缺乏民主机制的社会里，它常常不过是人际传播的延伸而已。

---

* 孙旭培，中国社会科学院新闻与传播研究所研究员、原所长，河北大学新闻传播学院教授。

现代政治的理论与实践告诉人们：权力不能离开制约，政治不能离开监督。没有监督的政治必然会是腐败的政治。政治必须接受监督，必须接受经常的、广泛的、公开的监督。而这种监督常见的有效形式，是运用大众传播。大众传播的监督构成了法律的、行政的、人民代表大会的等一系列监督的信息基础。在政治传播中，大众传播和人际传播都能发挥自己的作用。然而，就传播手段、传播范围、传播效果等方面来看，大众传播较之人际传播更加广泛、公开、及时、准确。在民主国家，大众传播在其全面传播、反馈的过程中，构成了监督政治生活的主要信息源，这是人际传播无法替代的，后者充其量只是前者的一种补充（孙旭培，2004：455）。

在我国，长期以来习惯性地将社会生活中各种信息截然分为两种——喜讯与忧讯。党和政府的方针、政策、措施执行顺利，有所成就的属于喜讯；反之，失误、挫折、各种重大社会问题以及决策受到不同阶层群众抵触和批评的情况，则为忧讯。前者通过大众传播一再弘扬宣传，后者则由人际传播"逐步向上级反映"（孙旭培，2004：455），由大众传媒传播的极少。这种状况可以概括为：通过大众传播推行政治，通过人际传播监督政治。一句话，我国很少利用大众传播监督政治。我国进行的新闻批评以及后来提倡的舆论监督，只能是上级报纸批评下级的人和事。由于我们的报纸都是机关报，所以这些批评实质上包含着行政批评的意味。对政治的监督只是通过另一种传播——"逐级向上反映情况"（孙旭培，2004：455）。其结果是不能达到有效监督的目的，甚至常常是南辕北辙。今天，为建立完善有效的监督机制、实现政治民主化，十分有必要对传播结构、领导层的信息结构与政治监督的关系作一番认真的辨析。

二　人际传播在政治传播中的弊端

就传播方式来说，人际传播是人与人之间口头的或书面的信息交流，较之现代化的印刷媒介、电子媒介，它传播的范围小、信息量弱，是手工操作的原始方式，不能满足政治监督的经常性、广泛性的要求。从传播过程、传播效果上来看，人际传播在监督政治的时候存在着难以克服的弊病。

人际传播具有传播渠道多、方法灵活、双向性强、反馈及时、互动频度最高等特性，是领导层获取信息的重要渠道（郭庆光，1999：81－84）。许多政治决策是在领导层人际传播的过程中达成的（祝基滢，1983：106）。但是，由于传播介质和形态的固有局限性，人际传播在信息传播中的缺陷也非常明显，并且，这种缺陷及其导致的负面效果在牵扯到错综复杂的多重利益纠葛的政治传播中往往进一步扩大。

（一）人际传播在传播内容上的弊病：信息保真性差，易于损耗和变异

人际传播中信息保真性差，美国心理学家巴特利特的试验发现，即使是同一个人，在相隔几天后或几周后，复述相同的故事时，也会不断地丢失细节。最后讲述的总是短于最先讲述的，甚至几乎不可辨认了，最容易错的是名字、日期、数字（奥尔波特，2003：35）。奥尔波特在十一次试验的基础上发现，在五六次口头传播的过程中，即使在没有什么时间间隔的情况下，也有约 70% 的细节被忽略，丢失率保持不断下降的趋势，在早期复述中细节丢失的百分比更大（奥尔波特，2003：45）。

现行政治组织结构中的人际传播链往往是多级的甚至是异常庞大与复杂的，而且在一般情况下，信息不可能在每级传播链接之间迅速及时地传递而丝毫不存在时滞。因此，在多级人际传播中信息保真度随着人际传播链的传递节节衰减，链接越多时滞越长保真性越差，衰减越严重。

中国属于典型的高语境（high context）传播国家，"即绝大部分信息或存于物质语境中，或内化在个人身上，极少存在于编码清晰的传递讯息中。"（霍尔，1999：32－49）传播者发出的信息通常不是结构严谨、形式完整、意义明晰的，而是含混、模糊、费解的，其信息的真正含义往往隐藏在传播者说话的语气语调及其话语和文字的字里行间。无疑，这种高语境信息在多级人际传播链的传输中，其保真性的衰减更加厉害和严重。

此外，上述研究的结论是建立在实验室环境上的，信息的失真和衰减仅仅单纯是由于受试者的认知、记忆、习惯等生理、心理以及文化结构和性能造成的。而在现实政治语境中，传播者面临的情景非常复杂，传播者的态度、情绪、动机以及当下时机、目前的情势、未来的走势等等都会直接或间接影响传播信息的保真度。所以，在现实政治活动中人际传播的信息保真度会比上述情况更差，失真、变异的情况更严重。

（二）人际传播在传播过程中的弊病：传播链脆弱，极易波动和断裂

一般来讲，个体的传播能量，即其在传播和接受信息时可资利用的政治、经济、文化以及社会资源的总和，直接决定其传播和获取信息的数量和质量。但是，在具体的人际传播情景中，个体的传播能量主要决定其传播和获取信息的数量，而对其质量的影响是间接的、潜在的；其传播和获取信息的质量主要取决于架构和铰合人际传播过程的传播链的强度，即取

决于传者与受者①之间持续的互动和合意的强度。受者愿意提供信息吗？其提供的信息真实吗？正确吗？准确吗？完整吗？对于这些情况传者都不能完全操控自如，其传播链极易受到人为的干扰而波动甚至断裂，使其偏离甚至背离其意欲通联的对象和想要获取的信息。

而传播能量小的传者人际传播链则更是非常脆弱，如普通群众一般难以克服多重现实壁垒，将其人际传播链链接入政治组织高层的人际传播网，自由地面对面与政府高级官员交流。而且即使是链接入政治组织的普通群众，如试图将批评性与监督性信息依赖人际传播链层层逐级上升延伸至政治决策高层的人际传播网，扩散到政治决策高层的信息圈中的概率是非常小的，难度是非常大的，苟能成功，其代价也是巨大的。

在脆弱的人际传播链条中，不仅传播能量小的传者的处境无奈，想反映实际而不能；传播能量大的传者的处境也非常尴尬，想获取实情而不得。脆弱的人际传播链条极易受人为因素的干扰而波动甚至断裂。

众多的例子说明，在缺乏大众媒介监督政治的环境中，领袖与群众之间的传播链断裂的现象必然比比皆是。在这种情况下，领导人在位愈久，其信息结构必然与普通老百姓的信息结构的差别愈大，也就是愈加不合理。

（三）人际传播在传播情景里的弊病：情境因素干扰性强，易致谗言传播

人际传播都是发生在一定的情景之中的，所以非常容易受到谈话的时间和地点、传受双方的情绪感觉、心理状态以及传受双方的社会地位、亲疏关系等各类因素的制约。在政治传播中，一些别有用心之徒，就是伺机利用特殊的传播情景来实现其阴谋诡计的。

在八届十中全会上，毛泽东正在作报告批判"平反风""翻案风"时，接到康生递来的一张条子，毛泽东随即看着条子说："现在小说盛行，利用写小说搞反党活动是一大发明。"康生指的是李建彤所著小说《刘志丹》（工人出版社出版）。康生没有看过书稿，凭借超人的嗅觉断言："完全是为高岗翻案的！"此时的毛泽东正在大谈阶级斗争、党内修正主义等问题，很快得出结论并予以高度总结："凡是要推翻一个政权，总是要先造舆论，总是要先作意识形态方面的工作。革命阶级是这样，反革命阶级也是这样。"于是，一场猛烈批判《刘志丹》的高潮被掀起。小说的写作被认为是有组织、有预谋的。在修改小说的过程中，习仲勋、马文瑞、贾拓夫等原西北

---

① 一般来讲，人际传播中没有固定的传者和受者，两者经常会互换角色处于变动之中。为了便于分析和阐释，本文中的传者指的是在具体的人际传播情景中的话语与话题的首发者，而受者则指首发话语的接受者，本文中的传者与受者仅是话语首发意义上而言。

革命时期的老干部提出过修改意见，被说成是："习仲勋勾结刘志丹的弟弟刘景范和爱人李建彤，合伙炮制反党小说《刘志丹》。"

在没有任何事实证据的情况下，八届十中全会认定"习仲勋、贾拓夫、刘景范是个反党集团"，并成立专案组进行审查。据不完全统计，因此案受到牵连遭迫害者达万余人。"文革"爆发后，这批人受到严重的打击：贾拓夫（国家经委副主任）惨死在北京郊区，马文瑞（劳动部部长）被关押 6 年，白坚（一机部副部长）被揪斗致死，罪名是"为小说提供炮弹"。刘宗勉（湖南省劳动局副局长）受此案牵连，被沉河里淹死；高丽生（工人出版社社长）被肉刑折磨致死。该出版社的吕宁被打成内伤，周培林遭受电刑的折磨。而才华横溢的责任编辑何东栋，全家被赶到乡下，6 口人每月只有 60 元生活费，母亲和两个儿子在贫病交加中惨死。连李建彤进行采访时为她带过路的普通群众王悦贤、刘景华也被迫害致死（刘建明，1998：56 - 67）。

康生趁着毛泽东"正在大谈阶级斗争、党内修正主义"等问题时，迎合毛泽东当时的判断和思路，借机进献谗言。康生的谗言为毛泽东正在强调"阶级斗争、党内修正主义"提供"反党活动"的"证据"，因此毛泽东仅凭一张纸条就断定了习仲勋"勾结"刘志丹的弟弟刘景范和爱人李建彤，"利用写小说搞反党活动"，从而造成了党史上一起重大的冤假错案，导致数十人毙命，上万人受到迫害。

（四）人际传播在传播结构上的弊病：依人际关系亲疏形成差序信息传播格局

政治组织中人与人的关系的格局原本是一种典型的团体格局，即人与人的关系是由其担当的职位和责任所赋予其的权力与义务所规定的（费孝通，2005：30 - 31）。问题的复杂性还在于，我国传统的社会基础结构是一种差序格局，是一种"一根根私人联系所构成的网络"，"每个人都是他的社会影响所推出去的圈子的中心。被圈子的波纹所推及的就发生联系。每个人在某一时间某一地点所动用的圈子是不一定相同的。"（费孝通，2005：32，41）作为传统的社会基础结构的差序格局浸润到了社会各个层面的各类组织中，包括政治组织，它虽不是明文规定甚至往往是与明文规定相互冲突的，但潜在地发挥着支配性的作用。

这样，虽然在政治组织中人与人的关系都事先被组织章程规定得清清楚楚、明明白白，每个人责权分明，各守其职、各负其责。但同事间特别是上下级间的私人关系更为重要。往往不是组织规章而是这种极其模糊微妙的关系决定着人与人的关系，进而影响并决定着其担当的职责与其所拥有的权利。表现在政治组织内部信息传播方面，就形成了一种依人际关系亲疏而形成的差序信息传播格局："思想开放者向趋向开放的领导人那里送文章、送材料，思想保守者就向趋向保守的领导人那里送文章、送材料，持两种思想的人群在各自的圈子里交换信息频繁，双方都觉得自己是理直气壮，而与对方沟通少。"（孙旭培，2004：454）以人际亲疏关系为基础的差序传播格局，强化了政治组织中以人际关系亲疏形成的内部小团体（俗谓"圈子"）的内部认同性和对外封闭性。"圈子"内部信息交流活跃，但对外则壁垒森严，"圈子"之间相互守口如瓶，不相往来。

真理越辩越明。正确的决策通常是在不同甚至对立的思路、观点、意见的交流与交锋中产生的。但在差序传播格局中这种交流断绝了，即使有交锋，也沾染上了人际斗争的色彩。基于差序传播格局中高度同质化信息做出的决策，往往不可避免地造成原本可以避免而后果又不堪回首的决策盲点与决策误区。在非常时期，差序传播格局也是我国党史上许多党内斗争悲剧的重要原因之一。

虽然，为了确保群众与政府、基层与机关、地方与中央信息交流的畅通，我国政府建立了群众向上级政府反映问题与情况的信访制度，以及上级政府官员了解基层组织的工作和活动、群众生产生活困难与实情的检查和视察制度。但这种制度架构下的信息交流则直接建立在人际传播和组织传播的基础上，无法有效地克服人际传播与组织传播模式固有的内在缺陷，所以常常造成上情未能下达，下情不能上通，上下信息流通的不畅和阻塞。

三　组织传播在政治传播中的弊端

组织具有部门分工专业化、职务岗位责任化、系统科层制等结构特征，组织的结构特征在保障组织目标明确、系统结构、行动协同的同时，也给组织带来部门条块分割化、职务岗位本位化、科层结构官僚化等弊端（郭庆光，1999：100）。组织传播的特征是由组织结构的特征决定的。组织结构内在的弊端决定了组织传播在组织内传播与组织外传播两个层面上自身无法有效克服的固有缺陷。

（一）组织内传播形态的弊端

组织内传播的主要方式有会议和内参。

1. 会议

会议是组织进行传播与决策最常用方式之一，"其优点是传播面积大、面对面的会场气氛能使与会者集中精力关注特定的问题。"（郭庆光，1999：

104）

但是，矛盾总是辩证地存在，会议的突出优点在一定机制和情境下会转化成群体思维（groupthink）。群体思维指的是"当人们深深地融入到一个具有很强凝聚力的内部集团，并且他们追求一致性的努力超过了现实地评估其他可能的行动方案的动机而陷入的一种思维方式"，并且为了防止相反意见以及不需要的信息冲击群体和它的领导，群体思维会产生思想上的自封状态（小约翰，1999：513）。"在凝聚得非常紧密的具有团体思维特征的团体里，趋于一致性的压力会导致决策盲点。"（米勒，2000：159 - 160）在开会群议的过程中，由于与会成员的身份地位差异以及成员之间面对面的紧密互动极易形成群体思维。

在我国集中有余、民主不足的"家长制"式政治组织结构和唯领导是从的"一言堂"式政治思维模式中，更容易形成围绕领导意图和领导意志的群体思维模式，并且，不同于西方的是，这种群体思维具有更强的刚性和更大的约束力。

1959 年庐山会议初期（7 月 2 日 -16 日），气氛轻松、融洽，正如毛泽东说的那样"有点神仙会的味道"。白天开会，晚上看戏、看电影、跳舞。即使在这样的情况下，当彭德怀问周小舟："你们小组对国内形势讨论得怎么样？"周小舟说："不怎么样。讨论不容易展开。"周小舟谈到小组会上发言时说，只要一谈缺点和问题，就会被人打断（《彭德怀传》编写组，1999：587，594）。

在"英明领袖领导下的国内形势一片大好"的群体思维的制约和压力下，"群体在收集和注意可获取的信息时有高度选择性。成员们比较倾向于注意那些能支持他们所赞成的计划的信息。"（小约翰，1999：512）少数人的意见，即使是正确的意见，也得不到表达。与会群体不再考虑原先不为大多数人所赞成的解决方法。周小舟等少数人的意见不仅很快被多数派，也被原先抱支持态度的人忽略、抛弃。

其实，当时许多与会者是知道国内紧张局势的（余广人，1999）。群体思维聚集的直接压力使成员不敢发表相反的观点（小约翰，1999：513）。在新中国成立初期召开的庐山会议是我国现代化建设历程的转折点，之后的一段时间里中国现代化建设陷入了漫长的曲折和反复的历史歧途，付出了惨痛而沉重的代价。

2. 内参

内参，是政府的各个部门和各新闻单位采编的供领导层参阅的定期印刷物（孙旭培，2004：461）。许多人认为，内参是党内信息传播的"一大优势"和特色。一些重要、重大但被认为不宜公开传播的信息，尤其是那些事关重大或影响恶劣的负面新闻，可以借由内参传播至决策者手中。内参确实也传输了一些负面的反馈信息，起到了一定的监督作用，但是它的作用是有限的。

1959 年 9 月 3 日到 11 日，新华社《内部参考》接连登载了三篇文章：《驳国民经济比例失调的谬论》《驳全民炼钢铁人民公社化造成市场紧张的谬论》《关于〈驳国民经济比例失调的谬论〉一文的讨论》。三篇文章异口同声否定国民经济比例失调，认为有也是个别的。其中一篇出自国家统计局，该文引用浮夸的数字并断言："在 1958 年生产大跃进的基础上，国民收入，人民生活，积累均有很大的提高。""特别是广大农民的生活水平提高得最快。"（《彭德怀传》编写组，1999：587，661）

事实上，当时中国广大农民的生活水平陷入新中国成立以来最贫困、最悲惨的境地。仅河南信阳县，这个原本富庶的江淮鱼米之乡，一地就饿死 100 万人以上（郭国松，2006：272 - 282）。

正如杜导正所说：1960 年、1961 年，大跃进的闹剧酿成悲剧，成千上万人饿死了、饿浮肿了，而新闻机关新闻记者的公开报道甚至内部参考，却依然是莺歌燕舞歌舞升平（杜导正，1999）。毛泽东就曾说，把我们的工作描成一片黑暗是完全错误的，要注意不要把《内部参考》办成"谴责小说"，谴责小说在文学史上向来是得不到好评的（孙旭培，2004：461）。

即使今天，我党进入中国历史上迄今政治最民主、政事最清明的时期，媒体记者采写内参反映社会情况的阻力也是相当大。2001 年，新华社总编辑南振中在新华社国内分社年轻记者业务培训班座谈会上说："大家谈到采写参考稿件的阻力，这不是短时间里能彻底解决的问题。"他认为，当前内参工作的阻力主要来自两个方面：一个是改革开放以来逐步形成的新的利益格局，包括条条的利益、块块的利益、地方的利益；另一方面与"官本位"思想紧密相连，跟干部的升、降、转紧密相连（南振中，2003：31 - 37）。新华社尚且如此，遑论其他媒体。

内参对于党报执行大众传播的信息传播功能来说，即面向最广泛的民众及时地传播最新的信息，内参的信息不公开传播，是履行"内部"信息传播功能。而就党政组织内部而言，内参只是内部组织传播的一种方式和途径，必然遵循组织传播的既有规范，受制于组织传播的现有语境。内参并不能超越组织规范和章程，跨越组织传播管道内由各级领导或负责人"把关"的层层"关隘"，把信息从信源地直接传输到最高决策层，而让信息无衰减、无变异。

（二）组织内传播机制的弊端

由于我国政治组织的"家长制"体制，使得各级官员的升、降、转完全取决于上级领导的考察和选拔，而不是基层民众的民意与选举。对于基层官员的政绩，置身其中的民众了解得最清楚、体验最深刻，但民意往往无法影响其升降迁转；上级领导主要是通过基层官员自己口头或书面汇报泛泛了解其政绩，而且上级领导可决定其仕途的走向和前程。因此，一些官员通过浮夸虚报数字数据"造"政绩"信息"给上级看，而不是为民众踏踏实实"干"出政绩。

国家级贫困县湖北省丹江口市 1992 年 GDP 为 8.2284 亿元，1993 年猛窜到 16.1161 亿元。此后，更是连年翻筋斗，1995 年的 GDP 达到 38.5502 亿元，财政收入 1.75 亿元，分别比上年增长了 35.2%、70.4%，丹江口市宣布"全面脱贫"。1998 年，丹江口市年报 GDP 为 82.6 亿元，财政收入 2.85 亿元，获湖北省"十强"县称号。1999 年底，数家媒体聚焦丹江口市，揭穿了当地骇人听闻的统计数字造假黑幕。2001 年，有关方面做出权威统计，丹江口市 2000 年 GDP 和财政收入分别比 1998 年缩水 50% 和 40%，仅相当于 1995 年水平。丹江口市在获"十强"县称号两年之后，又申请重新列入国家扶贫开发重点县市名单。而此时，假造统计数字的前丹江口市委书记张二江从"数字政绩"中获益最大并已经被调往省直管的天门市任市委书记（黄广明，2002）。

政绩信息造假除了由于组织内部传播渠道缺乏监督导致基层官员利用政绩信息造假之外，上级领导面对基层汇报的政治经济信息常常采取"选择性耳聋"的态度也是造成这种现象的重要原因。"家长制"下领导群体在收集和注意可获取的信息时有高度选择性，他们比较倾向于注意那些能支持他们所赞成的计划信息（小约翰，1999：512）。正如 1959 年 7 月，彭德怀在庐山会议小组会议上所言："解放以来，一连串的胜利，造成群众的头脑发热，因而向毛主席反映情况只讲可能和有利的因素。在大胜利中，容易看不见，听不进反面的东西。"（《彭德怀传》编写组，1999：588）

各级官员政绩信息造假和上级领导"选择性耳聋"互为因果。为迎合上级领导的"选择性耳聋"，各级官员编造虚假的、不实的、夸大的政绩信息；听惯了下级和基层官员汇报的"突出"政绩，上级领导更听不得下面"形势严峻"的情况，"耳聋"得更重了。两者互为因果并相互作用加重了这种恶性循环，最终形成了一种正反馈即政绩、负反馈即失职的畸形政治组织传播的动力机制。

在湖北省监利县棋盘乡党委书记李昌平给总理写的信中反映出这种正

反馈即政绩、负反馈即失职的畸形政治组织传播动力机制是一种普遍现象。他痛陈农民真苦、农村真穷、农业真危险："谎言讲一百遍便像真理。现在真话无处可说。上级领导只听农民增收就高兴，汇报农民减收就批评人。有典型，无论真假，就记录、就推广。基层干部察言观色，投领导所好，到处增产增收，形势大好。所以真话也听不到了。如果有人讲真话、实话，马上就有人给扣上帽子'政治不成熟，此人靠不住'"。李昌平浩叹："现在作为一名农村基层干部不出假典型，不报假数字，不违心说话，不违心做事，做实事求是的干部太难，太难啊！"（黄广明、李思德，2000）

正反馈即政绩、负反馈即失职不仅是种普遍现象，而且还形成了一种显而易见是不合理的，但人人又不得不遵守的"潜规则"，破坏这条"潜规则"的人，即不出假典型，不报假数字，不违心说话，不违心做事，做实事求是的人，就会被清理出局。李昌平本人的后来政治际遇再次证明了这点。李昌平因为向总理"说了实话"而被地方官员认为是"政治不成熟，此人靠不住"被迫调离监利（酱香老范，2008），并且最终脱离了政治系统。

上述反映这种畸形组织传播动力机制的案例不是历史往迹，也不是现实特例，而是具有普遍意义的典型事件。它们反映出这种正反馈即政绩、负反馈即失职的畸形政治传播动力机制在我国从新中国成立到现在、从中央到基层所有的政治组织传播中都存在过也还都存在着，只是程度不同而已。因为，这种畸形的政治组织传播动力机制只是政治组织行为动力机制的弊端和缺陷的投影，只要组织行为动力机制弊端和缺陷没有得到修正、弥补，必然会造成这种畸形的组织传播动力机制。

（三）组织传播结构的弊端

政治组织部门条块分割化、职务岗位本位化、科层结构官僚化等结构性弊端致使政治组织传播中存在一种结构性缺陷：纵向传播频繁，横向传播匮乏；下行传播频繁，上行传播匮乏；组织系统内部纵向传播频繁，组织系统之间横向传播匮乏；组织系统内部纵向传播又表现为下行传播频繁，上行传播匮乏。

政治组织部门条块分割化、职务岗位本位化使得同级各个政府职能部门除本职工作外，不注重相互之间的横向信息交流与传播。当下社会事务管理中存在的"多头管理"和"三不管"即是这种组织系统间横向传播匮乏的典型表现。各个政府职能部门要么都来伸手、管理重叠，要么无人问津、相互推诿。当然这种现象产生的原因是错综复杂的，但是组织系统间横向传播匮乏是其重要原因之一。

　　而在组织系统内部，权力越集中，管理越独裁，越不注重信息的上下之间的双向交流与传播。在独裁专断的领导人管理的组织中，只有明确、有力地对下级下属下达要求，几乎不存在下级下属上行传播能影响、制约领导决策与施政的信息。由于前文分析所述的畸形政治组织传播动力机制，造成真的有了上行信息也往往会被曲解（小约翰，1999：549）。

　　由于不同组织的利益和职能各异、观点和视界殊方，组织间的信息横向传播能够从某个方面或在一定程度校正和补益组织系统内部由于下行传播频繁，上行传播匮乏而造成的信息漏洞和决策盲点。但问题的麻烦之处就在于，我国政治组织传播的另一个结构性缺陷是，组织系统之间的横向传播匮乏。这样，系统内部信息传播存在的缺陷反而因系统间信息传播存在的弊端而放大了，造成了系统间相互影响但各个系统都无法自行根本解决的结构性弊端。

四　优化领导层的信息结构：传播系统的紧密耦合

　　民主政治下的大众媒介几乎传播了一切社会公众所需要的信息。大众传播由于公开、广泛、及时，传播内容受社会监督、受法律和社会公德约束等特点，在政治传播中可以避免和弥补人际传播与组织传播的缺陷与弊端（孙旭培，2004：462）。如前文中所述的湖北省丹江口市统计数字造假等都是在大众传播的曝光后而真相大白于天下的。

　　但是，基于社会环境、组织制度架构、经营运作机制、采写编播流程等内外因素，尤其是在我国当前的媒介生态中，大众传播仍具有诸多弊端：传播者专业化水平较低；传播媒介的生死取决于政府审批而非现实需求；传播内容中存在着观察思考短视、采写框架片面、虚假有偿新闻；单单视受众为消费者、唯视听阅读率是瞻；等等。仅依靠大众传播，决策者也无法建立一种全方位、多层次、立体化的信息结构。

　　假如人际传播、组织传播、大众传播在政治传播中能够充分发挥其正面功能，避免任何负面功能，三个传播子系统仍然无法单独承担领导层获知决策与施政信息的需求。面对异常复杂瞬变的决策环境，个人和社会组织是通过“最小多样化法则”（law of requisite variety）来控制决策信息环境，即“当控制对象是［信息］环境的时候，为了有效地实行控制，需要具备至少与信息环境多样性（复杂性）程度相同的多样性（复杂性）的［传播］体系”（Ashby，1960/2002：96）。政治组织领导层只有依靠整个社会传播大系统，包括人际传播、组织传播和大众传播等三个子系统，才能准确及时地获取充沛的决策与施政信息。因为，从结构－功能分析的视角来看，人际传播、组织传播、大众传播之间的区别不仅是传播主体、对象、范围、介质、方式的不同，而是其三者的结构—功能上存在着本质差异。人际传播是旨在满足个人需求的微观层面的信息传播活动；大众传播是旨在满足社会体系的功能性重要条件的宏观层面的信息传播活动；组织传播是介于两者之间的旨在满足组织需求的中观层面上的信息传播活动。从微观到宏观的信息传播活动是相互关联而非连续的过程，每个层面的信息传播活动都与其他层面紧密关联互动，但也存在断层，任何一个层面也都无法完全满足其他层面的信息传播活动需求。[1] 因此，三个传播子系统都无法单独承担领导层获知决策与施政信息的需求。所以，三个传播子系统的耦合程度决定了领导层信息结构的合理化程度。当三个子传播系统紧密耦合时，即信息能够在系统内部自由流动，在系统之间充分交流时，领导层信息结构就趋于合理化。反之，当三个子传播系统松散耦合时，即信息无法在系统内部自由流动，且在系统之间相互隔绝时，就会导致领导层信息结构的失衡和紊乱。

传播系统的松散耦合和领导层信息结构的失衡在我国政治传播中主要表现为：未能全面认识到大众传播在政治传播中的正面（顺）功能，对其片面使用未加以充分利用；又忽略了人际传播与组织传播在政治传播中的负面（逆）功能，对其过于倚重。同时，还弱化了三个子传播系统之间的信息耦合程度。最终导致领导层获知的信息量似乎极大，社会各个层面各种情况无所不知，但信息结构极不合理，领导层获得的正面（正反馈）信息极多，负面（负反馈）信息极少。因此，在我国目前的政治传播生态下，尤其应该注重的是充分发挥大众媒介在传播负反馈政治信息中的作用。

只有在三个子传播系统紧密耦合时，方能构建一个信息及时、全面、准确的社会传播结构，领导层的信息结构也才可能是全方位、多层次、立体化的，也才可能在这个信息川流不息且瞬息万变的时代，"弄清情况"，做出正确决策。

回到本文开头的话题，我国大众传媒理应既传播推行政治的信息，又传播监督政治的信息，两种使命一肩挑，只是不同的媒体各有侧重罢了。"可以预言：大众传播媒介监督政治实现之日，我国的政治民主化将出现一个质的飞跃。"（孙旭培，2004：130）

---

① 本文对人际传播、组织传播、大众传播的结构 - 功能分析源于日本社会学者富永健一对微观理论与宏观理论的探讨以及 E. Nagle 对突创性原则（doctrine of emergence）的阐释。相关详细谈论参见〔日〕富永健一，《社会学原理》，岩波书店，第 162 页；Nagel, E., 1961, *The Structure of Science*, Harcourt Brace, pp. 366 - 397。本文参考的富永健一和 E. Nagle 的相关论述均转引自清井和夫，2002，《社会学原理》，刘振英译，华夏出版社，第 79 ~ 80 页。

参考文献

奥尔波特，2003，《谣言心理学》，刘水平等译，辽宁教育出版社。

杜导正，1999，《鼓励记者讲真话》，《炎黄春秋》第 11 期。

费孝通，2005，《乡土中国》，北京出版社。

郭庆光，1999，《传播学教程》，中国人民大学出版社。

郭国松，2006，《原生态的中国社会纪录》，载徐列编《在追问中逼近真实》，南方日报出版社。

黄广明、李思德，2000，《乡党委书记含泪上书　国务院领导动情批复》，《南方周末》8 月 24 日。

黄广明，2002，《"五毒书记"和他的官场逻辑》，《南方周末》3 月 21 日。

酱香老范，2008，《何为"政治上不成熟"?》，《杂文月刊》（选刊版）第 1 期。

刘建明，1998，《天理民心——当代中国的社会舆论问题》，今日中国出版社。

米勒，凯瑟琳，2000，《组织传播学》，袁军等译，华夏出版社。

南振中，2003，《与青年记者谈成才》，载南振中《与青年记者谈成才》，新华出版社。

清井和夫，2002，《社会学原理》，刘振英译，华夏出版社。

孙旭培，2004，《传播结构与领导层的信息结构》，载孙旭培著《当代中国的新闻改革》，人民出版社。

小约翰，斯蒂文，1999，《传播理论》，陈德民等译，中国社会科学出版社。

余广人，1999，《庐山会议四十周年感言》，《炎黄春秋》第 8 期。

祝基滢，1983，《政治传播学》，三民书局。

《彭德怀传》编写组，1999，《彭德怀传》，当代中国出版社。

Ashby, W. R. 1960. *Design for a Brain：The Origin of Adapative Behavior.* Chapman & Hall. 转引自清井和夫，2002，《社会学原理》，刘振英译，华夏出版社，第 96 页。

责任编辑　李莉

多元共识社会中国家与社会的沟通：
政治传播的视角

苏　颖*

内容摘要　政治传播是由国家为传播主体的通过传播媒介沟通国家与社会的途径之一。当前的中国社会呈现出政治价值的多元化与左右分化的倾向，并且在新媒体搭建的场域中，知识精英层的论争逐渐成为普通民众的关注话题，以上对中国政治传播产生了重要影响。中国政治传播应该适应社会的变革，寻求新的支持谋求途径：第一，引入民意调查相关技术，提高谋求"特定支持"的能力；第二，调整政治合法性的来源，提高谋求"散布性支持"的能力。从而实现中国政治传播由单一的国家主导寻求统一共识，向实现在国家与社会的沟通思路下促进多元共识社会的稳定与发展的转型。

关键词　政治传播　多元共识　国家与社会　中国

现代社会是一个在经济、政治、社会、文化等各方面紧密联系且有高度同质性的系统。相对于传统社会而言，它是一种全新的文明模式，有着不同于传统文明的特殊性。这种特殊性也就是人们通常所说的"现代性"，它们以相互关联的形式决定着现代社会的总体面貌和基本性质。在文化方面，社会文化和价值取向的多元化是其作为"现代性"社会体系的重要特征，文化告别为精英垄断的时代而走向大众，大众传媒成为重要的社会力量。互联网等新媒体出现之后，社会文化与价值取向甚至有了"碎片化"的趋势，更强调文化对个体的人的意义，具备某些"后现代"特征。这些使得传统社会中那种统一的、全体一致的共识的达成几乎成为不可能的任务，如何维系这种多元共识社会的稳定性及其发展，政治传播在其中又应

---

*　苏颖，湖南人，中国传媒大学政治传播研究所博士研究生，研究方向为政治传播、国家与社会的沟通。本文为2011年国家社科基金重大项目"中国特色政治传播理论与策略体系研究"（批准文号：11&ZD075）的阶段性成果。

该扮演怎样的角色？这一疑问是本文思考的起点。中国社会在现代化发展进程中发生了许多关键性的变革，必须厘清这些变化，我们才能紧跟时代的脚步，重新调整中国政治传播的发展方向及转型策略。

一　概念梳理与界定

（一）政治传播、国家与社会的沟通

从广义的结构－功能角度，政治传播是指与政治体系功能相关的政治信息在政治体系各结构之间的传递与处理过程（苏颖，2009）。第一，政治传播是政治信息的传递，相对的，政治宣传是政治意志的执行。此为传播与宣传的关键不同（林之达，1998：37）。第二，虽是政治信息的传递，但政治传播仍然强调其对政治体系的功能意义。对此麦克莱尔的政治传播的教科书表达了相似的看法，他将政治传播定义为"关于政治有目的之传播"（彭怀恩，2002：2）。此为政治传播学与传播政治学之不同，前者是对政治的传播意义的讨论，后者是对传播的政治意义的讨论，如传播的民主、自由价值的研究，对二者的混淆造成了当前中国政治传播研究相当程度的混乱。第三，政治传播是政治与传播的融合。政治传播内涵"政治"与"传播"两个本质要素，前者涉及权威性的价值分配，后者关系信息与符号的交换。但是跳脱出理论辨析，二者在真实世界中难以区分，因为政治要以符号或象征传达意图。因此政治传播意味着从"政治"中解构出来本质因素（政治信息）再从"传播"中解构出来本质要素（扩散和接受）的相互交融的过程（荆学民、苏颖，2014）。

政治传播过程贯穿着三个互动要素：政治体系、传播媒介和普通民众。"政治传播是政治家、政府组织与公民三个互动环节中的一个，政治传播在三者之间充当一个中介或者渠道。"（周鸿铎，2005：2）由此，再结合政治传播定义，本文认为政治传播亦可以被理解为：由国家（政党、政府）为传播主体的通过传播媒介沟通国家与社会（民众）的途径之一。国家与社会另有其他沟通途径，如政治抗议、革命、社会运动等，但本文仅就政治传播视域下的国家与社会的沟通进行讨论。

（二）共识、多元共识

"共识"（Consensus）是指在一定时空环境内人们对价值理念以及达成价值理念的方式的公共认可。"共"表明其明确的"共有"（Con－）特征，意味着一定范围内的普遍承认；而"识"表明认识或态度，意味着一种消极意义的认可态度，而非主动的赞成行为（如投票行为）（萨托利，

1999：6）。政治统治的"合法性"在程序上多表现为政治选举中的投票行为（显性支持），因此现代政治统治也被称之为"基于同意的统治"；但从更广泛的视角看，统治合法性基于社会成员在价值和信念上对其统治正当性的态度认可（隐性支持）。因此从功能上看，共识履行了一部分政治支持的功能。

人们对"共识"的认识历经了从"统一"到"多元"的变化。18 世纪下半叶之前，共识论基本上是"全体一致的共识论"，代表人物如卢梭对"公意"（General Will）的阐述，认为这是一种整体的"普遍意志"，"我们每个人都以其自身及其全部的力量共同置于公意的最高指导之下，并且我们在共同体中接纳每一个成员作为全体不可分割的一部分"（卢梭，1997：24 – 25）。直至 19 世纪，随着政党竞争机制的发展和社会的复杂化，人们逐渐认识到"多元共识"不但适合而且更有利于良好的政体。政治社会存在着许多相互冲突，但同时合于理性的完备性学说与观念（"理性多元论"），所谓共识只能以一种"交叠共识"（Overlapping Consensus）的形态存在（罗尔斯，2011：133 – 138）。这种多样性价值的信念秉持着思想自由的原则："只有借敌对意见的冲突才能使所遗真理有机会得到补正"，并通过"猛烈而认真的争议"，真正"领会真理的理性根据"（约翰·密尔，1982：56）。但是，多元共识并非对"冲突"的赞美，共识仍然是政治的关键问题，"否则任何民主的体制都不会长久地经历选举和政党竞争所带来的无休止的刺激与挫折而依然生存下来"（达尔，1999：182）。因此，共识应当"在承认社会现存差异的前提下来努力缩小或弥合各阶级、各阶层的分歧"（李普塞特，2011：译者序）。

现代社会之能够在共识与冲突之间达成有效平衡，得益于人们对多层次共识的认知。共识可区分为三个层次，它们各自要求的一致程度是不同的：第一是共同体层次的共识，又可称为"基本的社会共识"，它决定着社会是否从整体上分享同样的价值信仰和价值目标。不能断言共同体层次的共识是民主的一个必要条件，但是大量证据表明，它是民主的一个有利条件，过度分裂的社会将无法维系自身的稳定与发展。第二是政体层次的共识，即对政治体系包括其运行程序的共识，尤其是对解决冲突的原则和规则的共识，而这是民主的必要条件，甚至是民主的起点。民主制在某种意义上来说，也可以理解为将程序的共识强加于不同意者/异见者的制度。第三是当局层次的共识，即对特定政府及其政府政策的共识，它针对的是统治者，而不是统治的形式。在现代民主政体下，这一层次的共识往往作为"异见"而存在（Consensus as Dissensus）。

多元共识是社会文化与价值取向日渐多元化的产物，是现代社会的重要特征。那种统一的、全体一致的共识已经很难在当代重现，多元共识及其与社会稳定、发展的关系，因而成为当代学界讨论的重要议题。

二　20 世纪 90 年代之后中国社会的共识多元化

中国 20 世纪 90 年代之后的社会思潮不再似 80 年代的思想启蒙运动至少还存在某种脆弱的"态度同一性"，而是日渐多元化，甚至分化。这种同一性的解体起始于知识精英层面的内部分化，并且在新媒体搭建的公共场域中逐渐成为普通民众的关注话题。

中国知识精英层的思想论争以 1997 年至 2000 年那场自由主义（徐友渔、朱学勤、李慎之、刘军宁、秦晖等）和新左派（汪晖、崔之元、甘阳、韩毓海等）之间的论战为标志。论战最初在《读书》《天涯》《二十一世纪》等杂志中展开，后逐步扩散。两派在自由、平等、公正、民主、现代性、民族主义等一系列涉及中国改革的重大问题上，发生了激烈的论辩。知识分子内部政治倾向的左右分化甚至对立的两大阵营建立了起来。进入 21 世纪，中国崛起成为世界瞩目的现象，中国的知识分子又开启了一场"普世价值"与"中国特殊论"的隐匿论战，这场论战聚焦于中国发展背后的价值正当性。既有历史主义的思潮，包括海外新左派、后殖民文化理论（张颐武、陈晓明等），对抗着 20 世纪 80 年代的普遍理性，探讨现代化普遍与多元之间的关系，也有文化民族主义（"新儒家"）、保守自由主义（刘军宁等）以修正的现代性叙事对"传统与现代""中国与西方"的二元叙事展开反思。同时，还出现了极端狭隘的民族主义思潮（如《中国可以说不》），甚至国家主义、虚无主义的思潮也一并兴盛。左与右、激进与保守，本来就并非绝对的两极，在特定的条件之下，它们可以相互转化，甚至吊诡地结为一体。20 世纪 90 年代以来中国社会的思想论战充分说明了这一点，各种思潮有时甚至相互交织，当下中国已经很难划出如自由主义与新左派大论战时期那种泾渭分明的左右分界线了。但是可以肯定的是，经过这几波大的分化，20 世纪 80 年代那种思想的同质性已经基本解体。中国知识精英内部，无论目标诉求、价值指向，还是知识背景、话语方式上，都发生了重大的断裂，变得不可通约，甚至难以对话。

进入 21 世纪之后，中国社会思潮的另一特征是它们与新媒体空间内的社会政治讨论开始相互影响。如果说 20 世纪 90 年代的思想讨论主要在纸质媒介中进行，并且在很大程度上是知识阶层内部的行为，进入 21 世纪之后，随着新媒体应用的范围扩大，讨论的公共空间逐渐转移，讨论主体也逐渐转向普通民众。互联网上的政治讨论以1999年在"强国论坛"上反对美国和日本的民族主义思潮为标志性的引爆点。互联网论坛（BBS）具有很强的公共性，尤其在中国，政治表达的渠道并不开放，互联网这个公共空间一开始就表现出了非常强的政治性（安珊珊，2009：84-95；吴玫，2008：25），话题也逐步扩展到民主、自由等政治价值及相关政体想象的讨论上，某些互联网论坛甚至开始出现左右分化倾向（乐媛、杨伯溆，2009：23-25，27-28）。尤其是微博出现之后，微博是一种公共性与私人性特征都比较明显的媒介平台，它使得对这些话题的理解延伸到更多的、可能之前不那么注重公共话题的普通民众当中，从而不断引起新的公众舆论的浪潮。

中国的社会共识是否已经分化，对它的判断仍需谨慎。但不可否认的是，中国社会当前的政治价值倾向已经日渐多元化，尤其在知识精英中已呈现出较明确的分化倾向。这种政治价值的多元化与左右倾向的出现是中国社会发展与变革的成果，但是因为这种价值争论已经涉及部分国家政体想象，作为共识已达到政体层次，甚至共同体层次，这一方面提醒着当前执政者需要继续调整政治体系结构（以应对政体层次社会共识的变化），另一方面，如何在发展的过程中维持稳定性，防止社会进一步分裂，也成为迫在眉睫的问题（以应对共同体层次社会共识的变化）。

三 多元共识对中国政治传播的启示

政治传播是政治信息的传递，其功能意义在于国家谋求来自社会的支持，包括特定支持和散布性支持。以前中国的政治传播往往采用自上而下、寻求统一共识的方式来谋求社会支持，但是当前，社会作为一个独立领域逐渐明晰，社会共识日益多元化、复杂化，甚至碎片化，那种整齐划一的传播方式的有效性已大为降低。为适应社会的变革，当前的政治传播在谋求社会支持的途径上，应实现多层次的转变。

（一）引入民意调查等专业技术，提高中国政治传播谋求"特定支持"的能力

当局层次的共识是作为异见而存在的，尊重甚至保护这些异见本身是政治民主化的一种表现。民意日渐复杂，中国政治传播必须引入民意调查的技术，这基于两方面的意图：其一，从现实来看，对"全体一致"的"人民意志"的把握可操作性太弱，且易被政治强势力量所利用，因此政治传播往往选择可调查、统计出来的"民意"进行战略部署或者市场区隔，

同时舍弃掉"大多数人"之外的零碎的、模糊的意图。中国的政治传播虽然不似美国是"媒体偏向"的，而具有很大程度的"政治偏向"的特征（Blumler & Curevitch，1995：36－37），但是在具体的政策发布、特定的危机事件等政治传播中，仍然需要进行准确的相关利益人群的定位，提高谋求他们支持的专业化水平，而不必以全体社会成员为笼统的谋求对象，因为在异见成为共识的社会，追求全体的满足将难以实现政治传播的有效性。其二，从价值来看，民意调查是对"同意"态度的分析，而"基于同意的统治"是权力赋予的过程，这种"同意"因而也就是民主政治体系合法性的来源。

此处的另一难题在于，民意调查在相关人群中采纳"多数人规则"，多数人之外的"少数人"的需求如何考量？这在大众传播时代并不成为问题，因为"少数人"原本就缺乏表达的渠道，但是在新媒体时代，互联网中的个体需求日益彰显，已不可忽视。国外的应对措施多是采取互联网中的直接的带有人际传播性质的政治沟通来取得支持，如奥巴马的竞选团队对这一技巧的发挥可谓淋漓尽致，也取得了好的效果，中国的政治传播可以借鉴。

总之，中国的政治传播常常忽略民意分析。中国对民意的研究往往被称为"舆情"或"舆论"研究，它们最常应用于突发性事件或群体性事件的预测与防卫，而常规的政治信息传播过程以及政治意志的执行过程却仍然采用传统的政治宣传和教育的方式。可以说，在很大程度上，政治传播中民意调查的专业化将是中国政治传播能否实现从宣传到传播的最关键一步。

（二）调整政治合法性的来源途径，提高中国政治传播谋求"散布性支持"的能力

散布性支持的谋求，因对象不特定，除了理性说服之外，往往采用刺激情感的方式，谋求社会成员对政体和当局的忠诚，这也是使分化社会维系稳定的重要途径。当前中国政党－政府的合法性谋求已经大大弱化了采用单一政治意识形态的宣传方式。20 世纪时，它的合法性主要来源于经济绩效，也曾采用过民族主义的方式来谋求国家凝聚力。但是，进入 21世纪后，这些途径已不能适应社会变革的需求，亟须结合多层次的社会共识对政治体系合法性的谋求途径进行调整。本文总结出如下合法性谋求途径，见表 1。

表 1　政治合法性的谋求途径

合法性来源	合法性的对象	
	政体	当局
意识形态	意识形态的合法性	
	对政体有效度的情感上的刺激	对当局有效度的情感上的刺激
程序	程序的合法性	
	对程序有效度的独立传播	对程序的认同导致对当局者的认同
个人品质	个人的合法性	
	对当局有效度的认同导致对当局领导人本身的认同	当局领导人政治形象（个人品质）的塑造

资料来源：伊斯顿对"合法性的源泉"的总结（伊斯顿，1989：318），本文有改动。

　　政治传播需要支持的对象有两个：当局和政体。当局即当前的执政者，政体即当下运行的一套政治体制。更高层次还有共同体，但是这并不是政治传播主要支持的对象。支持的来源（合法性的来源）有三类：意识形态、程序和个人品质。可以注意到，这三点跟社会共识的三个层次可以相对应。

　　个人品质作为合法性的来源，包括当局领导人政治形象（个人品质）的塑造，而且对当局有效度的认同导致对当局领导人本身的认同，这是个人的合法性。还可以通过对程序合法的传播来获得合法性，而对程序的认同也可以导致对当局者的认同，这是一种结构的合法性。当然这里的程序不仅仅只是获得多数选票，其背后还涉及政治体系结构的调整。当当下的政治体制不能完全符合社会期待的时候，政治结构的调整会增强它的合法性。但是仅有如此是不够的，因为频繁地调整势必增强结构的不稳定性，所以需要社会还存在着维系稳定的忠诚度。这就涉及意识形态上的合法性。

　　社会共识与政治意识形态一样，都履行着政治支持的功能。政治意识形态来自国家，以自上而下的方式整合社会；共识是来自社会，以自下而上的方式支持国家。如果二者完全衔接，将展现出一个理想中的和谐社会；如果并不完全衔接，也不能对此予以否定，事实上，这是现代社会的常态。多元主义的共识有利于良好的政体，而当局层次的共识作为异见而存在，甚至是民主的重要表现。需要谨防的是社会的严重分裂，以及国家与社会之间的严重断裂，这可能摧毁当局和政体，甚至一个社会共同体。所以，政治传播不能回避意识形态问题，它需要传播意识形态来维系一个政治体系或者对当局的长时间的忠诚度，这种忠诚度使得这个政体即使出现危机，社会也能对它多一些宽容，给予其足够的时间调整结构。

　　总之，中国社会共识的多元化与政党－政府主导的政治意识形态之间产生了一定的张力，过往由国家主导的自上而下的寻求统一共识的政治传播方式应做调整，中国政治传播需要引入实现国家与社会沟通的全新思路，以此寻求在这种多元化或分化的社会中实现国家稳定与发展的途径。

参考文献

阿尔蒙德、鲍威尔，1987，《比较政治学：体系、过程与政策》，曹沛霖等译，上海译文出版社。

安珊珊，2009，《多样性议题偏好与有限议题影响——互联网中文 BBS 论坛意见领袖舆论参与特征研究》，《中国传媒报告》第 3 期。

达尔，1999，《民主理论的前言》，顾昕等译，生活·读书·新知三联书店。

林之达，1998，《宣传科学研究纲要》，四川省社会科学出版社。

荆学民、苏颖，2014，《中国政治传播研究的学术路径与现实维度》，《中国社会科学》第 2 期。

罗尔斯，2011，《政治自由主义》，万俊人译，译林出版社。

李普塞特，2011，《共识与冲突》，张华青等译，上海人民出版社。

卢梭，1997，《社会契约论》，何兆武译，商务印书馆。

乐媛、杨伯溆，2009，《中国网民的意识形态与政治派别》，香港中文大学《二十一世纪评论》第 4 期。

密尔，1982，《论自由》，程崇华译，商务印书馆。

彭怀恩，2002，《政治传播与沟通》，风云论坛出版社有限公司。

庞金友，2006，《现代西方国家与社会关系理论》，中国政法大学出版社。

萨托利，1999，《民主新论》，冯克利、阎克文译，东方出版社。

苏颖，2009，《政治传播系统的结构、功能与困境分析——基于政治结构－功能分析方法的视角》，《东南传播》第 5 期。

吴玫，2008，《测定非正式公众领域：中国互联网政治论坛量化分析》，载杜骏飞主编《中国网络传播研究》第二卷第一辑（总第 2 期），浙江大学出版社。

许纪霖，2011，《当代中国的启蒙与反启蒙》，社会科学文献出版社。

伊斯顿，1989，《政治生活的系统分析》，王浦劬等译，华夏出版社。

周鸿铎，2005，《政治传播学概论》，中国纺织出版社。

Blumler, G. Jay, and Michael Curevitch. 1995. *The Crisis of Public Communication*, London: Routledge.

责任编辑　李莉

范畴、系统、体系：危机传播
研究的问题与思考

来向武[*]

内容摘要 危机传播研究的理论基础研究相对较弱，一些基本的问题尚未得到充分的论证。因此本文对危机传播理论研究的必要性、基本的研究内容和相关的概念范畴进行了全面阐述，并梳理了我国当下危机传播研究的现状，为当代中国危机传播理论体系的建构和发展提出建议和预测。

关键词 范畴 概念 体系 危机传播

危机传播研究的兴起，无疑为危机管理研究打开了一个新的热点领域。近年来，危机传播研究正在成为一个"多音齐鸣、众声喧哗的话语场"，"在实务层面，危机传播也正在发展为一个兴盛的产业。"（吴小冰，2009：68）但是，仔细观察我们就会发现，这些众多的研究之间，尚没有形成有效的统一，甚至表现出明显的疏离、零散和含混，许多研究个案内部，深究起来，也往往缺少明晰的理论前提和问题指向。这种状况，最终都会引起我们对一些基本层面问题的思考，而这些思考的最终指向，都归结到危机传播理论体系的建构问题上。

一 体系建构的必要性

"只有进行有效的传播管理才能进行有效的危机管理"（里杰斯特，1995：30）迈克尔·里杰斯特的这一明确认识，不仅使大量的新闻传播学者对危机传播产生了浓厚的研究兴趣，也使其他诸多学科纷纷加入到这个热点领域。当然，"危机传播被完全不同领域的学者进行各自的阐述，这是非常正常的，也是一个理论在构建过程中走向成熟的标志"。（高世屹，2012）问题在于，在这些研究中，到底有哪些是真正属于传播学范畴的研究？又有多少危机"传播"研究其实还是在管理学、心理学、社会学、政

---

* 来向武，西北大学新闻传播学院讲师，清华大学博士后。

治学等学科的框架内所展开的？这些问题，对危机传播理论体系的建构来说，似乎值得考虑。

早在多年以前，Shrivastava 就认为危机研究领域充斥着巴别塔效应（the tower of Babel effect），许多领域的学者以不同的声音说不同的话，如同闭门造高塔。研究者从各自专业角度入手进行研究，使得研究角度庞杂而散漫（吴小冰，2009：68）。从不少文献综述中可以看出，这种情况实际上也延续到了今天的危机传播研究中。这就促使我们要探讨如何建构科学的危机传播研究框架，并在这个框架之下形成完整明晰的理论体系这一问题。

危机传播的理论研究具有多学科交叉的特点，与诸多学科有着千丝万缕的联系，正因为如此，建构具有相对独立性的理论体系尤为必要，正如我们在将传播学从其他学科中区别出来时所思考的那样。而且，如果我们从传播学的角度出发来思考，传播理论解释力的狭隘性和理论效度存在条件的苛严性，从反面衬托出传播学这一学科寻求理论，以及发展一种具有整合性框架的必要性（吴小冰，2009：68）。

实际上，在表面热闹的研究局面背后，还掩盖着一个重要的问题：关于这一领域的诸多基础问题还没有澄清。许多基本概念由于来自不同的学科领域，含义重叠或者模糊不清，常被错误地加以使用。如风险与危机、危机沟通与危机传播、流言与谣言、议题管理与议程设置等几个关联的概念，在很多研究中的使用都是有误的，进而以谬传谬。对这些问题的解决，也有赖于展开系统性的研究。再比如，在已有研究中，"危机传播脱胎于危机管理学，偏重于组织对危机的管理和控制，往往具有一种'组织——传者'中心主义思维模式。"（史安斌，2008：22）系统化的研究就可以使我们跳出以"传者"为中心的研究视角，并从传播学的系统思维方式出发，建立一种全面的、涵盖传播各个方面的考察体系。

随着研究的不断深化和研究成果的不断积累，有必要将其予以区别，否则不利于正本清源和进一步的拓展。这种思考的国际背景是，早在多年前，"西方理论界处在危机传播研究的评价与发展阶段，包括对各种理论的综合与概念的建构，而我国这方面的研究尚处于引介与推广的初级阶段。"（廖为建、李莉，2004：18）

另外，在当前的研究中，研究者们所关注的问题很不平衡。通过中国知网，以"危机传播"为主题所检索到的结果显示，2010 年 12 月 31 日以前的相关文献共 902 篇，按照笔者的统计，超过一半以上为对策研究。即根据不同的理解、从不同的角度出发，给出当前问题的一些解决之道。这不仅表明了整个研究的"功利性取向"，也表现出研究视野的狭窄。其根源还在于见木不见林，没有系统性的理论体系作支撑。

建构危机传播理论体系，必须在明确的研究任务、研究目标和正确的方法论导引下，才能获得较大的突破。任何理论体系都可能会有一种局限性，但它首先会提供一种一致性的架构，统一不同的研究，朝向共同的目标，使危机传播研究成为一个有机整体。

二 基本问题与价值取向

理论体系的建构，应从宏观上把握以下三点：一是合理地选择逻辑起点；二是以逻辑起点为连接环，归纳理论体系应包括的内容，并进行科学分类；三是建立各种理论之间的联系，确立各种理论功能的配合与互补（鲁尔，2004）。要完成危机传播理论体系的建构，首先要思考的问题是：逻辑起点在哪里，即为什么要进行危机传播的研究？这一问题的直接指向是，我们要解决的基本问题是什么？

对这一问题的讨论和明确解答是必要的。多学科融合的研究参与，往往形成了各种目标的冲突，在不同层面陷于自身的狭隘诉求。站在全社会的角度研究危机传播，与仅基于特定危机主体的立场考虑危机传播，显然在原则和理念上是不同的，甚至会发生严重冲突。比如，在对待危机信息的处理态度上，基于公众利益的原则会要求危机主体最大限度地公开信息，而站在引发危机的特定机构或组织的立场上，则会考虑如何将负面信息的传播控制到最低限度，甚至不顾公众的知情权而屏蔽危机信息。

如何克服这种矛盾呢？这就要求我们的危机传播研究要始终贯彻明确的问题意识、价值立场、基本原则和传播理念，在整个社会科学的体系中承担自己独立的、有价值的角色和分工。在这些宏观问题得以明确的基础上，再去逐步理顺各种具体的矛盾和冲突，发展完善充实各部分的理论内涵，最终形成独立、完整、规范、统一的理论体系。

对危机传播研究基本问题的思考，要回到上一层的"元理论"上来。一方面要从危机研究的目的出发，另一方面则是从传播研究的根本取向出发。所有对于危机的研究，都是为了实现对危机的有效控制。"无论危机管理的称谓有多少种，危机研究和管理的目的只有一个，那就是最大限度地降低人类社会悲剧的发生机率或者减少危机带来的损失。"（廖为建、李莉，2004：18）传播学的研究，其根本的任务是要通过对社会信息系统及其各部分的结构、功能、过程以及互动关系的考察，探索、发现和克服传播障碍和传播隔阂的科学方法，找到社会信息系统良性循环的机制，由此来推动社会的健全发展。

这样，我们就可以明确危机传播研究的基本问题或者价值取向，即：

通过对危机信息系统及其各部分的结构、功能、过程以及互动关系的考察研究，最大限度地降低危机的发生概率或者减少危机带来的损失，推动社会的健全发展。

这种总体的价值取向，与危机研究领域现有的很多对于"取向"（approach）的使用是有所区别的，现有的各种不同"取向"，主要是研究中所采用的方式、方法和切入视角有所不同，是一种狭义的使用。危机传播研究的历史表明，各种研究取向都是与社会、文化和媒介生态的变化紧密地联系在一起的。斯蒂文·小约翰曾说过，"理论流派对理解理论之间的异同是有帮助的，但他们的分类并不是绝对的。"（小约翰，1999：30）各种流派和取向都是研究过程中出现的分化，都是服从于总体的价值取向的，这些努力都是要促使研究不断深化，使基本问题得以更好地解决。事实上，近年来的一些研究，就已经出现了危机传播研究各种取向、流派之间的融合。

三　概念与历史、理论的考量

在明确了逻辑起点后，就要归纳理论体系应包括的内容，建立各种理论之间的联系。在这方面，要注意的问题是，西方的学术传统和东方的思维方式使得传播研究会出现不同。比如，金凯德（Kincaid）就曾注意到亚洲和西方观点之间的许多差异。其中之一是，"东方的理论强调整体性和一致性，而西方的观点则着重在对部分的测定上，而且很难把这些部分和整体过程连接起来。"（小约翰，1999：331 - 353）由于危机传播研究的源头和重心一直在美国，所以，立足于我国的实际情况，建构系统的危机传播的理论体系，应该从问题解决和自身体系建构的角度出发，对已有的研究进行甄别、借鉴、吸纳。在这一过程中，要注意承继，但更应突破和超越西方社会文化环境下所形成的流派范式进行自我思考。

接下来要考虑的问题，是危机传播要通过哪些具体内容的研究，最终实现总体的价值取向。这可以转换为以下更为明确的命题：危机传播研究的基本概念有哪些，由哪些部分组成，各部分之间的关系是怎样的，其研究的边界在哪里，等等。

首先来看"危机传播"的基本概念。目前，这一概念还没有统一的认识，只是在各种研究中表现出一些代表性的表述。如"危机传播是指危机发生前后及其发生过程中，在政府部门、媒体、公众之间进行的一个信息交流过程"（史安斌，2004）。也有人认为，危机传播是当危机出现时组织通过媒体与公众进行信息传递的过程。

西方，尤其是美国学者大都认为危机传播（Crisis Communication）实质上就是危机管理（Crisis Management），其代表人物是库姆斯（Coombs）。他认为危机传播的研究都不过是强调危机应对策略的选择，即组织在危机后"说什么"和"做什么"，而这种策略选择本身就属于管理的过程。在深具传播学知识背景的学者看来，危机传播不过是人类传播过程中的一种特殊形式，因此，对其理解和研究均可运用传播学研究方法，重点研究危机传播过程中的传播效果、媒介、受众等变量。其代表人物是美国学者 Kathleen Feam-Banks，他将危机传播定义为"在危机事件发生之前、之中以及之后，介于组织和其公众之间的传播"（Coombs，1995）。

如果我们从传播学的角度出发，将危机传播视为传播学的一个研究分支，那么危机传播的概念就应该是传播的"属"与危机的"种差"。传播学是研究社会信息系统及其运行规律的科学，那么，危机传播就应该是"研究与危机有关的信息系统及其运行规律的科学"。

实际上，对这个问题，以前的研究者也有过一些类似的考虑，如"对传播学而言，危机管理不过是人类传播过程中的一种特殊的形式，其传播方式、传播过程、传播效果以及媒介和受众等变量都可以纳入到传播学研究的范畴"（赵志立，2009：36）。"危机传播应该是借助传播学的一般理论去总结和研究危机事件中不同主体角色的信息传播结构、功能与行为效果等相关问题的理论体系。"（汤书昆、褚建勋、徐毅，2008）当我们有了这样的认识之后，对危机传播研究的内容、目标等问题就有了豁然开朗的视野。

更深入地思考，危机传播研究要关注哪些具体问题呢？在传播学的研究中，"过程性"与"系统性"，是理解人类传播活动的运动性质与普遍联系、相互作用性质的两个核心概念。对危机传播的研究，也应该遵循这样两个维度，相互结合，展开"全过程"与"系统化"的研究。

从传播的过程来看，危机传播的研究要关注传播过程的各种要素，如传播者、受传者、讯息、媒介、反馈等五种人类传播活动的基本要素，还要关注传播过程中的各种模式，注意到传播过程中的动态性、序列性和各种要素的结构关系等。而且，对这些问题，要有一个历时的考量，而不仅仅是现时的。危机传播所关注的不仅仅是"危机出现时"，而应该是"危机出现之前、之中及之后"的整个过程。不仅仅是"信息的交流"，而是"信息系统及其运行规律"。在目前的研究中，对信息流动的探讨更多地偏重于从"组织"向"公众"的过程，而在系统的理论体系视野下，就应该超越为"综合的、多向的信息传播"。

从传播的系统性来看，对传播过程不仅要进行微观的考察，而且必须进行中观的和宏观的综合考察。只有这样，才能对社会传播做出全面的把握。危机传播的研究不仅要关注到微观、单一的传播过程和传播的内部机制，而且要注意危机传播过程中的外部因素和条件，进行中观和宏观的综合考察。关注到危机传播所受到的各种社会环境、管理制度、受众观念等影响因素。

这两方面相结合，就构成了我们从传播学角度出发进行危机传播研究的基本内容和范畴。

四 范畴与命题

如果按照各部分的内在逻辑与联系，将上述研究内容更进一步具体化，我们可以将危机传播研究的范畴确定为以下十大命题。

（1）关于"危机"的研究。包括危机的概念、属性、特征、分类、成因、阶段等问题。这一部分的内容，可以从管理学那里予以充分借鉴，目前已经比较成熟，还需要关注的是在新的社会环境之下的新变化。

（2）关于"危机信息"的研究。包括危机信息的特点、分类，危机信息的收集、分析、加工、传播，以及与危机信息相伴随，经常在危机传播中出现的噪音、流言和谣言等问题。

（3）危机信息的"传播媒介"研究。包括危机信息的传播渠道，各种不同类型的危机信息对传播媒介的选择、依赖，各种危机信息传播媒介的特点，传播媒介的整合，在危机传播中媒介的角色和任务等内容。

（4）危机传播的"传播者"研究。涉及传播者的分类、职责，传播者应该具有的危机传播观念，作为危机信息传播者的组织机构、大众传媒，以及新闻发言人等。

（5）危机传播的"受众"研究。主要有受众在危机传播中的地位和角色，受众的分类、分层以及特征，受众对危机信息的接受、认知、反应，危机的利益相关者，对受众知情权的保护等问题。

（6）危机传播的"系统结构"研究。可以从危机传播系统结构的构成、特点、运行方式、运行原理，系统结构对传播的影响，构成系统各要素之间的相互关系和互动作用等方面展开研究。

（7）危机传播的"过程与模式"研究。主要内容有：危机传播中的重要环节与信息的流动变化，危机传播环境，危机传播过程中的各种影响因素，传播中各种模式的探索和建构以及对各种传播模式的评价。

（8）危机传播的"制度"研究。主要涉及危机传播制度的内涵与影响分析，不同传播制度的分类与比较，我国传播制度的特殊性等问题。

（9）危机传播的"效果"研究。包括危机传播的社会影响与"危机历史"（如果某次危机处理不得当，那么这一负面的"危机历史"便会在新的危机到来时，给组织带来更大的挑战）问题，危机传播中的效果控制，危机传播中的舆论引导，提高危机传播效果的方式，形象恢复与形象建构问题等。

（10）危机传播的"策略"研究。内容包括危机传播策略的形成原则，具有普遍意义的危机传播管理基本策略，危机的预警策略与方式，危机管理预案，危机传播中的文化议题与相关策略，危机传播中的大众媒介报道方式与议程设置等问题。

上述内容中，前五个方面，属于危机传播的要素研究，后五个方面，则是传播系统的研究。这些研究命题，就其单个的内涵而言，有大有小，各不相同，随着研究的不断推进，也会有所变化。其范围涉及危机传播的各个方面，也将现有的各种研究都涵盖进来，将它们连接组合在一起，就会形成一整套系统、全面的危机传播研究体系，给危机传播研究圈定一个明确的范围。

这一研究体系的建构，将有助于把已有庞杂的研究成果，按照传播理论的研究方式，有机整合在一起；改变目前大多数危机传播研究中的生硬融合，消除掉各种不同理论之间的矛盾，并促使危机传播各个研究领域的进一步展开，使各种研究更加平衡，有效改变现有研究议题过于集中，研究资源浪费的情况。

五 现实呈现与比照

在这种体系背景之下，我们再来与当前的研究现实相比对，以明确今后的努力方向在哪里。

在一些研究者的总结中，目前我国的危机传播研究主要集中在以下几方面：危机传播中的媒介角色与功能研究；危机传播中媒介、政府与公众的关系研究；危机传播的新闻报道观念和报道模式；危机传播中的政府形象研究；危机传播的应对和管理策略（阮璋琼，2007：67）。

经过笔者对国内已有的危机传播研究文献进行梳理总结，发现已有的研究还涉及以下一些议题：（1）危机传播与形象修复；（2）危机传播中的舆论引导；（3）危机传播与和谐社会；（4）危机传播与公共政策的互动；（5）危机传播与新闻发言人制度；（6）危机传播中的文化议题；（7）危机传播中公众的角色及权利；（8）危机历史；（9）新媒体环境下危机传播的文化和意识形态冲突。

从研究的方式看，主要有个案研究、技巧研究和一些理论探讨。个案研究方面，主要是通过对大量案例的分析，总结危机传播的特征、原则等问题；技巧研究是在案例研究的基础上逐步发展起来的，包括危机传播中的各种方法、策略等，注重实际的应用。比较纯粹的理论研究则相对较少。

从研究内容和总体的学术质量来看，已有的研究还呈现出以下几个方面的特点：一是该领域的研究发展速度快，但这种快速的背后是基础理论较之应用研究明显欠缺；二是高度学科交叉，各种话语体系混合在一起；三是研究问题集中度高，虽然问题涉及面已较广，但绝大部分研究指向传播媒介、传播制度、传播过程和效果控制、传播责任、危机信息等几个方面，其余领域只有极少量文献涉及；四是与实践结合，似是而非的经验性认识较多，难以上升为准确的、普适性的理论成果；五是研究的当下性特征明显，对现实图解，对危机传播与网络、新媒体的遭遇关注度高。

可以看出，已有研究中，所涉及的问题已经非常广泛，这将为上面的理论体系建构提供直接的给养和支持。在上面这些命题中，部分已经展开了较为充分的研究，内容已比较成熟，可以直接予以吸纳。而有的就需要在今后予以较多关注和拓展。总体来说，今后需要重点解决的问题在于：过程性的研究覆盖不全，对传播要素的关注集中于传者、讯息和媒介，对危机出现之前及之后的研究仍较缺乏；对信息系统及其运行规律的研究虽有涉及，却研究不深；从系统性方面来看，对单一传播研究较为集中，对社会环境和受众等较少涉及。

六　体系建构的未来

"理论代表观察者观察环境的方式，但理论本身并不反映现实。"（小约翰，1999：38）危机传播研究的未来，还在于在这种基本的理论体系建构的基础上，不断与现实相结合，以进一步丰富和发展这一理论。

危机传播研究在中国的开展，在一定程度上，与我国的实际国情、与新媒体在我国的发展是一场遭遇战。这种背景，一方面提升了危机传播研究的丰富度，另一方面也形成了强烈的现实功能主义导向。就未来而言，随着社会系统的高度发展和信息在社会生活中重要性的进一步提升，人类社会所面临的危机不是会减少，而是会更多更复杂。对于危机传播理论的要求也更高，危机传播理论体系的价值也会更加得以体现。

还需要注意的是，危机传播是个较为复杂的话题，它并非静态和天下大同的。在不同的文化土壤中，危机传播所涉及的一系列问题都会有所不同。建立在西方认知前提下的现有危机理论是否适用于中国的文化土壤？

中国传统文化是否对危机传播有影响，有什么影响？我国危机传播研究的特殊性，如传播观念、社会制度、规制等问题。（吴廷俊、夏长勇，2010：26）这些深层次的矛盾，都可能会在后续的研究中表现出来。同时，西方从实用角度提供的各种研究结果，如当前所涉及的产品召回、博客等，也都需要研究者们予以持续关注并成功转化为中国视角，不断拓展研究的深度和广度，丰富和完善危机传播的理论体系。

参考文献

高世屹，《美国危机传播研究初探》，http：//academic. mediachina. net/article. php? id = 599。

里杰斯特，迈克尔，1995，《危机公关》，陈向阳、陈宁译，复旦大学出版社。

廖为建、李莉，2004，《美国现代危机传播及其借鉴意义》，《广州大学学报》（社会科学版）第 3 卷。

阮璋琼，2007，《危机传播研究关注的主要议题——危机传播研究综述》，《东南传播》第 11 期。

史安斌，2008，《危机传播研究的西方"范式"及其在中国语境下的"本土化"问题》，《国际新闻界》第 6 期。

史安斌，2004，《危机传播与新闻发布》，南方日报出版社。

汤书昆、褚建勋、徐毅，2008，《危机传播：一个新学科领域的研究大纲》，第四届亚太地区媒体与科技和社会发展研讨会论文，北京。

吴廷俊、夏长勇，2010，《对我国公共危机传播的历史回顾与现状分析》，《今传媒》第 8 期。

吴小冰，2009，《近年来危机传播之研究综述》，《广告大观》第 3 期。

小约翰，斯蒂文，1999，《传播理论》，陈德民等译，中国社会科学出版社。

赵志立，2009，《危机传播概论》，清华大学出版社。

詹姆斯·B. 鲁尔，2004，《社会科学理论及其发展进步》，赫名玮、章士嵘译，辽宁教育出版社。

Coombs, W. T. 1995. "Choosing the Right Words: The development of Guidelines for the Selection of the 'Appropriate' Crisis Response Strategies." *Management Communication Quarterly*.

责任编辑　李莉

中国语境中的政治传播

政治传播在中国古代政治中的地位与作用

白文刚[*]

内容摘要 政治传播在古代中国政治中具有重要的地位，在王朝合法性的建立、政治文化的传承、日常政治的运转、对外形象的塑造与天朝地位的建构以及王朝的更迭等方面扮演了重要的角色。古代中国政治传播为当代中国政治传播的理论与实践提供了丰富的历史借鉴。

关键词 政治传播 古代中国 地位 作用

政治文明是古代中国文明最显著的成就①，而之所以能取得如此成就，与成功的政治传播有着密不可分的关系。换言之，政治传播在古代中国政治中扮演了非常重要的角色，具有重要的地位与作用。不过由于政治传播的术语和理论源于现代西方的政治实践，目前学界对古代中国的政治传播活动及其地位还缺乏系统的研究。有鉴于此，本文拟简要阐明政治传播在古代中国政治中的重要性，因为只有充分认识到其重要性，才能激发我们对其开展深入研究的兴趣与信心。

一 王朝的合法性建构离不开政治传播

合法性是任何一个政权得以和平维持统治秩序、开展有效治理的基本

* 白文刚，山西寿阳人，历史学博士，中国传媒大学政治传播研究所副教授，研究领域为政治传播。本文为 2011 年国家社科基金重大项目"中国特色政治传播理论与策略体系研究"（批准文号：11&ZD075）的阶段性成果。

① 由于现代化与政治学皆源于西方，近代以来中国人对古代中国的政治文明评价不足。在自豪地宣扬自己有五千年文明的同时，所能举出的成就往往是包括四大发明、长城、丝绸、唐诗宋词等技术与艺术领域的成就。事实上，这些都不是中国文明的核心，中国古代文明的核心是其政治文明。能在长达数千年中治理如此广土众民而不分崩离析，这是全世界绝无仅有的成就。即使持欧洲中心观的西方政治学者，也不能不承认这一点。例如英国著名政治学家芬纳在其皇皇巨著《统治史》中写道："虽然这只是一个政治体制的前奏，但此后直到法国大革命之前，它在工艺、财富、疆域，以及在延续性和完全的自给自足等方面都遥遥领先于世界。"（芬纳，2010：289）

条件之一。古代中国的合法性一词是以"天命"来表示的。任何一个王朝或君王的统治，要获得臣民的认同，都必须表明自身是天命所归。这是其具有合法性的根本依据。如周武王伐纣，推翻商朝之后，武王即声称周是"膺更大命，革殷，受天明命"（《史记·周本纪》）。周获得天下是顺应天命所为。

当然，正如学者所言："很少有与生俱来的合法性政权，合法性政权都是经过或长或短的合法化过程而实现的。"（杨光斌，2011：167）古代中国也是如此。由于新王朝的建立有种种不同的背景与方式，王朝的天命并非在政权建立之后一旦声称就能获得认同，必须通过精心地建构与长期不懈地宣扬才能得到广泛的认可。这种天命的建构与宣扬活动本身就是一种政治传播行为。正史中有关于这种天命塑造行为的丰富记载，表明了这种政治传播活动在王朝政治中的重要性。

自周代商之后，古代中国形成了"皇天无亲，惟德是辅；民心无常，惟惠之怀"（《尚书·蔡仲之命》）的政治观念。帝王欲得到臣民的合法性认同，不仅要表明王朝的建立是顺应天命，而且要不断地展示自己的圣德，表明自己是以德配天的真命天子，否则就会有失去天命与民众认同的危险。因此，持续建构帝王仁德爱民的形象也是古代中国王朝政治传播的重要任务之一。对新王朝建立者圣德形象的建构自不必说。需要指出的是，各朝继任之君的合法性虽然来自于世袭，好像可以依照韦伯所说的"传统的统治"获得合法性，但事实上他们依然得不断表明自己仁德爱民，具有"上天所要求的（经典上确定的）'德性'的魅力"（韦伯，1998：270）。这种德性的展示也是通过一系列特定的政治传播来完成的。在展示圣德的同时，君王还需要依靠以礼仪为中心的媒介来塑造与传播自己的威严，建构以自己为中心的权力体系。德威并俱才是一个符合天命的天子形象。

王朝的统治不仅需要臣民对其统治权力的认可，而且还需要臣民对其政治行为的认可。如果君王的政治行为得不到臣民的认可，其统治的政治合法性就会受到损伤，严重的会导致统治被推翻。周厉王的恐怖弭谤、秦始皇的焚书坑儒、王莽的复古改革等行为，皆因得不到臣民的认可而动摇了其政治统治的基础。有鉴于此，明智之君非常重视争取臣民对其政治行为的认可，这种争取也是通过特定的政治传播活动来获得的。最典型的是征伐别国时的政治动员。如夏启要征伐不服其统治的有扈氏，就做《甘誓》，声言"有扈氏威侮五行，怠弃三正，天用剿绝其命"（《尚书·甘誓》），为自己的战争行为寻找合法性。后世所谓师出有名，其实就是强调征伐行为的正当性。

概言之，构成王朝合法性的天命、帝王的圣德形象以及政治行为的正当性三者都需要特定的政治传播活动来完成。可以说没有政治传播，古代王朝的合法性就无法建立与维系。

二 王朝的政治文化传承离不开政治传播

最早提出政治文化这一概念的阿尔蒙德将其定义为"一个民族在特定时期流行的一套政治态度、信仰和感情"（阿尔蒙德、鲍威尔，2007：26）。它是影响政治合法性的重要因素，"是一个政治体系得以维系并顺利运行的基本心理环境"（景跃进、张小劲，2010：258）。任何一个政治体系要维持其合法性与顺利运转，都离不开其成员在政治文化上的认同。古代中国也不例外，不仅如此，古代中国社会在政治文化方面具有令人瞩目的高度一致性，儒家的政治伦理是两千多年中国社会普遍认同的政治文化，也是各王朝建构自身合法性的意识形态基础。英国学者芬纳在其享有盛誉的《统治史》一书中曾感叹说："它（指中国——引者注）的政治制度、社会结构与主流的社会价值体系相辅相成，这是自从早期的美索不达米亚和埃及政府以后从来没有过的，特别在西方更不曾出现过。"（芬纳，2010：289）显然，这种政治制度、社会结构与价值体系紧密耦合的状况是与古代中国政治伦理的水平和政治文化的成功传承有密切关系的。

政治文化并不是自然传承的，它的传承需要特定的政治传播活动，即政治社会化。学者们对政治社会化有不同的定义，但总体来看是指政治体系对社会成员开展政治教育与社会成员通过学习获得政治知识、形成政治意识与信仰的过程。显然这个界定既包括政治传播的行为，也包括政治传播的结果。由于政治社会化的对象一般是青少年，所以相对于前文王朝合法性建构的共时性行为，我们也可以把其视为合法性建构的历时性行为。因为只有政治文化能够在一代又一代的共同体成员中传承，政治统治的合法性才能延续。

古代中国与政治社会化对应的术语是"教化"。有学者指出，所谓教化就是古代中国的统治者通过学校教育等途径，将儒家政治伦理文化灌输给社会一般成员，使其接受或认同符合统治者根本利益的理念和观念，自觉成为忠臣、孝子的过程（葛荃，2012：290）。简言之，教化就是儒家政治文化的传播过程。

为了确保"教化"这种政治传播活动的成功，古代中国在长期的历史发展中建构了以学校为中心的、堪称完备的政治教化体系。学校是古代中国开展政治教化活动的主要载体，从上古三代到帝制结束，除极个别的短暂时期外，学校不仅一直延续，而且不断发展，成为古代中国最主要的意识形态国家机器。《礼记》说："建国君民，教学为先"，"化民成俗，其必由学。"（《礼记·学记》）可谓是对古代中国学校功能的精准概括。学校而外，官吏、绅士、宗族、乡约等都分别成为不同的教化载体，使教化的范围扩展到几乎每一个帝国臣民。此外，国家还系统地利用政治录用以及表彰忠孝、节烈等活动来激劝民众自觉接受政治教化。正因为建立了如此完备的教化体系，古代中国的政治文化才能不断传承、延续，古代中国的政治体制才能获得长久的支持与稳定。

需要指出的是，古代中国的教化与政治文化认同的努力并非仅仅致力于维持统治秩序，而是有更高远的目标，即要使人民具有"美善之品性与行为"（萧公权，2005：44）。所以孔子认为国家对民众要承担"富之""教之"（《论语·子路》）的责任。作为四书之首的《大学》也开宗明义说："大学之道，在明明德、在新民，在止于至善。"其后才谈修齐治平的一套理念与方法。

三 王朝的政治运转离不开政治传播

政治系统只有能够顺利运转，才能进行有效统治。而政治系统能够顺利运转的一个基本条件就是有效的政治传播，特别是对于地域广阔的国家来说，这一点尤为重要，正如伊尼斯所说："辽阔领土的治理，在很大程度上依赖有效的传播。"（伊尼斯，2003：5）古代中国是一个广土众民的大帝国，因此政治传播在古代中国的政治运转中占有极其重要的地位。当然此处所说的政治传播更多的是从政治系统的信息流动与处理着眼，与以劝服与追求认可为目的的政治传播有一定的差异。

基于这类政治传播在古代中国政治运转中的重要性，目前有关古代中国政治传播的研究多从这个角度着手对其种类与效果开展探讨。代表性的如孙旭培认为朝廷决策传播、下情上传与监察信息的传播是古代中国政治传播最具特色的环节（孙旭培，1997：225）。潘祥辉则从上述三个方面对秦汉官僚科层制背景下政治传播效果进行了探讨（潘祥辉，2010）。

事实上古代统治者早已深刻地认识到了政治信息对于政治运转的重要性，明智之君都非常注意从各种渠道广泛搜集、掌控各种重要信息，并竭力确保相关信息能够依照统治的需要在政治系统中准确快速地传播。早在西周末年，邵公在谏厉王不可弭谤时就指出："故天子听政，使公卿至于列士献诗，瞽献曲，史献书，师箴，瞍赋，矇诵，百工谏，庶人传语，近臣尽规，亲戚补察，瞽、史教诲，耆、艾修之，而后王斟酌焉，是以事行而不悖。"（《国语·周语上》）这段言论表明，至少在西周时期，天子在决策时已经形成了系统地从多方面听取信息的制度。在之后的 2000 多年历史中，具体制度虽有变迁，但君主积极通过多种方式搜集、掌控各种信息来服务于决策与控制的政治统治思路一直延续下来。

从提高传播效率与加强信息掌控的目的出发，古代中国从媒介技术与制度建设两个方面都做了积极的和卓有成效的努力。文字的统一与简化、纵横交错的驰道的建设、遍布全国的驿站的设立，其主要目的之一都是通过技术改进来提高信息传播的效率。尤值一提的是造纸术与印刷术。作为公认的对世界文明发展具有重要贡献的传媒技术发明，与其说它们的发明提升了传播效率，还不如说它们根本就是政治传播需要的产物。从某种程度来说，这两项伟大发明在中国诞生是有其历史必然性的。伊尼斯认为，轻巧而便于运输的媒介适合信息在空间中横向传播（伊尼斯，2003：27）。由此可知，地域辽阔的中华帝国内在地需要发明造纸术与印刷术以提高自身的传播效率，维系自身的统治。

除不断提高媒介技术外，古代中国还不断通过制度建设来提高政治传播效率，强化对政治信息的掌控与处置。以清朝为例，在信息输入环节，其在明朝题本制度的基础上，发展出了奏折制度；在输出环节，则相应地在明发上谕的基础上发展出了密谕与廷寄制度。信息分类传递的目的，无疑是提高朝廷搜集与掌控、处置政治信息的效率，为稳定专制统治服务。

古代中国王朝虽然高度重视信息传播的速度与准确性，但是由于庞大而复杂的官僚科层制，"政治传播中的信息歪曲与失真不可避免"（潘祥辉，2010）。尤其是王朝衰败时期，由于官僚体系的腐败，信息更加难以及时地传播，很多王朝的覆灭往往伴随着政治传播体系的崩溃。这也从一个侧面证明了政治传播对于王朝运转与维持统治的重要意义。

四 王朝的天朝形象与地位建构离不开政治传播

天下是古代中国最大和最高的政治单位。中国帝王在理论上统治整个世界，是真正意义上的"世界政府"（赵汀阳，2005：42）。但在具体统治实践中，中国帝王并不能真正统治全世界，除能直接派官员开展行政管辖的疆域外，中国朝廷需要通过塑造所谓天朝形象来建构以中国王朝为中心的世界秩序体系。这种塑造与建构需要通过特定的对外政治传播活动来完成。当然，基于古代中国的天下观念，这里的对外政治传播不能简单地理解为我们今天的对外国的政治传播，而是对与中国所对应的"四夷"的传播，言其对外，只是区别于中国王朝直接派官员治理的地方而言。

首先，新王朝在成立之初，往往要遣使到知识与能力所及的"四夷"

之地，向其国王或首领宣告新朝成立的消息，宣扬新朝取代旧朝的合理性与新朝帝王足堪荣膺天命的圣德，寻求其认同与朝贡。例如明朝成立之初，朱元璋即派使节四处诏谕元亡明兴的消息，宣扬自己"兴举义兵，攘除乱略"（《明太祖实录》卷五十三）的经天纬地之功，要求"四方万国顺附"（《明史·爪哇传》），建立以明朝为中心的朝贡体系。明成祖即位后，又派郑和率领当时世界上最先进的船队出使西洋，"耀兵异域，示中国富强"（《明史·郑和传》），传播中华文明于海外，大大扩展了朝贡国的数量。

其次，在朝贡关系建立之后，中国王朝特别注意在朝贡活动中借助多种媒介开展政治传播活动，展示天朝德威与文明，建构以天朝帝王为中心的天下秩序体系。其一，中国朝廷依靠制度与礼仪有效主导朝贡活动的每一个环节。各国的贡期、贡品、表文格式、入境中国的口岸、到达京城的路线，以及整个朝贡过程的礼仪，都必须依照中国的规定。在觐见中国皇帝时，朝贡者必须依照中国对其政治角色的理解被安排在具有明确政治寓意的适当位置参与朝会，并要向中国皇帝行著名的三跪九叩大礼。这种规训式的政治传播，主要目的就是展示中国统治者的威严，建构中国王朝与朝贡者的君臣关系。其二，在完成对朝贡者的规训之后，中国君王会通过颁发谕旨、赏赐礼物等方式展示其怀柔远人的圣德，塑造自身德威并俱的天子形象。其三，除了外国来朝之外，中国朝廷还对关系密切的藩国实行制度性的册封活动。在册封活动中，中国朝廷常常派遣专使前赴藩国，这样做的目的不但在明确建构、复制与强化中国与被册封国之间的权力关系，而且也是为了有机会让藩国臣民直接目睹与感受德威并俱的天朝形象。

古代中国天朝形象的塑造与天朝地位的建构在相当程度上是成功的。不仅朝贡体系得到长期的发展与维系，而且一些朝代出现了非常忠诚的藩国。作为中国文明标志的政治伦理、礼仪制度也被一些朝贡国虔诚地学习、践行。这种成功从根本原因上来说，当然与中国是当时文明程度最高、实力最强的一个政治实体有关，但精心的对外政治传播显然也是这种成功的重要因素之一。

五 王朝的更迭离不开政治传播

王朝更迭是古代中国政治文明的特征与内在要求。前文已经指出，维护王朝统治并不是古代中国政治的最高目标，养民、教民，使民众具有美善之品行才是政治的最终目的。换言之，天有民享是古代中国政治合法性的根本所在，如果一个王朝腐败暴虐，丧失了其养民、教民的职能，就需要被推翻。《左传》说："民之所欲，天必从之。"（《左传·襄公三十一年》）《尚书》说："抚我则后，虐我则仇。"（《尚书·泰誓下》）儒家前有孟子，后有黄宗羲，也都明确主张暴虐之君应该被毫不留情地予以推翻。正是基于这一基本认识，王朝更迭才有了其理论上的合法性与内在的动力。

但是，推翻旧有政权必须组织力量，而要组织力量就要制造舆论，开展社会动员。英国哲学家罗素认为："舆论是万能的，其他一切权力形态皆导源于舆论。"（罗素，1991：97）古代中国人也早已认识到了舆论的重要作用，尤其在反叛旧王朝的政治活动中，无不重视制造与传播舆论，争取社会力量的支持。

早在商汤伐桀之时，汤就发布《汤誓》，历数夏桀之暴虐，号召诸侯辅助他"致天之罚"（《尚书·汤誓》）。在周武王伐纣之时，武王也发布《泰誓》，指责商纣王"弗敬上天，降灾下民"（《尚书·泰誓上》）。宣称自己是奉天伐罪，要求诸侯民众听从自己的命令，武力推翻商朝。自此之后，不论是农民起义，还是权臣夺位，往往都要通过制造舆论，寻求广泛的社会支持。例如陈胜吴广起义则先是通过鱼腹丹书、篝火狐鸣制造神迹，接着又在杀死秦尉之后斥秦暴政，提出"王侯将相宁有种乎"（《史记·陈涉世家》）的口号，发动了大泽乡反秦起义。王莽代汉之前则"折节力行，以要名誉"（《汉书·王莽传》），在堕落腐败的西汉政权中独树一帜，以至于全国吏民有 487512 人上书要求其受禅代汉（钱穆，1996：152），可见其制造舆论能力之大。

纵观中国数千年历史，更迭王朝之历史无不伴有舆论制造之行为，这种舆论制造是一种以动员社会为目的的政治传播。它与其他以维护政治统治为目标的政治传播活动一起构成了古代中国政治文明的政治传播体系，维系和推动了古代中国政治文明的演进。

六　结语

综上所述，政治传播在中国古代政治的各个环节都扮演了重要的角色，发挥了重要的作用，在中国古代政治文明中占有重要的地位。政治传播的概念虽起源于现代西方，但研究表明，政治传播的实践遍布古今中外的人类历史。各国政治既有共性，也有个性。同样，各国政治传播也既有共性，也有个性，必须将其置于特定国家的政治历史环境中才能被深刻理解。因此，中国有理由也有必要建构具有中国特色、中国风格、中国气派的政治传播理论。而丰富的中国古代政治传播实践无疑能为这种理论的建构乃至当代中国的政治传播实践提供有益的借鉴，应当受到我们的高度重视。

参考文献

阿尔蒙德、鲍威尔，2007，《比较政治学：体系、过程和政策》，曹沛霖等译，东方出版社。

芬纳，2010，《统治史（卷一）：古代的王权和帝国——从苏美尔到罗马》，马百亮、王震译，华东师范大学出版社。

葛荃，2012，《教化之道：传统中国的政治社会化路径析论》，载江荣海主编《传统的拷问——中国传统政治文化的现代化研究》，北京大学出版社。

景跃进、张小劲，2010，《政治学原理》，中国人民大学出版社。

罗素，波特兰，1991，《权力论：新社会分析》，吴友三译，商务印书馆。

潘祥辉，2010，《"帝国悖论"：官僚科层制与秦汉王朝的政治传播》，《中国传媒报告》第 2 期。

钱穆，1996，《国史大纲》（上册），中华书局。

孙旭培，1997，《华夏传播论：中国传统文化中的传播》，人民出版社。

韦伯，马克斯，1998，《经济与社会》（上卷），林荣远译，商务印书馆。

萧公权，2005，《中国政治思想史》，新星出版社。

伊尼斯，哈罗德，2003，《帝国与传播》，何道宽译，中国人民大学出版社。

杨光斌，2011，《政治学的基础理论与重大问题》，中国人民大学出版社。

赵汀阳，2005，《天下体系：世界制度哲学导论》，江苏教育出版社。

责任编辑　李莉

广泛、自由、平等、有序：历史比较中的
社会主义交往传播和国家建构

张纯厚*

内容摘要 交往传播与人类经济、政治、社会生活密不可分。交往传播的发展水平与国家形式息息相关。广泛、自由、平等、有序的交往传播是奠基社会主义现代国家社会文化基础的重要手段。本文从交往传播在中国民族国家的形成和西方资本主义民族国家的形成过程中的历史作用、传播学视野中的苏联解体历史教训出发，依据中国交往传播不平衡发展的现状，对于当前中国国家建设提出经济、交通通信和文化传播全方位综合发展和治理的政策建议。

关键词 交往 传播 国家建构

在《中国人民大学学报》2012年第6期刊载的《论民主的原则、运行机制和内在张力》一文中，笔者认为，平等、自由、有序是民主的三大原则。言论自由和出版自由是现代民主的一部分，也是必须贯彻民主的一般原则。社会主义交往传播是以往人类历史上的交往传播的合乎逻辑的发展和提升，不仅应全面体现交往传播的民主原则，而且，还应具有前所未有的广泛性。社会主义交往传播必须体现广泛、自由、平等、有序的原则，这与社会主义政治社会治理和国家建构息息相关。然而，只有系统了解以往人类交往传播与国家建构的经验和教训，我们才能够深刻理解交往传播的民主原则。本文不仅关注以语言为核心的传播的发展，而且，关注传播的物质手段和交通通信的发展，并且，将传播与政治、经济和社会发展相联系，将传播看作整个政治、经济、社会系统的一部分。

* 张纯厚，延安大学政法学院教授、政治研究所所长，延安市人民代表大会制度研究会副会长、陕西省政治学会理事、陕西省翻译协会理事，美国辛辛那提大学毕业的政治科学博士。

一　广泛、有序有余，自由、平等短缺：书面传播在中国古代民族国家建构中的作用

苏秉琦教授认为，中国古代历史经历了从古国到方国，再到帝国的发展过程。古国指类似城邦的小规模国家，方国指凌驾于多个城邦古国之上的区域性霸主，由秦汉肇始的帝国则是多源一统的政治文化实体（邵望平、汪遵国，1991：6 - 17）。那么，在没有电讯和现代交通工具的时代，广泛的远距离信息交流和大范围内统一的政治文化心理是如何形成的？显然，没有跨时空信息交流，大范围内具有特定价值倾向的人文系统，亦即民族文化共同体的形成是不可能的。

欧洲的古代帝国与亚洲的中华帝国都曾借助以马载和水运为主的交通通信手段，实施了广大区域内的公共管理和国家安全控制。但是，当罗马帝国解体时，由日耳曼入侵者组建的众多王国中的罗马臣民相互没有认同感；而与罗马共和国和罗马帝国大体上在同一时间段存在的汉朝帝国在解体以后，其文化凝聚力却使广大区域内的众多人口相互认同为汉族。在中世纪，教皇也没有能够将西欧打造成具有统一文化认同的民族。如何解释这种中西历史文化差异？对此，一个合理的假设是：古罗马和教皇的思想影响都仅仅达到占人口极少数的官僚阶层的上层，而没有达到社会中下层。古罗马和中世纪的教会都用拉丁语，然而，不仅原属罗马帝国区域内的人民的绝大多数不会讲拉丁语，而且，用拉丁语书写的政府文书和圣经教义也只有极少数人能够阅读。所以，马克思说："罗马始终只不过是一个城市，它与占领地之间的联系几乎仅仅是政治上的联系，因而，这种联系自然也就可能为政治事件所破坏。"（《马克思恩格斯全集》，1979：27）

口头语言使氏族和部落等小规模人类群体的生产生活得以进行。要实现较大区域内和不同世代人们之间有规律的思想交汇，就必须使用能够跨越时空的书面语言。人类书面交流的能力决定于书面交流工具的发展水平，由此，在一定历史时期，决定民族和国家建构。与有限承载手段相结合的书面语言使小规模国家的公共管理得以形成和维持。由此，部落联盟融合为小规模的民族。有些野蛮民族，如匈奴，没有系统的文字，这与他们的原始部落联盟特征相一致。民族国家则是多民族融合的大型民族。以马载和水运为主的大规模交通通信系统使古代大规模帝国的公共管理得以形成和维持，但不能将广大区域内的众多民族融合为一个统一的民族。要使远距离信息传递超出社会上层，从而使广大区域内的各民族的民众之间有一定的思想交流和信息共享，就必须具备易于获取的书面传播手段和与此相

联系的教育的发展。在数千年的人类文明史中，众多民族创造出各自的文字承载手段。中国春秋时代开始流行的竹简和木牍比其他民族的书写手段更易于获取和推行，促进了教育的发展、知识分子队伍的形成和人民群体意识的增强。东汉开始的纸张的使用和书写工具的改进使中华民族在传播和教育方面走在世界前列。印刷术的发明进一步强化了这一趋势。造纸和印刷术引起书面交往手段的革命性变革，也使中华民族有能力率先实现民族融合，组建大规模民族国家。

科举制度在隋朝大业元年（605 年）开始实行。这与纸张的普及和雕版印刷趋于成熟相耦合。科举用官位吸引、引导和培养了领会主流文化的士大夫阶层，推动了私学、官学的发展。由此，使主流和其他精英文化向文盲和半文盲的社会中下层民众传播。从而，通过汉字书面传播，在广阔的国家疆域内的不同族群中形成多元共存的民族文化。这种民族文化和政治心理的形成与美国学者保罗·拉扎斯菲尔德（Paul Lazarsfeld）和伊莱休·卡茨（Elihu Katz）的"两步传播"舆论领导理论很相似（Katz & Lazarsfeld, 1957：61 - 78）。传播和教育的发展创造了多源一统的中华民族文化，表现为儒教官方政治文化高度的统一和儒、道、佛等民间文化多元交融。中华文化是一个大熔炉，所有入侵和征服汉族的游牧民族都被同化在具有同一书面语言的中华文化之中。相反地，罗马帝国的语言却从同一走向多样，从意大利语族衍生出罗曼语族和拉丁语族。这种语言的分化反映政治和文化的分裂。俄罗斯帝国和北美印第安人的印加帝国也有类似的情况。

强有力的书面语言工具也大大地促进了公共管理水平，维护了社会稳定和生产的发展。同时，由于官方对于书面思想自由平等传播的压制，使得中国官方文化变得高度同一和僵化，非官方文化被边缘化。宋、明、清儒学的等级观念和男尊女卑思想的高度制度化是这一趋势的集中体现，中国的官僚阶层也因此变得自满、自大和封闭。最终，导致落后和内乱。

造纸和印刷技术也推动了西方的教育发展。造纸术传入阿拉伯是在公元 751 年。1150 年，阿拉伯人在西班牙建立造纸场。1575 年，殖民墨西哥的西班牙人最先在美洲大陆建立造纸厂。中国的雕版印刷技术经中亚传到波斯，大约 14 世纪由波斯传到埃及。活字印刷技术由新疆经波斯、埃及传入欧洲。1450 年前后，德国的谷腾堡受中国活字印刷的影响，用合金制成了拼音文字的活字。纸张的大量生产和印刷行业的快速发展导致《圣经》的大量印刷，教科书价格大大降低，教育迅速扩展。到 16 世纪后期、17 世纪初，富裕家庭的孩子都能上学（李伯庚，2001：217 - 218）。马克思说："印刷术的发明以及商业发展的迫切需要，不仅改变了只有僧侣才能读书写字的状况，而且改变了只有僧侣才能接受高等教育的状况。"（《马克思恩格

斯全集》，1959：391）

造纸和印刷术推动了欧洲民族语言、民族文化、思想变革和民族国家建构。"标准意大利语、标准英语、标准法语、标准西班牙语，还有后来的标准德语很快就取代了各地的方言，这些语言成了各个国家的文学语言。"（韦尔斯，2004：554）拉丁文不再是传播《圣经》的唯一文字。各国文字的印刷品成为文艺复兴和宗教改革的有力传播工具。古希腊文献的印刷版本迅速地从拜占庭传送到西欧学者中间。由于缺乏大众传播手段，12世纪的欧洲文艺复兴影响不大，14～15世纪的多次宗教改革都失败了。16世纪，路德借助商业运作方式，将带有文字和图片的宗教改革印刷品，迅速传送到欧洲各地。从而，得到地方贵族和民众的支持。这一宗教民族化过程激发了民族感情和爱国主义，促进了欧洲民族融合和民族国家建构的跨越式发展。教育的迅速扩展则不仅推动了基督教的普及，而且为资本主义国家官僚体制的建立提供了人才。

为什么中国历史上的工商业没有能够以应有的速度发展而在近代明显地落后于欧洲呢？历史学家发现，中国封建社会重农抑商，商业官营，压制民间商业活动的政策具有一贯性，政府对于商业进行直接或间接控制，存在诸如盐铁官营、酒类专卖、茶叶专卖、织造总管等官商形式（田昌五，2000：38、71）。也就是说，中国封建社会强调秩序，压制自由、平等，窒息了当时处于世界前列的交往传播的进一步发展，从而阻碍了政治、经济、社会的发展。

二 交往传播自由扩展，平等、规范坎坷推进：欧美现代民族国家建设的经验教训

造纸和印刷术所推动的思想革命和民族国家建构为工商业提供了政治保障和安全保障。指南针引导远洋航行，新航路得以开辟，资本主义经济由地中海转向了大西洋。工商业的发展、造船业的兴盛、城市人口的迅速增加导致木材短缺和能源危机。于是，人们借助火药开采煤矿，寻求新能源。在改进煤炭开采技术的过程中，蒸汽机和铁路运输相继登场（毛立坤，2012）。由此，开始交通运输机械化。古希腊的轨道拖运转变为铁路，于1825年在英国首次投入使用，很快被推广到欧洲大部分国家和美国。同时，欧洲出现蒸汽机船。1886年，德国人卡尔·本茨（Karl Benz）获得世界上第一个汽车专利。1902年，美国开始批量生产汽车。莱特兄弟于1902年成功试飞飞机以后，飞机很快被用于战争。"二战"后，商业航空迅猛发展。

随着工业化和运输能力的增长，英国首先发展休闲产业，随后，扩展

到其他工业国家，出现大众旅游。与自由择业相结合，国内旅游促进全国范围内不同地区人民的相互了解，形成国内大规模人口流动和不同种族人口杂居。这种国内人口群体区域隔离的打破，加之快速邮政和电讯系统的发展，而得到全面提升。1464 年，古代驿站系统首先在法国演变为邮政服务。在工业化过程中，形成现代邮政。铁路、航空、机动邮车大大加快了邮件传送的速度。19 世纪，电力在美国得到开发利用。1910 年，电报和电话开始在美国被投入商业运作。

同时，大众媒体发展起来，形成大众传播。大众媒体包括印刷媒体和播放媒体或电子媒体。报纸于 1605 年在法国出现。杂志于 1731 年在英国出现。蒸汽机驱动的印刷机在 19 世纪初开始普及，19 世纪末，莫诺排字机和莱诺整行排字机的发明使印刷效率不断提高。木浆造纸在 20 世纪初开始普及，降低了报纸的价格。1836 年，法国出现靠广告支持的报纸。20 世纪出现的廉价平装书带来出版业的大发展。书店、书籍市场、传单也成为印刷传媒。

播放媒体包括无线广播、电视和录放传播。1878 年，英国科学家发现无线电信号。1920 年，在美国出现无线电新闻节目。1884 年德国出现第一个电视专利。有声电视出现在 20 世纪 20 年代。彩色电视出现在 20 世纪 30 年代。美国于 1928 年出现世界上第一家电视台。20 世纪 50 年代，电视开始普及。最早的留声机于 1877 年在美国出现，最早的磁带于 1928 年在德国出现，唱头于 1954 年出现在美国。电子录放于 20 世纪 50 年代开始普及，数字录放于 20 世纪 80 年代开始流行。

欧美对于大众媒体的管理经历了从严格控制到无序自由，再到有序自由的过程。造纸和印刷术使得正统教义和异端思想都得到了广泛传播。于是，教会将书报检查制度化了。1559 年，教皇保罗四世下令公布了第一个禁书目录。1563 年，法国的查理九世规定，没有国王特别许可，任何东西都不能付印。随后，欧洲各国统治者都对于印刷出版实行许可证制度，以便控制政府认为威胁社会道德和政治秩序的科学和艺术思想的表达。1643 年，英国国会通过特许法案。在当今的德国地区，出版在三十年战争期间被禁止。图书馆常常成为书报审查的目标，禁书被焚毁。这种双重书报检查制度也扩展到美洲殖民地。

1644 年，英国诗人约翰·弥尔顿（John Milton）在向英国国会的演讲《论出版自由》（Areopagitica）中激烈反对特许法案，成为启蒙运动的灯塔。1694 年，英国特许法案终止。1766 年，瑞典成为第一个废除书报检查制度的国家。1791 年，美国宪法修正案第一条保障出版和言论自由，与 1789 年的法国国民大会声明一起，被看作西方国家综合性保护表达自由的根基。从此，出现所谓独立媒体。然而，政府继续运用国家安全、扫黄、亵渎罪、诽谤罪等方面的立法限制表达自由。由此，法庭成为新的控制言论自由的工具。作为非常时期的政治工具，对于言论自由的控制也屡见不鲜。1798年，美国国会通过《外国人和煽动叛乱法案》，禁止出版反对政府的"虚假、诽谤性或恶意的著述"，并将公开反对法律和总统视为犯罪。1861年，林肯总统谴责边疆地区的报纸偏向美国南部邦联，下令关闭许多报纸。20世纪30年代，在德国和奥地利，纳粹分子将犹太、共产主义和人道主义作者的书籍付之一炬。在有些尚未工业化的国家和殖民地，书报检查持续到20世纪。

另一方面，在19世纪的"黄色新闻"（yellow journalism）时代，许多报纸借助刺激、煽动、夸张、渲染等手法，制造耸人听闻的故事，以吸引公众眼球。在报纸无根据的报道，事实、拼写和语法方面的错误，偏见、剽窃和编造等行为遭到公众严厉批评和政府相关法令的规范之后，媒体在"二战"后采取了自律措施。图书馆和教师有权对书籍进行有选择地使用。瑞典、挪威、美国都以法律责任为由，对于学校和图书馆的书籍进行监管。①

政治偏见也是西方媒体的一大痼疾。早在19世纪，许多美国报纸就在两大党之间站队。美国经济学家和媒体分析家爱德华·赫尔曼（Edward Herman）和美国语言学家、政治批评家艾弗拉姆·乔姆斯基（Avram Chomsky）于1988年出版了《制造赞同：大众媒体的政治经济》一书，提出宣传模式（propaganda model）观点，用来解释因创造稳定和有利可图的商业的压力而产生的美国媒体的系统性偏见。这种维护美国商业利益的筛选体制，追求观众的数量，导致了信息娱乐片（infotainment）的产生。这些偏见包括自由主义偏见、保守主义偏见，以及在外交政策分析中偏向美国政府。为遏制媒体的偏见，出现了一些民间媒体监督组织，包括"公正并准确报道"（FAIR）、"美国媒体事务"（Media Matters for America）等。

西方政府对于媒体的监管主要涉及电子媒体。美国于1912年制定《无线电法案》，规定所有国内无线电台由联邦政府发放执照，开创了国家对于无线传播监控的先例。《1927年无线电法案》授权联邦无线电委员会分配频道。发放执照的原则是广播公司在服务"公共利益、方便和需要"方面的表现。委员会无权进行书报检查，但可以通过审查执照更换，在一定程度上控制播放内容。《1927年无线电法案》规定电台必须为政治候选人提供同样的机会，成为《1934年无线电法案》所开创的"平等时间规则"（equal-time rule）的先兆。这一原则得到最高法院认可。美国联邦通讯委员会于

---

① Mette Newth，"The Long History of Censorship"，http：//www.beaconforfreedom.org/liste.html? tid＝415&art＿id＝475，最后访问日期：2012年10月6日。

1987 年停止执行公平原则，但这一原则已经成为惯例。1928 年 2 月 25 日，无线电委员会发放了第一个电视执照。[①] 1934 年，美国国会通过《通讯法案》，用联邦通讯委员会取代了无线电委员会。

印刷媒体主要靠行业自律。美国报刊投诉委员会（PCC）是由报纸杂志自己组建的自律机构，并与新闻业保持距离。对报纸杂志内容方面的投诉不能进行关闭媒体的裁决，但能够迫使编辑即时发表对自己的媒体不利的裁决，多次违犯《编辑法则》的新闻工作者可能被解雇。这一组织的工作准则是由编辑委员会起草的《编辑法则》（The Editor's Code），该法则规定媒体发表的信息和图片必须准确无误；明显的失真、误导、扭曲，一经发现，应及时更正，必要时要发布道歉；媒体不能有党派性，并必须区分评论、推测和事实；编辑未经同意入侵个人私生活，应该有正当理由；新闻工作者绝不能参与胁迫、骚扰或强求；一旦采访结束，新闻工作者不能持续追问、打电话、追随或拍照；媒体绝不能寻求获取或发表用隐藏镜头或监听手段或截取私人电话、短信、电子邮件等手段得到的资料，也不能使用未经同意获取的文件、照片、私人数字信息；使用欺骗手段获取资料只有出于公众利益或用其他手段不能获取时，才是正当的。[②] 其他西方发达国家遵循与美国相似的媒体管制原则。

西方发达国家对于媒体的监管和媒体自律主要涉及公正、公平、准确性、竞争性、多样性、公众利益和个人权利诸方面。这些法令和规范没有阻止政府以国家安全的名义，实行书报检查和对于个人权利的侵犯，也没有阻止西方媒体对于其他国家的事件进行捕风捉影、歪曲事实的报道，但也促进了国内交往传播的健康发展和民众的政治参与，推动了高度统一的民族国家的建设。大众媒体将哈贝马斯所说的"公共领域"从启蒙运动时期的知识精英交流圈扩展到广大民众，使民族主义和国家认同感潜移默化地灌输到民众中去。

20 世纪 50 年代，随着福利国家政策在西方发达国家普遍实施，国家在公共设施方面的投资大大增加，公路、铁路和航空系统进一步完善，大众旅游和人口流动更加广泛，信件传送更加快捷。绝大多数家庭有电话。电子和印刷媒体构成了国内信息传播全覆盖。丹尼尔·贝尔（Daniel Bell）认为 20 世纪 70 年代的美国社会已经从地方性社会转变为全国性社会（贝尔，1997：346）。广泛交往和信息传播消除了国内书写相同，地区口语不同的

---

① "Fact Sheets on Media Democracy", http://www.fepproject.org/factsheets/mediademocracy.html, 最后访问日期：2012 年 10 月 18 日。

② "Regulation and self-regulation of the Media", http://www.inbrief.co.uk/media-law/media-regulation.htm，最后访问日期：2012 年 10 月 8 日。

语言障碍。美国没有规定官方语言，但在广泛的民众交往中，英语成为通用语言，与移民群体的其他语言并行不悖，语言文化多元一统。各族群共同遵守宪法和法律规范，培养了公民的民族意识和国家认同感。有些美国学者认为，美国政府得以使法治和理性为基础的公民身份制度化，形成了共同的文化传统。第一次世界大战以前，美国的民族主义具有强烈的种族主义因素，包括本土主义对于移民和黑人的排挤，其后，特别是 20 世纪 60 年代以来，美国的民族主义大体上是以公民民族主义文化为基础的（Motyl，2001：558－559）。

三 地区分割、种族分离、交往受阻、传播障碍：苏联解体的传播学解说

作为社会主义国家，苏联本应该比资本主义国家更能体现广泛、自由、平等、有序的传播规范，但实际上实行了地区分割、种族分离、交往传播阻隔的政策，最终导致国家解体。众所周知，沙皇俄国是一个庞大的多民族国家，既没有使用造纸和印刷术的久远历史，也没有经过西欧文艺复兴、宗教改革、启蒙运动和工业革命时期的民族融合过程，因而，俄国的民族融合本来就是很差的。1922 年，苏维埃社会主义共和国联盟成立时，只包括俄罗斯联邦、乌克兰、白俄罗斯和外高加索联邦，后来逐渐扩展为 15 个加盟共和国的大联邦。这种联邦国家形成的方式与以美国为代表的资本主义联邦国家的形成有共同之处，即通过协议程序，自愿或强迫地将独立的政治实体合并为保留一定地方自治权的统一的国家。但也有重大区别，即美国宪法第三条第三款以叛国罪阻止加盟国（"state"，原意为国家，汉语翻译为州是不准确的）脱离联邦，而苏联的 1924 年、1936 年和 1977 年宪法却都规定各加盟共和国有自由退出联盟的权力。美国宪法有意识地强化联邦政府权力，逐步弱化州（加盟共和国）权力，而苏联的 1924 年、1936 年和 1977 年宪法却都规定各加盟共和国为主权国家；美国宪法没有规定官方语言，但实际上，英语为通用语言，而苏联却将所有加盟共和国的语言都规定为官方语言。隔离式的政治体制造成奇特的国中之国的国家结构，在大联邦中有中型联邦，中型联邦中有自治共和国，自治共和国中有自治区，甚至，作为苏联加盟共和国的乌克兰和白俄罗斯也是联合国成员国，俗称"一国三票"。这看似增加了苏联的国际发言权，但公然分割了国家主权，违背了基本的主权原则。

在《论民族自决权》和《和平问题》等文章中，列宁反对民族压迫，主张民族自决，但也维护国家统一，支持民族融合，"绝不是为了提倡实行

分离，相反地，是为了促进和加速各民族的接近和融合"。"社会主义的目的不只是要消灭人类分为许多小国的现象，消灭一切民族隔离状态，不只是要使各民族接近，而且要使各民族融合"（《列宁全集》，1990：258）。斯大林在《马克思主义和民族问题》一文中反对"民族文化自治"等分离主义倾向，与列宁观点一致。但在列宁去世后，他却主张在各加盟和自治共和国兴办完全使用本民族语言的学校和文化机构，在党、合作社、工会、国家、经济机关中完全任用本民族干部，实行种族隔离，推行狭隘民族主义，完全违背了列宁的民族政策。在《民族问题和列宁主义》一文中，斯大林将这种思想作为党的路线，压制不同意见。这种分离主义政治理念在文化传播上造成了地区封闭、种族分离的交往受阻和传播障碍。苏联媒体在严格的党和国家控制之下，大部分报纸记者和编辑加入由共产党控制的记者工会。1988年，这些新闻工作者中的大约80%是共产党员。高等教育和高级党校与新闻学院相结合，记者、编辑和摄影师成为专业化的党的精英。但媒体语言和内容的地方化却使这种表面上的政治统一由文化和心理上的分离所取代。1988年，苏联有8000多份日报，它们以大约60种语言出版。将近3000份地方性报纸面向的是占人口50%的非俄语共和国，用地方性非俄语语言。这反映了斯大林主义的"民族形式，社会主义内容"政策。从勃列日涅夫到戈尔巴乔夫的媒体改革强化了媒体的地方性差异。

列宁曾提出，通过《给编辑的信》，让人民公开讨论社会问题，使领导层和全国人民了解社会问题。斯大林和赫鲁晓夫没有实施这一思想。勃列日涅夫设立中央委员会信件处，后来，安德罗波夫号召多发表《给编辑的信》。契尔年科倡导进一步建立"媒体有效性"。戈尔巴乔夫强化媒体灵活性，让媒体自行决定发表批评社会，甚至批评政府的信件。于是，只向特定语言地区发行的地方性报纸内容聚焦在地方英雄或《给编辑的信》反映的地方性问题。这样，通过地方性的语言和内容，强化了民族分离性的地方文化认同。《真理报》《消息报》《劳动》《红星》《社会主义工业》等全国性俄文报纸在非俄语人口视野之外。

苏联的电视由国家所有，受国家严格控制，有严格的自我审查。除了明令禁止的诸如批评政府之类的内容，电视禁忌的内容还有裸体、色情、暴力和粗鄙语言，对吸毒经常回避，对宗教回避或进行批判性的描述。这种严格控制与地区分割和种族分离并存。电视分为中央台、共和国台和地方台。直到戈尔巴乔夫改革时期，苏联的许多地区收看不到作为主频道的中央台第一频道和其他全国性频道。每个加盟共和国和自治共和国有自己的国家无线电广播和电视公司或国家广播委员会，其他地区有地区国家无线电广播和电视公司或国家广播委员会。地方性节目用地方语言播放地性内容。20 世纪 80 年代末，对于言论自由的控制逐渐放松，从西方进口的节目逐渐流行。随着电视商业化，地方电视也更加地方化和民族化。①

大众传媒中的地区分割和种族分离因落后的交通运输条件而加剧。在 1928 到 1932 年的第一个五年计划期间，苏联进行了大规模的基础设施建设，陆路、水路和空中交通都得到了全面发展。然而，大锅饭福利政策、贪污、盗窃、行贿之风却导致生产效率低下，国家没有能力对于交通设施进行适当的维护，大部分陆路、水路和航空运输设施陈旧过时，技术落后。在大城市之外，土路比比皆是。同时，汽车工业处于欠发达状况。苏联政府无力满足社会对于交通设施的要求，这进一步阻碍了国内各地区、各民族之间的交往和人口流动。

50 年代末和 60 年代初的赫鲁晓夫文化"解冻"对文化传播的监管有所松动。80 年代中期，苏共的书报检查制度两次松动，期刊填补历史空白点，发表了过去和近期禁止的作品，也发表了挑战以往领导人所设定的文学禁区的新作品。对于以往领导人的评价和批评暴露了许多历史上的罪行，特别是发生在斯大林时期的罪行。80 年代末，期刊借助尖锐的批评文章引起全社会反响，其订阅数量急剧上升，路边卖报亭的杂志常常顷刻销售一空。② 这种失控的思想解放为政治危机提供了社会舆论，而政治危机则为在社会文化、政治心理方面与俄罗斯格格不入的非俄语加盟共和国和自治共和国的政治分离倾向提供了机会，使其从潜在走向公开。

带有锤子、镰刀、地球和红星的苏联国徽象征工农联盟、共产党的领导和无产阶级国际主义，但其用十多种民族语言书写的国家格言则呈现多元而不统一。苏联法律经最高苏维埃主席团主席和秘书签字后，用各加盟共和国的文字公布。苏联国歌《牢不可破的联盟》中的共产主义理想口号和"牢不可破的联盟""人民兄弟般的友谊"等空洞的人民团结口号，对于领袖的个人崇拜与文化的隔离状态完全不合拍。

斯大林无心建构统一的现代民族国家，既违背现代国家存在和发展的规律，也违背关于民族将在社会主义时代走向融合的历史唯物主义观点。斯大林时代后，苏共实行集体领导，避免权力集中，党内斗争采取了比较文明的方式。但政治改革并没有触及国家统一和稳定的根本性问题。苏共第二十二次代表大会以"全民国家""全民党"等空洞口号显示国家统一。戈尔巴乔夫的无序改革和开放使由地区分割、种族分离、交往受阻、传播

---

① "Television in the Soviet Union from Wikipedi"，http：//en. wikipedia. org/wiki/Television＿in＿the＿Soviet＿Union，最后访问日期：2012 年 10 月 12 日。

② "Printed media in the Soviet Union from Wikipedia"，http：//en. wikipedia. org/wiki/Printed＿media＿in＿the＿Soviet＿Union，最后访问日期：2012 年 10 月 2 日。

障碍所造成的文化冲突全面爆发，宪法所规定的加盟共和国可以自由分离变成现实，国家分裂不可避免。

四　广泛、自由、平等、有序的传播交往：全球化和互联网时代中国建设高度统一的社会主义民族国家的机遇和挑战

在全球化和互联网时代，苏联解体在交往传播方面的教训值得认真吸取。全球化背景下，经济无国界、科技无国界、文化无国界、污染无国界、疾病传播无国界、反恐无国界，国家主权具有很大的伸缩性，变得弹性化了。国家主权的扩展程度决定于特定国家的政治、经济、科技、文化实力，即硬实力和软实力。软实力即国家通过文化传播所获得的国内民族凝聚力和国际影响力。20 世纪 90 年代以来，国际互联网成为全球化的一部分。网络创造新媒体，重塑旧媒体。报纸、电视、广播、电讯、音乐、电影、图书等传统媒体与互联网相结合。互联网也重塑经济、文化、教育、社会和政治生活。千百年来，人类梦寐以求的全方位的开放世界、全球即时通讯成为现实。网络促进了信息全球共享，有利于第三世界国家崛起，但也存在政治风险。网络是信息透明、民主参与、强化公共管理、凝聚民族自信心的有力手段，但也为分散主义和政治分离活动提供了现实世界不存在的条件。西方发达国家的新霸权主义也延伸到互联网。互联网无国界使得帝国主义及其代理人能够远距离遥控其他国家的政治活动。这涉及虚拟主权，凸显国家发展和掌控传播的能力。作为第三世界和社会主义国家，中国应该认真借鉴西方发达国家建构民族国家的经验，吸取中国古代传播缺乏自由平等和苏联失之于交往传播的历史教训，建设广泛、自由、平等、有序的交往传播体系，实行国内无障碍人员往来、信息传播，促进国内地区、族群间思想交流和文化交融，应对开放性全球交往传播的挑战，实现国家长治久安。

当前，中国处于深度改革和民族国家建设的重要历史关头。邓小平说，香港回归祖国以后，资本主义制度 50 年不变。50 年以后，内地也发展了，两岸四地差距缩小，将走向融合。现在，我们已经提前完成了邓小平所规划的经济三步发展任务的前两步。在今后的 30 多年中，中国的经济发展和人民生活水平将达到世界中上国家水平；在政治文化方面，建设各族文化多元统一的公民文化；在国家建构方面，实现多族群高度交融、两岸四地差距趋于消失的统一的民族国家。借鉴中国古代书面文化传播与国家建构、西方国家交往传播与国家建构的经验教训，以及苏联解体的教训，我们必须实行经济、交往传播和国家建构三位一体的综合发展方针。在经济发展

的同时，大力发展交通通信，特别是边疆地区的交通通信，提供各地区、各族人民广泛交往杂居的条件。目前，国家在少数民族区域推行双语教育，但汉族地区高等教育对于少数民族历史文化的学习十分薄弱，中国语言文学的内容基本上是汉语语言文学。如果要求汉族学生至少初步掌握一门少数民族语言，对于促进各族之间的交往将十分有利。香港、澳门已经回归，大陆与台湾的民间交往也已经十分频繁。为了加强中华民族的凝聚力，实现国家统一大业，我们必须在包括港澳台的中国全境构建广泛、自由、平等、有序的大众交往传播，以国内无障碍交往抵消国内族群文化差异和港澳台后殖民主义分离倾向的消极影响，抵制国外颠覆势力，为建设高度统一的民族国家创造条件。

参考文献

贝尔，丹尼尔，1997，《后工业社会的来临》，高铦等译，新华出版社。

柏拉图，2007，《理想国》，商务印书馆。

包亚明，1997，《权力的眼睛——福柯访谈录》，严锋译，上海人民出版社。

李伯庚，彼得，2001，《欧洲文化史（上）》，赵复三译，上海社会科学院出版社。

《马克思恩格斯全集》第 7 卷，1959，人民出版社。

《马克思恩格斯选集》第 1 卷，1972，人民出版社。

《马克思恩格斯全集》第 45 卷，1985，人民出版社。

《马克思主义经典著作选读》，1999，人民出版社。

《列宁全集》第 27 卷，1990，人民出版社。

毛立坤，2012，《第一次工业革命的发生机理：〈近代英国工业革命揭秘〉》，《中国社会科学报》8 月 21 日。

潘广辉、吴婧，2006，《民族问题与苏联解体——欧、美学界的研究》，《世界民族》第 1 期。

邵望平、汪遵国，1991，《迎接中国考古学的新世纪——中国考古学会理事长苏秉琦教授访谈录》，《东南文化》第 1 期。

田昌五，2000，《中国历史体系新论》，山东大学出版社。

韦尔斯，H. G.，2004，《世界史纲：生物和人类的简明史》，曼叶平、李敏译，北京燕山出版社。

熊彼特，1979，《资本主义、社会主义和民主主义》，绛枫译，商务印书馆。

Katz, E. & Lazarsfeld, P. F. 1957. *Personal influence* (ed.), New York: Free Press.

Katz, Elihu. 1957. "The two-step Flow of Communication: An up-to-date Report on a Hypothesis". *Public Opinion Quarterly*, 21.

Motyl, Alexander J. 2001. *Encyclopedia of Nationalism*, Volume II. Academic Press.

责任编辑　李莉

论传播失灵与经典社会主义体制的治理困境

潘祥辉*

内容摘要 信息的可获得性及流通状况主导着政治活动，并对社会治理产生着广泛的影响。经典社会主义体制下的信息流通呈现出"传播失灵"的特征，"数字注水、欺上瞒下"以及"真理报无真理，消息报无消息"等现象即传播失灵的突出体现。传播失灵与经典社会主义体制相互嵌套，经典社会主义体制内蕴了传播失灵，传播失灵又强化并导致了经典社会主义体制的治理困境。对于一个庞大的国家和日益复杂的社会而言，传播通畅是实现社会治理的前提和保证，经典社会主义体制下的传播失灵降低了政治决策的科学性和社会的透明度，给政治决策、政策执行、反馈以及社会治理与社会合作等都带来了巨大的困难。传播失灵是解释经典社会主义体制困境与转型的一个新视角。

关键词 传播失灵 经典社会主义 苏联模式 治理困境

研究政治治理离不开对社会体系内信息传播的研究与关注，因为信息问题是政治治理的重要条件。政治学家 R. 达尔认为：现代政治建制的历史发展可以理解为是由内嵌于政策要求的信息问题所驱动的。现代国家的主要动力就是发展和行使与权力相关的非对称分布的信息。国家不仅仅是服务和价值的分配者，它还是一套聚焦和管理并以公共政策来体现公众意愿的政治信息机器（Dahl，1991：338）。在美国政治学者宾伯（Bimber）看来，任何政体，都是一种基于"信息收集与信息处理"的组织结构体系。为了说明信息与政体间的紧密联系，宾伯提出了"信息政体"（information regimes）的概念。信息政体的特征是：（1）一套政治信息的主要属性主导的性质；（2）一套这些属性所产生的管理政治信息的机会和限制条件；（3）适应于这些机会和限制条件的特有的政治组织和结构的出现（宾伯，2011：17 - 18）。可见，如果从信息角度看，不同的政治体制必然有着不同的信息功能与信息装置。那么，社会主义体制尤其是经典社会主义体制的

---

* 潘祥辉，华东师范大学传播学院副教授，博士后。

信息功能如何？它有着怎样的信息装置？这种信息装置与信息功能与其政治治理状况是否存在着必然的联系？

从文献综述来看，目前这方面的研究还十分薄弱。大多数有关社会主义体制困境的研究着重于从政治、经济、军事、意识形态或国际因素着手，如关于苏联解体的研究就形成了诸如"上层革命说""和平演变说""戈尔巴乔夫葬送说"等数十种解释框架（郭欣根，2003）。对于东欧社会主义国家的解体，匈牙利学者伊万·塞勒尼（Ivan Szelenyi）在《社会主义为何失败：迈向一种关于体制崩溃的理论——东欧社会主义国家解体的原因分析》一文中认为，东欧社会主义体制的崩溃是若干外部和内部因素互动的结果。苏联对东欧的政策、世界市场的压力和军事挑战、异议知识分子、群众斗争是外部影响因素，精英的分化则是影响中东欧社会主义国家解体的内生因素（塞勒尼，2010：317－336）。塞勒尼关于社会主义体制困境的研究有很强的解释力，但他也忽视了一点：信息传播因素对社会主义体制的影响。这种忽视在有关中国改革或中国社会主义转型研究的大量文献中也同样存在。因此，从信息传播的角度探讨经典社会主义体制的治理问题极具价值和意义。

一 经典社会主义体制下的传播失灵

在科尔奈（Janos Kornai）看来，社会主义体制有三种不同原型：一是"革命过渡体制"，指从资本主义过渡到社会主义时期的那个过渡形态；二是"经典体制"（或经典社会主义体制），指按照苏联经典模式建立起来的体制；三是"改革体制"（或改革社会主义），指偏离经典体制的，经过改革的社会主义体制（科尔奈，2008：19）。这三种类型大体上对应了社会主义发展的三个历史阶段。

在苏联建立社会主义体制以前，社会主义（socialism）只是一种追求社会平等的政治意识形态或政治思潮。直到 1917 年，苏联将其变成了一种国家建制，即"现实的社会主义"。苏联因此成为社会主义体制的样板，成为后来的社会主义国家如中国、东欧的学习榜样。"二战"以后，社会主义大家庭日益庞大。根据科尔奈的统计，到 1987 年，世界上共有 26 个社会主义国家。其中欧洲有 9 个：苏联、波兰、罗马尼亚、匈牙利、保加利亚、捷克斯洛伐克、民主德国、南斯拉夫、阿尔巴尼亚；亚洲 6 个：中国、朝鲜、蒙古、越南、老挝、柬埔寨；拉丁美洲 1 个：古巴。除上述 16 国之外，在国际上通常被列为社会主义国家的还有：埃塞俄比亚、安哥拉、贝宁、刚果（布）、索马里、也门、莫桑比克、阿富汗、尼加拉瓜、津巴布韦等。这些社会主义国家的人口占世界人口的 34.4%，国土面积占世界的 30.7%，其相同点是，它们都受到苏联模式的影响，有的甚至复制了苏联模式（科尔奈，2008：7）。正如霍布斯鲍姆（EricHobsbawm）所说："社会主义世界的政治体制，基本以苏联模式为师，其独特之处可说举世难匹。它们是建立在绝对的一党统治之上，阶级严格，层次分明——经济事务由中央计划，统一支配号令；政治意识由马克思列宁思想主导，全民一体通行。"（霍布斯鲍姆，1998：563）这种按照苏联模式建立起来的社会主义体制即"经典社会主义体制"。"斯大林模式"可以看作是经典社会主义体制的化身，它最主要的特征或总特征是高度集权和高度集中，"全国的政治、经济、文化、外交、军事、教育和科学等所有的事业的所有的决策权统统集中于中央，执政党对社会生活进行全面统一和高度集中的管理。"（刘俊奇，2007：193 – 195）

经典社会主义体制还有一个特点，即整个社会的信息发现机制与信息传递机制功能失调，导致传播失灵现象十分严重。所谓传播失灵，是指特定社会系统下由于结构性的功能缺失所引起的资讯短缺、信息传递紊乱、失真或扭曲，进而导致资源配置无效率、社会福利受损的状况（潘祥辉，2011）。从苏联、东欧和中国等国的社会主义历史及现实来看，经典社会主义体制下的"传播失灵"的确十分普遍，主要表现在以下几个方面。

（一）政治沟通不畅，信息传播中的隐瞒和扭曲现象严重

政治沟通指"政治信息通过一定的信道进行交换与传递的过程"（谢岳，2006：7）。在经典社会主义体制下，政治沟通的主要方式有选举、会议、文件、汇报、学习、巡视、考察、信访等形式，形式虽然很多，但由于政治沟通的主要通道局限在政治科层体系内，政治沟通的效果并不理想。在社会主义的科层体系内，决策层通过各级各类会议形成政治决策，或完成动员，再通过公文系统层层传达决策，基层则通过学习领会上级的精神，通过汇报反馈执行情况。高层也会通过视察等方式收集下面的信息。通过这些政治沟通方式完成上情下达和下情上传。但由于这些政治沟通渠道受到政治科层体系的约束（如会议和文件制度有严格的级别限制），加上信息传递的层级过多，因而存在不可克服的局限性：在上情下达或下情上传的过程中，歪曲走样或封锁信息，隐瞒信息，扭曲信息，伪造信息等情况在政治沟通中十分常见。由于委托－代理链条过长，在下行传播中，即便政治领袖的理论阐述，有时经过层层传达也会失真。例如在中国经典社会主义时期，毛泽东与党中央强调"破除迷信，解放思想"，其最初的含义是要强调摆脱权威思想的束缚，更好地发挥人的主观能动性。但经过媒介以及

若干层次的组织传播后，却演变成为全国性的反对正常的规章制度和生产秩序，甚至反对科学常识的闹剧（许静，2004：322）。

"上行传播"中的扭曲则更为严重，在科层等级制下上级甚至很难听到真话。1962 年 2 月 3 日，周恩来在中央工作会议福建组会上发表的一个讲话中指出："这几年来，党风不纯，产生了浮夸和说假话的现象。我们要提倡说真话。"（《周恩来选集》下卷，1984：349）可见，那个时候领导是很难听到真话的。政治学家李侃如在《治理中国：从革命到改革》中写道："在毛泽东时代，经验很快就告诉人们，他们在磋商中即这个程序的'民主'阶段所表达的观点会给他们招致批判，此后，中央领导人所获信息的质量便急剧下降。例如，1961 – 1962 年的大饥荒便因来自上级的荒谬的高配额粮食征购而极度恶化。……这个配额是根据对于农村真实状况的重大错误信息而制定的。"（李侃如，2010：195 – 196）在苏联也是如此。鲁·格·皮霍亚在《苏联政权史：1945 – 1991》中写道："苏联政权组织的特有的权力高度集中和追求惟我独尊导致出现众所周知的管理问题：从下面来的'信息流'不可能被用于作出决策。"（皮霍亚，2006：6）由于激励机制的扭曲，上下级之间不可能很好地分享信息。

（二）媒体报道充斥假大空，"真理报无真理，消息报无消息"

如果说档案、公议主要是政府科层内部的沟通管道，那么大众媒体便是沟通官民，搭建科层内外互动的主要信息桥梁。然而，由于经典社会主义体制下的媒体从属于国家，受到党政机关的严格控制，媒体主要是作为一种喉舌和动员工具出现的，因而其信息收集和传播功能十分有限，无法发挥其在政治传播中应有的信息传播功能。不论领导人还是普通民众都无法从媒体上了解到多元的信息。如在斯大林时期，以《真理报》为首的苏联众多报纸几乎完全丧失了媒体的信息告知功能，它们热衷于报喜不报忧。赫鲁晓夫的女婿阿朱别伊在 20 世纪 50 年代当过苏联《共青团真理报》和《消息报》的总编，他回忆道："从当时的报纸看，苏联从没有铁路和航空惨剧，从没有沉船事件，矿井从不爆炸，泥石流也不会崩塌，总是一片歌舞升平的景象。"（张允若，1996：220）这就是苏联媒体的传播失灵。除了报喜不报忧，苏联媒体的"假大空"也十分泛滥。苏联媒体曾大肆宣传的斯达汉诺夫就是一个假典型。斯达汉诺夫在一班工作时间里采煤 130 吨，超过普通定额 13 倍，苏联媒体鼓吹"超过了世界上至今知道的所有成绩和纪录，把大洋彼岸的工人们的最高指标抛在了后面"。然而，他所创造的"世界纪录"完全是由该矿党委书记彼得罗夫一手策划的（安立志，2008：55 – 56）。在中国的"大跃进"年代，媒体也同样充斥着"假大空"。1958

年 6 月 8 日，《人民日报》以《卫星社坐上了卫星　五亩小麦亩产 2105 斤》刊登了河南省遂平县卫星农业社的丰产纪录。报纸上到处都是"放卫星"的消息。北方小麦从亩产 2000 多斤升高到 7000 多斤，最高纪录是青海赛什克农场的 8500 斤。南方水稻也从亩产 800 斤，升高到几千斤。广西环江以 13 万斤夺魁。报纸上甚至刊出了一个小女孩坐在密不透风的稻谷上的照片。但实际上，这一切都是假的。在经典社会主义时期，中国媒体上的信息扭曲十分厉害，假新闻、假经验、假数字、假典型层出不穷。在"事实服务于政治"的理论指导下，媒体报道甚至不惜违背常识。1961 年 3 月 15 日，中共中央转发了中央宣传部《关于毛泽东思想和领袖革命事迹宣传中一些问题的检查报告》，这个报告指出，一些媒体为了宣传毛泽东思想，不惜生搬硬套。如 1960 年 1 月 25 日的《体育报》刊登的《庄家富在红专道路上前进》一文，在介绍乒乓球选手庄家富的跃进规划时说："读透毛泽东选集的战略战术部分，创造独特的中国式横拍打法。"1960 年 7 月 16 日《健康报》的社论，把治疗慢性病的一种方法即"综合快速疗法"，说成是"从理论上到实践上应用了毛泽东同志的矛盾论学说"的结果。可见，在这种情况下，媒体无法承担传递真实信息的功能，也无法建立自己的公信力。中东欧的社会主义国家阿尔巴尼亚、保加利亚、罗马尼亚、匈牙利、波兰、捷克斯洛伐克及南斯拉夫等也普遍存在着类似的传播失灵，这些国家的"传媒没有自己的声音，只为各自的政权的宣传机关服务。它们的目的是宣传、灌输和散播假消息。威权控制伴随着各种政治潮流而起伏，对于传媒的控制也就随波逐流。不过政府的铁拳从未放松过对传媒机器的控制，政府通过驯服传媒来控制人民。实施严密的新闻审查，不允许外界传媒，特别是西方的广播电视在国内出现。要求传媒严格遵守党的路线。"（戴比尔、梅里尔，2010：201－234）这种情形直到 20 世纪 80 年代末和 90 年代初，随着东欧的政治转型，私有媒体和外国媒体出现，传播失灵的状况才有了一定的改善。

在经典社会主义体制下，真实信息不足与信息超载严重是同时出现的。浮夸雷同的媒体报道，数量繁多的会议、汇报、总结与文件等使政治沟通缺乏效率，不可避免地陷入了形式主义和文牍主义。在苏联计划体制下，20世纪 50 年代国有企业必须向部委和中央计划办公室汇报一些规定项目的计划及其执行情况，有时是 10 天汇报一次，即使到了 80 年代，苏联中央政府每年都必须处理成千上万个单位的经济和政治信息（Lane & Ross，1994：19－38）。这些信息中央政府根本处理不过来。米塞斯（Ludwig von Mises）这样描述苏联社会主义体制下经济信息的传递过程：在社会主义体制中，只有中央生产管理部门能够发号施令，其他人只能唯命是从。"除了生产沙皇外，每个人都必须无条件服从上级机构发布的各种命令和规章。公民们尽管可以提建议，但从提出这种建议到它能被最高权力接受，这中间所要经历的过程，至少不亚于从建议修订法律的一封寄给主编的信或一篇杂志文章，到这一建议被立法机关通过。"（米塞斯，2007：107）"文山会海"也造成了信息淤塞和效率低下。在《中华人民共和国史手册》收录的 1976 年 11 月至 1985 年 12 月 10 年间的 177 项重要事件中，属于会议事件的就达 41 件，占 23.6%，其中除中共中央、全国人大等决策性会议以外，仅属于实施决策或配合实施决策的会议就达 16 项之多（朱光磊，2002：181）。可见会议之多，处理信息之难。周恩来曾批评过那种"文牍主义和形式主义的官僚主义"，它的表现是"指示多，不看；报告多，不批；表报多，不用；会议多，不传；来往多，不谈"（《周恩来选集》下卷，1984：420）。这种形式主义和文牍主义也是经典社会主义体制下传播失灵的表现。

二 经典社会主义体制与传播失灵的内在关联

科尔奈（Janos Kornai）认为，"理解社会主义体制的关键是要考察其权力结构"（科尔奈，2008：31）。经典社会主义体制是一个典型的科层组织。在匈牙利学者玛利亚·乔纳蒂（Maria Csanadi）认为，经典社会主义体制从其组织结构看，其实是一种"政党－国家"合一的体制。它由一套复杂的科层结构构成。玛利亚·乔纳蒂认为，社会主义的"政党－国家"体制可以描述为几个相互作用的要素的综合：（1）政党科层；（2）国家科层；（3）国有经济，以及结构内可供攫取和分配的资源；（4）政党科层和国家科层之间的互联线（interlinking threads）；（5）可用于更深地融入该结构的结构性回馈（structural feedbacks）（乔纳蒂，2008：17）。政党科层和国家科层都由一个权力金字塔构成，从最高职位开始延伸至普通党员或国家单位中的个人。有学者把经典社会主义体制下国家权力的结构描述为一种"轴心辐射模式"：权力中心辐射边缘，边缘依附中心（周振超，2009：136）。如图 1 所示。

在这一权力结构中，党是国家政治生活中的核心领导。在组织结构上，每一科层都具有清晰的基层和顶层。顶层对基层具有支配性，基层对它们的上级具有依附性。在社会主义体制下，信息的流动严格地依照这个科层等级进行。由于权力高度集中，组织表现出一定的制度效率，例如自上而下的信息流动往往较为畅通，政策传达可以一贯到底。但与此同时，严密的等级分明的科层体系也是造成"传播失灵"的内在原因。

第一，层级分明的科层体制造就了一大批"理性的官僚"或官僚集团，

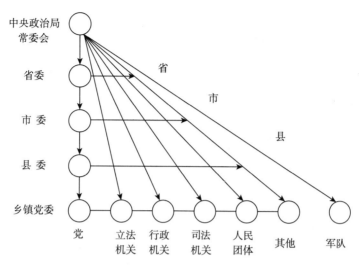

图1　当代中国政治轴心辐射模式示意图

资料来源：周振超，2009：136。

他们会从自己的部门或行业利益出发，欺上瞒下。官僚会利用信息不对称为自己争取最大利益。如在苏联，从赫鲁晓夫—勃列日涅夫时期开始，从基层到中央，在生产、服务、教育、卫生保健、文化、体育、艺术、文学、科学、管理等各个领域就开始形成了大大小小、形形色色的利益集团。他们在苏联社会各领域的不同层次上牢牢扎下根并在不断出现。这些利益集团打着为人民服务、为社会服务的幌子，谋取部门利益或个人利益，形成了一个特殊的阶层——特权阶层（黄立茀，2006：283）。由于缺少制衡力量和独立的信息搜集机构，这个特权阶层可以通过垄断信息，操纵媒体和国家机器进行寻租，造成了社会利益和国家利益的受损。政治学家汤森（James R. Townsend）和沃马克（Brantly Womack）说，在社会主义的科层体制下，"官僚自然会倾向于表达他们自己的利益，在权威主义的政权中，这些利益特别强大。"（汤森、沃马克，2004：180）如在中国的"大跃进"年代，许多地方领导人明明知道"大跃进"和"浮夸风"脱离实际，农村根本也没有那么多粮食要上交，但有些官员不但不制止反而迎合这种不切实际的政策，导致灾难大面积地发生。为什么如此？因为在这样一个科层体制下，"地方官员征收粮食是因为保住其职位靠的是取悦上司，而不是取悦其管辖的百姓。结果，中国农村陷入了大饥荒。"（李侃如，2010：119）

　　第二，经典社会主义体制的科层层级过多和委托代理链条过长导致了传播失灵必然出现。社会主义的科层体系可以看作是一个委托-代理的链条。从组织社会学的角度看，在委托-代理关系中，由于代理人的目标函数与委托人的目标函数不一致，加上存在不确定性和信息不对称，代理人有可能偏离委托人的目标函数而委托人难以观察并监督之，而出现代理人损害委托人利益的现实，这就是"委托 – 代理问题"（赖茂生、王芳，2006：45）。在罗默（John E. Roemer）看来，社会主义体制下遇到的委托 – 代理问题主要有三种类型：管理者与工厂或集体农庄的工人之间的委托 – 代理，政府计划者与企业经理之间的委托 – 代理，以及公众与计划者之间的委托 – 代理。管理者必须努力让工人执行其生产计划，计划者则必须努力让管理者执行计划机关的计划，而在经典社会主义政体中，计划者被认为是在尽其所能为他们的集体委托人即公众效力的代理人。然而实际上，计划者（政府官员）并没有，也不可能有这种高尚的道德，大多数人不能一辈子以公共利益服务激励自己（罗默，2009：38）。事实上，即便计划者具备了利他主义的高尚道德，他们也无法掌握充分的信息进行计划和决策。经济学家斯蒂格利茨（Stiglitz）指出，在任何等级制中，由于机会主义的存在，都会存在信息不对称现象，代理人总会有意或无意地隐瞒某些信息，并且利用这种相对于委托人的信息优势来谋求自身的利益（Stiglitz，1987：1035 – 1040）。经典社会主义的科层体制没有足够的激励机制（如价格机制或媒体机制）传递信息，使信息得以自由流通。因此，在这种体制下的委托 – 代理链条中，信息不对称问题很难克服。越是基层的代理方，越是掌握着更多的一手信息，如果没有一定的制度激励或惩罚机制，代理方很容易从自己的利益出发隐瞒信息，进而导致传播失灵的发生。汤森（Townsend）和沃马克（Womack）指出：中国的政治体制"权力分散在不同职能机构和地区造成的政令不畅；因行政机构多层级而产生的信息扭曲和不允许发展任何完全独立的信息来源导致准备信息的缺乏；因各级官员有违法和掩盖其罪行的机会和诱惑，因而造成准确信息松弛、腐败和个人专断"。（汤森、沃马克，2004：190）可见，社会主义的科层制内在具有"传播失灵"的风险。

第三，经典社会主义体制对媒体的行政垄断和严厉控制导致了媒体的传播失灵。在经典社会主义体制下，媒体是党和政府的喉舌，是进行社会动员或社会控制的工具。媒体本身受到严格的管制，无法独立自主地报道社会新近变动的事实。例如，对于突发事件的报道，经典社会主义体制下的媒体通常"以不公开为准则，公开为特例"，且遵循"灾害不是新闻，救灾才是新闻"的理念。1954 年长江发生特大洪水，新华社中南总分社对此制定的报道原则是：（1）报道灾情不要盖过生产；（2）着重报道积极同灾害斗争，战胜灾害，夺取丰收；（3）报道范围暂时固定在几个可以确保的重点和某些受灾较轻、很快可以恢复生产的地区；（4）不作全面报道，不讲具体灾情（戴邦，1983：233）。1976 年 7 月 28 日凌晨，唐山发生强烈地震，地震发生的第二天，《人民日报》采用新华社通稿对这一灾难进行报道，其标题为《河北省唐山、丰南一带发生强烈地震，灾区人民在毛主席革命路线指引下发扬人定胜天的革命精神抗震救灾》。这则权威报道全文的重点是毛主席、党中央和各级领导如何关怀灾区人民、如何带领灾区人民抗震救灾等，对灾情只用"震中地区遭到不同程度的损失"一笔带过。地震第三天即 7 月 30 日的头版头条是《是毛主席的光辉指示照亮了共大前进道路——江西共产主义劳动大学在斗争中成长》，竟然与地震无关。灾难死亡数字 24.2 万人，也是迟滞 3 年以后才得以披露的（雷颐，2008）。僵化的媒介体制使媒体无法如实披露信息。"由于大陆新闻机构的隶属关系以及其内部各级党组织的设立，使媒体本身的组织失去了新闻部门的特点而成为党的组织部门，并表现出明显的'衙门'色彩。一个新闻媒体它所隶属的党或政府部门的等级，决定了新闻机构的等级，形成了大陆新闻体制中的'官本位'的等级结构。"（何川，1994：100）苏联对媒体的严格控制，其结果直接导致了"真理报无真理，消息报无消息"。苏联媒体数量可谓不少，1989 年的统计数字显示，苏联出版有 8000 种报纸，发行量达 500 多亿份。有 55 种各民族文字的期刊 5300 多种，发行量达 32 亿册。广播电台 170座，日播音量达 1000 多个小时，全苏统一的电视网包括 117 个电视中心；除中央电视台外，各加盟共和国都有自己的地方电视台，播放 14 套各类节目，昼夜工作达 178 个小时以上。全苏有 10 多万名记者和 600 万业余通讯员。但这么庞大的传媒业却出现传播失灵，千篇一律，千人一面。"各种新闻媒介报道内容基本雷同，枯燥乏味，冗长，千篇一律，缺乏各自的特色。而且往往报喜不报忧。"（宋立芳、高文生，1993：37－38）在经典社会主义体制下，由于传播失灵的存在，大量的信息以"私有信息"或"谣言"的状态存在，无法转换成公共信息和真实资讯。这加剧了社会的信息不对称状态，降低了社会能见度，也给社会治理埋下了风险。

三 经典社会主义体制下传播失灵的政治后果

从政治过程的角度看，经典社会主义体制下的传播失灵至少导致了两种政治后果：一是造成了政治决策过程的封闭性，这种封闭性使决策失误的概率大大提高。二是造成了政策执行中的监督机制与反馈机制失灵，使得决策层无法获得关于政策执行效果的信息，也无法做出及时的调整与更正。

从决策的过程来看，政治决策主要包括如下步骤：第一，决策者根据自己的理性思考、感性直觉以及行为习惯等主体性活动搜寻与决策问题相关的信息；第二，根据对信息的搜集、理解和分析，设计备选方案；第三，根据主体的价值判断、偏好或者情景条件的约束，做出选择；第四，根据选择采取行动（张亚伟，2011：155－158）。从这个过程中可见，对信息的占有与分析是决策的关键环节。在经典社会主义体制下，由于科层严密，决策信息要流经多个层级才能到达决策主体。在这个过程中，每个层级都会根据自己的利益或判断过滤掉一些信息。盖伊·彼得斯（Guy Peters）在《官僚政治》中写道："任何官僚体制都具有自我膨胀的趋势，全职文官通过控制信息、政策提案和有关可行性的知识的能力，即便他不在决策部门，也绝对有能力影响政治，可以通过控制上面的政治首脑来做出决定。"（彼得斯，2006：25）这体现出的是官僚的理性。而在经典社会主义体制"对上负责"的官僚体制下，官员们更是"上有所好，下必甚焉"，只考虑取悦领导人和自己的升迁而不顾实际情况。20 世纪 50 年代毛泽东"大跃进"的思想与行动也和其受到属下官员的蒙蔽有关。如 1958 年 3 月 20 日，冶金部部长王鹤寿向毛泽东报告说，只要"从我们自己的教条主义学习方法中解放出来"，中国的钢铁工业"苦战 3 年超过八大指标（1050 万～1200 万吨），10 年赶上英国，20 年或多一点时间赶上美国，是可能的。"他的这一报告让毛泽东对此极为重视，在成都会议的讲话中三次表扬王鹤寿，在 1958 年 5 月 29 日的政治局扩大会议上更称之为"一首抒情诗"（沈志华，2011）。在苏联也一样，决策层一方面要广泛地、大量地使用并依赖"数据"（statistic），另一方面这些数据很少能够反映真实的情形。中央集权和计划经济的结合不仅导致了数据的过量生产，还将很多政府官员乃至普通民众都卷入了"数据造假"的行列，给中央政府决策带来了巨大的危害（Gillespie，1990：227－242）。在信息失真的情形下，从 20 世纪 30 年代开始，苏共就总是对苏联社会所处的发展阶段估计过高，不断实施激进的政策，造成了严重的社会后果。到了勃列日涅夫时期，他如同安徒生童话《皇帝的新装》中的那个皇帝，完全沉醉在苏联已经建成"发达社会主义"的想象中了。"他认为苏联社会是一个没有弊病的社会，完全看不到苏联社会当时存在的危机和问题，社会问题、民族问题、生态问题、教育和保健状况的恶化等问题完全让位于对发达社会主义的颂扬。"（阿尔巴托夫，1999：303）在这种从上至下的传播失灵的社会环境中，苏联社会的治理不可能不陷入困境。

政治学者朱光磊指出，从信息传播的角度看，经典社会主义体制是一种"单信道信息传输体制"，这种单信道信息传输体制最终必然导致"信息偏离的倾向性积累"。"在这一传输体制下，由于正负反馈的调节机制不健全，使得信息系统的'主观滤波'和'本底噪音'所造成的信息失真，都会朝着一个固定的方向——'上级偏爱'偏离，从而必然导致与决策中既有偏差相一致，甚至放大错误。"（朱光磊，2002：231）在这种体制下，领导偏爱的信息会源源不断地到来，而那些与领导意愿相悖的信息却消失于无形。失去了真实的信息基础，政治决策要么无法做出，要么脱离实际。

传播失灵也使政策执行中的监督与反馈功能失效。政策制定之后需要执行，而政策执行的关键在于监控。但由于缺少体制外的监督组织和信息机构，大众传媒也无法传递真实的社情民意，政策制定者只能依靠体制内的各部门和地方政府自身（汇报或报告）来获取作为评价政策绩效基础的各种信息，而这些部门和地方政府又有着自己的特殊利益，因而获得的这种信息常常离真实情况有一定距离，这使得决策过程中做出的错误决策无法及时调整和更正。结果"造成了一个被迫在缺乏可靠信息的状况下运行的体制。这种体制非常适合于命令下达，却对信息上传这种良性流动的必要性缺乏敏感。中央多次想推动一件事，却缺乏所需的数据来进行精心协调的分析和决策。中国为此付出了巨大的代价。"（汤森、沃马克，2004：198）由于在信息传递与占有上上下不通，加上媒体监督乏力，直接导致中央无法对地方的政策执行进行有效的监管，造成了"上有政策，下有对策"的现象。美国政治学者阿尔蒙德认为，相对于自由主义民主国家而言，中国的政策制定过程是相对封闭的。"在限制广泛输入且没有为最高层的政策制定者提供选举联系的结构背景下，对于要影响政策结果的官员来说，最有效的方式就是在政策执行过程中让政策走形。"（阿尔蒙德，2010：498）

此外，传播失灵还在社会治理层面上造成了严重的后果。体制内的公文制度、会议制度、统计制度，尤其是大众传媒，本来都是经典社会主义体制下的信息装置，但由于被整合进一个严密的官僚体制内，这些社会装置的过滤功能非常强大，提供真实信息的功能却几乎丧失殆尽，这不仅在政治上造成了严重的后果（决策失误与错误无法及时更正），而且使社会治理也陷入了困境之中。如大众媒体的传播失灵掩盖了一些自然灾害的发生或者其社会影响，虽然这样做"营造"出一种稳定的社会局面，但也使得社会无法有效地应对灾害，并从中积累经验。本来媒体"是社会公众在灾难来临时满足其信息需求与渴望的重要工具，也是公众在灾难事件中极度依赖的互通有无的管道，更是灾后拯救、重建、反思、恢复社会正常运作的主要信息论坛"（臧国仁、钟蔚文，2000：143－151）但在经典社会主义体制下，媒体的这种功能几乎无从发挥，以致发生大面积的饥荒，媒体上也看不到半个字，社会资源也因此无法调动起来进行灾难应对。比尔·科瓦齐（Bill Kovach）和汤姆·罗森斯蒂尔（Tom Rosenstiel）写道："历史通过血的教训告诉我们，如果一个社会的公民只能获得为某个利益服务的信息，他们只能按这些信息行动，那将会发生什么。无论这些信息是独裁国家的宣传，还是骄奢淫逸的有闲阶级用面包和马戏团来统治国家的命令，其后果都是灾难性的。"（科瓦奇、罗森斯蒂尔，2011：227）

对于大众传媒的传播失灵所造成的社会后果，刘少奇也曾有过论述。1961 年，刘少奇对随同他到湖南作调查的胡绩伟说："《人民日报》应该好好总结一下三年来报纸在宣传生产建设成就方面的浮夸风，在推广先进经验方面的瞎指挥风，在政策宣传和理论宣传方面的片面性，这些，对实际工作造成很大的恶果。"他又说："这几年很多事情，是中央领导一半，《人民日报》领导一半，《人民日报》搞了这样多错误的东西，影响很坏。可以说，有报纸的害处，比没有报纸的害处还大。"（余焕春，2000：237）刘少奇这里批评的就是大众传媒的传播失灵及其所造成的严重社会后果。经常性的传播失灵还影响了公众对媒体及政府的信任，损害了政府和媒体的公信力。以致人们"看报只看题，看书只看皮"，连媒体内部的人自己都不信报纸上的东西。"文革"开始不久，新华社山西分社的一位老干部就曾气愤地说："我现在谁也不信了。"另一位《人民日报》编辑部的老干部也说："现在的报纸要正面文章反面看，反面文章正面读。"（冯东书，2007）这种公信力危机还导致了社会性的政治冷漠和犬儒主义的盛行。在东欧、苏联及"文革"时期的中国，麻木不仁、阿谀奉承、敷衍塞责、口是心非一度成为经典社会主义时期人们的一种政治态度和生存策略，这对社会价值观的影响是十分负面的。苏共中央委员，苏联最高苏维埃代表阿尔巴托夫就认为，斯大林模式所造成的苏联社会道德层面上的损失十分巨大，它"埋下了社会冲突的地雷，使党、政府、整个领导的威信下降"（阿尔巴托夫，1999：341）。可见，长期的传播失灵也会腐蚀社会道德。

总之，对一个庞大的国家和日益复杂的社会而言，传播通畅是实现社会治理的前提和保证。而经典社会主义体制之所以陷入困境或者崩溃，一个很大的原因就在于其传播系统是失灵的，这种传播失灵降低了政策的能见度和社会的透明度，给政治决策、政策执行与反馈以及社会治理与社会合作等都带来了巨大的障碍。政治学家卡尔·多伊奇（Karl Deutsch）在其《政府的神经》（The Nerves of Government）一书中将政治沟通看作是理解全部政治的关键。在他看来，任何政治系统，包括它们的子系统，其内部都包含有一些机制。这些机制能够接受、储存和处理有关的信息。沟通就是指对信息的接受选择、储存、传送、分析和处理。在多伊奇（Deutsch）看来，任何政治系统都是开放性的系统。它和其环境处于一种不断的相互影响和相互作用的过程中。环境的变化，要求政治系统做出相应的反应和调整，以求得自身的生存和顺利的发展。而这一切都要以政治系统迅速、全面、准确地掌握环境正在发生何种变化的信息为前提（唐亮，1985：44）。如果信息传播在政治系统内出现障碍，即会表现为传播失灵。这种传播失灵会直接影响到政治系统的稳定性及其功能的发挥。中国古语云："知屋漏者在宇下，知政失者在草野"，当今的执政者同样需要问政于民。然而，在一个日益庞大和分工细密的现代社会，如何将"宇下"和"草野"的信息传达给执政者，使其科学决策，是一个重大的政治课题。由于系统性的传播失灵，如果执政者无法知道"屋漏"与否，无法知道政之得失，那么只能闭目塞听，盲目决策，社会治理也必然陷入困境，经典社会主义体制的崩溃或转型已经证明了这一点。

参考文献

安立志，2008，《"组装典型"斯达汉诺夫》，《同舟共济》第 8 期。

阿尔巴托夫，阿·格，1999，《苏联政治内幕：知情者的见证》，徐葵、张达楠等译，新华出版社。

阿尔蒙德，A. 加布里埃尔等，2010，《当代比较政治学：世界视野》（第八版），杨红伟等译，上海人民出版社。

彼得斯，盖伊，2006，《官僚政治》，聂露、李姿姿译，中国人民大学出版社。

宾伯，布鲁斯，2011，《信息与美国民主：技术在政治权力演化中的作用》，刘钢译，科学出版社。

戴比尔，S. 阿诺德、梅里尔 C. 约翰主编，2010，《全球新闻事业：重大议题与传媒体制》，郭之恩译，华夏出版社。

戴邦，1983，《论社会主义新闻工作》，人民日报出版社。

冯东书，2007，《新闻永远是一面镜子》，《炎黄春秋》第 2 期。

郭欣根，2003，《苏联解体原因的几种主要观点述评》，《社会主义研究》第 2 期。

黄立茀，2006，《苏联社会阶层与苏联变研究》，中国社会科学出版社。

何川，1994，《中共新闻制度剖析》，台北正中书局。

霍布斯鲍姆，1998，《极端的年代（1914–1991）》，郑明萱译，江苏人民出版社。

科瓦齐，比尔、罗森斯蒂尔，汤姆，2011，《新闻的十大基本原则》，刘海龙、连晓东译，北京大学出版社。

科尔奈，雅诺什，2008，《社会主义体制：共产主义政治经济学》，张安译，中央编译出版社。

李侃如，2010，《治理中国：从革命到改革》，胡国成、赵梅译，中国社会科学出版社。

罗默，约翰，2009，《社会主义的未来》，余文烈译，重庆出版集团。

刘俊奇，2007，《20 世纪的社会主义》，广东出版集团。

赖茂生、王芳，2006，《信息经济学》，北京大学出版社。

雷颐，2008，《伟大的转变》，《经济观察报》，5 月 24 日。

米塞斯，2007，《官僚体制·反资本主义的心态》，冯克利、姚中秋译，新星出版社。

皮霍亚，格·鲁，2006，《苏联政权史：1945 - 1991》，徐锦东等译，东方出版中心。

潘祥辉，2011，《论苏联解体中的传播失灵因素——兼驳苏联解体的舆论失控说》，《浙江传媒学院学报》第 5 期。

乔纳蒂，玛利亚，2008，《自我耗竭式演进：政党 - 国家体制的模型与验证》，李陈华许敏兰译，中央编译出版社。

宋立芳、高文生，1993，《苏联新闻媒介的演变简介》，载新华社新闻研究所编《苏联东欧剧变与新闻媒介》，新华出版社。

塞勒尼，伊万，2010，《新古典社会学的想象力》，吕鹏等译，社会科学文献出版社。

沈志华，2011，《盲动岁月——"大跃进" 50 年回首》，http：//www. aisixiang. com/data/38881. html。

唐亮，1985，《多伊奇的政治沟通理论》，《政治学研究》第 2 期。

谢岳，2006，《当代中国的政治沟通》，上海人民出版社。

许静，2004，《大跃进运动中的政治传播》，香港社会科学出版社有限公司。

余焕春，2000，《〈人民日报〉风云录——中国新闻内幕》，香港民报出版有限公司。

《周恩来选集》（下卷），1984，人民出版社。

朱光磊，2002，《当代中国政府过程》，天津人民出版社。

臧国仁、钟蔚文，2000，《灾难事件与媒体报道：相关研究简述》，《新闻学研究》第 62 期。

詹姆斯，R. 汤森、沃马克，布兰特利，2004，《中国政治》，顾速、董方译，江苏人民出版社。

张允若，1996，《外国新闻事业史新编》，四川人民出版社。

张亚伟，2011，《一般决策理论的演进逻辑及其拓展的新空间》，《河南社会科学》第 2 期。

周振超，2009，《当代中国政府条块关系研究》，天津人民出版社。

Dahl, A. Robert. 1911. *Democracy and Its Critics*, Yale University Press.

Gillespie, Stephen. 1990. "Are Economic Statistics Overproduced?" *Public Choice* 67, No. 3：227 - 242.

Lane D. & Ross, C. 1994. "Limitations of party control：The government bureaucracy in the USSR. " In *Communist and Post-Communist Studies*, 27（1）：19 - 38.

Stiglitz, J. 1987. "Principal and Agent. " In *The New Palgrave：A Dictionary of Economics*, edited by E. John, M. Murray & N. Peter, pp. 1035 - 1040. London, UK：Macmillan.

责任编辑　李莉

政治传播与马克思主义大众化相关性探析

王振亚　徐荣梅*

内容摘要　政治传播与马克思主义大众化具有内在的逻辑关联，为学界以政治传播学作为分析工具，审视马克思主义大众化提供了一个新的思路，同时也为构建马克思主义大众化的新研究角度提供了学理上的支撑。这不仅仅是研究视角的变换和理论层次的完善，事实上也是进一步探索马克思主义大众化更好的途径和方式。研究马克思主义大众化的政治传播规律，对提高马克思主义大众化的效果，具有重要的理论与实践意义。

关键词　政治传播　马克思主义大众化　相关性

一　马克思主义大众化契合了政治传播的本质内涵

政治传播就是关于政治的有目的的传播，包括所有政客及政治行为者为达到目的而进行的传播活动，所有非政治行动者对政治行为者所做出的传播活动，所有在媒介中涉及以上政治行动者的新闻报道、评论及政治讨论（麦克奈尔，2005：4、21）。影响受众的政治认知、政治态度和政治行为是政治传播的目的。作为一种重要的政治现象，政治传播贯穿政治发展的整个过程，广泛存在于任何社会、任何国家，所不同的只是政治传播的目的、内容、主体、形式等方面的差别。政治信息是政治系统得以正常运转的润滑剂，政治传播是一切政治活动得以进行的基础。在现代社会，一方面通过政治传播，执政者向社会民众传达自己的施政纲领、政策、路线和方针以期得到群众的支持、拥护和贯彻；另一方面广大民众也可以通过政治传播向执政者表达意愿和要求，进行民众利益表达。政治传播是执政者和民众之间进行政治沟通的桥梁。因而从政治传播的过程和手段，可以给政治传播下一个定义：所谓政治传播是指政治传播者运用各种媒介或符号，通过适当手段、方式或策略传播政治信息，以达到影响受众态度和行

---

* 王振亚，陕西师范大学政治经济学院教授，博士生导师；徐荣梅，陕西师范大学政治经济学院博士生，西安政治学院讲师。

为，推动政治按政治传播者的意志、方向和目的运行的一种活动（戴元光、金冠军，2007：68）。政治传播具有服务、发展、控制三种功能。

马克思主义大众化，就是用马克思主义武装群众，实现马克思主义与广大群众的结合，使广大群众掌握马克思主义。在这个过程中，实现马克思主义理论由被少数人理解掌握转变为被广大群众理解掌握，马克思主义实践由少数人领导指挥转变为广大群众自觉行动，马克思主义创新由被少数人进行转变为被广大群众丰富完善，即实现马克思主义理论大众化、实践大众化和创新大众化。马克思主义大众化的三个方面是密切联系、有机统一的。由于马克思主义是不断发展的科学理论，因而决定了马克思主义大众化的内容随着马克思主义中国化的发展而不断发展。马克思主义大众化的内容除了作为体现马克思主义科学本质的知识形态的马克思主义 ABC之外，大众化的重点内容是马克思主义中国化的最新成果。而马克思主义中国化的成果始终呈现两种具体形态，一种是理论探索成果，另一种是实践探索成果。因而决定了当代马克思主义大众化传播的重点内容是理论形态的当代马克思主义——中国特色社会主义理论体系和实践形态的当代马克思主义——中国特色社会主义道路。大众化内容的理论与实践形态决定了作为执政党的中国共产党是当代马克思主义大众化天然的政治传播主体，承担着在中国特色社会主义建设中促进广大群众对中国特色社会主义理论体系的认知、认同和对中国特色社会主义道路践行的职责。马克思主义大众化的根本目的就是要使党的创新理论为广大群众所掌握，使之成为群众认识世界、改造世界的强大思想武器。马克思主义理论从来不是书斋里的理论，而是人民群众实践经验的科学总结，中国特色社会主义理论体系是中国化了的马克思主义，它只有被广大群众所接受、了解和掌握，才能发挥其指导中国特色社会主义建设，调动广大群众的积极性和主动参与中国特色社会主义道路建设的巨大作用。

二 马克思主义大众化与政治传播的内在逻辑关联

马克思主义必须通过传播才能实现大众化，而马克思主义大众化不同于一般意义上的传播，而是一种政治传播。马克思主义作为中国共产党的指导思想，其大众化只有在中国共产党的主导、推动和引领下，才能有计划、有组织、持久地进行。马克思主义大众化过程与政治传播的内在逻辑关联，体现在从政治传播的视角来考察马克思主义大众化，实际上马克思主义大众化本身就是一个政治传播的过程，马克思主义大众化必须符合政治传播的基本规律才能取得较好的效果，而政治传播为当代马克思主义大众化提供了学理支撑。只有正确认识马克思主义大众化与政治传播之间存在的内在关联才能更好地实现马克思主义理论经由群众掌握转变为改变世界的物质力量，以及马克思主义在实践中吸收人民群众的智慧不断地进行理论创新，从而实现马克思主义理论与广大群众之间的良性互动。

（一）马克思主义大众化实际上是一个政治传播的过程

政治传播是政治信息的有目的传播。政治是内容，传播是手段。所谓政治信息，就是指社会政治领域的各要素，如政治人、阶级、国家、政党制度等运动的状态、方式和结果。具体而言，政治信息由三大部分组成：一是政治人、阶级、国家、政党、制度的存在状态和方式，如阶级结构、国家体制、政权结构、政党体制结构等；二是政治人、阶级、国家、政党等的实践活动状态、方式和结果，如阶级斗争、政治选举、政治外交、政治决策等；三是政治人、阶级、政党的政治感知、认识、思维的结果，如政治知识、政治思想、政治理论、方针、政策等（段京肃、杜俊飞，2007：184）。马克思主义大众化中大众所要接受的内容，本身就具有政治信息的属性。马克思主义作为我党的指导思想，自身具有强烈的政治性。为更好地促进本国无产阶级解放事业和马克思主义的结合，列宁、斯大林、毛泽东也分别给马克思主义下过定义。列宁说："马克思主义是马克思的观点和学说的体系。"（《列宁全集》第 26 卷，1988：52）强调创立者的地位和作用。斯大林指出："马克思主义是工人阶级根本利益的科学表现。"（《斯大林全集》第 13 卷，1991：333）强调马克思主义的阶级属性。毛泽东则认为马克思主义"是全世界无产阶级的最正确最革命的科学思想的结晶"。（《毛泽东选集》第 3 卷，1991：1093）强调马克思主义对工人阶级的普适性。而现在我们一般提到的马克思主义，是指广义的马克思主义，即马克思、恩格斯创立并由后人不断丰富和发展的，关于无产阶级和人类解放的科学。一方面既强调其主要创立者的地位，又指出其是开放的、不断丰富创新的体系；另一方面也将马克思主义的适用范围扩充至全人类，并着重指出其终极目标是为每个人的最终解放和发展。根据政治信息的定义，我们可以清晰地看出，马克思主义本身可以归为政治传播学中的政治信息范畴。政治传播的目的是要影响受众的政治认知、政治态度与政治行为。而马克思主义大众化，就是将马克思主义中国化的最新成果通过一定的传播形式为广大群众所认同、接受进而运用的过程，从政治传播学的角度看，马克思主义大众化就是一种政治信息传播过程，具备政治信息传播活动的基本特征。

马克思主义大众化的过程是政治传播基本要素的逻辑展演。在政治传播中运用拉斯韦尔的"五 W"模式，分析政治传播过程的构成，主要包括五个要素：传播者、传播信息、受众、传播渠道、反馈。而马克思主义大众化的过程具备构成政治传播的这五个基本要素，确切地讲，马克思主义大众化的过程，就是一个完整的政治信息发出与接受的过程。通过这一过程，政治传播者向广大群众传递一种政治信息——当代马克思主义。政治传播者主要包括中国特色社会主义理论体系的直接创造者、党的各级各类宣传教育机构和团体、国家的领导干部和党员、理论研究者等，他们是整个传播活动的引发者，承担着把马克思主义中国化的成果向广大群众宣传、普及的重任。马克思主义大众化传播活动的受传者是广大群众。政治信息的传递需要媒介，马克思主义大众化传播活动也需要借助传播渠道来进行。中国共产党作为执政党，利用多种传播渠道进行马克思主义大众化的传播。组织传播以中国共产党在国家中的组织为保证和支撑，最严肃、最有权威和约束力，是大众传播、人际传播和自我传播所不能代替的。大众媒介是传递信息的主要载体，除报刊、广播、电视等传统大众媒介外，网络这种新兴大众媒体也发挥着越来越重要的作用。此外，人际传播以其人与人面对面传播、互动性强、反馈及时、接受迅速等特点在马克思主义大众化传播活动的诸种形式中起到不可或缺的作用，此类传播形式有学习研讨、座谈、宣讲、教育等。由于马克思主义大众化不是一种短期行为，而是长期的持久的一项活动，反馈是使传播活动取得效果最大化的重要机制，传播能否取得理想效果，关键看传播者能否及时根据反馈调整传播方式。马克思主义大众化传播的反馈是广大群众对马克思主义大众化传播的能动反映，是对马克思主义理论接受程度的真实体现，它包括人们对理论进行思考后的理解、体会、疑问，也包括运用理论指导实践后的经验总结。反馈是我们党作为传播主体遵循传播规律，积极主动、灵活机动地调整决策的依据，也是马克思主义这种基于实践体系不断自我完善的重要环节（颜晓峰、肖冬松，2012：163）。

马克思主义在政治传播中实现大众共享。在马克思主义体系里，人不仅是社会发展的最终动力，也是社会发展的最终指向。所以人既是历史的"剧中人"，又是历史的"剧作者"。马克思主义的终极目标，就是建设一个以每个人的全面而自由的发展为原则的社会。毛泽东说："人民，只有人民，才是创造世界历史的动力。"（《毛泽东选集》第 3 卷，1991：1031）马克思主义中国化的发展是为了人民，依靠人民，发展成果为人民所共享。这就决定了马克思主义大众化是一种政治信息共享活动，而政治传播本身也是一种政治信息共享活动，它是一个将少数人所拥有的信息化为更多人所共有的过程，信息的传播具有交流、交换和扩散的性质。从这个角度讲，马克思主义大众化就是将马克思主义这一政治信息变为广大群众所共享的过程。通过广泛传播，使建设中国特色社会主义的经验和成果为全体群众所共享，使党领导广大人民所要达到的目标、实现的理想、担负的历史使命为全体群众所认知，并且在此基础上形成统一共识，使党的执政理念赢得群众的支持。在实践中马克思主义作为科学的理论形态，抽象的理论形态难以对复杂的中国建设直接进行具体指导，在政治传播过程中，要经过理论具体化才能为广大群众所理解、遵循和运用，因而要将马克思主义由理论形态转化为实际行动的"实践观念""实践理性"和实践样态的政策，必须要通过党和国家的政策在当代马克思主义理论和实际行动之间起桥梁作用。政策使理论得到具体化，成为当代马克思主义理论典型的表现形式，也是人民群众认识当代马克思主义最重要最直接的认识来源。尤其是教育、医疗、住房、就业、居民收入和城乡社保等关乎民生的政策，业已成为人民群众对于当代中国马克思主义发展最为关注的问题。政治传播是政策制定和实施的重要前提，决策只有建立在充分而广泛的信息交流与沟通基础之上，才能制定出科学的政策，而政策只有在政治传播中进行广泛的宣传、监督和调整，才能保证政策的正确实施。政策制定、贯彻和调整都是同政治传播紧密地联系在一起的。当代中国马克思主义大众化需要做好宣传普及工作，但是要更好地征服群众，更为重要的方式还是要最大限度地反映人民群众的利益，利益关注成为具体政策与当代中国马克思主义理论之间的契合点（寇军，2010：48）。推动当代中国马克思主义大众化，势必要在政策上反映理论创新的精神实质，并且切实把"以人为本"的思想原则在各项政策的制定、执行中体现出来，使马克思主义的发展为了人民、依靠人民、发展成果为人民所共享。

马克思主义在政治传播中实现大众共创。马克思主义理论体系内涵与中国社会大众需求的对位或契合状况，为理论创新留下了巨大的发展空间。中国的实际是马克思主义发展创新的前提和现实依据，而现实生活中广大群众的参与不仅成为大众需求得到准确认定的前提，而且也是吸纳群众进行理论创新的必然途径。从政治传播的社会关系而言，在政治传播过程中，政治传播行为的发起人——传播主体通常处于主动地位，但传播对象也不是单纯的被动角色，他们可能通过信息反馈来影响传播者，任何一种传播都必然是一种通过信息的接受和反馈而展开的社会互动行为。马克思主义大众化是具有动态性持续的政治传播过程。传播过程具有动态性，其运动特点在形式上体现为有意义的符号组合（讯息）在特定渠道中的流动，在实质上则是传播者与受传者的意义或精神内容的双向互动。因而我们党在政治传播中不仅要大力宣传、普及中国特色社会主义理论体系，还要广开群众言路，倾听群众心声，广大人民群众把对党的理论以及在理论指导下制定的政策的理解、感受、疑问，以及在实践中总结的经验、遇到的各种问题反馈给党组织和党的各级领导干部。我们党及时在理论上答疑解惑，在实践中排忧解难，并根据群众的反馈不仅可以灵活机动调整马克思主义理论的传播方式与方法，更为重要的是通过能动的反馈，不断总结建设中国特色社会主义事业的经验，不断对马克思主义中国化进行理论创新和完善，实现马克思主义理论创新的人民共创，增强政治传播信息——马克思主义的理论深度与高度，以及其对社会主义实践的指导能力。

马克思主义在政治传播中实现大众共建。马克思主义大众化要产生实效需要完成从思想认同到实践认同的转化，要体现在广大群众的行动上。马克思在《关于费尔巴哈的提纲》中明确指出："全部社会生活在本质上是实践的"（《马克思恩格斯文集》第 1 卷，2009：501），"哲学家们只是用不同的方式解释世界，问题在于改变世界。"（《马克思恩格斯文集》第 1 卷，2009：502）马克思主义只有为大众所践行，才能变成巨大的物质力量。中国特色社会主义事业的科学发展需要广大群众积极主动地践行当代中国马克思主义。马克思主义大众化绝不是通俗化、具体化或普及化等就可以实现的，在马克思主义大众化中，"我们不能简单地把大众化等同于只是追求数量关系的普及化，'了解或知道'并不等于'内化'。"（王增智，2010）马克思主义的认同就是广大群众把当代中国马克思主义作为自己的思想武器，即马克思主义意识形态的受导者在认知或情感上对马克思主义意识形态趋同一致，并自愿遵从的现象。马克思主义大众化的目的是要实现当代中国马克思主义成为广大群众的自觉追求并予以运用和身体力行。在社会生活中广大群众对马克思主义身体力行地践行，必须通过政治传播来引导、协调和规范，使广大群众的行动在党的统一领导下统筹安排，形成整体合力，达到群力之所举，众智之所为，建设中国特色的社会主义。

（二）政治传播为马克思主义大众化提供学理支撑

环境的变化使当前马克思主义大众化面临着严峻的挑战。传播信息量的增加使马克思主义传播对群众的影响力减弱；大众传播的现代发展，特别是网络传播等新媒体所带来的信息不再单纯依附行政系统给马克思主义大众化的实现带来极大的冲击；传播对象对各种传播媒介信息消化吸收与抵制能力不强使马克思主义大众化的难度加大；同时从计划经济到市场经济的转型，市场经济的发展给人们的思想、行为方式带来影响，使得仅靠行政手段进行思想控制的政治影响减弱。而长期以来，马克思主义大众化依靠行政手段进行宣传，难以适应新的形势发展的要求，同时宣传研究自始至终没有形成一个独立的学科，其本身也不具备成为一门学科的要素，也限制了马克思主义大众化的宣传效果的发挥。这表明，马克思主义大众化的发展和研究，如果不能通过发挥开放性与交叉性的学科特征，注重吸收其他学科的研究方法与理论成果，马克思主义大众化自身的研究和发展就会出现"短板效应"，将会缺乏后劲并受到极大的牵制。而马克思主义大众化与政治传播的契合，使我们在新的时期推进马克思主义大众化找到了新的学理上的支撑。政治传播，是政治学和传播学的交叉学科，以其为工具研究马克思主义大众化，不仅仅是将传统的"灌输""宣传""教育"等话语符号替换为"政治传播"这一符号系统，也不仅仅是传统的马克思主义理论教育方式和载体的简单改变，而是意味着巩固马克思主义意识形态主导地位的传统路径、范式的根本转变——新的政治传播观念、新的思维方式、新的研究范式、新的理论支撑。其深层意蕴在于将马克思主义大众化的传播牢牢置于科学性的基础之上，系统地研究马克思主义大众化作为政治传播的一般规律和特殊规律，并创立一种把马克思主义转化为现实的精神生产力的机制，使马克思主义以群众喜闻乐见的形式，不仅征服广大群众的心灵，而且走进群众的心坎里。因此，运用政治与传播相结合的政治传播学来研究马克思主义大众化，这并不是人为的撮合。一方面是人文社会科学中各个学科开放与交叉趋势的必然要求，反映着社会系统与学科系统的交互渗透；另一方面它又是马克思主义大众化自身发展的必然路径，是政治传播学科开放属性与社会科学进步功能耦合的自然要求，并最终将马克思主义大众化研究的发展推向一个更高更新的阶段（元林，2010：127）。

（三）马克思主义大众化必须遵循政治传播的基本规律

传播决定影响力。当理论上具备了价值关怀之后，还要通过适当的传播机制、先进的传播手段传达给广大群众，理论的宣传也只有遵循理论传播的科学规律才能达到宣传普及的最优效果。马克思主义大众化是一个政治传播过程，从政治传播学角度考察当代中国马克思主义大众化的成果，有两个衡量指标：其一是能否争取到更多的受众，使马克思主义大众化的普及范围达到最大；其二是受众接受讯息的质量，即马克思主义理论能否深入人心，能否转化为广大群众认识世界、改造世界的有力武器。为了达到这样的传播效果，马克思主义必须研究和遵循政治传播的规律。马克思主义大众化，在一定意义上是政治信息传播的过程，是政治文化交流的过程。这个过程需要关注广大群众接受理论的心理特点，理论借助的媒介传播情况以及传播环境的影响。其中广大群众作为马克思主义在中国传播和发展的价值主体，他们在理论大众化过程中的心理是不断发展变化的。要实现理论宣传普及的最终效果，就必须在遵循群众接受理论的心理规律基础上推进大众化，而媒介是理论传播的中介和工具，在大众化过程中发挥着重要作用。要借助媒介实现理论宣传普及的根本目的，就必须遵循媒介传播的客观规律。所谓规律，一般地讲就是指蕴藏于事物内部的、稳定的必然联系和趋势。而内在要求则指事物运行所必然要遵循的客观规律，要达到的必要条件。因而马克思主义大众化的规律要求就是指马克思主义大众化历史进程中内在的、本质的、必然的、稳定的联系和要求，它体现并贯穿于中国特色社会主义道路建立和发展的整个过程之中，党对社会进行马克思主义的传播普及，以及广大群众接收、接受和践行的整个活动之中，制约并规定着马克思主义中国化实现的历史进程。改革开放以前，由于中国社会环境相对封闭，在各种必要的信息还很匮乏的时代，传统的传播环境比较封闭且很少有噪音干扰、没有太多外来信息冲击，传受关系由上而下，党和政府牢牢地控制着传统传播媒介，媒体在强烈的党性原则下都紧紧地围绕马克思主义进行宣传教育，通过不断地强化和累积，全国上下容易对马克思主义形成广泛的认同。而现在，马克思主义在当代中国传播的时空环境下的传受关系与以往相比，发生了质的变化。时至今日，随着全球化进程的加快和我国改革开放的不断深化，各种观念思潮涌入国门，使我国政治及思想文化领域呈现出传统与现代、主流与非主流、大众与精英等多元异质文化和思潮共存的特点，为人们提供了多种各不相同甚至是激烈冲突的认同选择。同时，在信息时代，信息来源的多样性不断分散人们对马克思主义的注意，生态社会主义、民主社会主义、第三条道路等各种各样的思潮利用无所不在的信息通道侵袭大众的头脑，改变人们的认知，企图动摇群众的马克思主义信仰。由于信息量空前增加，群众不得不在巨大的信息量面前有选择地加以接受，在马克思主义大众化中广大群众对马克思主义的接受事关大众化的成败。在信息化社会的环境中，政治传播对人们的政治思想和道德素质的形成必然产生重要的影响。对任何一种政治理论体系而言，政治传播在一定范围内促成政治体系的一致性和标准化方面，尤其是强化主流意识形态和价值观念方面具有非常突出的作用。政治传播向群众传播什么，其价值导向与马克思主义大众化的导向是否一致，不仅影响马克思主义大众化的效果，而且也对社会风尚和风气的形成产生巨大的作用。

在复杂的传播环境下的马克思主义大众化，如果不考虑相关影响对传播内容接受效果的因素，盲目地进行马克思主义大众化的宣传、教育、灌输，就会使马克思主义大众化在信息化浪潮中逐渐被边缘化，难以走进群众的心里，更难达到用理论武装群众的目的，以及使当代中国马克思主义的政治传播机制契合广大群众的思维习惯，符合规律性和体现科学性。因此，在马克思主义大众化的过程中，需要借鉴政治传播学的规律，在更宽广的思维空间里对解决马克思主义大众化所面临的实际问题予以深刻的借鉴与启迪，关注广大群众的需求，优化马克思主义大众化的传播方式，更好地达到马克思主义大众化的目的。

三　政治传播之于马克思主义大众化的重要意义

与中国的政治体制改革相适应，中国政治传播运作模式逐渐转向公共关系化模式，在政治传播中更关注"以人为本"，使政治传播具有新的感染力；原有政治传播的单向性将向双向性逐渐转变，从而调动了公众参与的积极性，更具有新的吸引力；原有政治传播的硬灌输功能将被软引导功能替代，从而具有新的说服力（黎元江，1998：8）。与现代政治运作紧密相连的政治传播运作模式发生的变化，对于新时期马克思主义大众化的有效推进，提供了有效应变的对策指导。

（一）有助于把握新时期马克思主义大众化传播的内在规律

一种理论能否深入人心，不仅取决于这种理论本身是否对群众具有吸引力，而且也取决于理论如何传播才能更易被群众所接受。随着社会历史条件的不断演进和传播技术的不断发展，马克思主义大众化面临许多具体的问题。传播信息量的增加使马克思主义的影响力减弱，大众传播的现代发展，特别是网络传播等媒体所带来的信息不再单纯依附行政系统，加之广大群众对社会信息消化、吸收或抵制能力不强，使马克思主义大众化的难度加大，给马克思主义大众化带来了极大的冲击，迫切需要我们探寻更具时代特色和更为有效的传播方式，为马克思主义大众化提供强大的推进力。马克思主义大众化是一个动态的、系统的、持续的过程，政治传播给马克思主义大众化适应现代传播环境，提供了新的分析工具。推进马克思主义大众化是一个长期的艰巨的任务，需要运用适应现代传播环境的、新兴的相关学科去推动它向前发展，而政治传播学的研究方法可以为当代马克思主义大众化的发展提供新的强大发展动力，通过树立政治传播理念，突破传统的马克思主义大众化的宣传思维定式，切实按照政治传播的内在规律，真正重视受众的需求，把深奥的理论转化为鲜活的、群众喜闻乐见的信息进行传输，切实做好马克思主义创新理论和党的方针政策的"翻译"工作，以传播内容的亲和力激发受众的内在学习动力，使马克思主义大众化在应对挑战中增强自身的传播能力，提升政治传播效果。

（二）有助于优化马克思主义大众化的传播方式

马克思主义作为中国共产党的指导思想，必须落实到群众的头脑中才能发挥重要的作用。以政治传播学为研究马克思主义大众化的学理工具，在马克思主义大众化中改变了过去马克思主义宣传、教育从传播者到受众的单向传递过程。借鉴现代传播理论中"受者中心论"的启示，使新时期马克思主义的大众化，更加注重马克思主义大众化过程中的双向互动，充分尊重作为受者的广大群众的反馈。使马克思主义大众化的传播者优化传播方式，注重马克思主义走进群众的生活，拉近马克思主义与群众的距离，改变马克思主义传播者高高在上脱离群众的现实，实现马克思主义传播中由政治语言向日常话语的转变，让群众在马克思主义大众化的传播过程中充分发挥建设实践主体的积极作用。

（三）有助于促进马克思主义大众化过程中的理论创新

政治传播的"双向和互动性并不是信息在传受者之间简单地循环往复，由于传播复杂的社会性，传受双方的互动意味着信息在共享意义上的累加和增值。传播不是纯粹的思想获知，交流和共享信息、知识时，可能会形成、创造出新的思想"（陈力丹、闫伊默，2007：3）。马克思主义大众化的实现需要广大群众的积极参与。在马克思主义传播过程中，大众的利益诉求在马克思主义传播中被边缘化，将直接影响大众参与马克思主义大众化的热情和积极性。而政治传播作用的凸显，促使当前的政治传播者——领导干部和国家政府部门，与广大群众之间建立直接的利益表达和回应渠道，减少群众利益表达的中间环节。领导干部在重要决策方面要实现作为决策层的领导干部与群众之间的直接对话交流，避免多环节传输导致的信息扭曲和失真。特别是要充分运用多种手段与群众进行直接交流，例如领导干部定期下基层与群众见面，设立群众接待日，了解人民的利益诉求，广泛征求基层群众的意见，还可以充分运用网络技术提供的各种形式与渠道，开通博客，与网民聊天，甚至可以在官方网站建立领导干部邮箱等多种形式，建立与群众直接交流与反馈的渠道，保证领导干部能及时掌握群众的利益诉求并给予充分回应，以及能及时将群众利益诉求进行利益综合并反映到政策内容中。这样既可以避免转型期利益的急剧分化、群众诉求急剧增多，领导干部无法掌握群众信息，准确与完整地认定群众的实际情况和切身利益，由此导致的与传播马克思主义理论相背离的政策失误，又可以实现马克思主义理论所要求的决策系统内的领导干部的替代性表达与决策系统外的广大群众的自主性表达的结合，通过领导干部将群众的反馈信息有效地向政治系统输入，成为马克思主义指导下政策调整和新一轮政策出台的基本依据。唯有如此，才能让领导干部在及时、准确、真实反馈的基础上整合民意，创新马克思主义理论，使马克思主义理论始终代表群众的利益，对群众产生强烈的吸引力，也才能使我们的理论沿着科学的轨道发展，提高领导干部在广大群众中的权威，做到科学发展，让领导干部向广大群众传播的马克思主义更能深入人心，达到大众化的最高境界：我们创新发展的当代马克思主义是契合广大群众利益诉求的马克思主义理论，而广大群众自觉践行的也就是符合中国实际的当代马克思主义，使群众对马克思主义大众化的认知、认同、践行在和谐中实现统一，使马克思主义大众化在政治传播中实现与马克思主义中国化的良性互动。

参考文献

布赖恩，麦克奈尔，2005，《政治传播学引论》，殷祺译，新华出版社。

陈力丹、闫伊默，2007，《传播学纲要》，中国人民大学出版社。

戴元光、金冠军，2007，《传播学通论》，上海交通大学出版社。

段京肃、杜骏飞，2007，《媒介素养导论》，人民出版社。

寇军，2010，《当代马克思主义大众化政策视角分析》，《前沿》第 11 期。

黎元江，1988，《公共关系化：中国政治传播机制的走向》，《南风窗》第 10 期。

《列宁全集》第 26 卷，1988，人民出版社。

《马克思恩格斯文集》第 1 卷，2009，人民出版社。

《毛泽东选集》第 3 卷，1991，人民出版社。

《斯大林全集》第 13 卷，1954，人民出版社。

王增智，2010，《对当代中国马克思主义大众化相关问题的辨析》，《湖南师范大学社会科学学报》第 4 期。

颜晓峰、肖冬松，2012，《铸造推进马克思主义大众化的新辉煌》，解放军出版社。

元林，2010，《影响思想政治教育过程的传播性因素及对策》，《社会科学家》第 10 期。

责任编辑　李莉

社会管理中的"宗教接力"

施惠玲[*]

内容摘要 随着现代化进程的深入，社会结构领域的纵深分化，政教分离成为一种趋势。在这一过程中，宗教的社会性及其功能越来越发展，逐渐成为独立于政治和市场之外的独立的社会力量。在当下中国，多元宗教呈现出明显的社会性特征。首先，宗教组织正在成长为社会建设中的重要主体，这使"政府放权、宗教接力"成为一种可能；其次，当代中国宗教组织在实际运行中逐渐发展出服务社会的强大功能，这为它本身成为社会建设中的主体又奠定了现实的基础。这就要求在社会建设和社会管理的新阶段，进一步发挥宗教的社会作用，使"政府放权，宗教接力"成为一种现实。

关键词 宗教 社会特性 社会功能 政府放权 宗教接力

党的十八大报告中提出了全面落实经济建设、政治建设、文化建设、社会建设、生态文明建设五位一体总体布局。围绕着这"五位一体"的总体布局，就加强和创新社会管理、引导社会组织健康有序发展、充分发挥群众参与社会管理的基础作用方面，中央提出了"要全面贯彻党的宗教工作基本方针，发挥宗教界人士和信教群众在促进经济社会发展中的积极作用"。针对目前中国的社会管理具体实践，理论界提出了"政府放权，民间接力"① 的呼声。显然，这里的"民间"意涵宽广。我们认为，宗教无疑是其中主要的表现形式和形态。宗教作为一种组织力量和社会主体，在中国的社会管理中"接力"政府管理功能的可能性和重要性日益凸显。本文试从理论上探索这一问题。

一 理论梳理：宗教的社会性特质

在人类社会的发展中，宗教的属性和地位是随着社会的发展而不断变

---

* 施惠玲，哲学博士，北京交通大学人文学院教授。本文系 2011 国家社科基金重大项目"中国特色政治传播理论与策略体系研究"（11&ZD075）的阶段性成果。

① 参见《人民日报》2012 年 10 月 29 日社论。

化的。总的趋势是宗教与政治分离,越来越"社会"化。卢梭在他的《社会契约论》中就针对"政治信仰"提出了"社会信仰"的概念。"社会信仰"强调了宗教与政治的分离,突出了宗教作为区别于政治的、独立的社会属性和地位。

脱离政治而日益社会化的宗教,一方面越来越多地表现为个人的信仰;另一方面,伴随政治功能的弱化,其社会性功能越来越凸显。宗教的社会性主要依托宗教组织来实现。宗教组织通过宗教信仰和为社会直接服务的各类慈善、公益活动,吸引和凝聚不同的人们,从而成为一种稳定的社会共同体。这既体现了它作为社会构成因素的稳定与团结的状态和水平,也体现了它作为社会整合机制在影响社会环境的过程中所形成的社会团结的状态与水平。这一点,正像迪尔凯姆认为的:宗教组织是一种社会现象。①迪尔凯姆把宗教组织看成是不同于个人的社会性力量,在塑造个人的同时也构建社会自身。虽然马克思对宗教总体上持批判态度,但在他的宗教批判中,也表达了宗教的社会性和实现功能方式的观点。马克思将宗教置于社会结构中受经济并进而受政治决定的思想文化领域,但这一领域既不属于经济领域,也不属于政治活动范围;作为意识形态的宗教,具有直接服务政治并间接服务经济的社会性功能。我们最为熟知的"宗教是麻醉人民的鸦片",从本质上说,也是基于宗教有维护秩序、稳定社会的作用而言的。

因此,随着现代化进程的深入,不同于政府组织与企业组织的各种宗教组织,既具有像托克维尔所说的"给社会共同体一个意义共享的基础"的文化道德意义上的功能(刘小枫,1998:445),同时也已具有独立社会主体所能发挥的各种功能。

从中国宗教的历史发展和现状来看,宗教的特性和功能发挥也是越来越"社会化"的,或者可以说,中国宗教的社会性功能一直是被政权重视和鼓励的。国外学者理查德·马德森(Richard Madsen)在《无神论中国的宗教戒条》一文中对中国的宗教提出了很有创建性的看法。他认为,今天中国政府的宗教政策与美国等国家有一致的地方,这就是将宗教信仰降至私人或社会领域;但同时,在中国的政教关系上,国家仍处于主导地位,

---

① 迪尔凯姆在《社会学研究方法论》一书中,对社会现象做了深入研究和分析,他认为社会现象有"存在状态"和"动作状态"或"动态状态"之分,前者是一种较为固定的动作状态,二者的差别只是强弱的程度不同。一种强制性普遍存在于团体中,不仅有它独立于个人固有的存在性,而且还作用于个人,使人感受的现象,就是社会现象。所谓强力,在迪尔凯姆那里,是指人们大多数的意念和倾向都不是他们自己造就的,而是来自外界,通过引导、影响、强迫而使人们自觉或不自觉地接受(迪尔凯姆,1988:11-12,5)。

宗教仍处于服从地位（马德森，2012）。理查德·马德森的理论有一个前提性预设：伴随中国的现代化进程，国家领域与社会领域逐步分离，但在政教关系上还没有做到真正分离，就是说，政教关系没有与社会结构的分化一致起来。我们认为，理查德·马德森的看法对我们有一定的启发意义。

事实上，中国社会在转型过程中，尽管总体意义上的社会结构趋于分化，但分化的界限还相当模糊，国家与市场、国家与社会、公共领域与私人领域的界限还不够清晰。

在中国，社会结构分化与政教分离的程度是紧密相连的。我们现在的情况是：一方面试图将宗教问题与民族冲突剥离，避免宗教因素影响到政治和民族关系；另一方面却又包容宗教，如政府支付建造教堂的费用、把宗教节日列为"非物质文化遗产"而发展"宗教经济"等。至少从表面上看，政府注重的还是宗教为政治服务的功能和价值，而不是其"给社会共同体一个意义共享的基础"的价值，没有很好地发挥出宗教对逐步分化出来的"社会"的构建和塑造作用。

现在，当国家把社会管理创新确立为社会建设和发展的基本原则时，就把宗教作为"社会"现实形式的重要性摆到了我们面前，为社会结构领域的继续分化、政教分离、宗教组织的活动空间及其社会功能的实现提供了契机。

二　宗教组织：重要的社会主体

（一）社会的含义演变与宗教组织在其中的地位

在目前中国的"社会管理"的特定语境中，"社会"一词有其特殊的内涵与外延，作为与"政治""经济""文化"对应的领域，已经超出了过去我们那种与"国家"相对应的社会的内涵。

在传统"国家—社会"二元关系模式中，国家与公共领域并置为一元，社会与私人领域并置为另一元。将社会与私人领域并置为一元，意味着那种社会还包含着私人的或者企业的经济活动领域，社会中的经济领域和非经济领域没有明确划分。这种"国家—社会"二元关系模式理论从古希腊开始一直延续到了资本主义时代。

到了哈贝马斯那里，他在传统公私领域划分的基础上，把国家、政治所属的公共领域与社会、经济所属的私人领域进行了进一步的分离，各自让出空间，形成了一个私人性质的"公共领域"，由此，确立了"国家—公共领域—私人领域"三元关系模式。在这种三分法的分析框架中，哈贝马斯把"社会"区分为"私人领域"和"私人的公共领域"；把公共领域区分为"国家的公共领域"和"私人的公共领域",并把"国家的公共领域"从"公共领域"中排除出去。这样一来,"私人领域"包括商品交换和社会劳动领域,以及家庭和私人活动;"私人的公共领域"包括社群、宗教组织、文化团体、传媒、市民论坛、市民协会、职业团体、政治党派、工会和其他组织等。哈贝马斯的"私人的公共领域",大致相当于我们现在所谈论的"第三部门"。他认为,在现代社会中,宗教保持着对公众的重要性,因而在公共领域禁止宗教信仰活动使其完全退回到私人领域是极其不适当的,因为这样一来,排除了具有包容性的政治社群,破坏了公民享有平等的公民权与公民之间存在着文化差异这二者之间的平衡关系。

哈贝马斯之后,美国学者简·柯亨(Jean L. Cohen)和安德鲁·阿拉托(Andrew Arato)把"市场"或"经济领域"又从"社会"中分离出去,把"社会"看作是介于市场和国家之间的领域(Cohen & Arato, 1992:84),因此确立了新的"国家—社会—市场"这样的三元分析框架。与哈贝马斯的"国家—公共领域—私人领域"三元关系模式相比,柯亨和阿拉托这种"三分法",更关注位于政府组织与企业经济组织之外或国家与市场之外的组织空间和独立的社会领域,认为"社会"是一个具有自发性、自治性和自我调节性的建构空间。

在哈贝马斯和柯亨、阿拉托的理论中,宗教都被划分在"国家"之外的"社会"之中并占据着重要的地位。哈贝马斯不仅肯定了宗教的社会属性,而且把宗教的社会性问题转向了更为具体、现实的公共性问题,突出了宗教组织联结异质化个人的政治社会功能;柯亨、阿拉托的理论中,宗教组织活动的空间和所表现的形式与他们所说的"社会"具有高度的一致性。这些理论对我们目前的社会建设具有很强的理论借鉴意义。

当然,相比较而言,哈贝马斯的"公民社会"即"公共领域"理论,比较关注公民权利不受政治权力侵害、民主精神的培育等。在当下的中国,若以哈贝马斯的"公共领域"或公民社会理论,作为分析宗教的社会性和社会功能的理论基础,有可能导致"社会"政治化的倾向,不利于政教的真正分离和独立社会领域的生长;而柯亨、阿拉托的社会理论中的"社会",似乎更接近于中国共产党十八大报告中提出的"五位一体"建设中的"社会"之意,因而可能更适合当下中国社会转型和社会结构分化语境中的社会建设与宗教的社会功能实现问题。

(二)宗教组织作为一种社会主体力量

处于国家和市场之间的"社会"中的宗教组织,与同属于这一空间的其他社群组织或自愿性组织一样,具有组织性、非营利性、自治性、志愿性、公益性、自主性、半制度化①的特征。但同时，与这些组织相比，宗教组织的特性在于它是一种集社会资本②与文化资本于一身的社会主体力量。

宗教的组织功能——把各种不同的人组织成为共同体，使之成为重要的社会资本，不仅支撑了社会的基础，而且成为这一社会的直接表现形式。宗教组织通过提供各种精神产品吸引和凝聚不同地区、不同语言、不同职业、不同地位、不同年龄的信教群众，使他们拥有共同的信念，遵守共同的清规戒律，参加各种社会性活动，进而形成信任、互助、互惠的社会关系，这种"和谐"的社会关系，是政治领域与经济领域共同的"社会"基础，也是理想的整体性社会的诉求。

宗教组织作为有影响力、有传播力的沟通媒介，提供的主要产品是宗教信仰。宗教组织使宗教信仰以宗教符号、仪式和话语方式广为传播，为共同体的生活提供了形式、内容和目的，促进人们思想上的结合与行动上的合作，使得人们能够走出孤立的个体生活，共享社会性的需要和关怀。宗教信仰的内在约束力，已经比作为一个整体把人们连接在一起的国家更为强固。这是宗教组织作为精神文化资本所具有的强大的凝聚力。

通过这种凝聚力，宗教组织构建了现代社会中至关重要的共同体的生活方式，这种基于信仰的共同体生活，使信教群众在社会共同体中获得归属感并增进社会信任，既丰富了信教群众的生活，也传播着现代社会文明。在宗教信仰生活中所形成的各种教义教规为人们的日常行为提供了伦理规范，协调信教群众与信教群众之间、信教群众与非信教群众之间的关系。宗教组织的协调作用，能够稳定社会秩序，使它作为社会的主体具有塑造社会关系的功能。

宗教组织所构建的共同体生活是现代城市化进程中集体生活形式中重要的一部分。从更现实的意义上来看，中国快速的城镇化进程使得大量原来固守土地的农民进入城市之中，在他们由农民转变为市民的过程中，因种种社会制度规则以及教育、生活方式、生活习惯等因素，使得这一庞大群体融入城市生活的步履非常艰难，与城市生活之间存在着疏离和断裂。为使这一庞大人群的生活与市民的生活不至于过度隔离，迫切需要我们在社会建设中大力依靠和鼓励宗教组织发挥其社会资本、精神纽带、文化资本的力量，为他们提供所需要的社会资源、精神意义和文化生活，从而克服这种疏离和隔阂，尽快地融入新生活。

---

① 之所以称之为半制度化，即是说宗教组织和其活动的场所，虽有合法登记程序和指定的管理框架，但《宗教管理事务条例》没有上升到法律的地位。

② 关于"社会资本"的概念及理论，参见罗伯特·D. 普特《使民主运转起来：现代意大利的公民传统》，江西人民出版社，2001。

应当看到，中国的各宗教组织在这些方面近年来已经做出了努力。例如在最基本的层面上，宗教的团体生活所构成的信仰共同体，培育了志愿主义精神，训练信教群众的社会交往技艺，以及自我管理、服务人群的基本方法；在信仰生活中产生的规范，使得宗教团体兼具伦理共同体的特征，不仅为信教群众之间的人际交往、身份认同和归属，而且也为他们与外部的互动提供了价值标准。这些要素都是独立领域的社会中生长和壮大应珍视的品质。

宗教组织在提供精神信仰的同时，组织各类慈善、公益等各种服务社会的活动。这些直接服务社会的活动，一方面培养了信教群众的志愿精神和为社会服务的意识，为处于危机中的人们提供了社会"安全网"；另一方面，这些活动体现出宗教组织在构建和塑造自身的同时，日益成长为社会的主体。

日益成为社会主体的宗教组织及所开展的各种志愿慈善活动，实际上为政府与市场的"失位"和"缺陷"提供了一种社会意义上的"补救"，构成了"整合式"的社会活动空间。"随着中国国家与社会关系的调整，'社会'领域的自主性有了显著提高，非政府性、非营利性社团组织或民间组织也迅速增长。其中，宗教作为一种社会组织，它们也在这样一个国家与社会关系的变迁中，逐步形成了一套自我管理、自我服务、能够与其他社会组织彼此协调的机制。它们的社会协调功能亦日益显得重要了。所以，中国宗教在三十年改革开放的一个基本成果，就是当代中国各大宗教，已经能够适时地进入社会，以其独特的意义系统、服务方式和组织行事，为当前中国经济社会的发展提供社会公益服务，发挥出它们应有的社会协调功能了。"（李向平，2008）

综上所述，宗教通过组织、信仰、传播和服务等各种宗教性的社会活动，不仅使其能够成为社会建设中的重要社会主体，而且对于创新社会管理来说，政府放权、民间接力，首先是作为重要社会主体的宗教接力。政府放权，从社会建设的角度，就意味着能够让各种非政府、非市场组织有生长发展的活动空间，推动"国家—社会—市场"的边界划分，形成不同于政府和市场逻辑的独立的社会领域。具体而言，社会建设中政府或公共权力组织不再是行使权力的唯一主体，宗教组织和其他的社群组织如志愿者组织和非营利组织等等，也是建设的主体；同时，在法治原则和法律的框架下，社会建设应强调的是各种组织机构之间的自愿平等合作，突出各个主体间的协调沟通和互动。

政府放权，仅靠政府自上而下的努力和觉悟是远远不够的，还需要来自民间社会的主体自下而上的推动。但是对于当下的中国来说，政府放权，宗教组织才有可能真正成为社会建设中的重要主体，也才能够作为社会主体接上力。宗教在当下的中国，已成为具有广泛基础和影响的重要的社会主体力量，宗教关系成为社会结构领域中的"五大关系"之一，因此，发挥宗教在社会建设中的主体作用，实现其构建和塑造社会的功能，"政府放权、宗教接力"是刻不容缓的。在亟须社会管理创新的今天，需要全面、理性地看待宗教的积极的社会作用，充分正视宗教存在和发展的特性、地位和意义，进一步解放对宗教的束缚，让其最大限度地发挥"正能量"作用，为中国特色社会主义建设做出应有的贡献。

参考文献

迪尔凯姆，E.，1988，《社会学研究方法论》，胡伟译，华夏出版社。

刘小枫，1998，《现代性社会理论绪论》，上海三联书店。

李向平，2008，《从"精神鸦片"到"社会资本"》，《中国宗教》第 11 期。

马德森，理查德，2012，《无神论中国的宗教戒条》，《财经文摘》第 1 期。

Cohen, Jean L. and Andrew Arato. 1992. *Civil Society and Political Theory*. Massachusetts Institute of Technology.

责任编辑　李莉

中国民族认同的媒体构建

——对《人民日报》国庆头版的语料库辅助话语分析（1980 – 2011）

张萌萌*

内容摘要 近年来，中国民族认同和民族主义成为世界各地学者热议的课题，然而这一领域的研究尚缺乏具体的实证支持和连续性、系统性的考察。本研究选取 1980 年至 2011 年《人民日报》国庆头版报道样本，分析中国民族认同的政治传播在 30 多年间的特征和变化，包括认同标签和性质、构建和表达方式、影响和决定因素等，以进一步理解中国民族认同的内核和边界、其存在方式和未来走向，进而从实证角度回答国内外学界对中国民族认同的各种质疑。

关键词 民族认同 国庆 媒体 话语

一 导论：中国民族认同与民族主义研究

20 世纪 90 年代以来，中国高速发展的奇迹，已引起西方学界和政界的普遍关注甚至恐慌。围绕"中国威胁论"的种种理论自中国经济起飞之始直到今日仍未见衰退（Kristof，1993：59 – 74）。当全球经济经历金融海啸以及由此引发的种种社会、政治与国际关系问题之时，中国超越日本成为世界第二大经济体。中国的崛起，对当今世界的权力分配格局产生着重大影响。中国的民族主义成为世界各地学者热议的课题（Dittmer & Kim，1993；Unger，1996；Wang，1995，1996；Zhao，1997，2000；Zheng，1999）。目前国内外对于中国民族认同和民族主义的研究，主要集中在两个方面，一是国家民族主义以及对于霸权和扩张可能性的讨论，二是针对与民族主义相关的各种社会事件的对应性分析。总体而言，对中国民族主义的研究缺乏具体的实证支持和连续性、系统性的考察。针对这两点缺陷，本文提出以下两个问题：第一，中国民族主义在当下的本质性标志是

---

* 张萌萌，中共中央编译局世界发展战略研究部副研究员。

什么？它在不同时期是否随着社会经济、政治环境的变化发生改变？第二，民族主义以何种形式内化为一种公众意识形态？又以何种形式表达出来？只有回答了以上两个问题，我们才能够真正看清中国民族主义的内核和边界，其存在方式和未来走向，进而从实证角度有力地回答中国民族主义是否会导致霸权和扩张，并从根本上解释民族主义在各种社会事件中所扮演的角色。

要了解中国民族主义的存在方式和特点，我们首先要回到民族的定义。民族往往指的是这样一个群体：其成员相信他们由于历史的、文化的和共同祖先的关系而成为一个共同体。民族有其客观性，如地域、语言、宗教和共同的祖先。也有其主观的一面，即民族成员的民族意识和激情。它们表现为一种至高无上的忠诚，促使民族成员不惜为民族的生存而献身。作为一种意识形态或价值体系，民族主义的目的在于培养民族成员的民族自我意识、态度和行为取向，以推进和保卫民族利益为己任。从这点来说，民族主义具有强烈的政治性。建构派学者强调民族主义即使有历史渊源，仍是一种近代现象。民族主义的兴起是和资本主义的发展分不开的。盖尔纳（Gellner）认为，即使民族主义有种族根源，但种族作为一种概念，并非自然产生的，而是国家的创造物（Gellner，1983）。自从民族和民族主义作为意识形态成为日常政治词语后，它们为人类提供了无限的感情力量。民族认同成为人类内在的组成部分。在现代社会，没有民族的个人是无法想象的，甚至被认为是毫无意义和生存价值的。

民族主义的形成和发展具有一个重要的特点：由于各国国情不同，民族主义的传播在各个国家是极不平衡的。依附发展学派认为，后发展国家的民族主义是先进的资本主义国家和落后的亚洲、非洲和拉丁美洲国家互动的产物。西方帝国主义和殖民主义造就了第三世界的民族主义。由于在民族主义传播到来之时，不发达地区尚未经历工业化进程，也不存在成熟的由现代化和工业化产生的，现代意义上的政治性的民族。民族国家的产生往往是反帝国主义和殖民主义的民族主义政治运动的产物。不发达国家的民族主义并不仅仅是对帝国主义的简单回应，它更重要的是对"不发达状态"的反应（Nairn，1977）。在发达国家，不需要一种宗教式的情感来补充国家的工业化政策。但在后发展地区，国家建立以后，往往社会整合性不高，缺乏对政治体制和经济发展的稳固的社会心理基础。为了赶上和超过发达国家，政府担负起通过民族主义再造民族国家的任务，要集中国内资源并在国际竞争中求生存，就有必要创造出一种意识形态以作为工业化的精神动力，创造和加强民族认同、民族归属感和由此带来的忠诚和奉献精神（Johnson，1982）。

民族主义自产生之初，就与媒体有着密不可分的关系。各种媒体产品将认同与政治经济结构相联系，引导我们的取向和归属。在社会、经济、文化和政治层面，媒体参与建立和维护着各种形式的"想象的共同体"。经由各种媒体传播渠道，民族国家意识被带入私人领域，触及社会各个阶层，并在这一过程中得到不断强化。在重要的社会转型时期，大众传媒的话语为受众解释过去、现在和未来所发生的变化、意义和正当性，动员公众并制造共识（Fairclough，2006）。而话语的形成是由发出者所处的立场以及更为广泛的社会环境所决定的。只有将话语置于这样的背景环境中，话语才不会仅仅被解释为抽象、虚无的话语，而是具有重要现实意义的构建。本文正是试图将媒体话语与更为广阔的社会环境、历史背景相结合，在回答"媒体构建了怎样的民族认同"的同时，进一步考察认同的形成机制和决定性因素，从而在更深层次上揭示中国民族认同的发展趋势和性质。

现代大众传媒已形成一个复杂的网络，基于不同背景的媒体机构以多种方式交叉传播，然而我们仍然可以看到，在中国环境中，报纸仍然是媒体政治传播中的首要环节。要研究民族认同如何通过媒体自上而下地传达到受众中，报纸是首先应该被考察的对象。同时，由于自身的多种特性，如信息量的可控性、内容的权威性以及存录过程简单等，报纸往往成为民族主义和话语研究的首选对象（Billig，1996）。根据本文的研究目标，我们从两个角度考察媒体内容：第一，在媒体话语中，中国民族认同的内核和标签是什么？第二，关于民族认同的话语在不同时期发生怎样的变化？这些变化由什么因素影响和决定？

通过回答以上问题，我们不仅可以了解媒体话语中中国民族认同的表层面貌、深层内涵和存在形式，更能解读出其形成因素和发展走向。为民族认同这一抽象的意识形态找到具体的话语表达，同时将表层的语言、事件提炼出更为深层的社会意义，从而填补前文中提出的现有民族主义研究领域内的断裂。本文的基本假设是，在不同时期，媒体话语会出现总体性的模式变化。这是由于社会、历史的大环境所影响和决定的。要验证这一假设是否真实，我们就必须细究媒体报道中使用的语言，并通过与文本外因素的结合加以解读。这需要用定性和定量两种方法对文本进行分析，并进一步结合跨文本分析。其中定性分析使用批判性话语分析理论，而定量分析则借用语料库语言学中的考察方法。以下部分将对具体研究方法进行详细介绍。

二 研究方法：文本分析与跨文本分析

（一）文本分析：语料库辅助话语分析

批判性话语分析是话语分析中最具影响力的语言学方法。其基本假设是，话语与权力斗争和社会关系紧密相关。因此，对语言结构和话语策略的分析将揭示出某一话语所支持的特定社会、政治现象。这种分析致力于揭示出各种语言形式所承载的社会认知和社会结构。本文所使用的批判性话语分析方法借鉴英国语言学家韩礼德及其后继学者费尔克拉夫、福勒等人所创造和发展的语言学方法（Halliday，1985；Fairclough，1995；Fowler，1991）对新闻报道语言中的词语选择、组合搭配等进行分析，从而考察语言选择所承载的深层意识形态。

尽管批判性话语分析可以有效地揭示语言与意识形态的关系，但作为一种定性分析方法，其武断性和片面性一直饱受批评。分析结果的普遍意义一直受到来自定量学者的挑战（Stubbs，1997；McEnery & Wilson，1996；Koller & Mautner，2004）。但与其相对的定量分析也存在相当的缺陷，尤其是针对身份认同这样比较抽象和敏感的主题。对于数据结果所代表的深层意义，定量分析往往难以给出具有说服力的解读。因此，目前学术界提倡使用定量的语料库语言学研究方法对批判性话语分析进行补充，在严谨和可靠性基础上提供深入和具体的分析，并使横向和纵向比较成为可能。目前，中国的语料库语言学仍处在建设阶段。与欧美国家相比，语料库的规模和功能都尚有限。由于中文语料库目前的缺陷，与国外现有的研究相比，本文使用的分析方法相对单一，取样规模也比较有限。中国的语料库建设正在发展过程中，相信在不久的将来，本文所使用的方法和取得的结果，将可以在更大的语料库中得以推广和验证。

（二）跨文本分析

通过定量和定性结合的方法检查媒体内容之后，更为重要的是如何解释这些语言现象。这就需要与媒体特点、社会背景等非文本因素相结合。除了描述一种现象，解释这种现象更为重要，这也是我们试图在纵向上选取较长的时间段的原因。本研究在语料库的选取上使用了《人民日报》在较长时间段内的报道内容，将报道语言与历史背景相结合，从多角度对媒体话语中中国民族认同的内涵和存在方式加以考察。

三 数据分析：1980 年至 2011 年《人民日报》国庆头版

本研究取样为 1980 年到 2011 年间 32 年的国庆报道头版。这一选择主要考虑到国庆日对民族认同的特殊意义。国家层面对节假日的设立往往与民族认同的建设密不可分。一个国家的法定假日的设立代表着官方对于民族国家历史以及未来的解读。全国范围内节假日的纪念和庆祝活动对于巩固和加强民族认同具有重要意义。它将政治认同和爱国主义以休闲、娱乐的形式带入普通人的私人生活。在国家法定节假日期间，民族文化、民族认同往往以放大的形式得以体现。现代传媒对于国家节假日的宣传，以及对民族国家历史、传统和风俗的解读对于民族主义的构建至关重要（Rodell，2009）。节假日的媒体报道往往致力于增强民族凝聚力和提高受众对于"想象共同体"的信仰。因此，对节假日期间媒体内容的考察能够有效地捕捉到民族认同的具体构建形式和变化趋势。

我国现有的国家假日体系经历了一个很长时期的演化过程。这一过程反映出民族国家的形成和发展。在 19 世纪末，历法变革就成为国家现代化和民族认同建设的争论焦点之一。传统月历制被认为是现代化失败的重要原因和病征。康有为曾提出以儒教作为国教，并将孔子生日作为纪元的开始（Harris，2008：48）。新中国成立以后，基于传统历法的清明、端午等节日被废止，代之以"五一、五四、七一、八一、十一"等新的国家假日（Hung，2007：31）。其中，国庆日庆祝对于新成立的民族国家尤为意义非凡，认同感和政治忠诚以各种形式在庆祝活动中得以巩固、加强和放大。这一时期的节日设立和庆祝方式显示出对传统和风俗的否定，而强调新中国的各种成就和对共产主义以及现代化的信仰。从 20 世纪 80 年代起，基于传统文化的民族主义重新进入人们的视野，民族复兴和传统文化价值成为民族认同的主题。国家的执政基础也由单一的共产主义意识形态逐渐转化为对民族利益的维护和对中国文化传统的保护（Wang，2008）。除夕、清明、端午等节日重新成为国家法定假日。在这一变化过程中，国庆日的重要程度始终没有改变。然而，国庆日的庆祝主题却相应地发生着变化。

（一）国庆主题：民族认同的内核

民族认同作为一种极具政治性的集体认同，由多种因素构成，如种族、地理、语言、文化、发展程度等。这些因素在不同时期、不同语境中得以彰显或隐蔽，被强调或忽略，既相对稳定又不断变化。不同时期标志因素的变化反映出认同的演变过程。在 30 多年的国庆头版报道中，频繁出现的关键词不仅是一个时代精神实质的缩影，也同样凝结为这一时期民族认同的内核。而一个关键词的出现、频繁使用和逐渐消失也伴随着民族认同含义的变化。

图 1 显示出政治性较强的代表传统意识形态的关键词"社会主义""共产主义""马克思主义"在国庆头版中的使用频率情况。可以看到，这一类关键词的最高点出现在 20 世纪 80 ~ 90 年代，在近年的报道中呈现逐渐下降的趋势。这一特点可以被理解为传统意识形态和政治性在国庆话语中逐渐淡化，取而代之为更加中性和普世的民族认同因素。

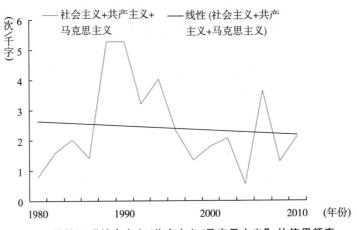

图 1 关键词"社会主义/共产主义/马克思主义"的使用频率

图 2 反映了国庆头版中"经济"和"发展"两个关键词的使用频率。二者的含义既有重叠又有区别。从 1980 年到 21 世纪初，两个关键词的使用频率基本重合。也就是说，在这一时间段内，"经济"等同于"发展"，或者说，"发展"主要是指"经济发展"。但从 2005 年前后，两个关键词的使用频率开始出现较为明显的差别，"发展"一词远远超过了"经济"。"经济发展"不再是"发展"的全部意义，对其他领域的全方位发展的论述占据了国庆头版的大量篇幅。比如：

> 要积极推进政治体制改革、文化体制改革和社会管理体制改革，促进社会主义物质文明、政治文明、精神文明与和谐社会建设全面协调发展。（2005）
>
> 我们要大力推动科学发展，提高发展的全面性、协调性、可持续性，使发展的成果造福当代、惠及子孙。（2011）

值得注意的是，"科学发展观"的概念在 2004 年首次出现在国庆报道中，但并未出现在头版位置。从 2005 年以后，"科学发展观"成为国庆头版中固定出现的词语。伴随这一观念的提出，国庆头版报道中所反映的认同因素也发生相应变化。全面而非单一的经济发展观念在具体表述和相关词语的出现频率中都得以体现。

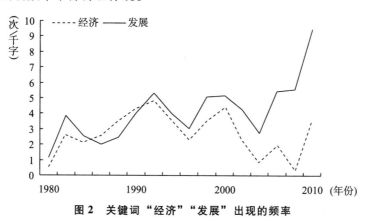

图 2　关键词"经济""发展"出现的频率

"改革"和"稳定/安定"两种关键词的变化趋势表现出明显的时代特点。关键词"稳定/安定"在 1990 年前后频率很高，在之前之后则明显偏低，体现出这一阶段的政治、社会特点与认同构建的重点和目标（见图 3）。"稳定/安定"是贯穿这一时期民族国家生活中各个方面的重要因素。举例来说：

> 坚定不移地走自己的路，必须十分珍惜和爱护稳定的局面。建设需要稳定，改革需要稳定，人民安居乐业需要稳定。在我们这个拥有 11 亿人口，经济和文化基础都比较落后的大国，没有稳定的局面什么都搞不成。我们十分欣喜地看到，现在我们国家的形势是稳定的，这说明广大人民群众是有觉悟的，是顾全大局的，这是我们做好各项工作的可靠保证。（1990）

"改革"一词的高点出现在 1992 年前后，与邓小平南方讲话等国家重要政治活动和改革举措相呼应。国庆头版中各种"改革"的表述密集出现。在这一阶段，"改革"成为贯穿国家政治、经济、文化各个层面的主题，也成为国庆报道的重中之重，体现在具体表述中：

> 我们要继续深化改革。经济体制改革要加快市场体系的培育，更多地发挥市场的作用，改进国家的宏观调控，促进国民经济的发展。

努力推进科技、教育、文化等各方面体制的改革。积极推进政治体制改革，加强社会主义民主和法制建设。同改革和发展相适应，大力进行行政管理体制和机构改革，转变政府职能，精简机构，提高效率。在各项改革中，要大胆探索，积极试验，不断总结经验。（1992）

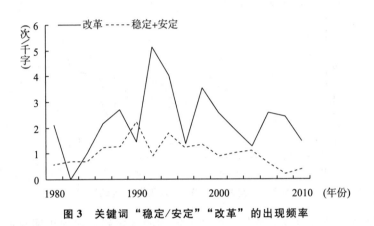

图 3　关键词"稳定/安定""改革"的出现频率

通过对关键词频率变化的分析和对具体语境的考察，我们可以观察到国庆报道主题在不同时期的变化和发展。可以说，国庆头版报道体现了主流意识形态话语构建的目标和重点，同时也是对一个时期民族认同的再现。在 30 多年的国庆报道中，"社会主义/共产主义/马克思主义""稳定/安定""改革"和"发展"等关键词分别在不同阶段成为当时国庆报道的主题，也成为这一时期民族认同的标志性因素。

（二）"中国人民"与"各族人民"：认同的边界与状态

"人民"一词是从民族国家角度最为常用的认同标签之一。"人民"是"国家"的主人，也是"民族"的实体，是身份认同的主体。因此，对于"人民"的定义和使用对于划分认同的边界具有重要的标志性意义。在《人民日报》国庆头版的报道中，"人民"一词有两种值得注意的搭配方式："各族人民"和"中国人民"。通过对"各族人民"和"中国人民"在文中的搭配可以观察出对二者描述的区别（见表 1）。与"各族人民"相关联的最重要主题是"团结"，而"中国人民"则往往与"友好""自豪""合作"等词语搭配使用。这些词语的共同特点是暗示着认同的边界和"他者"的存在。"各族人民"比较普遍地用于针对国内环境的语境中，而"中国人民"则用于有主要他者或外界环境出现的语境中。从图 4 中可以看出，从1995 年以后，在总体趋势上"各族人民"的使用次数高于"中国人民"。

这说明认同的定义正在一定程度上发生转移。自我认同中对于外界和他者的强调开始下降，关注的重点转向民族国家的内部。

通过对"人民"一词的搭配方式的考察，可以看到搭配词语中最为常见的是动词。其中主动用法多于被动用法，静态的形容词和名词则较少。在"人民"作为宾语出现的情况中，动作的发出者往往是党或国家领导人。总体来说，"人民"是一个活动性较强的认同标签。"人民"所附带的含义是积极主动的，而不是外在力量或他者的受动者。由此我们可以总结出《人民日报》国庆头版对民族认同状态的描述：动态而非静态、主动而非被动。

表1 "各族人民"和"中国人民"在各年国庆报道中的使用

年份		各族人民	中国人民
1980	主动词		庆祝；同心同德
	被动词		代表～
	名词（～的）		友好和团结
1985	主动词	共同努力	获得解放
	被动词	向～问候；领导～	代表～；强加～
	名词（～的）		共同愿望；友谊与合作
1990	主动词	同心同德，艰苦奋斗；团结奋斗	站起来；有决心、有信心、有能力
	被动词	向～祝贺；代表～；预祝–	
	形容词		勤劳、勇敢、智慧
	名词（～的）	大团结	光辉节日；屈辱史、奋斗史、胜利史
1995	主动词	携起手来，奋发图强	满怀信心
	被动词	依靠～	
	名词		光辉节日
2000	主动词	坚持	满怀喜悦；激荡，迈出
	被动词	向～祝贺；领导～；鼓舞～	
2005	主动词	万众一心，共创未来；高举旗帜，团结奋斗，开拓进取	自豪
	被动词	向～祝贺	
	名词	幸福	友谊与合作
2010	主动词	团结；奋斗；齐心协力	感到自豪；充满信心
	被动词	向～祝贺；祝～幸福安康	
	能愿动词	～要（团结）	

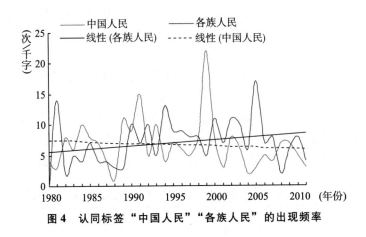

图4　认同标签"中国人民""各族人民"的出现频率

（三）国庆与"中华民族"的节日：民族与国家的重合

首先考察"中华民族"（这里的"民族"是指与"国家"state 相对的 nation，而非"少数民族"ethnicity）的使用。"中华民族"这一认同标签的形成和强化无疑是中国民族认同构建最为明显的标志。一个统一、和谐的"中华民族"的存在是中国民族认同的最终形式，而这一概念的边界与国家概念最大程度上的重合是认同构建的最终目的。也就是说，当国庆日被理解为整个中华民族的节日时，关于中国民族认同的话语就被实体化为一种生活方式，在人们的观念中成为毋庸置疑、约定俗成的常识。但事实上，当我们通过国庆报道追踪这一认同标签时，就可以发现，其形成过程经历了长时间的发展变化。

从图5可以看出，在1985年以前的国庆头版报道中，几乎没有出现过"中华民族"这一词语。也就是说，在这一阶段，国庆的主体并非"中华民族"。在1980~1985年的国庆头版中，仅出现一次的"中华民族"是在这样的句子中表述的：

> 为了尽早结束中华民族陷于分裂的不幸局面，我们建议举行中国共产党和中国国民党两党对等谈判，实行第三次合作，共同完成祖国统一大业。双方可先派人接触，充分交换意见。（1981）

文中的"中华民族"被置于国共两党关系的前后文中，与民族国家的精神内核这一含义相去甚远。可以说，这一时期的认同内涵仍未脱离中国近代在民族国家形成过程中由分裂和动荡所带来的特征。从1985年到2000年间，"中华民族"开始相对频繁地出现在国庆头版的报道中。但在1995

年之前，"中华民族"仍被较多用于两岸关系的语境中。比如：

> 我们希望台湾当局以中华民族利益的大局为重，多做一些有利于促进海峡两岸"三通"和其他交往的实事，不要做那些导致两岸关系紧张、不利于祖国统一的事。（1989）
>
> 我们希望海峡两岸人民携手合作，促进和平统一，共同创造中华民族光辉灿烂的明天。（1995）

20 世纪 90 年代国庆报道中关于"中华民族"表述的另一特点是，"中华民族"开始以一种具有独立、统一人格的形式出现在报道语言中，比如：

> 中华民族是个值得自豪的民族，是个大有希望的民族。（1991）
>
> 祖国统一，民族强盛，是中华民族的共同心愿。（1996）

1999 年的国庆报道中首次出现了"中华民族"与"伟大复兴"的搭配方式，这一搭配在其后的 10 年中出现在每一年的国庆头版。在 2000 年到 2011 年的国庆头版中"中华民族"共出现 42 次，其中 28 次是与"伟大复兴"搭配使用，二者基本凝结为固定搭配。

> 中国人民一定能够战胜各种困难，实现社会主义现代化建设跨世纪发展的宏伟目标，促进中华民族的伟大复兴！（1999）
>
> 在新的伟大征程中，全面建设小康社会的宏伟目标鼓舞着我们，实现中华民族伟大复兴的共同理想激励着我们。（2003）
>
> 努力创造出无愧于时代的辉煌业绩　为中华民族伟大复兴做出重要贡献（2009）

伴随着"中华民族伟大复兴"这一表述的凝固，"中华民族"逐渐成为国庆的主体。十月一日成为中华民族的节日。从图 5 的趋势线中可以看出，这一认同标签的出现频率在逐步上升，在 2000 年以后成为国庆报道中固定出现的表述。从这一认同标签的形成和使用，我们可以观察到中国民族认同的构建过程。"中华民族"的含义和使用语境在 30 年中发生了很大变化，也正是在这一演变过程中，中国民族认同逐渐脱离了"分裂"与"统一"的斗争，从民族国家实体化进程中的合法化功能转化为国家发展与"复兴"建设的动员功能。

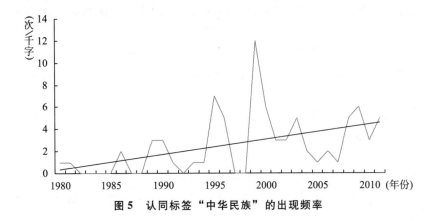

图 5　认同标签"中华民族"的出现频率

四　结语：民族认同的形成与变化

本文通过对 1980 年至 2011 年《人民日报》国庆头版的实证考察，通过定量分析与定性分析相结合的分析方法，对国庆报道中民族认同的因素加以提炼。在对各种认同因素和认同标签的定位、调查和分析中，研究揭示了民族认同的构建机制和演变过程。其中，对国庆报道中高频关键字的考察反映出民族认同标志性因素的变化，也即认同本身含义变化。数据揭示出认同重心从传统政治性意识形态向普世、中性的"发展"主题的变化。通过对认同主体——"人民"——的考察，研究揭示了民族认同的边界与主体对象的转移，即由早期的"他者"话语逐渐向内部转移，强调内部凝聚力而非边界的划分。同时，对这一认同标签使用语境的考察也反映出认同主体的存在状态。在报道话语中，"人民"标签始终表现为一种积极主动的行为主体。最后，通过对"中华民族"认同标签在国庆报道中的使用情况，我们可以清晰地看到民族认同因素在国庆主题中的形成和发展。"民族"与"国家"的重合反映出中国民族认同的形成与巩固。

回到文章最初提出的问题。第一，中国民族认同通过几十年的发展和演变，在性质和内容上，传统意识形态和政治因素正在逐渐减少，从民族角度出发的发展与复兴正逐渐成为民族认同的首要主题。第二，中国民族认同在当下的主体重心是内部而非外部。早期由于处在比较恶劣的国际环境中形成的排外因素基本已经在主流话语中消失，内部的民族凝聚力是当下民族认同的重点。第三，中国民族认同已脱离 19 世纪屈辱和斗争基础上所形成的被动、消极的受害者性质，伴随着中国综合国力的上升和社会各方面的发展和进步，在当下表现为一种具有很强行动力的积极认同。由此我们可以总结，在现阶段，中国民族认同是一种强调内部凝聚力而非对外、排他，强调积极自我建设而非对抗、差异的身份认同。

参考文献

Billig, M. 1996. *Banal Nationalism*. London：Sage.

Dittmer, L. , and S. S. Kim. 1993. *China's Quest for National Identity*. Ithaca, New York：Cornell University Press.

Unger, J. 1996. *Chinese Nationalism*. Armonk, New York：M. E. Sharpe.

Fowler, R. 1991. *Language in the News* . London：Routledge.

Fairclough, N. 1995. *Critical Discourse Analysis：the Critical Study of Language*. London：Longman.

Fairclough, N. 2006. *Language and Globalization*. London：Routledge

Gellner, E. 1983. *Nations and Nationalism*. Oxford：Blackwell.

Harris, L. J. 2008. "Modern Times：The Meaning of Dates and Calendars in Modern China, 1895 – 1935," *International Institute for Asian Studies Newsletter*, No. 48.

Hung, C. 2007. "Mao's Parades：State Spectacles in China in the 1950s. " *The China Quarterly* 190：411 – 31.

Halliday, M. A. K. 1985. *Introduction to Functional Grammar*. London：Edward Arnold.

Johnson, C. 1982. *MITI and the Japanese Miracle-the Growth of Industrial Policy*, 1925 – 1975. Stanford, CA：Stanford University Press.

Koller, V. , and G. Mautner. 2004. "Computer Applications in Critical Discourse Analysis. " In C. Coffin, A. Hewings & K. O'Halloran（eds.）. *Applying English Grammar：Corpus and Fundtional Approaches*. London, Arnold. PP. 216 – 228.

Kristof, N. D. 1993. "The Rise of China. " *Foreign Affairs* 72（5）：59 – 74.

McEnery, T. , and A. Wilson. 1996. *Corpus Linguistics：An Introduction*. Edinburgh：Edinburgh University Press.

Nairn, T. 1977. *The Break-Up of Britain-Crisis and Neo-Colonialism*. London：New Left Books.

Preston, P. W. 1997. *Political/Cultural Identity：Citizens and Nations in a Global Era*. London：Sage.

Rodell, M. 2009. "Mediating the Nation：Celebrating 6th June in Sweden. " In D. McCrone and G. McPheron eds. *National Days：Constructing and Mobilizing National Identity*. Basingstoke：Palgrave Macmillan.

Stubbs, M. 1997. "Whorf's Children：Critical Comments on Critical Discourse Analysis". In A. Wary & A. Ryan（eds.）*Evolving Models of Language*. Clevendon, Multilingual Matters：pages 100 – 106.

Wang, Z. 2008. "National Humiliation, History Education, and the Politics of Historical Memory：Patriotic Education Campaign in China. " *International Studies Quarterly* 52（4）：783 – 806.

Wang, G. 1996. *The Revival of Chinese Nationalism.* Leiden: International Institute for A-sian Studies.

Wang, G. 1995. *The Chinese Way: China's Position in International Relations.* Oslo: Scandinavian University Press.

Zhao, S. 2000. "Chinese Nationalism and its International Orientations." *Political Science Quarterly* 115: 1 – 33.

Zhao, S. 1997. "Chinese Intellectuals' Quest for National Greatness and Nationalistic Writing in the 1990s." *The China Quarterly* 152: 725 – 745。

Zheng, Y. 1999. *Discovering Chinese Nationalism in China: Modernization, Identity, and International Relations.* Cambridge: Cambridge University Press.

责任编辑　李莉

国际视野中的政治传播

美国大众传媒参与影响政治的历史条件

刘中伟　李月军*

内容摘要　大众传媒参与影响政治，是信息社会的一个基本特征。但是，被称为"第四种权力"的传媒力量并不是从来就如现在这般强大，相应于传媒产生与发展的历史，传媒政治影响力的成长不仅是一个逐步扩展的历程，也是基于一定基本技术条件与社会政治条件的历史产物。本文以美国大众传媒为个案，力图通过美国大众传媒特别是报纸参与影响美国政治之早期历史的刻画，来系统勾勒大众传媒政治影响力得以产生的基本技术条件与社会政治条件。本文展示，基本技术条件是大众传媒政治影响力得以产生的物质基础，社会政治条件的成熟则为之提供法律、体制等方面的基本运行环境与保障。

关键词　大众传媒　政治作用　美国　基本技术条件　社会政治条件

大众传媒包括报纸、无线电广播、电视台与互联网。在它产生还不到200年的时间里，已经几乎全面地渗透到现代社会的角角落落，其作用可以说是无处不在、无孔不入。大众传媒尤为引人注目的能量之一在于它的政治影响力。已往政治精英坐在会议室里就决定一国大政方针的决策模式实行起来已经越来越力不从心，因为政治精英们往往会发现，在电视、互联网等现代大众传媒即时性报道高度发达的今天，得不到民众尤其是国内民众的理解和支持，其结果常常是贯彻的巨大困难甚至是彻底的失败。现在，人们往往用"魔力""第四种权力"来形容大众传媒的前所未有的政治影响力，有人甚至称大众传媒为"无冕之王"。

但是，大众传媒的政治影响力并不是从来就如现在这般强大，相应于传媒产生与发展的历史，传媒政治影响力的成长不仅是一个逐步扩展的历程，也是一个时代产物，是基于一定基本技术条件与社会政治条件的历史产物。作为当代资本主义国家大众传媒的典型与巨无霸，美国大众传媒尤

* 刘中伟，中国社会科学院西亚非洲研究所助理研究员，法学博士；李月军，中共中央编译局世界发展战略研究部政治发展研究处副研究员，法学博士。

为鲜明地表现了这一点。本文以美国大众传媒为个案，力图通过美国大众传媒特别是报纸参与影响美国政治之早期历史的勾勒，来系统展示大众传媒政治影响力得以产生的基本技术条件与社会政治条件。

一 美国大众传媒政治影响力产生的基本技术条件

新闻传播活动的发展表明，人类进行传播活动的能力是随着媒介的改良与发明而增强；传播活动的形式，也是随着媒介的发展而改变。每一个新闻传播新时代的到来都以技术突破为前提，即它对传播技术的进步有着依赖性（郑超然、程曼丽，2000：2）。美国大众传媒政治影响力产生的历程清晰地表明，其首要的基本物质条件就在于一定基本技术的改进与突破。

（一）技术进步导向美国传播媒介的大众化、产业化

有学者指出，有三种因素制约着报纸的发展，它们是：广大读者、传播系统和生产的改进。在 19 世纪的第二个 25 年里，所有这三方面的因素都对报业的发展产生了巨大的影响。传播系统的发展达到了办报者做梦也想不到的程度，以蒸汽印刷机这一自动印刷术为先导以及造纸术的完善，帮助改变了报业的性质（埃默里、埃默里，2001：129）。继 19 世纪 30 年代廉价报纸在美国兴起后，报业规模在 19 世纪末得到了急剧扩展，这种扩展至少具有四重意义。

第一，报纸发行量的增大与传播手段的改进相得益彰。根据北卡罗来纳大学对 1820 年至 1860 年间新闻采集活动进行的一项研究结果，在此期间各家日报所刊登的发生在一周以内的新闻事件报道，平均数量从 45% 增加到了 76%；需要一个月才能见诸报端的新闻报道从 28% 减少到 8%（埃默里、埃默里，2001：129）；美国报纸更加注重新闻报道的及时性，更加注重采用新技术来加强自身竞争力。

第二，廉价报纸发行量的扩展增加了对广告商的吸引力，其直接结果之一就是不但增加了报纸的广告收入，而且为报业提供了可观的利润空间，这就从根本上改变了财政状况对报业技术改进的限制，从根本上突破了报业发展的瓶颈。

第三，美国大众传媒大众化、产业化的完成。报业操作技术的改进和操作程序进一步规范化，报纸的商品属性日渐突出，报业也由小生产的经营方式逐渐过渡到企业化管理，并日益成为一种有利可图且利润丰厚的资本主义行业。到 19 世纪 90 年代终于生成了美国近代报业的完整形态，即被

传播学者称为新式新闻事业的兴起：正是从这个时候起，出版才作为一种公共事业，一种工业体系，一种文化的最新积累手段，一种牵涉许多门类的文化分支而相对独立出来，逐步形成了它的独特形式、机构、格局以及人员建制（宋原放、李白坚，1991：165）。因为"相对于封建社会的'小众化'（贵族化）而言，资产阶级革命时期的报刊已经具有了'大众化'倾向。但是，由于资产阶级本身不成熟，其报业发展也屡遭挫折。工业革命促进了社会生产力的飞速发展，从而将资产阶级报业带入了一个新的时期——以普通民众为读者对象的'廉价报纸'（亦即'大众化'报纸）时期。这一时期，由于报纸日渐迎合下层民众的口味，且售价低廉，所以读者范围不断扩大。但是，由于此时资本主义的发展尚未进入成熟期，报业的经营、资本的流动、企业的竞争等均处于无序状态，保证报业正常发展的一些必要的法律、制度、规范也没有建立起来，因此，这一时期的'大众化'只是具有初步的形态，其发展也十分不稳定。……直到19世纪末20世纪初，资产阶级最终成为'经济上的强者'并掌握了集中统一的政治权力、资本主义的舆论成为资本主义制度的一部分并以法律的形式确立下来之后，资产阶级报业的发展才进入了黄金时期，'小众化'向'大众化'的历史性转变才真正完成"（程曼丽，2005）。

第四，面向大众的报纸的意义在于为媒介政治影响力的扩大打下坚实的物质基础。任何媒体如果没有大量的受众作为信息的消费者，其影响力根本无从谈起。可以说，逐渐增加的大规模的受众是美国传媒政治影响力得以产生并逐渐扩大的基础性条件之一，因为"大众传媒所蕴含的革命性意义在于它制造公众的能力，它超越了以前的时间、空间和文化的界限，快速、持续、渗透式地构筑了集体思考和行动的历史性新基础"（格伯纳，2004：178）。

（二）技术进步为大众传媒政治影响力的产生与扩大提供了重要的物质基础

马克思主义认为，经济基础决定上层建筑。同样，这种论述也适合于作为上层建筑之一的美国大众传媒，因为"从纯粹的技术层面上来看，大众传媒的发展和影响力的扩大取决于物质条件的发展：一是社会能够提供大众传媒普及的客观物质条件，如电台、电视台、发射塔、足够数量的收音机和电视机、充足的纸张等传媒发展的硬件设施；二是作为消费者的受众有经济能力购买电视机、收音机等传播接收设备，有经济能力订阅报纸等传播媒介"（刘华蓉，2001：2）。可以说，技术的突破既为美国大众传媒政治影响力的扩大提供了物质条件，也为受众提供了这种媒介购买力。

例如，在大众化报纸兴起之前，大多数普通公民无力每年预付 5～10 美元来订阅出版物。由于当时工资水平的限制，许多工人每个星期只能挣大约 8 美元，这使他们几乎没有能力购买任何杂志和大多数报纸（埃默里、埃默里，2001：103）。美国所需要的是这样一种报业：它能够更加深入地接触民众——首先是中产阶级，然后是工人（埃默里、埃默里，2001：103）。一个很明显的事实是，民众购买力的提高不仅取决于自身经济条件的改善，也取决于报纸价格的高低。而正是技术条件制约着报纸发行量的增大，制约着报纸价格下调的幅度。在技术应用难以在报业操作中取得突破性进展的前提下，昂贵的报纸难以进入美国普通家庭就不足为怪了。

技术的突破与改进催生了大量的美国廉价报纸，催生了大量的有支付能力的广大受众空间，也催生了地理范围意义上报业传媒影响力的全国性扩展，并最终导致美国报业传媒大众化、产业化在 19 世纪末的完成。这个过程有着非凡的意义：技术水平和物质条件的发展所提供的获取信息的多渠道、多来源，以及随之而来的更自由、更灵活的获取媒介信息的方式，以及受众随着知识文化程度提高而可能同步增长的独立思考和判断能力，都向政治发展提出了挑战，对大众传媒政治影响力的大小和程度产生影响。技术和物质水平发展带来的大众传媒覆盖率的扩大意味着它将对更多的社会成员产生影响，这使它的政治影响力得到了提升（刘华蓉，2001：24）。

（三）新的传播手段和信息流通量的加大推动了新的政治应对的出现

面对新的传播手段和信息流通量的加大，面对大众传媒正在增加的巨大影响力，政治领域已经不得不做出新的调整来应对这种挑战了；大众传媒的影响范围的扩大也激发着公民政治参与的热情，当重大的突发性事件出现时，政治体系更可能突然面对巨大的公众压力和舆论压力，在这种情况下，如何应对新的压力并保证社会秩序和政治秩序的稳定成为政治体系面临的严重挑战（刘华蓉，2001：25－26）。

大众传媒传播技术的突破和发展，不但提供了其影响政治的可能条件，而且提供了政府扩大其职能的必要，产生了传媒与政治的互动。美国政治的变化同美国新闻事业的组织和技术的变化是密切相关的，新闻事业的变化，大大改变了政府官员和候选人使用新闻工具的方式（李道揆，1999：119）。在这样的一个辩证运动过程中，美国大众传媒政治影响力由小及大、涓涓细水汇流成河，终于生成为一股不可逆转的潮流。今天的美国政治家们面对遍布大街小巷的报纸、无处不在的无线电波、早已融入千家万户的电视画面以及便捷、互动和淹没一切的网络，他们发现要完全不顾及扑面而来的公众舆论不但徒劳无功，而且常常酿制对其政策甚至是政治命运的灾难性后果。

二 美国大众传媒政治影响力产生的社会政治条件

技术手段的突破和发展固然是大众传媒政治影响力产生的必要物质条件，但是美国政治局势的变迁为这种影响力的产生乃至持续扩大提供了不可或缺的社会政治条件。

（一）新闻自由[①]立法的确立

在美国社会，大众传播能够成为民主工具，在民主体制中发挥有效的作用，是以对新闻自由的法律保障为基础的。美国新闻界认为，新闻媒介免受政府控制的独立性、新闻自由对于民主制度是必不可少的。民主制度和它在法律上保障的言论自由和新闻自由，是大众传播事业发展的精神摇篮。（王永亮、刘忠魁，2002）所以，所有能够影响此项基本权利之解释与范围的东西都具有至关重要的政治影响（Graber，1997：59）。

新闻自由是众多民主人士努力的结果，但是美国总统杰斐逊为新闻自由的确立做出了最杰出的努力。在独立战争结束后，杰斐逊在同联邦派的斗争中，捍卫《独立宣言》中规定的人民民主权利，就出版自由与汉密尔顿进行了不懈的毫不妥协的辩论。

汉密尔顿认为，出版自由是依靠理论、公民和政府维系的，毫无写入宪法的必要。新闻出版自由不仅必须接受检查，而且应当受到严格限制。加强新闻立法，以杜绝言论诽谤，必须对人民的言论严加管束。杰斐逊则认为，世界上每个政府都有人类的弱点和腐化堕落的胚芽，为了防止政府退化，必须由人民来监督。为了防止犯错误，就必须通过报纸让人民充分了解公共事务。虽然他们有时也会被引入歧途，但将会迅速纠正自己。迄今为止，找到的最好的办法就是新闻自由。他要求新宪法应该包括一个声明，即联邦政府将永远不限制报纸发表任何它们高兴发表的东西，也不减轻出版商对于所发表的错误事实承担的责任。杰斐逊关于新闻自由的一系列著名论断至今仍被美国新闻界所津津乐道："在人们的意见变为公开的行动以前，政府不应该干涉意见的表述，政府的立法权力，只能干涉行动，而不能干涉意见。"（李昌道，1994：61）。"离开了对新闻自由的保障，就

---

① 总结传播学者的观点，新闻自由应包括七种基本权利：创办新闻媒介权、发表权或报道权、答辩权和更正权、知晓权和采访权、保护新闻来源权、使用传媒权、对新闻侵权的诉讼权。

无其它自由的保障可言，当公众舆论允许自由表达时，其力量是不可抗拒的。""没有监察官就没有政府，但是哪里有新闻出版自由，哪里就可以不需要监察官。"（郑超然、程曼丽，2000：319-320）。

两人论争的结果是，1789 年国会通过了宪法前 10 条修正案（又称《人权法案》），其中宪法第一修正案规定，国会不得制定关于下列事项的法律：（1）确立宗教或禁止信仰自由；（2）剥夺人民言论或出版的自由；（3）剥夺人民和平集会及向政府请愿之权（法仑德，1987：159）。值得指出的是，宪法第一修正案实际上是突出地强调了出版自由，因为一些人认为出版自由实际上已经包括在言论自由的条文中了。但另外一部分人认为，因为出版比个人演说更经常地受到官方的限制，宪法于此处有必要加以另外说明："第一修正案所说的两个独立的自由，即言论自由和出版自由，不是宪法上的偶然事件，而是对出版在美国所处危险地位的认可。"（卡尔威因、帕尔德森，1989：195）。

该法案保证媒体免于政府的干涉，保证了媒体的报道自由，保证了批评和监督政府的权利。媒体因此得以免于政府因看到其不愿意看到的消息、评论，而采取随意惩罚和行政压制的威胁。从此种意义上说，宪法第一修正案构成了美国新闻自由的基石。

（二）19 世纪 20 年代以来政党政治的推动

从美国建国到大众化报纸兴起以前，新闻出版一直是党派（以汉密尔顿为首的联邦党和以杰斐逊为首的民主共和党）间相互谩骂、相互攻击和争权夺利的工具。这种报纸不但因为充满强烈的党性偏见而使其成为纯粹的党派宣传工具，而且对于一般平民来说价格高昂，难以进入平常百姓家，所以严重地限制了报纸政治作用的发挥。

但是，19 世纪 20 年代以来，美国政治发生了重大变化。表现之一就是选举权的扩大：一些州开始取消对选举资格的财产限制，这一政策和人口数量的激增一起促成了投票人数的急剧扩大。表现之二是除了南卡罗来纳州以外，总统候选人在每个州实际上已经由州议会选举改为由选民直接选举。这种向大众政治迈进的步伐使得选举成为全国性的群众性的政治活动，政党组织开始进一步完善。

19 世纪 30 年代和 40 年代是美国近代两党制的形成时期。民主共和党因党内矛盾而发生分裂，1928 年杰克逊另建民主党，反杰克逊的人建立了国家共和党，并于 1934 年改组，称为辉格党。代表西南部新兴种植棉奴隶主、旧南部奴隶主、西部边疆农业垦殖者和农民、纽约商业集团、城市平民的民主党和代表北部工商主和南部种植园主的辉格党为了各自集团派别的利益而展开辩论，到 1840 年终于首次形成全国范围内的两党制格局。

美国两党制格局的形成被实践证明是大众传媒政治影响力成长的一个重要条件。具有不同利益的政党集团为相互竞争而特别注意利用报纸，例如，政党不但在选举时期以广泛的呼吁和群众集会动员选民，而且利用报纸这个平台大肆宣传自己的政治观点和政治主张，发展选民对政党强烈的政治忠诚，推动全国性舆论的出现，从而营造有利于自己的社会政治空间和选举结果。驴象之争不仅塑造了美国政治格局，也塑造了报纸参与政治的一显身手的舞台。

（三）美国大众政治的兴起

1. 大众政治的兴起

第二次工业革命不仅带来资本主义社会生产力的巨大提升，造就了生产关系革命性的变化，而且标志着人类历史上一个新纪元——大众政治时代的到来。其主要特征如下。

第一，大众生存状况与教育状况的改善。这表现在美国一方面就是工人的工作状况得到改善，社会保障制度得以建立；与此紧密联系的就是大众成年识字率和受教育程度的明显的和普遍的提升。经济条件的改善使得人们有了充裕的财力去消费媒介产品，而知识状况的改善则增强了人们的接受和辨识判断能力，间接地促成了人们的包括政治意识在内的各方面观念的变更，这对报纸、杂志和图书等大众传播媒介的扩展无疑具有不可低估的意义。

第二，城市化进程迅猛推进。老阿瑟·施莱辛格用"城市的兴起"这个词语来表述 1878 年至 1898 年美国的特征，人口普查数据表明，1880 年至 1900 年，人口在 8000 人以上的美国城市的数目增加了一倍。而全国城市总人口的增长则在一倍以上，从大约 1100 万猛增到 2500 万。1880 年，美国人口为 5000 万，其中，22.7% 生活在 8000 人以上的城市，到 1900 年，城市人口已经上升至 32.9%。在从 1880 年到 1890 年的 10 年内，美国的城市化获得了最迅速的发展，这也是日报业酝酿最大发展的年代。城市居民结成了一个个经济和文化单位，日益需要通过日报来获悉有关城市生活的故事和他们的普遍兴趣（埃默里、埃默里，2001：182 - 184）。

第三，大众组织包括各式利益集团的兴起。"大众时代"来临的显著特征是大众组织的兴起，美国城市的兴起和社会生活的巨大变革，不但带来了利益的冲突，也带来了利益表达的多渠道化，这些变化将民众的各个阶层引入政治生活。吉里恩特·帕利将"大众政治和大范围的组织"视为 19 世纪末 20 世纪初政治生活的两大特点（徐大同，2003：71）。

第四，大众普选权进程的进一步扩展。从 19 世纪 60 年代开始，现代大众民主政治的轮廓开始逐渐清晰，林肯总统提出"民有、民治、民享"的政府口号，继在 19 世纪中期普及了白人男子的普选权后，南北战争结束后又分别于 1865 年、1868 年和 1870 年通过了宪法第 13 条修正案（宣布在美国奴隶制不复存在）、第 14 条修正案（黑人被承认为美国公民）、第 15 条修正案（给黑人以选举权）。普选权的进程和趋势得到进一步的强化。

2. 现代大众政治不但提供了国民广泛参政的可能，而且生成传媒参与政治的广博的社会政治空间

现代大众政治的出现和流行，使得"工业革命的广泛开展导致传统依附关系的瓦解和人口前所未有的高度集中，由此而来的'大众社会'既产生了倾向于要求按各自利益予以解决并以自己的政治参与来主动追求这种解决的种种新社会力量。在此情况下，政府的产生和运行体制总会发生更动"（Barraclough，2000：62）。

大众传媒（特别是廉价报刊、小册子和通俗图书）的兴起和"多半由其表述、助长甚或塑造的公众舆论，连同利用这舆论的利益集团活动，对政府的决策几乎总是非同小可，有时甚至是决定性的"（时殷弘，2000：69）。随着新闻出版的自由权利得到保障以及新闻传播媒体的高度发达，新闻舆论力量已经成为一种强大的直接民主因素，为大众参与国家和社会政治生活提供了广泛的机会（李景治，1999：111）。政治参与的扩大刺激了人们对政治的热情的高涨，从某种意义上讲，大众传媒可以说是为此提供了最具革命性的条件或曰便利。

三　结语

美国早期新闻传播史清楚地表明，大众传媒政治影响力之所以产生并逐步扩大，基本的技术条件与社会政治条件必不可少。基本的技术条件是大众传媒政治影响力得以产生的物质基础，社会政治条件的成熟则为之提供法律、体制等方面的基本运行环境与保障。继报纸参与影响政治之后，无线电广播、电视台与互联网每一种媒体的出现与壮大都是一种传媒革命，同样，每一次传媒革命都是一次传媒参与塑造政治的革命。从罗斯福的"炉边谈话"到肯尼迪时期的"电视政治时代"再到今天的网络时代，可以说，传媒发展的每一步都是一个新的政治时代的开创。大众传媒的政治功用也在传媒革新和参与影响政治的历程中不断拓展，到今天，大众传媒已经至少能够履行提供政治信息与政治沟通、规定议题与议程设置、引导舆论与监督政府、塑造政治形象与政治社会化等功用。而且可以预见的是，在我们这样一个全球信息社会，"无冕之王"的政治影响力只会继续扩大。

　　当然，除了一定的技术条件与社会政治条件使之具备影响政治的可能性，就影响美国大众传媒政治作用发挥的主要因素而言，至少还应当包括政治文化、媒体特征、宪政体制、国家利益以及受众；大众传媒政治影响力也是一把"双刃剑"，它既可以是一个良性信息和舆论的"整合器"，也可以是负面煽动与媚俗化的"大本营"，所以，如何正确认识并卓有成效地利用和引导大众传媒的政治作用，不仅需要民众的理性思考，更是政治家义不容辞的责任。

参考文献

埃默里，迈克尔、埃默里，埃德温，2001，《美国新闻史》，展江译，新华出版社。

博伊德－巴雷特，奥利弗、纽博尔德，克里斯编，2004，《媒介研究进路》，汪凯等译，新华出版社。

程曼丽，《论百年新闻传播史上的两次飞跃》，http：//www. ilf. cn/Mate/34092. html。

法仑德，马克斯，1987，《美国宪法的制订》，董成美译，中国人民大学出版社。

格伯纳，乔治，2004，《走向"文化指标"：对大规模中介的公众讯息系统的分析》，载 Doris A. Graber, 1997. "Mass Media and American Politics", *A Division of Congressional Quarterly.* Inc Washington D. C.

卡尔威因、帕尔德森，1989，《美国宪法释义》，徐卫东、吴新平译，华夏出版社。

刘华蓉，2001，《大众传媒与政治》，北京大学出版社。

李道揆，1999，《美国政府和美国政治》，商务印书馆。

李景治，1999，《当代世界经济与政治》，中国人民大学出版社。

李昌道，1994，《美国宪法纵横论》，复旦大学出版社。

时殷弘，2000，《新趋势、新格局、新规范》，法律出版社。

宋原放、李白坚，1991，《中国出版史》，中国书籍出版社。

王永亮、刘忠魁，2002，《声屏世界》第 11 期。

徐大同，2003，《现代西方政治思想史》，人民出版社。

郑超然、程曼丽，2000，《外国新闻传播史》，中国人民大学出版社。

Barraclough，2000，"An Introduction to Contemporary History（A），"载时殷弘编《新趋势、新格局、新规范》，法律出版社。

责任编辑　李洋

"危机"与"苦难":《纽约时报》驻华首席记者哈雷特·阿班笔下的近代中国

李　莉*

内容摘要　哈雷特·阿班（Hallett E. Abend）是 20 世纪 30 年代美国主流大报《纽约时报》派驻中国的重要记者之一。他的报道构成 20 世纪 30 年代美国主流新闻业塑造和传播近代中国形象的关键文本，通过考察阿班在华 14 年的新闻采访实践及其 1000 余篇的涉华报道作品，展现阿班及所属媒介组织《纽约时报》如何通过其特有的新闻话语系统建构起一种典型化、历史性的近代中国形象，并揭示此种形象背后所蕴含的政治文化意涵。

关键词　哈雷特·阿班　中国报道　中国形象

美国建构和传播中国形象的历史肇始于 18 世纪，其间各色力量纷呈，文本类型多样，历经了一个跌宕起伏的过程。晚清以降，媒体和记者一跃成为美国社会建构和传播近代中国形象的一股新兴力量，对美式中国观的形成以及对华外交政策均产生了深刻的影响。

历史地看，专业性的美国对华报道开始于 20 世纪 30 年代，在此之前，美国的中国报道还远未形成气候和规模，正如库珀所言："在整个 19 世纪，完全持孤立主义态度的美国并未意识到国际新闻的重要性。"（Cooper，1942/2000：91）虽然 19 世纪中叶在一些美国大报上已经出现了零星的中国报道，但是，这些早期的中国新闻并不是由专业的新闻记者采写的，而是出自美国的驻华外交官、旅行者、商业人士或者临时受聘的通讯员等非新闻专业人员之手，而且稿件的文学色彩比较突出，新闻时效性不大，更少署名。一直到 20 世纪 30 年代，当美国的四家主要报社开始形成驻外记者群体之时，美国的涉华报道才真正发展起来。

特别值得注意的是，在抗日战争爆发之前，美国记者的对华报道基本

---

* 李莉，西北大学新闻传播学院讲师，博士，研究方向为国际传播与政治传播。本文系陕西省教育厅人文社会科学项目"中国镜像：《纽约时报》涉华报道研究（1927－1940）"（JW10007）和上海市哲学社会科学项目"话语、形象：近代驻华美国记者研究（1911－1949）"（2010BXW001）阶段性研究成果。

上处于常规化的运作轨道,较少受到政治因素的干预(刘景修、张钏,1987:107),因此,他们的报道文本具有特别的历史阶段性意义。中国人民大学方汉奇教授在《美国记者的爱恨中国情结——对 100 年来美国记者有关中国报道的回顾和反思》一文中曾经指出:美国媒体的对华报道是具有历史阶段性的,自 1894 年中日甲午战争爆发美国首次派遣记者到中国采访以来,在不同历史时期美国记者笔下的涉华报道都是迥然有别的,很难将100 余年的对华报道历程简单地归结为一个单一的结论(方汉奇,2002:78—80)。因此,对不同历史时期、不同媒体的涉华报道进行考察是理解美国媒体中国形象史的必要环节。

哈雷特·阿班(Hallett E. Abend)是 20 世纪 30 年代美国主流大报《纽约时报》派驻中国的重要记者之一。从 1927 年开始,他受命担任了《纽约时报》驻华首席记者一职,并且负责管理《纽约时报》的全部中国报道,至 1940 年底离华返美,阿班的驻华新闻实践历时 14 年,发表了 1000 余篇的中国报道。他不仅是"最早与国民党政要接触、向西方世界报道广州革命运动的少数英美记者之一"(王立诚,2008:108),而且也是第一位将日本在南京大屠杀中的暴行发布到西方的外国记者。美国著名作家赛珍珠(Pearl S. Buck)、颇具影响力的美国新闻人乔治·E. 索克斯(George E. Sokolsky)①、中国知名学者林语堂等人都对阿班及其中国报道给予过较高的评价。不同于我们耳熟能详的近代美国驻华记者的采访报道,比如 3S(当代中国对美国进步记者斯诺、斯特朗和史沫特莱的简称)以通讯为主,时效性较低的新闻,阿班代表的是美国主流媒体的一种常规化、制度化的中国新闻生产模式:归属固定的媒介组织机构,有稳定的经济来源,常驻上海,负责每日突发新闻的报道等。因此,阿班的中国报道构成了 20 世纪 30 年代美国主流新闻业塑造和传播近代中国形象的关键文本,无论对中国还是美国来说,都具有非常特别的政治和社会文化意涵。

从 1927 年夏被聘为《纽约时报》通讯记者一直到 1940 年 10 月离开中国,哈雷特·阿班担任《纽约时报》驻华记者的时间长达 14 年,在此期间采写并发表了数量众多的中国报道,但是,由于这些文章发表的时间比较

---

① 乔治·E. 索克斯(George E. Sokolsky)是 20 世纪 20 年代活跃在中国的美国著名新闻人,他不仅参与创办了当时上海的著名报纸《商报》,同时也是上海英文报纸《上海新报》(Shanghai Gazette)的编辑,并同期为当时上海的《字林西报》(North China Daily News),《密勒氏评论》(Millard's Weekly)等重要西方新闻机构供稿。索克斯与宋美龄家族以及端纳(W. H. Donald)等中国政界重要人物交往甚厚,是这个时期报道中国的最知名的西方记者之一(参见〔美〕顾德曼(Bryna Goodman):《美国胡佛研究所所藏索克斯档案》,《档案与史学》2000 年第 1 期,第 73~76 页)。

久远，加之目前研究条件所限，以致笔者很难接触到当时《纽约时报》的原文。幸赖于现代科技的助力，笔者通过美国权威数据库 Proquest History Newspaper：The New York Times 资料库得到了大部分的报道文本①，总计为1257 份，涵盖了 1927 年至 1940 年期间的所有报道年份，样本数量比较充足，在一定程度上可以反映出阿班中国报道的总体特征和阶段性特点，以下将从三个方面对样本展开相关的分析和讨论。

一　报道的总量与频率

报道总量与报道频率是把握哈雷特·阿班中国报道最基本的两项指标，也是显性文本内容的重要反映和体现之一，根据笔者统计，其基本情况如图 1 所示。

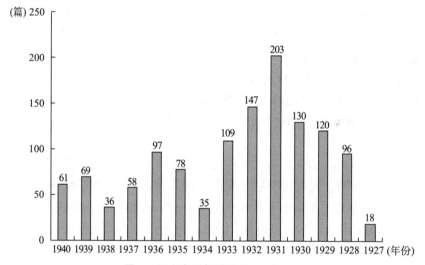

图 1　阿班中国报道的年度分布量

不难发现，哈雷特·阿班中国报道的总量是比较大的，年平均量达到了90 篇，也就是说，至少每周在《纽约时报》上有 1 篇阿班的中国报道，这个

① 美国 Proquest 公司是"全球主要的研究信息供应商，致力于为用户提供高质量的研究信息，提供科技、自然科学、社会科学、人文与艺术领域的全文数据库、文摘索引数据库、缩微产品等，其中包括全球著名的 PQDT、ABI、CSA TRD 等产品"。Proquest History Newspaper 是其开发的子数据库之一，收录了包括《纽约时报》等在内的世界上百种重要报纸的文本资料，其中《纽约时报》资料库收录了该报自 1851 年来上百年的历史资料（参见西安交通大学等大学图书馆数据库以及中研院等研究机构资料数据库有关 Proquest 的相关介绍，http：//www. lib. xjtu. edu. cn/lib75/news/news. jsp？ArticleID＝00001263；http：//www. ea. sinica. edu. tw/library/news/950314－2. htm）。

报道频率相对来说是比较高的。但是每一年的报道量有所不同,从总体上看,1931 年、1936 年、1939 年相对来说是阿班中国报道的三个峰值年度,分别达到了 203 篇、97 篇和 69 篇,并以这三个年度为高峰形成了坡度不同的三大峰谷,在它们前后的报道量是逐渐上升并依次递减的。正如美国学者伊罗生所言,正是在日本实施侵华政策、美国利益在远东不断受到挑战的情况下,中国报道才开始引起美国人关注的,1931 年是美国公众最早意识到亚洲事件的起点(伊罗生,2006:20)。诚如阿班自己所言:"日复一日,我不停向《纽约时报》发出一篇篇电讯稿,长篇大论,分量凝重"(阿班,2008:129),真实反映了美国公共舆论要求摆脱孤立主义对外政策,实施远东干预的呼声。

二 报道的议题类别

一般来说,一个国家在政治、经济、社会、文化这四个维度上的表现是其形象的基础,同时也是国际新闻建构和传播国家形象上的重要议程,据此,笔者对哈雷特·阿班的中国报道进行了三个层级的议题划分,其中一级议题包括"中国政治""中国经济""中国社会""中国文化"及"其他议题"五个类别,同时在报道比例较高的"中国政治""中国经济"和"中国社会"这三个比较突出的一级议题之下又划分出了若干不同的二级议题和三级议题,以期更加全面、深入地对报道内容进行分析,具体的分类情况如下。

1. 中国政治

(1)国内政治

A. 军阀混战、派系斗争与地方叛乱

B. 中央政局与行政管理

C. 共产主义运动与国共冲突

D. 新闻管制与对外宣传

E. 其他

(2)国际关系

A. 中日冲突

B. 中美关系

C. 美日关系

D. 治外法权、不平等条约及反帝运动

E. 边疆局势

F. 中苏关系

G. 其他

2. 中国经济

（1）中外贸易

（2）金融流通

（3）税收管理

3. 中国社会

（1）自然灾害

（2）饥荒、贫困与社会救济

（3）赌博、吸毒与鸦片

4. 中国文化（包括教育、文学、艺术、考古等）

5. 其他议题（包括各种奇闻逸事以及与中国较为疏远的远东事物）

首先，对阿班中国报道的一级议题进行统计，其结果如图 2 所示。

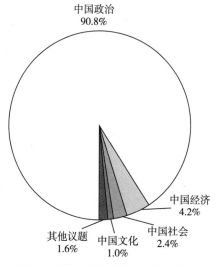

图 2　阿班中国报道的一级议题分布

不难发现，《纽约时报》上哈雷特·阿班的中国报道大体上是以"中国政治"议题为主的，样本总数达到了 1141 篇，占全部报道的 90.8%；其次是有关"中国经济"议题的报道，样本总数为 53 篇，占报道总量的 4.2%，再次是有关"中国社会"方面的报道，样本总数为 30 篇，占报道总量的 2.4%，而"中国文化"和"其他议题"所占报道总量的比例都比较低，均不到 2%，四大基本议题的比例差别非常明显。这种结果充分表明，美国媒体在建构中国形象方面发生了重要的话语转向，开始脱离传统上的文化视角而代之以高度理性的现实主义视角，有关静态的中国人文方面的报道内容大幅下降，出现了更多关乎重大社会现实问题的内容。

值得注意的是，在对二级和三级议题的统计中发现："国内政治"和"国

际关系"构成了最为重要的二级议题,报道总量为 845 篇,占样本总数的
67.2%,而且,这 800 余篇报道在内容上都呈现出了非常明显的选择倾向性
(参见图 3、图 4 有相关三级议题的分布):它们基本上是有关中国社会不同层
面的冲突和矛盾的,内容广泛涉及中日对抗、军阀战争、地方派系争斗、中
共对峙以及国民党高层权力纷争等诸多方面。而且,以冲突矛盾作为主要内
容的报道总量在每一年的新闻样本中都占到一半以上(1940 年除外),而且有
2/3 以上的年份达到了 70% 以上,1936 年的比例甚至高达 90%。

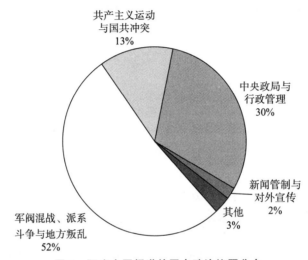

图 3　阿班中国报道的国内政治议题分布

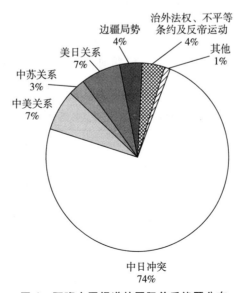

图 4　阿班中国报道的国际关系议题分布

众所周知，矛盾和冲突是一个国家或地区社会危机的集中体现和反映，它们都属于稳定社会秩序的对立面，媒体对一个国家反面性事件的关注度越高，曝光率越大，那么这个国家的安全性和稳定性就越容易遭受外部质疑，这个国家的形象也越糟。因此，可以说阿班的中国报道所建构和传播的近代中国形象是非常负面的，他为美国呈现出的是一个充满了问题和危险的东方国度，用阿班自己的话来说："中国简直就是一个正在遭受病痛折磨而却无法治愈的痛苦之身。……土匪武装与强盗军队、饥荒与疾病、鸦片和文盲、国家破产和经济低迷——这些都是中国的并发症。"（Abend，1930：pvii）。

三 报道的措辞

作为一种公共的话语文本，新闻报道里面的具体词语不仅间接地表达着这个词的隐含社会含义，而且表达着说话者的态度和与之相关的价值观念，正如索绪尔所言，语言符号的词语选择和组合使用一起构成了"符码"（code），能够"传播社会和自然世界中的特定文化观点"（汉森，2004：244）。通过抽取 253 篇阿班中国报道的新闻标题分析发现，在名词和动词的使用上集中出现了一系列表现反常社会事件的高频词语，比如：rebel（造反者、叛乱者；反叛、造反、叛乱）、revolt（反叛、起义、反抗）、riot（暴乱、骚乱、暴动）、conflict（冲突、矛盾、斗争）、clash（不协调、抵触）、crush（镇压、制服、摧毁）、fight（战斗、打仗、斗争）、battle（斗争、决斗、作战）、control（控制、支配、操纵）、fear（危险、恐惧、害怕）、danger（威胁、威胁）、peril（危险、冒险）等，从表 1 列举的阿班在报道中国内政、外交、经济、社会以及文化议题时所运用的一些典型关键词中更可窥见一斑。

表 1 阿班中国报道典型词语一览

议题类型	时间	案例	消极词语	释义
国内政治	1927 年 12 月 25 日	中国政治时局被描述为由独立派系所瓜分的"牺牲品"	prey（牺牲品），disintegration（瓦解），division（分裂），chaos（混乱），anarchy（无政府状态、无秩序），desperation（绝望）	暗示着中国内部政局的混乱、不安和无序，且局势严重，很难逆转
	1928 年 6 月 22 日	中国时局的面貌被总结为"混乱"和"无序"		暗示了中国的分裂和即将陷入社会动乱的前景

续表

议题类型	时间	案例	消极词语	释义
国内政治	1933 年 11 月 16 日	将南京中央政府的政治举措描述为"试图"结束分裂运动	try to（试图），doubtful（不置可否的），delay（延迟），unsuccessful（失败的）	暗示了中国结束地方分裂主义的难度，表明了国家命运的不确定性
国际关系	1932 年 3 月 28 日	将国际各方对中国时局的看法归结为"严重的担忧"	gravest misgivings（严重的担忧），disunion（分裂），lamentable（可悲的），worse（更糟的），bankruptcy（破产），convulsions（动乱）	暗示了中国时局的困难重重和难以挽回的危险境遇
	1933 年 3 月 5 日	将中国边疆局势描述为一个被"瓜分"的过程	partition（瓜分），tear away（撕裂），alienation（离间），threat（威胁）	暗示了中国领土主权所遭遇的严重损害及正面临的巨大挑战
	1935 年 7 月 27 日	将中日之间的战争描述为"生死较量"	showdown（生死较量，决战），inevitable（难以避免的），ultimate（极端的）	暗示了中国身处生死存亡的关头和无法摆脱的巨大困境
中国经济	1928 年 5 月 28 日	将中国工业发展的状况描述为充满了"虐待"	abuses（虐待），burdens（重负），privation（贫困），child labor（童工），sullen（郁闷的），anger（愤怒）	暗示了中国工厂环境的恶劣和可能发生的社会反抗
	1931 年 1 月 29 日	将中国的税收管理描述为"巨大的混乱"	great confusion（巨大的混乱），utmost confusion（乱七八糟）	暗示了中国经济管理体系存在的严重不稳定性和高度风险
	1935 年 3 月 10 日	将国外贷款描述为中国的"唯一指望"	only hope（唯一指望），deficit（财政赤字），decline（衰退）	暗示中国经济已经陷入巨大困境

议题类型	时间	案例	消极词语	释义
中国社会	1928 年 5 月 13 日	发生山东饥荒时的社会状况被描述为"恐怖"	horror（恐怖）、violence（暴行）、murder（谋杀）、mob（成群攻击）、infanticide（杀婴）	暗示了中国社会生活缺乏理性和秩序，中国人的盲目无知和巨大的人口压力问题
	1931 年 4 月 26 日	将中国水路交通称之为世界上"最危险的"航行	the most dangerous（最危险的）、frenzy（狂怒）、peril（极大危险）、attack（攻击）	暗示了中国交通状况的极大不安全性，反映了中国社会管理的失控状态
	1934 年 4 月 8 日	将中国农村的情形概括为"崩溃"	collapse（崩溃，瓦解）、overpopulation（人口过剩）、exactions（强征暴敛）、ruin（毁灭）、plight（困境）、bankruptcy（破产）	暗示了中国基层存在的严重社会问题和中国农民的巨大生存压力
中国文化	1930 年 3 月 9 日	将两广地区居住在船上的人称为"游民"	floating population（流动人口）、suffer（遭受苦难）、poor（贫穷）、slum（贫民窟）	暗示了中国人生存状态的恶劣和中国社会基础的不稳定
	1933 年 7 月 9 日	将上海苏州河上的舢板船描述为"乞丐船"	beggar boat（乞丐船）、crowded（拥挤的）、primitive（原始的）、filthy（肮脏的）	暗示了中国普通大众生活的贫穷和落后
	1940 年 5 月 12 日	将传统的中国帆船制造业描述为行将"失传"的行业	be lost to posterity（失传）、vanish（消失）、old-fashioned（过时的）	暗示着中国传统文化正在消失并丧失社会价值

　　不难发现，上述列举的典型词语都在试图描述一个正处在崩溃边缘的近代中国，无论是在内政、外交，还是在经济、社会和文化方面，中国的形势都不容乐观，都面临严重的挑战和考验，一种相当负面的中国形象得到了非常公开化的表达。

结论与思考

事实上，在驻华采访期间，阿班曾经整理出版过三本非常重要的有关中国的新闻评论集，即 1930 年的《苦难的中国》（*Tortured China*），1936 年的《中国能生存下去吗?》（*Can China Survive?*）以及 1940 年的《中国的混乱》（*Chaos in China*），可视为阿班对三个不同时期中国现状的集中描述和总结，虽然文中的议题内容有所差别，但是它们的基本叙述框架却非常一致，"苦难""生存"抑或"混乱"无一不是中国危难的表征。

可以说，在 1927 年至 1940 年漫长的 14 年职业生涯中，哈雷特·阿班始终致力于为美国社会传达出一个强烈而持久的"危机中国"的形象。原因何在？除考虑当时中国本身的社会现实之外，我们不得不深思其背后的社会文化因素。西方的中国形象史业已表明，塑造与传播中国形象是一种主动选择的话语表意过程，新闻文本也不例外。

从文化心理角度看，将中国塑造成为"危机"的国度是 20 世纪 20、30 年代美国特有的文化政治心理的反映和表现。首先，历经建国后 100 余年的发展，美国的国家实力在 20 世纪初开始获得巨大的进步，国力的强大让美国开始具有了一种不同于以往的文化政治心理。尤其在国际安全方面，美国人已经开始考虑将其所捍卫的自由和民主理念传播到世界，以期实现美国意识形态在全球的垄断。1898 年的美西战争不仅是美国欲望和野心的最早见证，也是美国走上帝国主义道路的开始，此后不久，"一战"的亲身经历让更多的美国人越发意识到，美国已经很难继续置身事外，独善其身了。此后苏联共产主义革命的胜利、德国和意大利独裁政府的兴起，以及日本在亚洲的侵略扩张进一步刺激了美国，在政治观察家们看来，美国的民主理想正面临前所未有的巨大挑战，必须做出积极的行动。

其次，20 世纪 30 年代也是美国深感绝望的年代，对人性、民主和科学的全面质疑，加之经济大萧条的沉重打击已将整个美国社会的文化心理拖入到悲观绝望的情绪之中，这种负面的心理势必影响到国际新闻报道的总体表现，阿班在报道中将蒋介石称为"独裁者"、将共产主义说成是一种"威胁"（threat）、将反帝运动视为某种"危险"等，其实不仅是在用美国的价值观给中国贴标签，同时也是在表达一种对美国政治文化前景的恐惧和担忧。正如研究者所言，尽管美国媒体上的国际新闻多种多样，但它们的实质都是在谈论美国人自己，和其他话语体系一样，新闻话语所呈现的仍然是言说者自己的知识经验和价值体系（Wasburn，2002：19）。

因此，"危机中国"的负面形象正是通过积极的话语建构策略，经由阿班和《纽约时报》有针对性地共同参与完成的一个形象塑造过程，阿班旨在通过描述一个充满着巨大危险和困难重重的中国，唤起美国公众对亚洲和中国事务的关心，从根本上撼动美国政府的东亚政策，实施对亚洲事务的积极干预，保护美国的在华利益（Abend，1943），正如他自己所言，当时的英美公众对中国事务的态度正在被毫无根据的乐观主义情绪所感染，无论是传教士，还是外交官等美国驻华人士都在刻意美化中国，都是自私自利、有失公允的（Abend，1930：137）。

更为重要的是，此种媒介形象一旦为公众所接受，就会演变成社会行动的资源，20 世纪 30、40 年代出现的包括美国大众和政府在内的对中国进行的强大支援、打击日本侵略，甚至选择支持蒋介石政府的外交行动，都与当时包括《纽约时报》等在内的美国主流报纸塑造的"危机中国"形象具有一种深刻的历史关联。正如美国研究者所指出的那样，报纸对中国事件的报道在美国公众中引发了强大的舆论效应，"无论他们对亚洲的兴趣多么肤浅和偶然，认真的人们对诸多事件表现出了足够的兴趣，以极度的关心阅读报刊，他们几乎无法不看、不听新闻，无法不产生激愤之情，无法不进行辩论，以及无法避免由日本入侵中国，尤其是 1937 年当中国政府最终开始实施抵抗，日本武装入侵和中国连续溃退的形势演变为战争之后而引发的恐惧"（伊罗生，2006：20）。

1937 年 12 月 30 日在《纽约时报》上刊登的一封普通读者来信这样写道："我认为使《纽约时报》成为好报纸的因素不在于权威的社论、音乐和文学批评，也不在于体育作者。都不是，而是那些在远方冒着生命危险、每天为我们提供亲眼所见事物的人。正因为如此，我们这些喝着咖啡、悠闲地搭乘轮船或火车的人才能知道发生了什么，哈雷特·阿班先生就是其中一位。……全美人民每天都在字斟句酌地阅读这些报道。"（*The New York Times*，Dec. 30，1937）从济南惨案、西安事变、淞沪会战、南京大屠杀再到美国帕奈号被击沉等，阿班的诸多中国报道无时不在震动普通美国人的神经。

与此同时，阿班对中国时局的深入分析和调研报告也传达到了许多美国的高层人士那里，他在回忆录中曾坦言，在中日对抗期间，曾经多次向《纽约时报》的掌门人苏兹贝格先生提交过有关东亚局势的分析报告，以帮助报社制定相关的社论和新闻策略。同时他还不时地将有关中国的情况呈递给驻华的美国政府官员（Abend，1943）。事实上，阿班的报道也同时引起了中国政府和日本官方的高度注意，他对"危机中国"的相关描述令双方都备感不快，甚至先后遭受到两国官方的威胁和打击。

林语堂先生曾经这样评价过阿班笔下的中国新闻报道："它如同机密般

的私人谈话,但也如审计师的报告一样忠于事实。它不偏不倚,既不是为了取悦中国也不是为了取悦日本,……它应该在每一个思考者的手上,甚至在每一个谈论远东现实和未来之士的手上。"(*The New York Time*s, Nov. 26, 1939)从这个意义上看,阿班所塑造的"危机中国"确实在一定程度上为美国政府着手调整亚洲政策提供了一定的舆论基础和事实依据,影响到了美国政府对华政策的判断和取向。

参考文献

阿班,哈雷特,2008,《民国采访战——〈纽约时报〉驻华首席记者阿班回忆录》,杨植峰译,广西师范大学出版社。

方汉奇,2002,《美国记者的爱恨中国情结——对 100 年来美国记者有关中国报道的回顾和反思》,《国际新闻界》第 2 期。

福特纳,罗伯特,2000,《国际传播:全球都市的历史、冲突及控制》,刘利群译,华夏出版社。

汉森,安德斯,2004,《大众传播研究方法》,崔保国、金兼斌、童菲译,新华出版社。

刘景修、张钊,1989,《美国记者与中国抗战》,《民国档案》第 1 期。

王立诚,2008,《从宋子文与亚朋德的交往看抗战前民国政府与英美记者的关系》,载吴景平主编《宋子文与战时中国(1937—1945)》,复旦大学出版社。

伊罗生,哈罗德,2006,《美国的中国形象》,于殿利、陆日宇译,中华书局。

Abend, Hallett. 1930. *Tortured China*. The Vail-Ballou Press, Inc. , Binghamton, N. Y.

Abend, Hallett. 1943. *My Life in China 1926 – 1941* , Harcourt Brace.

Wasburn, Philo C. 2002. *The Social Construction of International News*:*We're Talking about Them*, *They are Talking about US.* Westport, CT: Praeger.

责任编辑 李洋

论国家形象对外传播的公共化及其途径

李彦冰[*]

一 问题的提出

在国家形象传播的研究中，关于国家形象传播渠道的研究既是其中的一个热点也是一个中心话题。很多研究提出了报纸、广播、电视、电影等传统媒体在传播国家形象中的作用，还有一些研究将国家形象传播与国家外交联系起来，认为国家对外传播的渠道是"政府（国家）的政治外交、军事外交、文化外交、经济外交、能源外交、体育外交以及舆论外交（包括媒体外交）等"（刘小燕，2010）。也有研究者关注了新媒体在国家形象传播中的作用，认为互联网的快速发展以及它整合其他媒体的巨大能力，使国家形象的构建紧密地和它联系在一起，它对国家形象的构建方式产生了重要影响，这种影响是双向的，它既可以成为塑造良好国家形象的载体，也"可能成为干扰国家形象传播的工具"（何辉、刘朋等，2008：22）。

不可否认，上述研究对国家形象传播具有一定指导性，也为正在进行的国家形象传播实践提供了富有意义的借鉴。但是纵观这些讨论，基本都是静态的描述和结构化的论证，而对国家形象传播尤其是对外传播面临的现实问题缺乏真切的关怀，对国家形象对外传播过程中的复杂性缺乏关照。

二 国家形象对外传播的公共化及其特殊性

（一）国家形象对外传播的公共化

国家形象对外传播产生公共性的过程即国家形象传播的公共化。它是有关国家形象的信息经由各国家形象传播主体的传播被国外受众接受的过程。国家形象对外传播的公共性实现的过程带有公开性、公众性、复数性、

---

* 李彦冰，北京联合大学讲师，河南濮阳人，传播学博士，研究方向为政治传播。

共同性等特征，因此国家形象对外传播的公共化，其实质是有关国家形象的信息在国外受众那里实现普遍知晓、理解和接受的过程。

国家形象传播的公共化所关注的是国家形象传播的信息从传播主体发出到受众接受的中间阶段。传播主体的理念无论多么具有吸引力，如果无法实现公共化，难免成为毫无用处的摆设；没有国家形象信息的公共化，国家形象传播也难免成为传播主体的自娱自乐，变成与传播对象毫无瓜葛的无效传播行为。从这个角度说，国家形象传播的公共化不仅是传播主体的理念实现大众化、公开化的必经阶段，还是国家形象传播效果的制约因素。

对国家形象传播公共化过程的探讨不仅会带来人们对国家形象传播主体地位和作用的全新认识，还会启发人们检视和思考实现这一公共化的渠道和途径问题。当下研究者对国家形象传播的渠道和途径的研究，大多注重于国家形象传播如何能够更大程度地拓宽渠道，尤其要重视新媒体的作用等诸如此类的问题上。这样思考不能说没有道理，但是这些观点所隐含的一个简单逻辑是：渠道的拓宽必然带来形象向好的方向转变。显然这很难站得住脚。这一认识所带来的结果是：促使从事国家形象宣传的机构不断寻求新的渠道去传播国家形象而忽视思考现有渠道在传播国家形象方面所存在的问题。从这个意义上说，解决现存问题远比发现新的渠道更重要。

（二）国家形象对外传播实现公共化的特殊性

国家形象对外传播要实现公共化有一定的路径依赖。在新媒体条件下，国家形象对内传播实现公共化与国家形象对外传播实现公共化作为国家形象传播这一政治传播过程的有机组成部分已经融为一体，内与外的界限从地域的角度看已经不存在。国家形象对内传播实现公共化的途径对于对外传播来说也是适用的，但角色和作用在发生改变。从实现的途径来说，对内与对外存在差别，差别在于它们两者路径依赖的侧重点不同。举例来说，国家形象对内传播要实现公共化可以主要依赖家庭、学校等途径，但是对于对外传播来说，这些固然可以起到一定的作用，却不能作为主要的路径依赖。个中原因在于两者所面对的传播对象、传播环境有很大差异。

囿于国家形象对外传播在传播对象方面的心理复杂性、民族的多样性、文化差异性等因素，国家形象对外传播的信息要实现公共化必须寻求不同于国家形象对内传播的途径。经由这些途径所传递的国家形象信息，要能够获得国际社会不同国家、民族、国际组织等国际行为体的认可。概言之，国家形象对外传播的途径包括政府间国际组织、国际非政府组织、国际媒体、国际知名人士等。因"国际媒体与国际形象的塑造"这一问题涉及整个世界的舆论格局问题，这一问题另文详谈，这里不再赘述。这里对国家形象对外传播渠道的探讨不是流于形式的泛泛介绍，而是以实现良好的国家形象塑造为目标，探讨国家形象对外传播实现公共化过程中所存在的问题。因依赖这些途径所着重塑造的是一个国家在国际社会中的形象，因此这里用"国际形象"这一概念指称一个国家在除本国以外的其他国家或者国际社会中的舆论呈现。

三 国家形象对外传播实现公共化的途径

（一）通过政府间国际组织实现公共化

在政治学中，国际组织有广义和狭义之别。狭义的国际组织仅指政府间国际组织，广义的国际组织则包含了政府间国际组织和国际非政府组织。因政府间国际组织与国际非政府组织两者在实现国家形象传播信息公共化方面所扮演的角色和所起到的作用不同，因此将两者区分开来论述。政府间国际组织是指国家之间为了特定的目的和任务，根据共同达成的国际条约而成立的常设性组织。

从 1648 年威斯特法利亚体系形成开始，国际社会形成了多民族的国家体系，而国际社会也开启了通过国际会议来解决国际重大问题的先例。经历了欧洲协调、海牙体系形成、19 世纪的国际会议等阶段，到了 20 世纪，国际组织以爆炸式速度增长，最终形成了以联合国为中心的政府间国际组织体系。毫无疑问，这样一个政府间国际组织体系是国家形象对外传播信息实现公共化的重要平台。究其原因，要从政府间国际组织的特征和功能中去寻找。

政府间国际组织自身所具有的特征和功能为其担负国家形象对外传播公共化任务提供了可能。政府间国际组织尽管不是世界政府，但它依据国家之间的协定成立，拥有一定的自主权和独立意志，参与这些组织的绝大部分是国家而不是个人，这些组织一般设有常设机构，定期或不定期地召开会议、举办活动等，因此具有相对的稳定性和连续性。这就给主权国家提供了一个展现自身形象、发布有关自身各方面信息的舞台。政府间国际组织为缔约国所提供的是一个公共活动的论坛，在这一论坛上各个主权国家可以根据当时缔结的条约规定展现自身，为维护自身国家利益而活动。不仅如此，国家还可以通过参与国际组织的活动，"同其他国家一道共同维护世界和地区的和平安全，参与国际规则的制定，促进国际社会的整体发展，有利于建立一个多极化世界，有利于建设公正合理的国际政治经济秩序。"（饶戈平，2005：1）。国家在维护自身国家利益和构建和平安全世界的过程中扩大了自身在国际社会中的影响力，提升了本国的国际地位。从这个意义上说，主权国家参与政府间国际组织的过程就是本国国际形象在国际社会中展现的过程，也是自身国际形象公共化的过程。国际组织正是担负这一公共化任务的途径与中介。

政府间国际组织在某种程度上是国际社会某一方面问题的管理者和某些资源的分配者。管理国际社会和分配某些国际资源是政府间国际组织的两个重要功能。但是站在主权国家立场，如何接受国家间国际组织的管理，又如何为了自身的国家利益去争取这些资源，是主权国家必须面对的问题。这是国家的国际形象传播在实现公共化过程中必须回答的问题。对此不同的理论给出的答案不同。

有人认为，在国际社会中应该将对权力的追逐放在重要的位置。国际关系的现实主义流派就是持这一立场，以汉斯·摩根索、约翰·米尔斯海默为代表，其理论源头可以追溯到修昔底德、马基雅维利和霍布斯等人。例如汉斯·摩根索就认为："在无政府的国际政治领域，起作用的不是空洞的道德说教或软弱无力的国际法和国际组织，而是一个强大的军事（以及经济）实力以及运用这种实力的意愿。有了这种强大的军事（以及经济）实力，就可能产生一种能够改变对方意志的心理威慑力量，甚至无需动用武力。"（王逸舟，1998：76）。而约翰·米尔斯海默则直接将权力定义为"国家所能获得的特殊资产或物质资源"（米尔斯海默，2008：63）。在这样的思想指导下，国际政治中的对外政策难免出现对强制性、物质性力量的崇拜，将武力或者硬实力的比拼当作解决国际问题的主要手段。而一旦在接受政府间国际组织的管理和争取分配资源等方面以上述理论为基础进行决策，难免出现争夺和好勇斗狠的局面。置身于国际政治的纷争和冲突中，通过权力的争夺来实现国际形象传播的公共化，这样的国际形象很难被国际社会所认可。以美国为例来说明这一问题。"9·11"事件后，美国在全球打响了反恐战争，美国绕开联合国这一最具代表性、最具权威性的国际组织，在没有联合国授权的情况下，连续发动了阿富汗战争和伊拉克战争。"在9·11恐怖袭击后美国在全球许多国家和地区进行的多次舆论调查中，对美国持负面看法的人日益增多。"（韦宗友，2005）。很多国家的反战示威游行是人们厌恶美国战争行为的表现。这实际上进一步说明，美国国际形象的公共化是失败的，而以现实主义为基础的单边主义政策是导致其国家形象受损的主要原因。

国际关系的建构主义则与现实主义有很大的不同。建构主义强调具有关系的双方或多方的双向互动，它们之间是相互建构的关系。这一派认为，"人构建了社会，同时社会也构建了人"（库巴科娃、奥鲁夫、科维特，

2006：69），并且强调"社会规则"的重要性，认为"社会规则建构出了某种过程；通过这个过程，任何社会以持续不断和互补的方式相互构建着对方"（库巴科娃、奥鲁夫、科维特，2006：69）。这一观点实质上是承认了国际行为体具有自身的自治性，但是这种自治性受到其他行为体的自治性的限制。此种国际关系理论明显与追求权力为目的的现实主义国际关系理论区别开来。基于此种理论，主权国家要在政府间国际组织上塑造自身形象实现自身国家形象传播的公共化，显然比单边主义的政策要顺畅。但依然存在问题，问题在于国际行为体在建构规则时遵循怎样的原则，这些原则又对谁有利？行为体在考虑自身国家利益的情况下，有时会遵循社会规则，但有时又会打破这些规则。

当然，也应该认识到当今的政府间国际组织大多是由发达国家发起组织成立的，其活动规则也在很大程度上由它们来制定，发展中国家在其中的建构作用很微弱。因此，它们在这些国际组织中的发言权相较于发展中国家大，对规则的运用熟练，这是它们的先天优势。围绕联合国教科文组织所进行的建立世界文化与传播新秩序的斗争，在 20 世纪 80 年代因英美的退出而宣告失败即是最好的证明。而联合国安理会所通过的大量制裁决议大多是针对发展中国家的也从侧面说明了这一问题。

由此可见，采用政府间国际组织这一途径来实现国际形象的公共化与这一国家的对外政策以及制定这些对外政策所依据的理论有紧密关联。显然一个主权国要实现国际形象的公共化必须在遵循"社会规则"——国际条约、国际协定、国际惯例、国际规范等——和追求自身国家利益之间寻找到平衡点。完全按照自身利益行事，不顾其他国家感受，会招致国际社会反感，在政府间国际组织这一公共论坛上很难站住脚，实现自身国际形象的公共化也将如梦幻泡影，美国即是前车之鉴；相反，一厢情愿地相信"社会规则"，尤其是在这些"社会规则"由强权制定而与自身国家意愿相悖时，国家利益就很难保证，国家也难免成为待宰的羔羊。一个无法有效维护自身国家利益的主权国家，很难树立起良好的国家形象，实现国际形象的公共化也无异于痴人说梦。

（二）通过国际非政府组织实现公共化

国际非政府组织是指"具有代表性并具有被承认的国际地位，对于一个覆盖了世界上不同地区相当数量国家的特殊领域的人们，它应该代表其中的大多数并表达其中主要部分的观点"（鄂晓梅，2005：112）。尽管国际非政府组织并不是由国家根据条约而成立的，但丝毫没有影响它在当今全球化世界中产生重要影响。国际非政府组织是全球化的积极参与者，它对全球化过程中所出现的各种问题给予了较多关注，从粮食危机、能源危机、人口膨胀等问题到人权、贫穷、劳工等问题，国际非政府组织都积极参与其中，这些问题正是国家所没有给予足够重视而国际社会普遍存在的问题。一年一度的"世界社会论坛"从2000年举办以来吸引了各领域国际非政府组织的广泛参与，这是国际非政府组织参与全球化的一个突出例证。另外，国际非政府组织因其全程参与国际社会的各项活动，受到主权国家、政府间国际组织的高度重视。联合国前秘书长加利就认为，"联合国不仅是政府之间进行协商的论坛，同时也是政府与国际非政府组织进行协商的论坛。"（鄂晓梅，2005：114）

国际非政府组织不是基于国家间的条约而成立并且在经济上具有相对于国家的独立性，因此，它能够更好地承担主权国家国际形象公共化的任务。国际非政府组织不受制于国家条约限制，较少受到国家意志干预，不受国家意志强制性的限制，本国参与国际非政府组织的团体和人士就能够借助这一平台将本国社会层面最真实的形象传递到国际社会，毕竟一个国家的国际形象要靠这个国家真实情况的呈现来塑造，而不能靠涂脂抹粉和假大空宣传。经济的独立性使国际非政府组织的活动有了物质和资金保证，从而不屈从于主权国家的操纵。正因如此，国际非政府组织才能以超脱的身份去关注民族国家无暇关注的与全球利益相关的问题。基于此，国际非政府组织以其自身的优越性，为不同主权国家里面的个人和团体提供了公共舞台，通过为这些组织服务，体现了该国人们的全球关怀，从而间接为实现本国国际形象的公共化做出了贡献。

鉴于国际非政府组织在实现主权国家的国际形象公共化方面的积极作用，中国政府应该鼓励本国的团体和个人积极参与这些国际非政府组织，不应武断地认为它们与某种价值相连而将它们拒之于国门外。只有了解、接触、交往才能改变，而封闭保守只能停滞，这种改变是双向的，对中国政府和非政府组织均是如此。

需要指出的是：国际非政府组织完成主权国家国际形象传播的公共化，是在这一国家的成员和团体参与国际非政府组织的过程中实现的。这些团体和个人参与这些组织的初衷也许并不是为了塑造自己国家的国际形象，而是关心某些国际问题和全球问题。但这一参与的过程和对某些国际和全球问题的关注本身就在某种程度上代表了这些个人和团体所属国家的立场。当然，在主权国家依然是当今国际社会主导力量的情况下，参与国际非政府组织的团体和个人会碰到自己所属主权国家的国家利益与自身所服务的国际非政府组织的宗旨之间的冲突与矛盾。对这些冲突与矛盾的处理会直接影响国际社会对这些团体和个人所代表的国家形象的认知和判断。因此，如何在运用国际非政府组织实现国家形象的公共化的过程中，做到既符合这些组织的宗旨，又能有效地维护本国的国家利益，是这些团体和个人参与国际非政府组织的过程中需要揣摩的问题。

（三）通过个人实现公共化

这里的个人，既包括普通人士也包括国际知名人士。从普普通通的每一个国民到政治、经济、文化的精英人物，都可以成为一个主权国家国际形象公共化的途径。在全球化时代，这一点表现得尤为突出。

在网络时代，个人在一个国家国际形象传播中的作用变得日益突出。从普通人的出国旅游、探亲访友到学者参加学术会议、文艺明星的艺术交流、政治人物的访问等都是在国际社会中实现国际形象的公共化的重要手段。当然，在当今全球化急速发展和网络社会日益崛起的今天，普通人作为一个国家国际形象的载体有了新技术的支撑，更容易实现公共化。本文以《中国国家形象宣传片·人物篇》为例来说明这一问题。以个人作为国家国际形象公共化的途径需注意如下几个方面。

第一，警惕国家形象宣传片里所透露出来的精英主义倾向。将个人作为一个国家国际形象公共化的途径，必须抛弃偏重精英而忽视普通人的思想和做法。应该承认精英人物在实现一个国家国际形象的公共化方面具有得天独厚的优势：他们是社会的中流砥柱，在社会中占据着举足轻重的位置，而且大部分具有国际化视野，在国际社会中也具有很高的知名度，由他们来代表中国形象、传递中国形象自然在国际社会中易于被接受。但是这些人物毕竟只是各个行业里的精英，由他们作为代表是否具有普遍性值得怀疑。毕竟在当今的中国，社会严重分化的事实是有目共睹的，广大的普通工人和农民在社会中占据数量上的绝对优势，但在《中国国家形象宣传片·角度篇》里他们是精英的配角，只是以一个抽象的"超凡的中国人民"将他们代表了，在"超凡的中国人民"的整体名义下只给了他们一个镜头。在整个《中国国家形象宣传片·人物篇》中，6 个普通中国人给了 5 秒的时间，占整个片子时长的 1/12，而其他的精英人物有 53 个人，占 51 秒时间，占整个片子时长的 11/12。从播出后的评论看，有人对这一现象提出了异议，详情看《谁能真正代表中国形象》[①]。在同一篇文章中，这位作者还提出，在宣传片中有很多非中国籍的精英是否能够代表中国的问题。对"非中国籍不能代表中国的国家形象"这一观点，很显然，这是狭隘的民族主义思想在作怪，有吹毛求疵的嫌疑，但是国家形象宣传片通过精心

---

① http://finance.ifeng.com/news/20100816/2518622.shtml，2014 年 5 月 19 日最后访问。

制作所呈现出来的最后样态，带有严重的精英主义的倾向，确实是不争的事实，这比"非中国籍不能代表中国的国家形象"更值得警惕。这种重视精英忽视底层民众的思想倾向只不过是真实社会现实行为的意识反应。自宣传片播出以来，很多人在询问、关注、查找那些模特、影星、学者的名字，这些都很容易查找到，提供这方面答案的人多如牛毛，而那六个普通的中国人却很少有人提及，他们姓甚名谁也很少有人问起。这从另一侧面也说明了片子的精英主义倾向。

第二，片中人物所代表的行业或者领域与中国多民族国家的现实有较大差距。国家形象宣传片的人物涵盖了演艺明星、体育明星、财富人物、残疾人群体、创意人才、媒体人、学者、模特、音乐家、设计师、航天员等不同群体，但是这对于拥有 56 个民族的多民族国家的现实远远不够，它没有照顾中国是多民族统一国家的现实，缺乏多民族的视角。细细查阅这些人物的档案，也许能够发现他们有满族、维吾尔族、苗族、白族等少数民族精英，但对于对中国知之甚少的国外受众来说，谁又能知道他们是中国的少数民族？又有多少中国人能从片中杨丽萍和宋祖英所展现的形象看出她们分别属于白族和苗族？因此，中国国家形象宣传片的制作首先不能缺少民族视角，这是对中国是一个多民族国家，尤其是有 55 个少数民族的国家事实的尊重；其次，在细节的呈现上要能让受众一目了然。

第三，仅仅依靠媒体这一渠道的单薄性。应该承认目前所制作的国家形象宣传片相对于以前枯燥的政治宣传，对国家形象的呈现方式确实变得软化了，更易于让人接受，至少不会像"文革"期间的宣传那样招致人们的反感。但也不能就此走入另一误区，即对国家形象宣传片的效果做过于乐观的估计，甚至认为依靠单纯的媒体投放就可以改变或塑造国家形象。这样单纯直观的人物展现到底能给国外受众多大的冲击力，这是存在疑问的。这样走过场的人物展示比集中生动地讲一个普通人的故事是不是效果更好，也是值得人们思考的。

正像前文所言，依靠媒体呈现中国人的精神面貌来宣传中国国家形象只是个人作为手段发挥作用的一个选择，其他如出国旅游（尤其是导游）、学者出席国际学术会议、文艺明星的艺术交流、政治人物的访问也可以成为实现国家形象传播的公共化的手段。甚至国内普通人通过现代网络技术对某个国际事件的评论都可包括在内，尽管个人的言论在很大程度上只代表个人，但所产生的效果是作用于国家形象的。在参与上述活动的过程中，各个参与主体能够有明确清醒的国家形象意识，并将这一意识贯穿到这些活动中就显得尤为关键。从这个意义上说，规范国人行为，提高国民素养，培养人民的国际化视野应与国家形象传播这一国家行为紧密结合起来。

　　总之，个人作为实现一个国家国际形象公共化的渠道，因其人数众多、成员复杂，很难通过组织化的渠道去管理。要想发挥其作用，只能更多依靠国民的道德自律，国家能做的只是帮助他们提高素养，规范行为，而这些又只能依赖日常工作的点滴积累，而不能通过大规模的运动方式和强制方式去解决。

参考文献

　　鄂晓梅，2005，《国际非政府组织对国际法的影响》，载饶戈平主编《全球化进程中的国际组织》，北京大学出版社。

　　何辉、刘朋等，2008，《新传媒环境中国家形象的构建与传播》，外文出版社。

　　库巴科娃，温度尔卡、奥鲁夫，尼古拉斯、科维特，保罗，2006，《建构世界中的国际关系》，北京大学出版社。

　　刘小燕，2010，《政府对外传播》，中国大百科全书出版社。

　　米尔斯海默，约翰，2008，《大国政治的悲剧》，上海世纪出版集团。

　　饶戈平主编，2005，《全球化进程中的国际组织》，北京大学出版社。

　　王逸舟，1998，《西方国际政治学：历史与理论》，上海人民出版社。

　　韦宗友，2005，《权力、软权力与国家形象》，《国际观察》第 5 期。

责任编辑　李洋

试论国际关系中的政治谣言

刘邦凡　刘　莹*

内容摘要　随着交通、通信技术的变革，国家间的合作和竞争也日益紧密、激烈。基于国家利益，有利于国际竞争与合作的政治谣言在国际关系中被普遍运用。本文通过分析国际关系中政治谣言的打击他国和维护本国的功能，指出在国际关系中政治谣言的作用：影响他国政策制定，损害一国利益；影响国际舆论走势，损害一国声誉；影响国际组织决策，损害一国主权。

关键词　政治谣言　国家　国际合作　国际竞争

一　政治谣言与国际关系

当今世界的国家群体中，既有资本主义国家，也有社会主义国家；既有发达国家，也有发展中国家。它们之间既有合作，例如含有经济性质的国际合作组织亚太经合组织，也有斗争，例如带有军事性质的充当"世界警察"的国家联盟北约。在这些不同意识形态、不同发展程度、不同利益追求的国家的合作和竞争下，国际关系表现为友好、敌对、平等、侵略、干涉、谈判、颠覆、战争、革命等现象，并形成一幅瞬息万变的图像。特别是在全球化日益发展深化的背景下，国际关系从古代松散、单一的结构发展为当代多层次、交互式结构，国际竞争与合作愈发激烈且在国际政治生活中占有越来越重要的地位。一国主动地分析、展望和发展国际竞争与合作，有助于本国在国际社会中地位的提升。因此，各种有利于国际竞争与合作的手段的运用成为一种必须。

当今国际社会中，国家间的交往随着交通、通信技术的变革变得前所未有的紧密。这种紧密使国家间的竞争领域全面化：从政治、经济到文化、

---

　*　刘邦凡，燕山大学文法学院院长、教授，重庆涪陵人，博士，研究方向为公共管理、社会管理等；刘莹，燕山大学文法学院研究生，河北秦皇岛人，研究方向为政治管理。本文系国家社会科学基金年度项目"京津冀区域经济一体化战略与推进河北沿海地区发展对策研究"（项目编号12BJY005）的阶段性研究成果。

环境，从陆地资源、海洋资源到外太空领域。竞争手段多样化：从武力打击到和平演变，从政治压迫到文化渗透。国家在不同的领域和方式的竞争或合作中蕴含着一个共同的目的——国家利益，一个古老而又永恒不变的主题。可以说，任何一个国家的行为必定以国家利益为依归。无视、出卖国家利益的行为，在任何时代、任何地方都会被认为是对国家的背叛。因此，国家为了实现国家利益就必须在国家间合作与竞争中运用各种方式，其中既有人才培养、专利扶持等正面、积极的方式，同时为了维护、强化国家利益，政治谣言等负面手段也不可避免地被运用。

政治谣言是出于特定的对正常政治生活带来巨大冲击的动机和目的，利用一系列传媒宣传手段恶意散布谣言，并导致在社会上得以连锁性传播的无法确认其内容、缺乏事实根据甚至是故意、恶意捏造的社会政治信息，它主要是对政治人物尤其是政治领导人或对社会政治事件尤其是重大的社会政治事件的一种不确切甚至完全虚假信息的捏造和传播（刘邦凡、刘莹、刘乃郗，2011：49 - 51）。政治谣言在国家间的竞争与合作中的运用虽说不光彩，但是很常见且效果明显。政治谣言在国际竞争与合作中不仅单独出现，而且常常成为其他竞争与合作方式的舆论先导。借助互联网技术，国家制造和传播的政治谣言可以瞬间传播到世界的各个角落，被不同国家、不同种族的人们接收到，被伤害的国家根本无法阻止这种政治谣言的泛滥性传播和严重性后果。因此政治谣言对一个国家的伤害是可想而知的，但肇事者的代价却是微乎其微的。被伤害国无法正面谴责肇事者，因为网络对政治谣言的传播的匿名性使他们没有证据。如果贸然对他国进行谴责，不仅可能招致他国官方抗议，使本国处于外交尴尬境地，而且还会引发国际谴责，使两国外交关系降入冰点，甚至会成为他国发动战争的借口，使国家处于危险之中。因此，这种利大于弊的国际竞争与合作的手段成为主权国家和国家间组织常用的一种伎俩。

二　政治谣言在国际关系中的功能

（一）国际关系中政治谣言的打击他国功能

国际关系中政治谣言的打击他国功能是指一国或国家间组织制造、传播关于他国或其他国家间组织的谣言，对其进行污蔑、打压，从而实现自身利益需求的功能。在国际关系中，国际行为主体之间的合作与竞争不可避免地会出现利益的争夺。竞争不必说，行为主体为满足各自的利益需求必然要进行对抗式或敌对式活动。即便是在合作中，行为主体为了使自身在合作中处于核心地位、获得最大利益也会进行争夺。因此，基于行为主体利益的需要，他们就会利用政治谣言这种不需要事实作为佐证且具有广泛传播性的手段打压其他行为主体。根据利益的需要，国际行为主体可以肆无忌惮地制造和传播政治谣言，对其他国际行为主体展开攻击，干扰他国民心、影响舆论走向，为自己争取有利的政治态势。可以说，政治谣言已经是国际竞争与合作中的一把利器。

在 2003 年震惊世界的伊拉克战争中，政治谣言的使用可谓淋漓尽致。以美国为首的北约国家以伊拉克拥有大规模杀伤性武器（不确定）为由对其进行了侵略。美英等国为获得伊拉克人民的支持、尽快消灭萨达姆政府散布了大量政治谣言；萨达姆政府在疲于应对战争的同时不得不进行反政治谣言的报道。例如，美国在开战之初就以潜入伊拉克社会内部的卧底和线人的"内部消息"不断报道关于伊拉克领导人萨达姆·侯赛因逃亡或者死亡的消息，在战争中关于萨达姆军队放弃抵抗、投降弃城的消息更是不绝于耳。美英等国企图通过此类政治谣言的制造和传播影响伊拉克人民的抵抗意愿和意志。虽然萨达姆政权方面针锋相对、寸步不让，不断出面澄清、辟谣，但美英制造和传播的政治谣言仍然给伊拉克带来了巨大的影响，不仅造成了伊拉克军队的恐慌和社会内部的混乱，而且还为美英缉捕萨达姆以及其他伊拉克高官提供便利，为美军迅速打开局面、赢得战争打下了重要的基础。

（二）国际关系中政治谣言的维护本国功能

国际关系中政治谣言的维护本国功能是指一国或国家间组织制造、传播关于本国或本国家间组织的政治谣言，对自身进行暗许、赞扬，从而满足自身利益需求的功能。相比于通过政治谣言打压其他国际关系行为主体从而实现自身利益，通过此种政治谣言实现自身利益需要的例子并不多见，但是其效果依然巨大。在维护本行为主体的利益时，必须符合正义、公平的原则，才能得到除本行为主体内民众以外的其他行为主体民众的支持。那么，行为主体在国际竞争和合作中会尽量以公正高尚的姿态示人，美化其政策。但是有时单纯地美化无法真正地影响舆论，这就需要政治谣言推波助澜了。

《太阳之泪》这部电影讲述一次由美国海军海豹部队在西非国家尼日利亚的内战中的救援行动。内容激烈而感人，看过这部电影之后大多数人会被美国大兵的英勇和献身精神所感动。特别是男主人公在电影最后发出的感叹："太阳之光什么时候才能照射到非洲大地"，更是让人深思。美国善于运用这种文化渗透的方式传播其价值理念和正义形象，同时在战争到来的时候，文化上的渗透可以很快地转化为政治谣言，欺骗民众、影响舆论。因此，无论美国发动怎样的战争都会得到众多民众的支持，认为那是正义的，是解放受苦的他族民众的，而忽视其干涉他国内政、侵犯他国主权的事实。

三　政治谣言在国际关系中的具体作用

（一）影响他国政策制定，损害一国利益

一国制定国内、国外政策时需要以本国利益为依归，才能最大限度地得到本国民众的支持，实现国家利益的最大化。但是在国际社会中，每个国家都有着这样的愿望和要求，那么国家间的明争暗斗就不可避免。政治谣言在这种争斗中被运用，笔者认为，其对一个国家的政策制定会产生以下影响：面对其他行为主体的舆论压力，本国需要适当地进行妥协或让本国政府作出错误判断，制定错误政策。无论哪一个结果都会损害国家利益，以第二个为甚。

1937 年，即第二次世界大战的前夕，德国运用"苏联红军统帅部领导人 M．H．图哈切夫斯基叛国"的政治谣言，成功地使斯大林作出错误决策，对苏联的国防力量进行了"大清洗"，使得包括图哈切夫斯基在内的 7 位最著名的军区司令，11 位副国防人民委员，75 位最高军事委员会委员，8 位海军上将，2 位元帅，14 位军级将领，以及 90% 的集团军将领和总计 3.5 万名军官被枪毙、流放或入狱（程中兴，2008）。德国人没有用一兵一卒，只是运用了一则政治谣言，几乎摧毁了苏联的整个军事指挥层。这则欺骗了苏联、致使苏联统帅斯大林作出错误决策的政治谣言，给苏联带来了巨大的打击。它不仅让苏联失去了大批具有指挥经验的军事将领，造成"二战"初期苏联军队节节败退之势，还极大地影响了苏联的国内稳定，为苏联最终解体埋下伏笔。

（二）影响国际舆论走势，损害一国声誉

一国的形象在国际关系中极其重要，它的形象积极与否直接影响世界民众对它的态度。拥有正面形象的国家，即使做了有损正义之事有时也会被解读为拥有正义的目的；相反具有负面形象的国家，即使做了正义之事有时也会被扭曲它善良的目的。因此，国家都会在国际社会极力塑造其正面形象，维护其国际声誉。特别是在一些敏感问题上，国家形象甚至可以影响事件走向，例如人权、国家分裂势力等问题。一旦处理不好，就会使国际舆论走向"受害者"，从而使"受害者"得到他国民众的同情，他国对"受害者"的支持就会得到本国民众的支持，影响一国的领土完整、主权独立。但是这种情况不是自身做好就可以的，有些别有用心的组织或国家会运用政治谣言，虚构真相，干扰舆论，损毁他国声誉。

（三）影响国际组织决策，损害一国主权

国际组织是指两个或两个以上国家（或其他国际法主体）为实现共同的政治经济目的，依据其缔结的条约或其他正式法律文件建立的常设性机构。虽说国际组织的约束力是有限的，国家往往会为了本国利益置国际组织的决策于不顾，但是一旦一项决策得到国际组织通过，就似乎拥有了正义性和事后责任的豁免权。因此，一些国家利用政治谣言干扰国际组织的决策，实现本国的利益需求和目的，给他国造成致命的打击。

"9·11"事件发生后，时任美国总统的乔治·布什宣布向美国政府认为的"恐怖主义"宣战，并将伊拉克等多个国家列入"邪恶轴心国"。2002年在美国等国的促使、渲染下关于伊拉克拥有大规模杀伤性武器的政治谣言似乎成为肯定（孙志隆，2009）。在这种"肯定"舆论下，联合国大会通过了1441号决议"联合国武器检查团重返伊拉克检查伊拉克拥有的大规模杀伤性武器是否属实"。就是这样一则在政治谣言影响下的决议，后来成为美英入侵伊拉克的幌子。2003年3月20日美国指出伊拉克拥有大规模杀伤性武器并暗中勾结、资助和支持恐怖分子，置联合国安理会决议于不顾，单方面对伊拉克进行大规模武力入侵和军事打击。在政治谣言的前期渲染以及联合国大会通过上述决议的背景下，包括美国在内的深受恐怖主义危害的各国民众在战争开始前期站到了支持攻打伊拉克这一边。这为以美英为首的北约国家攻打伊拉克提供了舆论保证和群众基础。因此，就是这样的政治谣言将伊拉克拖入了战争的混乱，使其主权受到了严重的侵犯。

政治谣言的确会为自身的利益团体带来短期的政治竞争有利因素，但应当从最根本的角度认识到真理始终掌握在正义的手上，真相不会永远被埋没，谣言最终只能是谣言，从根本上看，慎用政治谣言是对各竞争主体最好的忠告。

参考文献

程中兴，2008，《谣言、流言研究——以话语为中心的社会互动分析》，博士学位论文，上海大学。

刘邦凡、刘莹、刘乃郗，2011，《浅析政治谣言在西方政党竞争中的运用》，《学习论坛》第6期。

孙志隆，2009，《CCTV重大事件报道传播力研究》，博士学位论文，河南大学。

责任编辑　李洋

舆论监督与政治传播

论构建公共舆论监督体制

周树智[*]

内容摘要 公共舆论监督包括公民言论自由监督、新闻舆论监督、网络舆论监督等政治传播方面。公共舆论式政治传播监督是公共治理必须具有的重要因素和必备条件，而具体落实公共舆论式政治传播监督又必须有立宪民主制度保障，因此，必须构建公共舆论式政治传播监督的立宪民主体制。

关键词 公共治理　政治传播　公共舆论监督

一　公共舆论监督的含义及其法理依据

"政治传播"范畴，蕴含着正反两种含义。正面含义是政治统治者运用各种传播形式和手段自上而下向公民大众宣传、灌输自己的政治理念、路线、方针和政策，使社会政治化的过程；反面含义是公民大众运用各种传播形式和手段自下而上向政治统治者表达和传递自己的政治要求、意见、建议，使政治统治体系社会化的过程。"公共舆论监督"是"政治传播"范畴后一种含义的集中体现。从字义上解析，所谓舆论，即人们就共同关心的问题在一起议论，形成共同的意见和意志的语言表达形式、传播态势和语境；所谓监督，就是监察督促。因此，所谓"公共舆论监督"概念的含义，简言之，就是公民大众以言论表达和传播方式监督政府公共权力的行为。公共舆论监督的主体，是公民大众；公共舆论监督的客体，是公共权力机关；公共舆论监督的介体，包括公民大众的言论、出版物、广播、电视、电话、手机、电脑、互联网等政治传播工具。公共舆论监督大体上可分为公民言论自由监督、新闻舆论监督、网络舆论监督几个大类。

我国现行《宪法》第一章总纲第5条明确规定："中华人民共和国实行依法治国，建设社会主义法治国家。国家维护社会主义法制的统一和尊严。

---

* 周树智，陕西西安人，西北大学教授，西北大学公共政策研究所所长，西北大学哲学研究所名誉所长，主要从事政治学与公共管理学的研究和教学。

一切法律、行政法规和地方性法规都不得同宪法相抵触。"表明我国现在是实行依法治国的社会主义法治国家，并以《宪法》为法律体系一和一致的最高准则。《宪法》总纲第 2 条明确规定："中华人民共和国的一切权力属于人民"，"人民依照法律规定，通过各种途径和形式，管理国家事务，管理经济和文化事业，管理社会事务。"表明人民现在是我国一切权力的本体和主体，主权在民，人民有权管理一切公共事务。《宪法》第二章"公民的基本权利和义务"第 35 条规定："中华人民共和国公民有言论、出版、集会、结社、游行、示威的自由。"表明了我国公民今天应该享有的最基本的政治自由权利。第 41 条规定："中华人民共和国公民对于任何国家机关和国家工作人员，有提出批评和建议的权利；对于任何国家机关和国家工作人员的违法失职行为，有向有关国家机关提出申诉、控告或者检举的权利，但是不得捏造或者歪曲事实进行诬告陷害。"第 45 条进而规定："公民对于任何国家机关和国家工作人员享有提出批评建议的权利。"这两条规定进一步表明我国公民监督政府官员是我国公民今天应该享有的最基本的政治权利。由此可知，我国公民的公共舆论监督权和政治传播监督权在我国《宪法》上有明确规定，公民大众的公共舆论监督权和政治传播监督权是受《宪法》保护的，这就为公民大众的公共舆论监督提供了最高的、最有力的、充足的法理依据。

二　公共舆论监督与公共治理

"公共治理"范畴，是指公权机关和公众对公共领域的公共问题的治理，集中体现了政治活动的现实价值。公共舆论式政治传播监督是公共治理必须具有的重要因素和必备条件，其原因和理由在于以下几点。

其一，公共治理本来就是公民大众自己的事情。因为公共治理本来就是对公共领域的公共问题的治理，关系公共利益，与每个公民都会发生直接或间接关系，因此，每个公民不仅都应参与公共治理，而且人人都应监督公共治理，人人都应对公共治理负责，这不仅是每个公民应享的权利，而且是每个公民应尽的义务和责任。公共治理既然从根本上讲是公众的事情，是公共事务，当然理应以公民民主的政治之道去治理，而公民民主的政治之道本来就是美国总统林肯讲的"民有、民治、民享"的政治之道，当然少不了公民大众的公共舆论和政治传播监督。

其二，公共治理也就是政治管理或公共管理。孙中山指出："政治两字的意思，浅而言之，政就是众人之事，治就是管理，管理众人的事便是政治。有管理众人之事的力量，便是政权。"（孙中山，1981：692）这就是说，既然政治是管理众人的或公共的事务，而公共治理本来就是对公共领域的公共问题或公共事务的治理，因此，公共治理当然属于政治管理或公共管理范畴。必须进一步明白政治管理或公共管理的直接主体、核心和组织者是掌握公共权力的在政府里担任公职的官员，而掌握公共权力在政府里担任公职的官员毕竟只是公民大众中的少数人，他们要正确领导公众有效治理公共领域的公共问题，必须先倾听公众的要求和意见，得到公众支持。公共舆论监督的价值就在于它是社会和时势的晴雨表，是某种共同性的社会心理和社会思潮的公开表露，是民意的自由的表达，是实现社会调控的必不可少的制约力量，因此，公民大众的公共舆论监督无疑有助于政府官员弄明公共问题，正确制定公共政策，充分调动公共资源，快速开展公共行政，组织公众力量，有效治理公共问题。

其三，现代政府是由公民大众选举产生的或直接或间接授权的公共权力机关。政府在治理公共领域的公共问题时首先直接依靠的自身力量和首选工具就是公共权力，而权力本身是把双刃剑，它本来是公器，理应公用，一般情形下多是公用的，但又有可能为掌权者私用。正如英国历史学家阿克顿所言："权力导致腐败，绝对权力导致绝对的腐败。"（阿克顿，2001：342）就是说，权力本身又是腐蚀剂。如何治理公共权力执掌者自身的腐败问题？这难坏了多少大政治家。法国政治法学家孟德斯鸠总结和概括人类治理公权腐败的历史经验，发现了一条规律。他说："一切有权力的人都容易滥用权力，这是万古不变的一条经验，有权力的人们使用权力一直遇到有界限的地方才休止。……从事物的性质来说，要防止滥用权力，就必须以权力约束权力。"（孟德斯鸠，1961：154）说明以公共权力约束公共权力十分必要。1945年7月国统区民主人士黄炎培先生访问延安，在延安窑洞问毛泽东：中国共产党能不能跳出因艰苦奋斗而兴、因腐败堕落而亡的历史兴亡周期律？毛泽东回答他："我们已经找到新路，我们能跳出这条周期律。这条新路就是民主。只有让人民监督政府，政府才不敢松懈。只有人人起来负责，才不会人亡政息。"（黄炎培，1982：148）可见，公共治理必须有公众监督，当然首先包括公共舆论监督。

然而，要真正实现公共舆论监督，却是十分艰难的事情。提出公共治理必须直接依靠人民监督政府的毛泽东，晚年就脱离开人民监督，高高在上、独断专行，擅自发动"文化大革命"，给国家和人民造成巨大损害，犯了大错误。这不仅与毛泽东个人的思想、作风有关系，更重要的原因是制度和体制问题。正如邓小平在总结毛泽东晚年的失误和教训时指出："组织制度、工作制度方面的问题更重要。这些方面的制度好可以使坏人无法任意横行，制度不好可以使好人无法充分做好事，甚至会走向反面。"（《邓小平文选》第 2 卷，1994：333）邓小平强调说："不是说个人没有责任，而是说领导制度、组织制度问题更带有根本性、全局性、稳定性和长期性。这种制度问题，关系到党和国家是否改变颜色，必须引起全党的高度重视。"（《邓小平文选》第 2 卷，1994：333）对我国政治体制存在的整体问题，邓小平也看得很清楚，讲得很明白。他指出："它同我们长期认为社会主义制度和计划管理制度必须对经济、政治、文化、社会都实行**中央高度集权的管理体制**有密切关系。"（着重号为引者所加）（《邓小平文选》第 2 卷，1994：328）邓小平同志强调说："**权力过分集中的现象，就是在加强党的一元化领导的口号下**，不适当地、不加分析地把一切权力都集中于党委，党委的权力又往往集中于几个书记，**特别是集中于第一书记，什么事都要第一书记挂帅、拍板。党的一元化领导，往往因此而变成了个人领导。**"（着重号为引者所加）（《邓小平文选》第 2 卷，1994：328 - 329）。邓小平同志这两段话真是入木三分，一针见血。因此，要构建公民大众的公共舆论监督机制、体制和法制，真正实现公民大众的公共舆论监督，也必须破除高度集权的政治管理体制。

这里，还应特别强调的一点是，虽然《宪法》明确规定公民大众的公共舆论监督是公民最基本的政治权利，但是，公民大众的公共舆论监督的基本政治权利尚未在人民民主制度实践层面上落到实处，在公民大众的公共舆论监督的诸多方面，如公民言论自由监督、新闻舆论监督、网络舆论监督等方面，都缺少具体的制度和体制的规范和程序，更谈不上法制化、宪治化，因此，要落实和实现公民大众的公共舆论监督，必须进行公共舆论监督具体制度和宪政体制的顶层设计和构建，并把它法律化、法制化、宪治化，这是落实《宪法》中规定的公民大众的公共舆论监督权这项最基本的政治权利的必由之路，是实现有效公共治理的必由之路。

三 构建新闻舆论监督保障体制

（一）新闻舆论监督的内涵及其特点

新闻舆论监督是指公民出版书籍、报刊和运用广播、电视等新闻媒介对最新发生的事情发表意见，对不合乎宪法、法律、纪律、道德的行为进行批评，以促进其转变的一种监督方式，这是新闻活动与生俱来的属性。在我国，新闻舆论监督是宪法赋予公民行使民主监督权利的有效形式，其主要监督方式有公众议论、报道、评论、讨论、批评、发内参等，核心是公开报道和新闻批评。

从新闻传播过程看，新闻舆论监督由主体、客体和受众三方面组成。

新闻舆论监督的客体，是一切个人、组织的背离、妨碍以及损害公共利益和宪法及法律的现象和行为。从国家重大决策的制定、执行，到各级国家机关工作人员以及公众人物的工作、行为与思想作风问题；从各种错误思潮、价值观念，到社会上的各种不良现象；凡是违反宪法、法律、纪律、伦理道德规定，对社会造成损害的人和事，都在新闻舆论监督的视线之内，重点是对公共权力行使者及公共权力组织本身的监督。新闻舆论监督在法律意义上的主体是新闻媒介，本质意义上的主体则是人民群众。新闻舆论监督的源泉并不是来自新闻本身，而是来自新闻背后需要表达的民意。新闻媒介作为大众传播工具，只是中介。新闻舆论监督的受众是社会各阶层人群。作为大众传播媒介，书籍、报纸、刊物、广播、电视的生存基础在于受众市场，各阶层受众对新闻媒介的市场具有直接的制约作用。我国新闻舆论监督的主体、客体和受众的广泛性，决定了新闻舆论监督的公开性和人民性特征。

新闻舆论监督还有一个特性，即它属于意识形态领域里的精神力量，属于软实力，只有影响力而没有强制力和惩罚力，是非强制性权力对公共权力这种强制性权力的"柔性监督"。因此，新闻舆论监督要真正转化为有效的强制性的刚性监督权力，新闻舆论监督必须制度化、法律化、宪治化。

（二）新闻舆论监督的作用

在现代社会，新闻舆论监督被看作与立法、行政、司法三大权力并列的"第四种权力"。在公众的心目里，新闻媒体这种公共舆论是一种强大的精神力量，是一种监督政府行为、捍卫社会公正、推动社会进步的精神力量。作为一种政治观点，它是由资产阶级政治家最先提出的。美国独立战争胜利后，起草《独立宣言》的杰斐逊就将新闻舆论视为监督制约立法、行政、司法权力的第四种权力。马克思继承和发展了这种政治观点。马克思评价《独立宣言》是世界上"第一个人权宣言"。马克思大学毕业后走上社会做的第一件大事，就是争取公民书报出版自由权利。他在第一篇政论文章《评普鲁士最近的书报检查令》里指出："整治书报检查制度的真正而根本的办法，就是废除书报检查制度，因为这种制度本身是恶劣的，可是各种制度却比人更有力量。"（《马克思恩格斯全集》第 1 卷，1995：134）马克思在《莱茵报》写的第一篇对第六届莱茵省议会就出版自由辩论写的评论文章里指出："新闻出版就是人类自由的实现。因此，哪里有新闻出版，哪里也就有新闻出版自由。"（《马克思恩格斯全集》第 1 卷，1995：166－167）"自由报刊是人民精神的洞察一切的慧眼，是人民自我信任的体现，是把个人同国家和世界联结起来的有声的纽带，是使物质斗争升华为精神斗争，并且把斗争的粗糙物质形式观念化的一种获得体现的文化。"（《马克思恩格斯全集》第 1 卷，1995：179）公民书报出版自由是形成公共舆论监督政府的很重要的监督形式，属于新闻舆论监督范畴。新闻舆论监督具有很强的政治性、群众性、广泛性、公开性、及时性等其他监督形式所不具备的特点。新闻舆论监督在反腐倡廉活动中的作用十分突出，具体表现在以下几个方面。

（1）警示作用。新闻舆论监督可以起到提醒、告诫和预防的作用，个别人受到批评和监督，会使更多的人引为警戒、受到教育。党员干部的自律意识的维持与增强不仅有赖于法律和道德方面的教育，而且有赖于外部的制约力量，包括在一个开放的社会形成的公共舆论。新闻舆论通过新闻媒体可在广泛范围内迅速传播，对某一具体腐败行为的谴责，也是对同类腐败行为的声讨。这样，就能推动人们内化道德信念，培养勤政廉洁的意识和品质，从而起到惩前毖后的作用。陕西西安"宝马彩票案"就是一个典型案例，它的曝光使得彩票行业加强了对自身的监管和治理。2004 年 3 月 23 日，西安青年刘亮抽中体育彩票特等奖，3 天后陕西省体彩中心却宣布刘亮所持彩票为假票。4 月，中央电视台《经济半小时》节目先后 3 次推出调查报道，为案件侦破打开重要突破口，涉案人员相继受到法律制裁。6 月 4 日，刘亮领回宝马车大奖这件事的影响波及全国，对全国彩票行业是一个警示。

（2）改正作用。新闻舆论监督以自己的公开性、反应性、传播面广的优点，不仅可以把腐败行为暴露于光天化日之下，而且可以凝聚人心，形成公众合力谴责腐败的气势，会给腐败分子造成巨大的社会压力，迫使其改正错误。中央电视台的《焦点访谈》栏目在这方面就收到了很好的效果。

（3）遏制作用。历史和现实的经验表明，新闻舆论监督具有公开性、及时性、广泛性和公正性等特点，是一种重要的监督途径。新闻媒体一抓到腐败分子的"蛛丝马迹"，就可以及时曝光，将违法乱纪的腐败行为公之于众。当前，新闻舆论监督在权力监督机制中的地位正逐渐上升，一些重要的舆论工具如中央电视台、《中国青年报》《南方周末》等在反腐倡廉、揭露社会阴暗面方面发挥了重要作用。西部地区由于社会、经济、政治和文化相对来说比较落后，因此新闻舆论监督腐败在某种程度上说要比其他监督方式更为有效。例如，2001 年 7 月 17 日，广西南丹发生特大矿难，当地严密封锁消息。7 月 31 日，人民网刊发《广西南丹矿区事故扑朔迷离》，各媒体相继推出相关报道，事件最终被曝光，责任人受到严厉查处。南丹矿难是我国首例由新闻记者最先披露的重大灾难事故。如果没有人民网的深入报道，南丹事故就不可能为外界所知，80 多名矿工就可能永远含冤地下，一些贪官污吏也不会受到惩罚。此后，《人民日报》曾发表评论《假若媒体缺席……》，评论说："正是由于媒体（当然包括网络媒体）的作用，使事故的真相大白于天下。该吸取的教训认真吸取，该完善的制度认真完善，该追究的责任严肃追究。事故隐患因此减少，党和政府的威信因此提高，人民群众对党和政府的信任程度因此增强。"可见，应该十分重视新闻舆论监督的作用。

四　构建网络舆论监督体制

（一）网络传播的兴起及其冲击力

网络舆论监督是 20 世纪后期出现的公共舆论监督的最新形式。特别是随着手机、电脑和互联网技术的飞速发展，网络作为一种信息传播工具，正迅速渗透到社会和人类生活的方方面面和各个角落，影响和改变着人们的生产、生活和思维行动方式。据粗略统计，全球每天有十多亿用户通过互联网与他人交往和获取信息。网络和新闻传播的结合，使网络传播成了继图书、报刊、广播、电视之后的第五大传媒。图书和报刊传播靠印刷术，广播传播靠无线电波，电视传播凭图像，网络传播则可以同时把声音、文字、图像集于一身，而且能以最快的速度，直接传播到全世界。网络的出现和运作极大地改变了新闻业的结构，其影响力远远超出了传统的大众传播媒介。网络传播正把传播内容的泛播变为针对个人或群体设计的窄播，实现了单向传播到双向传播的转变。网上知识信息传播速度的快捷，涵盖面的广泛，在线成本的低廉，尤其是与读者的交互性之强，都是传统媒介望尘莫及的。这种新的媒介环境所带来的冲击，无疑也辐射到了作为群众民主监督形式的舆论监督。因此，在我国由计划经济体制向社会主义市场经济体制转轨的过程中，掌握网络传播的特性，将其融入舆论监督的过程中去，是我们目前所面临的一大新课题。另外，当网络作为一种新闻媒介进入人民生活时，不仅给传统大众媒介带来冲击，而且也给传统大众传播理论提出了新的课题，其中之一就是当越来越多的个人、组织、团体等上网成为传播者时，舆论的过于多元化和分散化导致舆论监督面临更多新情况、新问题。因此，舆论监督如何面对网络传媒，充分认识网络传播的特性，趋利避害，成为新时期我们亟待解决的问题。

网络的出现不仅冲击着传统监督观念，而且正在颠覆着旧有内容和形式，重构着一种全新的舆论监督的主体、领域及方式的内在框架监督体系。在传统媒体中，人民群众是舆论监督本质意义上的主体，新闻媒介则是享有舆论监督权利和承担由此引起的义务的法律意义上的主体。但由于媒体在传播过程中的把关人角色，决定了媒体成为监督的主体，媒体代表受众的权利，实施舆论监督，受众在整个过程中处于被动地位。网络的出现彻底改变了这一局面。一方面"它淡化了媒体把关人角色，使渴望信息传播和言论自由的受众找到一个可以充分行使自己权利的阵地，尤其是对社会与自身息息相关的监督新闻表现出关注"。另一方面，"面对平民化的传播时代，网络传媒改变了精英意识，开拓平民化视野，从而赋予受众一个宽松的舆论环境，在广阔的网络信息平台中，尽可能多地为网民提供发表言论的场所和机会。"（何源，2002）网民可以通过法律、道德两种标准过滤出舆论主流，掌握真正的主动权，从而推动网络舆论监督的发展。在传统媒体监督中，"意见的传播具有公开、广泛、持续时间长、声势浩大等特点"，在社会意见中具有独特的权威性，很容易成为"主流意见"（李良荣，1999：58）。因此，媒介表面上是以一种社会身份出现，但实质上它令下级部门感到压力更大的是那双隐藏在上级媒体后面的"行政之眼"。《焦点访谈》的记者们曾把领导的"我是你们的后台"这句话奉为尚方宝剑。由此可见，传统媒体的舆论监督往往是一种行政色彩很浓的自上而下的监督。网络中的舆论监督则冲破地域限制，通过电子邮件、BBS等信息交互工具接收和发布信息，读者具有很强的自主参与性，从而真正实现了自下而上的平民舆论监督。

（二）网络舆论在公共权力监督中的突出特点

互联网技术的发展和普遍应用，导致信息传递速度的加快，也为网络媒体的舆论监督提供了技术保障。与传统媒体监督相比，网络媒体监督具有以下特点。

1. 网络舆论传播具有快捷性和及时性

建立在数字化技术基础上的网络传播，信息的传播速度和信息量大是其他媒体所无法比拟的。目前互联网上每秒截获的信息量相当于美国国会图书馆的几百倍。速度上，广播、电视有时也能现场直播信息，但必须事先有准备，而网络传播无须建立广播站或电视台，也不使用大量纸张，只需将计算机接入网络即可接收和发布信息，信息的传播与用户的信息接收是同时的。新闻的概念正从"新近发生的事实的报道"变为"正在发生的事实的报道"。世界上任何一个地方一旦发生新的情况，不必等待印刷，也不必等待发行，立即就可在网上发布，世界上每个角落的人们可以立即获悉。受众只需打开页面，就可获得充分的新闻信息。西北某省曾发生一起"舞女"变法官的闹剧，这场看来不可思议的"闹剧"首先由互联网披露出来，其他网站纷纷转载，后来《北京青年报》记者按网上消息来源找到当事人，进行了面对面采访，最终惊动国家相关部门，会同省市有关领导组成了联合调查组，迅速进行了查处。重庆市万州区委组织部副部长兼区人事局局长贾在云套用国家专项资金 341 万元。2007 年 7 月把这一事实捅出来的是当地的一位自称"普通公务员"的网民，短短几天，浏览量达到 10 万余次，而他此前寄出的两封举报信却石沉大海，杳无音讯。网上消息一传出，重庆纪委很快对贾在云实行了"双规"。这种监督的实效性，对于传统媒体来说，是无法企及的。

2. 网络舆论传播具有广泛性和普遍性

互联网将世界范围内的计算机和计算机网络连接起来，形成一个可以容纳巨大信息量的数据库。用户可通过互联网随时随地调用所需资料，超文本链接手段又使"大众媒体"变为"个人媒体"，你可以从这点看到那点，也可以从那点跳到这点，一改传统媒介从头至尾按顺序阅读的线性阅读模式。如果你对信息中某个人或某件事感兴趣，你还可以查看相关背景资料，获得文字图片或图像资料，同时由于互联网融文字、音响、图像、动画于一体，图文并茂，生动逼真，使网络新闻更具感染力和影响力。新浪网中的滚动新闻每分钟更新一次，每天向受众提供几百条新闻，同时"网络新闻还能够以接受搜索、访问的方式来给用户提供一个主题资料库，或总体意义上的信息仓库"（杜骏飞，2001：73），为受众提供一个新闻事件完整的系列报道，甚至包括背景资料。这样一个广阔的信息领域，大大拓宽了舆论监督的范围。受众通过这样一个新闻报道群可全面了解事实真相，从而使整个监督过程明朗化、透明化，从而真正实现监督的民主化。

3. 网络舆论传播具有交互性和主动性

传统传播媒介需特定物质条件，有着固定的地点和活动空间，受到一定的法律和规则的制约，具有公开性和可管理性。网络传播可以是群体，也可以是个体；可以公开地存在，也可以隐蔽地存在；可以是专业的，也可以是非专业的。其开放性，使个人言论很自由。传统媒体与受众之间的信息传播模式基本是单向的，定时定量的，受众一般只能在媒体所规定的时间内被动地选择，而在网络上，受众享有前所未有的参与度，成为媒体的一部分。受众不再仅仅是接收者，同时也是发布者，用户与传播者之间、用户与用户之间可以进行充分广泛的交流，从而使媒介迅速地了解人们对网络新闻的反馈意见，为以后向人们提供更好的新闻服务提供了可靠保证，同时为增强媒体报道的针对性，提高报道质量创造了有利条件。因此，网络真正实现了传媒与用户的平等地位，建立起交互式的双向传播方式。在网络的公众论坛里，公众不仅能获得大量的新闻信息，还能方便地将自己的想法公布，这就大大激发了公众参与监督的主动性，使他们能够公布某一现象或对某一现象大胆地提出自己的看法，从而真正实现"自下而上"的监督方式。如共识网、人民网、新华网上的公众论坛经常成为公众谈论时局、评论时政的重要场所，是民意最直接的体现。

（三）构建网络舆论监督体制的设想

网络舆论有先前传媒所没有的优点，同时，也有先前传媒所没有的缺点，特别是不少网站和网民利用网络虚拟世界这一特点，制造虚假新闻、低俗新闻，进行新闻炒作，有的则制造谣言，蛊惑人心，煽动群众，这必然搞乱人心，破坏社会和谐团结稳定，会造成很坏的社会影响，因此，为了充分发挥网络舆论监督的正能量功能和作用，必须规范网络舆论监督活动，创建合法、有序、通畅的网络舆论监督体制。

首先，应建立网络舆论实名制，加强网络舆论者的责任心。网络是一种数字化的虚拟世界，现在网络主体具有普遍的匿名性。在舆论公共领域里，一群隐身的匿名文本作者几乎不受限制地自由阐发自己的意见。不同用户因情绪、立场、信息等形成的体系差异及先入为主的"成见"，对同一事件或现象可以解读出完全不同的内涵和意义。网络主体虚拟性带来的更严重后果是一些网民不负责任的信息传播，谩骂侮辱他人、胡说八道。所以，建立网络舆论实名制，加强网络舆论者的责任心，是遏制网络舆论不负责任的一项有效的制度建设。

其次，应加强网络舆论的道德文明建设，倡导文明监督。网络舆论具有平民化、世俗化的特点，在平民化、世俗化的网络公共空间里，网络的开放自由和无中心化的离散式结构为用户提供了自由发表意见的公众论坛，在这个数字化的自由信息空间里，用户的个性得到前所未有的张扬。但是，有些网站和网民利用网络发布大量色情淫秽照片、搞色情表演和暴力恐怖游戏，毒化社会空气，对成长中的青少年诱惑、腐蚀、危害、损害极大。因此，在网络世界里也要提倡讲道德讲文明，以文明的方式对政府行为进行监督。

再次，应加快网络舆论法制化。对利用网络舆论诈骗钱财、卖淫嫖娼、造谣、诽谤诬陷他人以及黑客攻击网络等构成犯罪的行为，应依法给予严厉打击和制裁，以保证网络舆论监督的公正性、安全性、合法性和有效性，使网络舆论监督在公共治理中充分发挥自己的威力，为公共治理公共权力的腐败、实现政治清廉做出应有的贡献。

总之，要真正实现有效的公共治理，必须从顶层设计上构建公共舆论监督体制，真正实现公共舆论监督；而要真正构建公共舆论监督体制，就必须开展一场新的思想解放运动，铲除我国社会主义初级阶段里存在的封建专制主义的社会基础和旧政治文化中的不良传统因素，建设宪法法律至上的社会主义现代化国家。这就是本文的结论。

参考文献

阿克顿，2001，《自由与权力》，侯健、范亚峰译，商务印书馆。

《邓小平文选》第 2 卷，1994，人民出版社。

杜骏飞，2001，《网络新闻学》，中国广播电视出版社。

黄炎培，1982，《八十年来》，文史资料出版社。

何源，2002，《网络中的舆论监督》，《当代传播》第 6 期。

李良荣，1999，《新闻学导论》，高等教育出版社。

孟德斯鸠，1961，《论法的精神》（上），张雁深译，商务印书馆。

《马克思恩格斯全集》第 1 卷，1995，人民出版社。

《孙中山选集》，1981，人民出版社。

责任编辑　华炳啸

中国宪法语境中的舆论监督含义探讨

李 洋*

内容摘要 在中国宪法语境中，舆论监督这一概念具有双重含义：一方面是人民主权，另一方面是公民权利。但是，由于人民主权与公民权利之间存在张力，舆论监督的规范性定义一直难以厘清。本文认为，应当引入哈贝马斯的话语商谈理论，把人民主权与公民权利辩证地统一起来，重构舆论监督的正当性基础，这样才能在中国宪法语境之中成功地建构舆论监督的规范性定义。在此基础上，本文进一步提出，舆论监督的具体运作机制是强调公众与国家对话、沟通的"协商民主"。

关键词 舆论监督 中国宪法 人民主权 公民权利

引 言

舆论监督是一个非常具有中国特色的概念，长期以来，它的确切含义一直聚讼纷纭。按照笔者的理解，学界在讨论舆论监督含义时主要有两种模式：一是采取本质主义（essentialism）的界定方式。即从现实中丰富多样的舆论监督现象（如"新闻舆论监督""网络监督""微博反腐"等）出发，试图揭示出这些现象背后的某种固定不变的根本性质，并据以得出"舆论监督是……"之类的定义；二是走向福柯的话语分析（discourse analysis）。主要是主张一切对象世界都是由我们的语言符号建构出来的，并据此认为"舆论监督"其实是存在于不同话语体系之中、由不同意识形态和话语实践所建构的"话语客体"（discourse object）（冯建三，2008；雷蔚真、陆亨，2008）。如果说前一种模式重在探寻"舆论监督的定义是什么？"那么，后一种模式的核心就是"舆论监督话语是怎样建构的？"

* 李洋，西北大学政治传播研究所副所长，西北大学新闻传播学院讲师，《宪政社会主义论丛》执行编辑。研究方向为政治传播。本文系 2010 年西安市社会科学规划课题项目"微博环境下西部地区重大舆情产生原因及应对策略"（项目批号 11X044）；2011 年陕西省教育厅专项科研计划项目"西部地区涉警网络舆情研究"（项目批号 11JK0354）的阶段性研究成果。

在笔者看来，这两种模式都有一定的局限性。质言之，前者容易陷入形而上学的武断和非反思性之中（Ogden and Richards，1985：111）；后者则从根本上否定舆论监督具有确定的内涵，隐藏着取消其任何规范性意义的危险。为了避免这两方面的局限，并且考虑到大多数舆论监督行为指向的是公共事务，主要是在人民与国家之间发生，笔者认为，我们可以把舆论监督这个概念限定于宪法学的论域之中，集中探讨它在中国宪法语境（context）中的规范性含义。也即，立足于中国宪法的基本原则和宪政实践，探讨"舆论监督的含义应该是什么？"基于这样的问题意识，本文主要采取文本分析的研究方法，通过梳理国内舆论监督研究领域代表性学者的相关论述以及有关法律法规、党政文件，从中概括、提炼出描述舆论监督含义的主要命题，并予以分析。而根据宪法学界的通说，中国宪法语境可分为人民主义和立宪主义两种（林来梵，2001：71）。下面，笔者就从这两种不同的宪法语境入手，分别探讨、分析舆论监督概念在其中产生的含义和相关问题。

一 作为人民主权的舆论监督

在宪法学中，侧重于强调人民主权的思路被称之为人民主义。人民主义主要贯穿于宪法的组织规范或曰授权规范之中，重在探寻宪法所体现的国家权力运作规则和实践（林来梵，2001a：71）。由于现实中人民不可能直接行使权力，因此人民主权在中国的实现有两个基本机制：人民代表大会制和共产党的政治代表制（陈端洪，2007：147）。而无论从历史还是现实来看，舆论监督都和党的领导密切相关。舆论监督的前身是中国共产党的报刊批评实践。从1942年延安整风运动开始，中共就经常运用报刊进行"批评和自我批评"，开展党组织的自我清理工作；新中国成立后，报刊批评屡屡在"反对官僚主义运动"等国家政治生活中出场；改革开放以来，媒体的批评性报道又成为中央反腐败和打击地方保护主义的重要手段。在上述历史背景下，中共十三大第一次提出了"舆论监督"的说法，并且沿用至今。但是，由于中国媒体一直被定位为党的喉舌和思想宣传阵地，因此舆论监督实际上并非媒体的自主行为，而是如陈力丹教授所言，是"作为党和政府领导、管理职能的一种延伸和补充而发挥作用的"（陈力丹，2004）。这正是中国舆论监督和西方国家"媒体监督"（watchdog）的最大区别。

笔者基本上同意陈力丹等学者关于舆论监督是一种权力行为的看法，但是认为还可以从宪法学角度进一步地补充说明。宪法学界的通说认为，舆论监督的法理基础是人民主权。而如前面所述，人民主权和党的领导是统一的。这是因为党对国家的领导地位建基于其政治代表理论之上：中国共产党作为无产阶级先锋队，集中体现了人类历史发展规律和政治上的先进性，代表了最广大人民的根本利益（景跃进，2007）。因此党的领导和人民主权具有同一性、一致性。这样，从宪法学的角度看，作为执政党权力行为的舆论监督便是人民主权的具体体现。也就是说，不同于西方媒体监督，舆论监督并非游离于体制之外的"第四权"（the fourth estate），而是在国家政体内运行的正当性权力，它本身就是中国"政党—国家体制"（Party-State）的一个重要组成部分。具体而言，基于人民主权的双重代表制，中国具有党政双重权威并存的制度结构，在国家治理上也有常规和非常规两种机制。一般情况下，国家治理的常规机制主要通过建立在官僚体制（bureaucracy）上的政府机关而实现；但是，拥有"卡里斯玛权威"的执政党经常针对官僚体制的组织过程及其失灵表现，发起各种非常规的治理活动（周雪光，2012）。舆论监督便是其中的一种重要表现。事实上，在大多数舆论监督个案中，党纪问责都要先于行政追究或司法介入而进行，已经成为后两者的一个前置程序。

在中共的非常规化治理活动中，新闻媒体是一个非常重要的工具。孙五三教授指出，中国媒体并不计入政府部门，而是直接接受党的宣传系统领导。这不仅为其开展批评性报道提供了权力支持，更重要的是可以实现超程序化运作，从而大大简化了监督程序，降低了监督成本（孙五三，2002）。因此，在党看来，媒体是一个"最尖锐的武器"，可以很好地纠正官僚体制的组织失灵。为此，新中国成立以来，中央不仅在《中国共产党党内监督条例（试行）》（2004）等重要文件中对媒体的舆论监督作出了明确规定；而且通过稳定的组织基础（党的宣传系统）、象征资源（喉舌论）和其他各种政策安排，建构了一系列可见或者不可见的舆论监督制度，使媒体成为舆论监督实践不可或缺的一个重要组成部分。例如中共十八大提出，"加强党内监督、民主监督、法律监督、舆论监督，让人民监督权力"。中共十八大报告把舆论监督和其他三种法定监督方式并列在一起，共同视为人民监督权力的工具，正是体现了人民主义"以权力控制权力"的基本逻辑。

但是，必须说明的是，基于人民主权原则和中共先进性代表理论，媒体的舆论监督行为并不完全取决于党组织的专断，而是必须重视和听取人民意见，反映人民意志。例如《党内监督条例》明确规定，"党的各级组织和党员领导干部应当重视舆论监督，听取意见，推动和改进工作"。因此，作为自上而下的非常规权力的舆论监督，用宪法学的语言来说，就是人民主权意志的具体体现。它在现实中的权力主体是各级党组织；在宪法上的主体是"党领导下的中国人民"。据此，笔者将这种人民主义语境下的舆论监督含义归纳为如下命题。

命题（一）：舆论监督是通过媒体报道而运作的国家权力行为，其正当性来自人民主权。它在现实中的主体是各级党组织，在宪法上的主体是中国人民。

二 作为公民权利的舆论监督：公民 VS 新闻媒体

与人民主义不同，立宪主义注重从人权规范中把握宪法之核心价值，它的根本逻辑是"以（公民）权利制约（国家）权力"（张千帆，2004：261）。因此若置于立宪主义语境中，舆论监督的基本含义便是：公众（public）通过相互交流和理性辩论，形成"公共舆论"（public opinion），以制约公权力和保障公民权利。根据哈贝马斯考证，公众概念起源于国家与市民社会开始分立的欧洲启蒙运动时期。在他看来，公众不是一群狂热的乌合之众（crowd），也不是高度同质化的大众（mass），而是由具有批判精神、独立自主的个体公民构成；后者在平等、开放的公共领域（public sphere）中针对国家和社会公共事务进行理性辩论、达成共识，从而产生了公共舆论（哈贝马斯，1999：3）。这样看来，哈贝马斯所说的"公共舆论"与立宪主义是高度相通的，主要体现在两个方面：一是公共舆论的基本单位是理性、自主的个体公民，而立宪主义强调的权利主体同样是有自觉意志的理性个人（individual）；二是公共舆论具有面向公权力的强烈批判性，这与立宪主义精神也是一致的。笔者将在下面说明，随着立宪主义思潮在当下中国的兴起，这种"基于公共舆论的舆论监督"正日益成为现实。

在中国古代，"舆论"一词原来指轿夫、车夫等"舆人"的看法，引申义为底层民众的意见（黄旦，2008）。但是自改革开放以来，伴随着中国社会转型，它的语义已发生巨大变迁，已经不断接近哈贝马斯所说的公共舆论。特别是2004年《中华人民共和国宪法》第四次修订后，"国家尊重和保障人权"写入了宪法文本，公民权利保障有了明显提高；同时，进入21世纪以来，市场化媒体和微博等新兴媒体不断问世，也在一定程度上为公共讨论提供了空间。这些都为公共舆论的发生提供了可能。在此背景下，近年来无论学界还是官方都不同程度地接受了立宪主义语境中的舆论监督含义。国内多数学者认为，《宪法》第41条规定的公民对于国家机关及其工作人员提出批评和建议的权利，也即"监督权"是舆论监督的直接法律根据（侯健，2002：11）；此外，《宪法》第 35 条规定的言论自由通常也被认为是舆论监督的法律根据；在执政者方面，继中共十七大报告提出"保障人民的知情权、参与权、表达权和监督权"之后，十八大报告再次强调了这四种权利，并且把它们和"舆论监督"安排在同一个自然段中，从而实现了二者的意义对接。魏永征教授指出，这样的表述实际上就是肯定了舆论监督的主体乃是人民（公民），舆论监督就是人民行使"四权"的效果（魏永征，2012）。此种看法正好体现了立宪主义"以权利制约权力"的基本逻辑。

但是，在立宪主义语境中，学界对于舆论监督的宪法权利主体仍然聚讼不已。迄今为止有两种观点，详述如下。

第一种观点认为，舆论监督的宪法权利主体是个体公民。持此论者认为，我国宪法规定，凡具有中国国籍的自然人就是中国公民。而从文本上看，《宪法》第 41 条明确规定了监督权的享有主体是"中国公民"，而非媒体；并且从语义逻辑上看，舆论监督的主体乃是多数公民组成的公众。但公众是一个集合性概念，不可能成为宪法权利的主体，所以舆论监督的权利主体只能还原为个体公民。童兵、郭镇之、魏永征等人都是支持这一观点的代表性学者。例如魏永征教授提出，人民群众通过行使批评和建议的权利形成舆论，对国家和社会公共事务所发挥的影响和作用，就成了"舆论监督"（魏永征，2010：44）。笔者将这种观点体现的舆论监督含义归纳为下面的命题。

命题（二）：舆论监督是公民通过行使批评和建议的权利，监督公共权力的行为。所以公民是舆论监督的现实主体，也是法律上的权利主体。

第二种观点认为，舆论监督的宪法权利主体是新闻媒体。这是因为公共舆论必须建立在公民知情的基础上，而媒体在传播信息上具有特别重要的作用，这一点即使是在今天的网络时代也未根本改变。国内学界对此也有广泛的共识。例如展江教授指出，"舆论监督的意思大概是说媒体一定程度代表公众、代表老百姓、代表人民对权力机关运作的一种监督"（展江，2004）。孙旭培教授则更明确地提出，"从法律上说，舆论监督的行为主体是新闻媒介"（孙旭培，2003）。值得注意的是，西方国家也有类似观点。例如，美国联邦最高法院大法官斯图亚特（Potter Stewart）就曾在一次演讲中提出，新闻媒体是被明确赋予宪法保护的唯一的组织机构（Stewart，1975：631 - 637）。根据第二种观点，笔者归纳出下面的命题。

命题（三）：舆论监督是中国公民行使监督权的体现。但是公民监督离不开媒体报道，因此新闻媒体是舆论监督的现实主体，因而也是法律上的权利主体。

三 宪法语境中的舆论监督：人民主权、公民权利还是媒体权利？

综上所述，对于舆论监督在中国宪法语境中的含义，学界实际上建构了三个不同的命题。我们可以对这三个命题的核心观念进行一下对照（见表1）。

表1 三个命题核心观念的简要对照

	定性	法律主体	现实主体	运作方式	正当性来源	宪法语境
命题（一）	权力	人民	党组织	媒体报道	人民主权	人民主义
命题（二）	权利	公民	公民	公民批评	公民权利	立宪主义
命题（三）	权利	媒体	媒体	媒体报道	公民权利	立宪主义

比较这三个命题，我们不难发现，它们都有合理之处，但是也都存在着一定的局限性。概而言之，命题（一）从舆论监督概念的历史渊源和现实效果出发，将其视为一种国家权力行为，表明了舆论监督与执政党的领导有着密不可分的关系。这既是舆论监督的现实写照，也是其取得实质性成果的根本保证。我们很难想象，如果没有党领导下的国家权力在场，舆论监督还能付诸现实。但是，命题（一）最大的不足是：公众和新闻媒体在其中是缺席的，或者说，公众和媒体仅仅是象征性地在场。这一隐含的论断不但从规范上违背了人民主权原则，也不符合处于网络时代的当下中国舆论监督的真实情况。

命题（二）提出，舆论监督的实质是公众通过公共舆论来监督公权力，保障公民权利。这一看法和当前中国社会转型息息相关。当下中国的公民权利保障不断增强，公共讨论空间不断扩大，这些都为命题（二）的成立提供了有力支撑。但是命题（二）的不足也很明显，它预设了公共舆论的先验存在，实际上将其等同于公民个体意见的集结（aggregation）。而如前面所述，公共舆论并非多数个体意见的简单累加，而是必得经由一定的中介公开辩论、对话，才能形成。因此命题（二）完全忽略了作为公共讨论平台的新闻媒体的作用，当然不符合舆论监督的实际情况。

与命题（二）相比，命题（三）突出强调了新闻媒体在舆论监督实践中的重要性。从现实来看，尽管中国媒体不具有西方媒体的独立地位，但是仍然在传播信息和组织公共舆论上发挥了主要作用。换言之，媒体作为新闻生产的制度性机构，可以为公共舆论的发生提供一个建制化平台，这一点即使是在网络时代也没有根本变化。然而命题（三）始终难以回答的一个问题是：立宪主义的核心是保障公民权利，媒体作为一种组织机构，为何能够成为公民权利的享有主体？并且，命题（一）和命题（二）都忽略了上级部门的权力作用，似乎认为只要主张公民权利或者媒体权利，舆论监督就可以自动生成。这一想象的图景其实源自西方媒体"第四权"的神话，很显然背离了中国舆论监督的实际情况。

由此来看，上面三个命题的共同不足在于，都只是强调了舆论监督实践的一个侧面。现实中，舆论监督实践是国家权力出场、媒体报道和公众讨论三者的有机统一。三者密切关联、不可分离。它们之间的互动、协商关系型塑了舆论监督的实然面相。换言之，只有把上述三个命题统一起来，才可能全面、完整地描述和解释舆论监督实践。然而，无论在人民主义语境中，还是在立宪主义语境中，这三个命题都不可能同时成立，甚至还包含着潜在的冲突。例如，舆论监督在宪法上的定性要么是人民主权，要么是公民权利，二者只能取其一；舆论监督的法律主体只能有一个（人民？公民？媒体？），不可能同时出现三个主体，等等。也就是说，只要置于宪法语境之中，舆论监督话语就会陷入难以消解的正当性困境中。2005 年至2006 年期间，《新闻大学》杂志刊登过两篇关于舆论监督的争论文章，争议焦点便是舆论监督的法律主体究竟是公民还是媒体（周甲禄，2005；田大宪，2006）。事实上，这次争论不过是冰山一角，还有更多关于舆论监督的话语悖论藏于宪法语境深处，只不过少有人将其发掘出来罢了。

那么，为什么这三个命题总是相互对立，难以统一起来？从宪法学的角度看，根本原因在于它们的正当性来源——人民主权和人权（公民权利）之间存在着内在的冲突。具体而言，自 18 世纪欧洲启蒙运动以来，人本主义（humanism）成为近代宪法诞生的思想渊源。宪法上的"人"有两大化身：一是人民，一是个人（公民）。人民作为主权者是一个抽象的政治共同体概念，也是集体共同意志的体现；公民作为权利的享有者，具有可以辨析的基本特征，并且同样具有自觉的意志能力（林来梵，2011b：206）。按照哈贝马斯的看法，它们的核心观念都是"自主性"（autonomy），或曰主体性。前者强调公共自主和共同意志，形成了人民主权概念；后者则强调私人自主和个体意志，形成了人权概念。但是，由于二者都把自主能力归之于一个主体（人民或者个人），它们之间必然存在一种"潜在的竞争关系"（哈贝马斯，2011：106）。因此从根本上来说，命题（一）和其他两个命题必然是对立的；同样的道理，公民和媒体不可能同时成为同一个权利的主体，因此命题（二）与命题（三）也必定是对立的。这样一来，无论我们选择哪一个命题，都意味着拒斥另外两个命题——除非我们主张舆论监督与宪法语境无关。

四　重构舆论监督的规范性含义和运作机制

由此来看，上述三个命题之所以难以统一，归根结底在于它们的正当性基础——人民主权与公民权利之间存在着内在的张力。这也正是舆论监督的规范性定义难以确立的根本原因。因此，建构舆论监督规范性定义的关键，在于找到一个具体的理论工具，通过它一方面消解人民主权与人权之间"潜在的竞争关系"；另一方面保留它们的核心观念——自主性，从而让人民主权与人权获得辩证统一，重构舆论监督的正当性基础。只有在此基础上，我们才能在中国宪法语境中成功建构舆论监督的规范性含义，并进而提出其在现实中能够成立的运作机制。为此，我们需要诉诸哈贝马斯的话语商谈理论（discourse theory），详述如下。

（一）舆论监督的正当性基础转向：从主体性到主体间性

在哈贝马斯看来，自主性是人民主权和人权的核心，也是它们之间存在竞争关系的根源。因此他主张，应当从主体间性（intersubjectivity）的视角出发，以话语商谈的程序化重构它们的实质性内涵，这样才能从根本上消解二者之间的张力（哈贝马斯，2011：618）。具言之，就是放弃对人民主权和人权内涵的实质性解释，代之以交往性意见形成的程序化，让人民主权和人权不再是一次性的主体意志决断（即自主性）；而是在平等、理性的商谈中，让它们成为一种动态的话语建构过程和运作过程。这样才能既消解人民主权与人权之间的张力，又使它们"自主性"的核心观念得以保留，从而真正打通二者之间的内在连接关系（龚群，2005：27-33）。因此，若要建构舆论监督的规范性含义，我们就必须让其正当性基础发生转向：从主体性转向主体间性。也即，舆论监督的正当性应当建基于人民与国家之间的平等交往和理性商谈，而不应当只是诉诸人民主权或者人权的独断意志。

事实上，舆论监督的主体间性基础不仅存在于上述逻辑推论中，也可以得到中国宪法文本和宪政经验的印证。《宪法》第41条规定，中国公民对于任何国家机关及其工作人员有提出批评和建议的权利；而《宪法》第27条第2款则规定，一切国家机关都要"倾听人民的意见和建议，接受人民的监督"。从语言逻辑和价值关联上看，这两个条款正好组成了一个具有完整意义的规范互动结构，它潜在地说明了：人民作为主权者是在公民与国家的商谈过程中所建构的。而从现实来看，改革开放以来中国的许多重大制度变革都源自公众与国家的"对话"。例如，2003 年"孙志刚事件"就直接导致了收容遣送制度的废除。而正是在这些通过商谈"激活宪法"、推动国家制度改革的舆论监督行动中，人民的主权意志获得了彰显。从这个意义上来说，人民主权的意志和力量是在舆论监督的界面上往复运用、循环苗生。

当舆论监督的正当性构筑于主体间性之上时，人民主权就不再是直接诉诸抽象的共同意志的决断，而是依赖于个体公民的政治参与。于是重构后的"人民"也就不再是一个高度抽象的同质化概念，而是内在地包含了党组织、公民和媒体三个行动者（actress），成为一个"去主体化"的主体。这就为上述三个命题的统一提供了可能。下面，笔者在结合三个命题的基础上，提出舆论监督的规范性含义，参见命题（四）。

命题（四）：舆论监督是人民主权的体现（命题一）。它是在公民权利基础上（命题二），通过媒体报道与国家进行对话、商谈而实现的（命题三）。舆论监督的法律主体是作为行动者的人民，它内在地包含了党组织、新闻媒体和公民三个互相关联的主体。或者说，监督权是公民的，舆论监督是人民的。

（二）重构舆论监督的运作机制：走向协商民主

当舆论监督的正当性基础转向主体间性，它的运作机制自然也会相应地发生变化。在前三个命题中，舆论监督的运作机制或者是"以权力控制权力"；或者是"以权利制约权力"。而在命题（四）中，舆论监督的运作机制就是强调公众与国家对话、沟通的"协商民主"（deliberate democracy）。具体而言，在"以协商民主为运作机制"的舆论监督中，监督权力归于上级党组织，但这种权力的行驶不是独断的，而是必须与公众充分商谈；商谈过程应当向公众充分敞开，不被任何权力或利益遮蔽；而新闻媒体就是公众与国家商谈的建制化平台。需要说明的是，媒体在其中的主要作用并不在于开放了共享的对话空间，而是提高了公共事件的"可见性"（visibility），使得个体公民不必直接观察（不在现场）就可以通过媒体的报道自行组织、参与公共讨论（汤普森，2005：262－263）。在媒体中介下，公众意见得以相互交锋、澄清、凝聚放大后得到再表达，从而引起上级党组织的回应和支持。因此，这种以协商民主为运作机制的舆论监督包含了三个方面的基本要求。

其一，各级党组织应当按照《党内监督条例》和其他相关党内法规的要求，认真听取公众的诉求，尊重公众意见，建立良性的沟通渠道和制度；其二，公民的言论自由应当获得法律保障，特别是要保障公民对于国家机关及其工作人员的批评权、建议权；其三，媒体报道国家和社会公共事务的权利应当得到保障，以促成媒体建构商谈的能动性，保证媒体真正成为面向公众开放、畅通的商谈平台。根据这些基本要求和命题（四）的内容，笔者制作了图1，用以说明"作为协商民主的舆论监督"的规范性含义和运作机制。

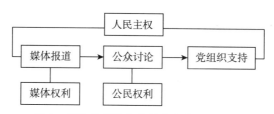

图1　舆论监督的规范性含义和运作机制

五　结语

本文探讨了舆论监督概念在中国宪法语境中的含义、现实局限和解决方案。本文认为，只有引入哈贝马斯的话语商谈理论，将舆论监督的正当性构筑于主体间性之上，将其看作公众与国家的商谈过程，才能从根本上走出局限，成功地建构其在宪法语境中的规范性含义。在此基础上，本文提出了"作为协商民主"的舆论监督的规范性含义和运作机制。当然，本文只是一个初步讨论。按照哈贝马斯的看法，话语商谈预设了"理想言说情境"（ideal speech situation）和"对话伦理"（discourse ethics）等必要条件，这些条件只有通过商谈程序的法律建制化才能获得（哈贝马斯，2011：357）。显然，对于这种"作为协商民主"的舆论监督，我们还需要在学理上阐明更多的运作条件和规则，在实践中为其铺设更多的制度性管道，才能真正让它在现实中充满生命力。

参考文献

陈端洪，2007，《宪治与主权》，法律出版社。

陈力丹，2004，《论我国舆论监督的理论与建构》，《新闻界》第4期。

冯建三，2008，《考察中国舆论监督的论说与实践》，《台湾社会研究季刊》第71期。

龚群，2005，《哈贝马斯关于卢梭人民主权思想的再阐释》，《哲学动态》第5期。

哈贝马斯，尤尔根，1999，《公共领域的结构转型》，曹卫东等译，学林出版社。

哈贝马斯，尤尔根，2011，《在事实与规范之间：关于法律和民主法治国的商谈理论》，童世骏译，三联书店。

黄旦，2008，《身份与角色的两难：中国的"报刊批评"和"舆论监督"》，《新闻学论集》第 20 辑。

侯健，2002，《舆论监督与名誉权问题研究》，北京大学出版社。

景跃进，2007，《代表理论与中国政治——一个比较视野下的考察》，《社会科学研究》第 3 期。

雷蔚真、陆亨，2008，《改革开放 30 年中国新闻舆论监督的话语变迁：以中国新闻奖获奖作品为线索》，（香港）《传播与社会学刊》（总）第六期。

林来梵，2001a，《从宪法规范到规范宪法：规范宪法学的一种前言》，法律出版社。

林来梵，2011b，《宪法学讲义》，法律出版社。

孙五三，2002，《批评报道作为治理技术——市场转型期媒介的政治—社会运作机制》，载罗以澄、秦志希主编《新闻与传播评论》，武汉大学出版社。

孙旭培，2003，《舆论监督的回顾与探讨》，《炎黄春秋》第 3 期。

汤普森，2005，《意识形态与现代文化》，高铦等译，译林出版社。

田大宪，2006，《舆论监督主体的误读与解构》，《新闻大学》第 4 期。

魏永征，2012，《舆论监督概念的历史发展》，载第十二届"新世纪新闻舆论监督研讨会"论文集。

魏永征，2010，《新闻传播法教程》，中国人民大学出版社。

周雪光，2012，《国家治理的有效性与合法性》，《开放时代》第 2 期。

张千帆，2004，《宪法学导论：原理与应用》，法律出版社。

展江，2004，《中国传媒舆论环境和舆论监督》，http：//www. people. com. cn，最后访问日期：2013 年 3 月 28 日。

周甲禄，2005，《论舆论监督的主体》，《新闻大学》第 4 期。

Ogden, C. K. , and I. A. Richards. 1985. *The Meaning of Meaning.* London：ARK Paperbacks.

Stewart, P. 1975. "Or of the Press." *The Hastings Law Journal*, 26.

责任编辑　李莉

地方政府对网络舆论监督的实用主义
回应及其政治意蕴

耿国阶[*]

内容摘要 分析"政府对网络舆论监督的回应"时将地方政府单列出来有其理论价值。将地方政府对网络舆论监督的回应概括为"实用主义",可能有过于简化之嫌,但基本上能够抓住其实质。不宜简单地臧否地方政府对网络舆论监督的实用主义回应,关键是搞清楚是什么样的实用主义,为什么是实用主义。从治理转型的视角看,地方政府对网络舆论监督实用主义回应的政治价值在于其有利于政府与民众的"互训",但其具有明显的过渡性,能否良性、渐进、彻底地持续进行下去,取决于宏观制度供给的改变。视宏观制度供给的情况,地方政府对网络舆论监督实用主义回应既有可能滑向机会主义和鸵鸟主义,在制度性漠视和个案选择性回应之间徘徊,也有可能从维稳驱动型回应到权利驱动型回应,从实用主义的个案回应到系统的制度性回应。

关键词 网络舆论监督 地方政府 实用主义回应 政治意蕴 制度根源

问题的提出

根据中国互联网络信息中心(CNNIC)《第 29 次中国互联网络发展状况统计报告》,截至 2011 年 12 月底,中国网民规模达到 5.13 亿人,中国的互联网普及率攀升至 38.3%,互联网已经成为覆盖率仅次于电视的大众传媒(中国互联网络信息中心,2012)。随着互联网的快速普及和中国网民数量的快速扩张,中国网民舆论场的强度和影响力已经举世无双,成为政府[①]必须面对和回应的一种声音。

在既有的关于"政府对网络舆论监督回应"的研究中,"政府"基本是

---

* 耿国阶,东北大学讲师、管理学博士,2009 - 2010 年在哥伦比亚大学东亚研究所做访问研究,主要从事中国治理转型与公共政策研究。

① 此处指的"政府"是广义的政府,包含党委、人大、司法机关在内,而不是狭义的行政机关。

一个整体，并未区分"政府"内部的复杂构成和冲突，以刘力锐、朱丽峰的研究为代表（刘力锐，2009：22 - 26；朱丽峰，2010：128 - 135）。有关的研究中，李永刚区别了网络监管过程中中央政府与地方政府不同的行为逻辑，但主要针对网络监管而不是对网络舆论监督的回应（李永刚，2009：154 - 166）。自 2009 年 7 月起，人民网舆情监测室开始按季度针对网络舆论热点事件或话题的应对得失发布"地方应对网络舆情能力排行榜"，是国内第一家系统评估地方舆情应对能力的研究项目，但其更多的是舆情监测和评估，没有更深入地解释其理论含义。

中国虽然是一个单一制国家，但改革开放以来，地方政府开始形成独立的利益和行为逻辑（何显明，2008）。在此前提下，分析"政府对网络舆论监督的回应"中将地方政府单列出来就有其现实必要性。崔之元的中央政府、地方政府与民众的"三层政治分析法"也具有启发性（崔之元，2010）。本文将网络舆论监督中的地方政府作为单独的分析单元，将其对网络舆论监督的回应概括为"实用主义回应"，并从治理转型的角度揭示其政治意蕴。

一 网络舆论监督中的地方政府

之所以将地方政府从"政府对网络舆论监督的回应"中单列出来研究，主要是三个原因：在事实上，地方政府已经成为网络舆论监督的主要矛头指向；在价值观关怀上，地方政府与中央政府的确存在极大差异；在能力和行为上，地方政府不仅拥有左右事件的极大权限和资源，而且具有自身的行为逻辑。

（一）网络舆论监督的主要矛头指向

现阶段，网络舆论中官民关系最紧张的事件几乎都与地方政府有关：人民网舆情监测室从 2007 年开始发布年度"中国互联网舆情分析报告"，2007 - 2011 年五年的报告中，年度 20 件网络热点事件排行中，只要涉及对政府公权力监督的，大多数与地方政府及其官员有关（人民网舆情监测室，2007，2008，2009，2010，2011）；自 2009 年 7 月起，人民网舆情监测室开始按季度发布"地方应对网络舆情能力排行榜"，评估地方政府应对网络舆论热点事件的得失，在迄今为止的 5 次评估中，所评估的事件大多数与网络舆论监督有关，而且总体上，地方政府的得分并不高。①

---

① 参见人民网舆情监测室撰写的 2009 年至 2011 年分季度的"地方应对网络舆情能力推荐榜"，http：//yuqing.people.com.cn/GB/15400853.html，最后访问日期：2012 年 3 月 28 日。

有几个原因可以解释地方政府为何成为网络舆论监督的主要矛头指向。第一，中国治理体制的基本特征是治官权与治民权分设，形成"上下分治的治理体制"（曹正汉，2011）：中央政府主要执掌治官权，即选拔、监督和奖惩官员的权力；而地方政府则需要直接"管事"（"治民权"），直接与民众互动、处理具体事务，必然成为矛盾的直接对象，例如现阶段对官民关系杀伤力最大的事件，是拆迁暴力、征地补偿、公权力滥用、官员腐败、分配不公等问题，而这些问题往往直接涉及地方政府的作为。第二，对地方政府的监督成为薄弱环节，"现阶段行政监督机制低效，法律作为利益调节的底线保障也时有失灵，传统媒体舆论监督功能弱化，新闻的'异地监督'受到遏制，互联网也就成了弱势群体表达利益诉求的几乎唯一顺畅通道。"（祝华新、单学刚、胡江春，2011：9）第三，从民众这个角度来说，获得地方政府及其官员行为的信息相对而言比较容易，通过亲身经历、道听途说或者其他渠道都能获得，在平面媒体受限的情况下，自然而然将其不满、牢骚或愤怒通过网络这个单一的渠道释放或发泄。

（二）中央政府与地方政府关怀的差异

在具体施政方面，中央政府与地方政府的关怀存在基本性差异，中央政府更关注影响执政合法性、长治久安的问题，而地方政府更关注经济增长、财政增长等具体问题。二者之间主要通过官员政绩考核机制来传递。

中央政府的关怀。中央政府的施政关怀是比较全面的：不仅关心经济增长，也关心经济增长的可持续性和经济结构、经济增长方式的根本转变；不仅关心现阶段经济形势，也关心环境保护和资源的可持续利用；不仅关心表面的社会、政治稳定，也关心影响长治久安的问题，以及执政合法性、执政方式转变等问题。具体到政府对网络舆论的回应上，中央政府与地方政府的核心关切是不同的，中央政府关心政权合法性、社会稳定，而地方政府及官员更关心地方或个人利益。近年来，中央不断提醒地方政府，在回应网络舆论的时候，特别是突发事件中的网络舆论时，要改变对互联网"不理、不用、不管"的现象，尽早讲、持续讲、准确讲、反复讲，提高舆论引导水平，在多元中立主导，在多样中求共识，在多变中谋和谐（人民网舆情监测室，2007）。2011年9月，中共中央办公厅、国务院办公厅印发《关于深化政务公开加强政务服务的意见》，要求抓好重大突发事件和群众关注热点问题的公开，客观公布事件进展、政府举措、公众防范措施和调查处理结果，及时回应社会关切。这表明，中央对重大事故的态度是不包庇、不隐瞒，要让社会关心的问题得到正面的回应，而绝对不是让社会上出现的批评声音沉没下去。2011年10月，国家互联网信息办公室举行"积极运用微博客服务社会经验交流会"，鼓励党政机关和领导干部更加开放自信地用好微博；胡锦涛、温家宝等国家领导人更是率先垂范，主动上网了解舆情民意。

作为"治官"的层次，中央政府希望地方政府也在具体施政过程中，能够忠实地贯彻其全面关怀，实现全面发展。具体的传递机制有两个。一是加强对地方官员的教育，近年来中央政府直接对基层的县市委书记、县市长、县市政法委书记、县市公安局长进行轮训就是加强教育的一个明显的例子。二是通过制定较为科学、全面的官员考核体系来传递中央政府的关怀。两者比较，考核机制的作用是主要的。

考核体系的传递。我国的政府官员考核评价机制经历了以政治思想为主导因素的考评制度，向以经济发展为主导因素的考评制度，再向以科学发展为主导因素的考评机制的历史演变（陈东辉，2010）。杨雪冬（2006）认为改革开放以后实行的是"忠诚/政绩"式的激励考核机制，"政绩优先"替代了"服从第一"。实际上，"忠诚"不易考核，更不好区分档次，几乎没有在任的领导干部因为"忠诚"不够而在考核中不过关，所以，在实际操作中，"忠诚"往往是一个必须设置但更具象征性的考核指标，"政绩"才是决定性的。1998 年 5 月中央组织部印发的《党政领导干部考核工作暂行规定》中对"工作实绩"做了明确界定。其中规定对领导班子工作实绩考核内容包括：在经济建设、社会发展和精神文明建设、党的建设等方面所取得的成绩和效果，在推进改革、维护稳定方面取得的成绩和效果。对地方县以上党委、政府领导班子的工作实绩包括：各项经济工作指标的完成情况，经济发展的速度、效益和后劲，以及财政收入增长幅度和人民生活水平提高的程度；教育、科技、文化、卫生、体育事业的发展，环境生态保护、人口与计划生育、社会治安综合治理等状况；党的思想、组织、作风、制度建设等的成效。对领导干部工作实绩考核的内容主要包括：在完成任期目标和履行岗位职责过程中所提出的工作思路、采取的措施、发挥的具体作用以及取得的绩效等。

实际操作中，对除极少数发达地区之外的大多数地方而言，经济增长率、财政收入、招商引资数额是争先的"硬指标"，维稳、计划生育等是免罚的"硬底线"，而其他则大多数属于比较"软"的指标（韩永，2011）。

地方政府的关怀。两种传递机制中，教育的功效不好衡量，但通过目前我国地方政府官员的普遍状况基本可以判定，教育的效果有限；两种传递机制中，最主要的是考核机制所传递的信息。如上所述，考核机制在实际运行中是比较扭曲的，如何显明所言，"尽管现行的考核体系名义上是一个全方位的或者说立体性的指标体系，但在具体运作过程中，一些地方政府基于政绩最大化的目标，对下级政府及政府官员的考核评估，往往只片面注重几个主要的经济指标，如国内生产总值增长、财政收入增长等，上行下效，层层加剧，导致一些地方的干部政绩考核完全围绕国内生产总值转，只要国内生产总值上去了，就可以'一俊遮百丑'。而且越到基层，功利化、简单化的取向越是突出。……这样的官员考核机制与企业中的部门经理制已相差无几。"（何显明，2008）应该说，何显明的判断基本符合事实。更全面地理解地方政府的关怀，须注意两点：第一，全面的目标被简化为"硬指标""硬底线"和"软指标"，只有"硬指标"是其关键关怀所在；第二，对"硬底线"，尤其是维稳，有些不好掌控，所以"关怀"简化为完成"指标"，以信访为例，不是切实解决信访问题，而是不发生上级政府所不允许的集体访和越级访，为此追拦堵截、"以人民币来解决人民内部矛盾"等技术性措施层出不穷。

（三）权威结构零碎化与地方政府自主性

在理论上，中国是单一制国家，所有权力归于中央政府，只是为了管理公共事务的需要，才由中央政府自上而下地授予地方政府一定权力；中央政府具有最终决定权，地方政府受中央政府领导和控制。但在实践中，中国的政治过程中充满了"非正式政治"，相对处于下级位置的地方政府或部门具有与上级讨价还价的权力，一定程度上，政策制定和执行的过程也是讨价还价的过程（L. Dittmer，1995）。李侃如称之为"零碎化的威权体制"（Fragmented Authoritarianism）（Lieberthal，1992）。马骏对中国公共财政预算的研究也在省和中央部委一级发现了权力结构的零碎化（马骏、侯一麟，2004）。钱颖一等人的"财政联邦主义"的概念也从侧面佐证了权力结构的零碎化（Qian and Roland，1998）。权力结构的零碎化主要体现在组织价值的碎片化、权力和资源配置的碎片化、政策过程的碎片化三个方面（叶托等，2011）。权力结构的碎片化意味着地方政府和部门在选择如何回应网络舆论时，具有非常大的自主权，中央监督力不从心、鞭长莫及，民众监督缺乏有效的制度化渠道。

何显明进一步提出了"地方政府自主性"的概念来概括新时期地方政府的行为模式。"地方政府自主性"指的是："拥有相对独立的利益结构的地方政府，超越上级政府和地方各种具有行政影响力的社会力量，按照自己的意志实现其行政目标的可能性，以及由此表现出来的区别于上级政府和地方公众意愿的行为逻辑。"（何显明，2008）地方政府自主性的概念，着眼于地方政府的实际运作过程中遇到的行为限制以及地方政府对这种限制的超越，它衡量的是地方政府能够在何种程度上超越各种行政力量的制约，按照自己的行政意愿，去实现其特定的行政目标的可能性（何显明，2008：97）。

地方政府自主性的三大构成要件是：第一，地方政府具有相对独立的利益结构，"在现行体制下，地方领导最大的效用偏好莫过于政绩最大化及政治晋升机会的最大化，其次是与此相关的地方经济与地方财政收入增长的最大化，以及特殊利益群体的利益最大化，而中央政府所代表的公共利益最大化则可能被放在次要位置。"（何显明，2008：98）第二，地方政府按照自己的意志，实现其特定行政目标的自主能力。通常，地方经济的实力越强，地方政府同上级政府讨价还价的资本就越雄厚；地方政府领导在权力体系中的"社会资本"越丰富，同上级政府行政博弈的水平越高，地方政府可能获取的自主性空间就越大。第三，是特殊的利益结构和自主行动能力，以及特定的外部约束条件共同决定的地方政府的行为逻辑，即地方政府根据外部约束条件，选择性地履行自身职责和追求自身行政目标过程中所表现出的规律性现象，以及最常见的行为方式和手段（何显明，2008：98－99）。

二 地方政府对网络舆论监督的实用主义回应

此处所讲的实用主义回应是指，地方政府在回应网络舆论监督的时候，更多的是从地方政府及其主要官员的利益出发（而不是从政府责任、公共利益以及尊重公民权利出发），结合具体情境，权衡多种因素，选择回应的程度和方式，以期最大限度地趋利避害。为了更好地理解地方政府对网络舆论监督的实用主义回应，需要了解三个方面：哪些博弈变量暗中左右着地方政府的实用主义回应？地方政府实用主义回应的类型有哪些？地方政府实用主义回应的运行和局限性是什么？下面结合具体的案例予以说明。

（一）地方政府实用主义回应的主要博弈变量

地方政府对网络舆论监督的实用主义回应可能与中央政府的希望存在一定偏差，但大多数情况下也不是莽撞专断的简单化行为，有一系列需要考量的博弈变量。

自身利益强度。即地方政府需要作出回应的网络舆论监督个案是否与本级政府及其主要官员有密切的利益关联。如果卷入网络舆论监督个案中的人员与本级政府及其主要官员有密切的利益关联，则其自身利益强度大，反之则自身利益强度小；如果卷入网络舆论监督个案中人员背后的关系网规模庞大且强势，则其自身利益强度大，反之则小。以案例而言，哈尔滨的宝马车撞人案最后不了了之，而药家鑫撞人案的犯人被处以极刑；根据披露的细节，两者恶劣程度相似，但结果是天壤之别，背后的博弈变量是主要作用因素。

问责压力强度。即上级政府行政问责的压力强度。以2007年6月山西"黑砖窑"事件为例，在"黑砖窑"事件发展初期，地方政府对此事件反应迟钝，一些地方政府部门避重就轻，将事件定性为"非法用工"，定为普通的"劳资纠纷"，地方政府反应在此引起了网络民意的沸腾，从而引起中央政府的高度关注，并介入此事的调查。2007年6月20日的国务院常务会议上，最终将"黑砖窑"事件定性为"不仅存在严重非法用工问题，而且存在黑恶势力拐骗、限制人身自由、强制劳动、雇佣童工、故意伤害甚至致人死命等严重违法犯罪行为"，并且要求"依法惩处犯罪分子，严肃查处有关工作人员的腐败和失职渎职问题"。从而，山西地方政府才开始雷厉风行地处理此案，"黑砖窑"事件引发的舆论风波才得以平息。

事件本身强度。具体网络监督的个案是否界定清晰，具有聚焦性，网络舆论集中于具体的人员和事件上，而不是笼统的情绪反应，一般而言，前者更容易得到回应；具体网络监督的个案是否具有足够敏感性，能够触动地方政府主政官员的神经，如果缺乏敏感性，则不容易引起重视；具体网络监督的个案是否在事实、技术上足够复杂，如果在事实、技术上比较简单，则地方政府回应的难度较低、浑水摸鱼的可能性也较低；具体网络监督的个案是否具有高度的利益相关性，如果具有高度利益相关性，则地方政府更容易选择不回应或避重就轻。

网络舆论强度。第一，是网民通过"热帖、跟帖、转帖"式的草根投票机制所汇聚成的舆论规模，规模大则强度高；第二，是时间持续长度，有些具体网络监督的个案被网民长期关注，则网络舆论强度居高不下。

需要注意的是，在影响地方政府理性选择的博弈变量中，地方民众的集体行动、地方司法机构的监督并不是主要的，因为现阶段地方政府的横向集权现象非常严重（何显明，2008：429－430），地方政府完全可以将其搞定。一般而言，这些暗中作用的博弈变量在具体的个案中会有较大差异。但无一例外的是，正是这些博弈变量促使地方政府及其官员仔细斟酌、反复权衡，尽可能地理性选择，实现最大化趋利、最小化避害。

（二）地方政府实用主义回应的基本类型

刘力锐认为，政府对待网络民意一般可以有三种选择：一是不回应，二是被动回应，三是主动回应（刘力锐，2009：22－26）。朱丽峰（2010：128－135）将政府应对网络民意的消极作为划分为四种：强权压制，堵截过滤，避重就轻，表面敷衍。两位学者的分类仍然不够完整，也缺乏内在的连续性。此处将地方政府的实用主义回应分为相互衔接的五种：强权压制；避重就轻；不回应；积极回应；过度回应。下面以案例为例说明。

强权压制。2007 年，内蒙古鄂尔多斯市以每亩 250 元的低价征用了 32 平方公里的土地，盖起了政府办公楼和 45 栋市级领导干部别墅及公务员小区。1000 多名百姓连年上访都被打压，28 人被"关禁闭"。在青岛做营养师的吴保全听闻朋友康树林的诉苦后，主动帮助他在网上发帖曝光事件真相。2007 年 9 月 16 日，吴保全被鄂尔多斯市公安局从青岛带回鄂尔多斯，并以"在互联网上公然侮辱诽谤他人罪"而被处以行政拘留 10 天。获释后，吴保全深入该村，进一步了解征地的真相，"发现自己不是说过头了，而是说得还远远不够"。吴保全再次发帖将此事曝光。2008 年 4 月 27 日，吴保全再次被以"捏造事实发帖侮辱、诽谤他人及政府"为由抓捕。2008 年 6 月 4 日，吴保全被正式逮捕。2008 年 10 月 17 日，一审判决称他"辱骂诽谤他人及政府"，宣布其诽谤罪成立，判处有期徒刑 1 年。吴保全不服，随后上诉，鄂尔多斯市中级人民法院以事实不清为由裁定重审。在没有新增犯罪事实的前提下，刑期却从 1 年改判为 2 年。吴保全再次上诉，2009 年 4 月 17 日，鄂尔多斯市中级人民法院裁定维持原判。此案可以视为强权压制的典型，究其原因，在于博弈变量中地方政府自身利益强大而问责压力不够。

避重就轻。哈尔滨的宝马车撞人案可谓避重就轻的典型。2003 年 10 月 16 日，哈尔滨，苏秀文驾驶宝马轿车与拉大葱的拖拉机发生剐蹭。争吵后，苏秀文上车，宝马轿车向前猛冲，撞死了与之争执的农妇刘忠霞，并撞伤 12 名围观群众。2003 年 12 月 20 日，哈尔滨"宝马车撞人案"事件以肇事者苏秀文被认定"驾车时精力不集中、操作失误"而并非"故意撞人"为结果结案，苏本人被判有期徒刑 2 年、缓刑 3 年。根据《新京报》等有关媒体披露的细节，此案疑点甚多，可以说是避重就轻的典型。①

不回应。2009 年 6 月 1 日，清华大学管理科学与工程专业硕士毕业的周森锋被任命为宜城市代理市长，年仅 29 岁。消息一出，受到网友的强烈关注。有网友发现，周森锋就读清华大学硕士期间发表在国内期刊上的两篇论文涉嫌抄袭。尽管陷入舆论旋涡，但周森锋一直保持缄默，除了面对新华社记者表示"不想成为新闻人物"外，并未公开回应各种质疑，而其

---

① 参见《新京报》2004 年 1 月的系列报道——《哈尔滨宝马撞人案调查》《黑龙江省政协主席韩桂芝：苏秀文不是我儿媳》《死者丈夫为何选择和解　宝马撞人案七大疑问调查》等。

论文涉嫌抄袭一事，在清华大学校方表示将进行核查后至今仍无下文。

积极回应。济南公安部门处理女狱警打人案可以说是积极回应的典型。2011 年 8 月 17 日，济南发生一起狱警因修车排队顺序纠纷殴打修车人夫妇的事件，引发群众不满，导致混乱和交通堵塞。该事件在微博上被曝光后，立即引起网友广泛关注。当晚，济南公安部门利用在人民网、新浪注册的微博，及时向网友通报事件的处置情况。17 日 19 时 31 分，"济南公安"微博转发了第一条关于该事件的微博，并向历城分局询问情况；20 时 15 分，向公众公布了事件的初步调查情况，对当事人的身份作出澄清。17 日当晚，济南市公安机关依据《中华人民共和国治安管理处罚法》第四十三条第二款之规定，决定给予当事人林娜行政拘留 15 日处罚，给予朱某行政拘留 15 日处罚。两名违法人员已连夜执行拘留。18 日，公布了对当事人的处分情况，林娜被开除出警察队伍。

过度回应。福建省浦城县跨省擦鞋事件的处理可谓典型。2011 年 11 月 7 日上午 9 时 5 分，浙江衢州火车站广场，一人坐在"闽 HA042 警"的车里以极其不雅的姿势伸出脚让擦鞋工为其服务，被好事者拍下，经微博发出后，立即被网友大量转载。11 月 14 日，浦城县人民法院对事件作出回应，鉴于司机的不良行为，法院已经与其解除合同关系。浦城县人民法院迅速对此事作出回应的态度值得肯定，但以解除劳动合同作为最终处理结果，难免有过度反应、草率了事，应付舆论监督之嫌。"伸脚擦鞋"虽然行为不雅，但不违法，不足以让他丢掉饭碗，法院的处罚缺乏有效依据，难以服众。

（三）地方政府实用主义回应的运行及局限性

一方面，地方政府实用主义的回应取得了积极的成效。经过一段时间的政策学习，政府"将传统治理的精髓移植到互联网上的速度很快""政府面对互联网从迷惘到清醒，从手忙脚乱到井井有条的应对"，时间维度上变垃圾桶模式为分类主导模式，空间维度上化"虚拟"为"真实"，技术维度上由被动防御向立体防控演进（李永刚，2009：114 - 139）。人民网舆情监测室的报告通过对 2011 年大量政务微博互动案例分析发现，我国政务微博的应用具有建制规范化、平台集聚化、资源共享化、管理制度化、互动常态化、信息透明化、关注精细化、文风平等化、服务实体化、监督立体化的特征，从具体方面佐证了这种成熟。[①] 2011 年第四季度地方应对网络舆情

---

① 参见人民网舆情监测室《2011 年新浪政务微博报告》，新浪网，2011 年 12 月 10 日，第 85 ~ 86 页。

能力推荐榜评价：在这个季度里，党政机关应对突发舆情事件的经验可圈可点。首先，反应速度稳步提升；其次，问责处置力度加大；再次，利用微博等新媒体发声的意识和技巧有所提高。①

另一方面，地方政府实用主义的回应的局限性也是很明显的。

第一，现阶段地方政府对网络舆论的回应基本停留在"维稳驱动型回应"阶段。首先，稳定是政府及官员的主要焦虑所在。孙立平等人指出，"社会稳定问题"已经成为当今中国社会一个难以解开的"结"。这既是一种现实的"结"，也是一种心理的"结"。在此背景之下，"维稳"成为压倒一切的目标；是否有利于"稳定"成为决定进退取舍的基本准则；担心社会不稳定，成为一种集体无意识的忧患情结。具体而言，在实际工作中，影响稳定成了无法担当的政治责任；在一般民众那里，稳定成为一种无须论证的话语（清华大学社会发展研究课题组，2010）。"维稳"压力大，一方面有利于地方政府和官员认真回应网络舆论、认真面对问题、认真解决问题；另一方面，很多地方越来越频繁地"用人民币来解决人民内部矛盾"，用压制利益表达来追求表面的稳定，任期制更是强化了官员的短期操作倾向，"维稳驱动型回应"反而制造了更多潜在的不稳定因素。其次，与稳定相比，保障公民合法权利远未成为各级政府及其官员回应网络舆论时最优先的考虑。简单地说，政府对网络舆论的"维稳驱动型回应"是潜在政治后果驱动的，而不是公民基本权利驱动的，这决定了政府对网络舆论回应的层次，也决定了政府对网络舆论回应是追求投资回报收益的。从长远看来，从"维稳驱动型回应"走向"权利驱动型回应"，从个案性回应走向制度性回应（即认真解决个案背后的制度性问题），是长远趋势。

第二，实用主义导致"网上搞不定，网下搞定"。中央政府对网络舆论监督的关怀被简化为地方政府要完成的任务和指标之后，地方政府有多种选择可以完成这种"任务和指标"，其中最主要的是"网上搞不定，网下搞定"。舆论监管的主要机构都属于全国性机构，地方政府不能控制全国性网站，但地方政府可以控制本地网站和论坛，也可以通过地方宣传部门封锁、控制信息，控制网络舆论向纸媒舆论的转化，通过组织控制阻止网络行动向现实行动的转化，从而独霸话语解释权、向上级政府汇报的信息垄断权，这是有可能的。另外，限于网络舆论监督所反映问题的难度和地方政府自身利益，比起逐个案件去化解矛盾真正解决"引发网络舆论的问题"，更容易做到的是用各种控制手段来解决"网络舆论问题"，具体可以选择拘留、罚款、劳教、判刑、连坐、送精神病院等强硬手段，也可以选择金钱收买、

---

① 参见《2011 年第四季度地方应对网络舆情能力推荐榜》。

欺骗拖延等"怀柔"手段（于建嵘，2010）。

三 地方政府实用主义回应的政治意蕴

地方政府对网络舆论监督的实用主义回应有其必然性，那么如何看待地方政府对网络舆论监督的实用主义回应？下面从治理转型的角度尝试进行一下理论的分析。

（一）为什么是实用主义回应？

有几个原因可以解释地方政府为什么对网络舆论监督采取实用主义的态度。

首先，如上所述，在现阶段，中央政府较为全面的施政关怀主要是通过官员政绩考核机制来传递的，而在实际运行中趋于简单化的官员政绩考核机制并不能忠实地传递中央政府的施政希望，很多关怀一到地方政府层次，全面的目标被简化为"硬指标""硬底线"和"软指标"。既然是已经大大"脱关怀化"的"指标""任务"，则对完成"指标""任务"手段、方式的规范性约束也就随之大大弱化，实用主义的选择也就成为必然。进一步，完成"指标""任务"的手段也在丰富多样的同时，偏离中央政府的规范性要求。在这个方面，信访已经成为鲜明的典型。

其次，现阶段总体性政治实用主义的氛围所致。中国改革开放30多年的治理转型是逐步摆脱各种僵化的教条限制的过程，也是一个实用主义主导的过程，如托马斯·海贝勒所言，"政治实用主义是中国发展模式和政治文化的显著特色"（海贝勒，2006：116）。他认为，这种实用性可以体现为多个方面，"政治上，共产党已经从一个阶级的政党发展成为一个人民的政党。意识形态上，政府的目标不再是一个遥不可及的'共产主义'，而是一个不太遥远的'和谐社会'。政权的合法性不再基于意识形态之上，而是基于对现代化、增强国力、维护稳定、建立社会主义民主等承诺。"这种源自中央政府的总体性实用主义不可能不影响到地方政府的施政行为。

再次，部分客观问题复杂性、网络舆论监督特性与地方政府能力限度使然。一方面，网络舆论监督所反应的部分问题背后具有深刻的制度性原因，例如征地拆迁、分配不公、腐败与特权等等，地方政府或主政的部分官员即使有意愿根本解决，面对可能的成本、收益和自身能力限度，也会望而生畏；另一方面，在汹涌的网络民意面前，在上级政府的问责压力下，还不能不有所反应。对网络舆论监督所反应的问题无意愿或无力解决，还不能不表示出积极的姿态，两相作用之下，选择实用主义也就可以理解了。

最后，地方政府执行者、经营者、管理者之间的角色冲突使然。现阶段，地方政府既是上级政府各项法规、命令的执行者，地方经济的总经营者，还是地方各种公共事务的管理者，集三种角色于一身。不同角色的价值预设和行为逻辑是不同的，来自上级政府不同部门的政策、指示本身也经常隐含着内在冲突。地方政府扮演的角色以及政策、指示的内在冲突赋予地方政府选择性实用主义回应以逻辑合理性，而权威结构碎片化与地方政府自主性则使之获得空间并成为现实。而宏观环境的复杂也给予其更多自我辩护的理由，例如维稳以及对控制的依赖，政府本身处于转型期，公民社会不成熟，网络舆论必然伴随的情绪化和芜杂，等等。

（二）实用主义回应的政治价值与过渡性

一定程度上，地方政府对网络舆论监督的实用主义回应有利于政府与民众的"互训"。一方面，地方政府通过网络更及时、更直接、更充分、更有压力地感受到民意所在，不得不对民意所指的焦点性问题作出回应，同时也在互动中提高了对民意的容忍和承受能力；假以时日，地方政府将会越来越习惯民意的存在，潜在的网络舆论反应也越来越有可能成为地方政府决策时的考虑之一，民意通过网络（而不是选举）提升了在地方政府政策制定和政策执行中的影响权重。在这个意义上说，是民众通过网络对地方政府的"训政"。另一方面，地方政府对网络舆论监督的实用主义回应，总是在具体情境下寻求自身利益和自我改善之间的平衡，并通过回应的类型选择传递其意图和底线，这有利于民众保持合理的政治心理预期，有节制、有理性地提出诉求，克制其政治态度、节制其政治行为，而不是任由积累的怨气和戾气爆发性发作；长远看来，这有利于将充沛而驳杂的民意转化为治理转型持久的建设性动力而不是破坏力，使得民众的利益表达、"维权政治"更具韧性。在这个意义上说，是地方政府对民众的"训政"。如果地方政府和民众能够在彼此压力下不断自我战胜：民众的理性战胜戾气、公民性战胜臣民性、合作意向战胜对抗意向；政府的责任心战胜自利心、宽容战胜压制、持续的自我改善战胜顽强的抵制。如果民众的理性能够换取政府的责任意识，民众的公民关怀能够换取政府的宽容，民众的合作能够换取政府持续的自我改善，那么，地方政府对网络舆论监督的实用主义回应将渐进地但也是彻底地改变中国的地方政治生态。

这种"互训"能否良性、有序及彻底地持续进行下去，主要取决于宏观制度供给的改变，而不是地方政府的选择。地方政府及其官员是网络舆论监督的矛头所向，但地方政府及其官员失职、滥权、腐败背后都有深刻的制度背景，例如地方政府的横向集权及监督弱化问题，地方政府执行者、经营者、管理者之间的角色冲突，实际运行中有失偏颇的官员政绩考核机制，地方政府财权与事权的失衡问题，等等。很大程度上，这些主要是宏观制度造成的治理困境：地方政府及其官员失职、滥权、腐败，网络舆论对地方政府及其官员的不满、愤怒和谴责，地方政府对网络舆论监督实用主义的回应，不过是这幅整体性治理困境图景的不同侧面。不改变宏观制度供给，地方政府行为改善的技术性空间越来越逼仄，一味地在行政上加大问责压力，有可能促使地方政府对网络舆论监督的回应从实用主义走向机会主义，信访考核的变形已经给我们足够的警示。另一方面，整体性治理困境已经很难拖下去，中央政府基本制度供给的改变或"自下而上"的制度突破不仅迫在眉睫，而且很有希望在未来一段时间成为现实。如是，则将在极大程度上改变地方政府实用主义回应的主要博弈变量，甚至彻底超越实用主义回应。

（三）实用主义回应的可能走向

滑向机会主义和鸵鸟主义，在制度性漠视和个案选择性回应之间徘徊。对待网络舆论监督，中央政府的态度越来越明确，那就是要求和督促地方政府积极应对，从人民网舆情监测室 2009 年 7 月开始的"地方应对网络舆情能力排行榜"即可见一斑；另一方面，以地方自主性、地方政府横向集权为代表的地方政府可以调度的权力和资源没有变化，以官员政绩考核机制为代表的实际风向标并未发生质的转变，地方政府的行为逻辑及回应网络舆论监督的博弈变量并未有根本改变。中央政府适当的督促和引导会促使地方政府更积极地回应网络舆论，如果在基本治理格局未发生配套性变化的前提下，中央政府就该问题加大问责压力，则有可能导致地方政府对网络舆论监督的回应在两个极端之间徘徊，即在一些地方政府自身利益强度大的案例上继续避重就轻，漠视民意，而在另一些地方政府自身利益强度小的案例上则有可能过度反应，迎合民意，丧失公共政策本身的独立性。

从维稳驱动型回应到权利驱动型回应，从实用主义的个案回应到系统的制度性回应。地方政府对网络舆论的回应从"维稳驱动型回应"向"权利驱动型回应"的过渡有赖于基本制度突破，否则将陷于低水平重复。在一个现代治理国家，政府对网络舆论的回应是权利驱动的，政府是否回应、如何回应首先是对公民基本权利的尊重，即"权利驱动型回应"。在现阶段，政府对网络舆论的回应实现从"维稳驱动型回应"向"权利驱动型回应"的层次过渡，有赖于社会管理、文化管理等基本制度的突破性创新，有赖于通过政治改革实现权利硬保障、权力硬约束，有赖于公民意识的普遍生成、公民社会的健康发展，以及各级政府及其官员"官本位"理念转变为公共服务理念。这必然是一个较为长期的过程。

结　论

将地方政府对网络舆论监督的回应概括为"实用主义"，可能有过于简化之嫌，但基本上能够抓住其实质。不宜简单地臧否地方政府对网络舆论监督的实用主义回应，关键是搞清楚是什么样的实用主义，为什么是实用主义，其政治意蕴何在。从治理转型的视角看，地方政府对网络舆论监督实用主义回应背后具有深刻的制度性根源，要改善和提升地方政府对网络舆论监督的回应，最重要的是正视并调整其背后的制度。

参考文献

崔之元，2010，《"混合宪法"与对中国政治的三层分析》，共识网，http://www.21ccom.net/articles/zgyj/xzmj/article__20100120151.html，最后访问日期：2010 年 1 月 20 日。

曹正汉，2011，《中国上下分治的治理体制及其稳定机制》，《社会学研究》第 1 期。

陈东辉，2010，《新中国干部考核评价机制的历史演变及启示》，《上海党史与党建》第 5 期。

海贝勒，托马斯，2006，《中国是否可视为一种发展模式——七个假设》，载俞可平等主编《中国模式与"北京共识"：超越"华盛顿共识"》，社会科学文献出版社。

何显明，2008，《市场化进程中的地方政府行为逻辑》，人民出版社。

韩永，2011，《年终政绩考核焦虑时：一个贫困县的考核突围》，《中国新闻周刊》第 46 期。

李永刚，2009，《我们的防火墙：网络时代的表达和监管》，广西师范大学出版社。

刘力锐，2009，《我国网络民意的成长、政治意蕴及政府回应》，《广东行政学院学报》第 10 期。

马骏、侯一麟，2004，《中国省级预算中的非正式制度：一个交易费用理论框架》，《经济研究》第 10 期。

清华大学社会发展研究课题组，2010，《以利益表达制度化实现社会的长治久安》，《领导者》第 33 期。

人民网舆情监测室，2007 年至 2011 年的分年度的"中国互联网舆情分析报告"，http://yuqing.people.com.cn/GB/15400853.html。最后访问日期：2010 年 1 月 20 日。

于建嵘，2010，《"信访综合症"背后的潜规则》，《人民论坛》第 15 期。

杨雪冬，2006，《当代中国地方政府的激励机制简论》，中国政府创新网。

叶托等，2011，《碎片化政府：理论分析与中国实际》，《中共宁波市委党校学报》第 2 期。

朱丽峰，2010，《论网络民意与政府回应》，博士学位论文，吉林大学。

中国互联网络信息中心（CNNIC），2012，《第29次中国互联网络发展状况统计报告》，http：//www. cnnic. cn/research/bgxz/tjbg/201201/t20120116__23668. html，最后访问日期：2012年1月26日。

Dittmer, L. 1995. "Chinese Informal Politics". *China Journal.* Vol. 34, June.

Lieberthal, K. G. 1992. "Introduction: The 'Fragmented Authoritarianism' Model and Its Limitations." In *Bureaucracy, Politics, and Decision-making in Post-Mao China*, edited by K. G. Lieberthal & D. M. Lampton. Los Angeles: University of California Press.

Qian Yingyi, and G. Roland. 1998. "Federalism and the Soft Budget Constraint." *American Economic Review*, 88（5）, Dec.

责任编辑　张丕万

关于开展公民新闻研究的一些思考

张　羽*

内容摘要　随着公民新闻的兴起，对公民新闻的研究成果也逐渐多了起来。开展公民新闻研究，必须面对和回答以下问题：为什么在网络媒体时代公民新闻会兴起？网络媒体的发展会不会促进公民新闻在中国的繁荣？公民新闻的公共政治意义是什么？公民新闻采写的原则与方法是什么？公民记者应具备怎样的素养等等。此外，还对我国公民新闻的发展脉络做了梳理。

关键词　公民新闻　研究意义　问题意识　发展脉络

一　公民新闻研究现状

公民新闻是在网络传播生态中出现的一种新形态，并由此形成崭新的新闻理念。传统新闻秉承新闻专业主义理念，实行职业化采编运作。由于信息传播权为职业传媒人所独有，受众一般只能被动接收而很少参与报道。第四媒体的兴起，为公民自己采制、传播新闻提供了可能。普通民众遍布社会生活的各个领域，具有新闻"在场"的先天优势，像克林顿性丑闻、伊拉克战争、伦敦地铁大爆炸、埃及连环爆炸、印度洋海啸、美国新奥尔良市遭受"卡特里娜"飓风袭击、汶川大地震等重大新闻事件往往都来自非职业化公民的报道。"公民新闻"正以自身所显示的强大生命力实践着人类孜孜追求的新闻传播理想——"自由、开放、共享"。

公民新闻是从德拉吉报道克林顿性丑闻后才进入人们视野的。对公民新闻的研究已经开始，但目前系统研究成果还未出现。

美国新闻业研究所（American Press Institute）"媒体中心"（The Media Center），于 2003 年 7 月出版了研究报告 *"We Media：How Audiences are Shaping the Future of News and Information"*，报告的主题是："我们正在开启一

---

*　张羽，西北大学新闻传播学院新闻系主任，教授。本文是教育部人文社会科学研究规划基金项目（09YJA86OO17），陕西省教育厅专项科研基金项目（07JK123）的阶段性成果。

个新闻业的黄金时代，但是这个新闻业不是我们通常熟知的新闻业。媒体未来学家已经预言，到2021年，50%的新闻将由公众提供，主流新闻媒体不得不逐步采纳和实践这种全新的形式。"这份报告清晰地表明，公民新闻的时代已经来临。

事实上，对公民新闻的研究也是从美国开始的。美国华盛顿大学杰伊·罗森（Jay Rosen）教授发现"网络上的新闻交易，意味着一种新的公共领域，在这个领域里每个读者都能成为作者，而且人们对新闻的这种'消费'是在他们更主动地寻找正在发生的新闻、有时候还相互合作的情况下完成的"（Rosen，1995：42-43）。学者斯蒂夫·奥汀（Steve Outing）对美国的公民新闻事业按照从低级到高级形式划分了11个层次，并肯定了公民新闻在新闻报道中的积极作用，对其未来发展充满信心（奥汀，2006：19-22）。加州圣玛利学院徐贲教授论证了公民新闻和新闻公共政治意义，认为公民新闻的任务是使新闻能不断滋养生机勃勃的民主，不只是作为一种政治制度，而更是作为一种普通人自由而有尊严的生活方式（徐贲，2007）。

邵培仁教授于2004年就韩国Ohmynews网站以及中国出现的新闻线人和市民记者现象做了研究分析，提出了市民新闻和市民新闻学的新概念，并呼吁建立健全应对市民新闻学兴起的机制（邵培仁、章东轶，2004：52-53）。这应该算作我国公民新闻研究的开端。

范东升先生分析了公民新闻兴起的原因以及引起的争论，对公民新闻增添的新的价值观（即主张用"公平、详尽、准确、公开"来代替新闻界一直崇尚的"客观性原则"）表示肯定（范东升，2006：61-63）。

蔡雯教授对美国公共新闻的历史、现状、实践与争论做了整理和研究，并注意到公共新闻已经向"参与式新闻"（公民新闻）转化（蔡雯，2004：30）。彭兰教授认为，理解公民新闻的作用，需要将其作为一种"集体"行为而不是个体行为来考察，需要从宏观层面来观察公民新闻的整体实践意义（彭兰，2010：38-47）。

二 公民新闻研究的意义以及需要回答的问题

体现公民新闻精神的美国"维基新闻"已跻身世界十大新闻资讯站点。韩国Ohmynews网站的口号是"人人都是记者"，成为韩国具有影响力的媒体之一。2006年底，网络巨头雅虎网站与老牌传统媒体路透社合作推出了一个栏目叫作You Witness News（你目击的新闻），开始携手涉足"公民新闻"这个全新领域。中国最高新闻奖——第十六届中国新闻奖首次将网络新闻列入评奖范围，新华网的新闻专题《网民感动总理　总理感动网民》被评为一等奖。美国《时代周刊》将包括你我他在内的广大网民选为 2006 年度的风云人物等。这些现象不但刷新了人们的耳目，也引起新闻学者的研究兴趣。因此，对公民新闻的研究，不但具有理论意义，而且具有很强的现实意义。体现如下。

在互联网时代，公民既是新闻信息的接收者也是传播者。这种传播主体的双重性质，正在改写着古今中外的传统新闻理论和原则。

"公民新闻"正以自身所显示的强大生命力实践着人类孜孜追求的传播理想——从不朽名著《论出版自由》的作者弥尔顿，到国人第一个提出报刊言论自由思想的王韬；从马克思的自由报刊命题，到毛泽东的"全党办报，全民办报"，等等。"新闻自由""公共领域""社会责任"等重大新闻传播学问题，需要我们花大气力去深入研究与探讨。

公民新闻采制、传播样态与传统新闻有着明显区别。

网民发展速度惊人，博客、微博方兴未艾，公民新闻前景广阔。

社会开始告别单一中心时代，多元中心的时代已经来临。公民记者作为一种强大的新生力量，与传统媒体记者一道共同构筑新闻大厦。

公民新闻犹如流淌于新闻媒体的鲜活血液，它在荡涤着新闻媒体的陈腐观念与因循操作，并在一个新的维度拉动媒体产业，使新老媒体焕发勃勃生机。

围绕以上的认识，我们还必须明确回答：公民新闻作为一种新兴的新闻形态，究竟有没有生命力？为什么在网络媒体时代公民新闻会兴起？公民新闻的兴起是否会对传统的媒介生态造成冲击甚至颠覆？传统新闻媒体有没有公民新闻？中国的公民新闻发展状态如何，存在什么问题，如何解决？为什么中国没有出现大量的公民新闻网站？韩国 Ohmynews 网站和美国"维基新闻"发展前景如何，它们会不会成为公民新闻的一种范式？网络媒体的继续发展会不会促进公民新闻在中国的繁荣？公民新闻的公共政治意义是什么？公民新闻采写的原则与方法是什么，具有哪些类型？公民记者应具备怎样的素养？等等。

三　我国公民新闻的发展脉络

梳理我国公民新闻发展脉络，大体上可以归纳为以下几个方面。

（一）公民新闻的启蒙

早在老一辈无产阶级革命家和新闻活动家那里，就已经孕育了公民新闻思想。陆定一同志在《我们对于新闻学的基本观点》中就提出了"非专业记者"的概念，而且特别强调报纸要重视"非专业记者"所提供的信息。胡乔木同志1946年9月1日在延安《解放日报》上发表文章，倡导"人人要学会写新闻"。毛泽东同志1948年在对《晋绥日报》编辑人员谈话中明确指出要"全党办报，群众办报"。可见，让每一个人都来参与新闻报道工作，这至少在当时就已经成为中国人的新闻理想。

（二）不断壮大的通讯员队伍

中国最早的通讯员，产生于100多年前的《申报》。后来相继创办的中文报纸，也大都在各地设立了通讯员。不过那时的通讯员和记者的区别并不明显。真正将通讯员从记者队伍中区别开来，已经到了中国共产党早期办报时期。1942年，延安《解放日报》在"全党办报""群众办报"的思想指导下，仅在陕甘宁边区就发展了400多名通讯员。新中国成立后，中央人民政府新闻总署发出《关于发展工农通讯员写稿问题的通报》，要求"报纸应当在生产先进分子和积极分子中、工程师和技术人员中、农村干部中、党和工会农会工作者中发展这种业余写稿人"。很快，全国各地相继建立起了庞大的通讯员网络，通讯员人数达数百万。时至今日，这支不进报社编制的非专业新闻工作者参与新闻事件报道，特别是在传达基层和普通大众的声音方面发挥了不可低估的作用。

（三）自由撰稿人出现

自由撰稿人群体是伴随着媒体市场化过程出现的。随着中国改革开放和媒体改革的深入，在20世纪80年代末90年代初，大量副刊和周末报涌现，稿件需求量急剧增加，专业新闻记者和通讯员已经很难满足这些需求，自由撰稿人应运而生。自由撰稿人完全独立于媒体之外，和媒体之间没有任何彼此约束的关系，是自由自在的。这与通讯员有着明显的区别，通讯员虽然不占媒体编制，但和媒体有着丝丝缕缕的关联。通讯员的选拔与使用要符合一定的条件，在一定程度上还是组织行为，不是谁想干就能干的。自由撰稿人大致可以分为两类，一类是专门从事文学类作品写作的，一类为新闻撰稿人，但以后者居多。与专业的新闻记者不同，自由撰稿人的稿件主要集中于新闻评论和新闻事件调查领域。

（四）流行的新闻线人

如果说通讯员和自由撰稿人还是一种精英行为，因为这两者都需要相当的政治理论水平和文化水平，新闻线人的出现则真正开启了普通民众参与新闻事件报道的大门。稍有一点新闻敏感，加上较强的传播意识，就可以成为一名新闻线人或报料人。20 世纪 90 年代末，《羊城晚报》等传媒开始向社会征集"猛料"、开通"报料热线"，并对报料人付以薪酬。此后，开通新闻热线、通过线人有偿征集新闻线索，从而扩大新闻来源，扩大社会新闻的报道面，是全国都市报、晚报和电视台的流行做法。时至今日，新闻线人已经发展成为一种新兴的职业，有的地方甚至出现了专门的新闻线人公司。新闻线人弥补了专业记者不可能在所有新闻事件发生时都在场的遗憾，促使了新闻事件更快、更全面地报道和传播。

（五）公民记者初露端倪

随着媒体受众参与理念的进一步深化，以及手机、数码相机等通信设备的迅速发展和普及，再加上普通民众参与社会事务意识的不断加强，有些新闻线人不再满足于仅仅提供新闻线索，而是开始制作或者撰写完整的新闻报道，他们也就从新闻线人转变成为公民记者。部分媒体敏锐地捕捉到了这一新的"传播者"阶层所蕴含的巨大能量，如宁波电视台和杭州电视台就已经着手培养自己的公民记者。杭州电视台在《新闻夜班车》节目中更是开办了栏目"新闻自己拍"，使得公民们在新闻事件报道和传播中的主动作用得到了发挥。这样，"新闻源的专业化与单一性正逐步被公民化与多元性的方式所取代。"同时也在预示着"普通公民真实话语权利"得到多维度体现。

（六）网络新闻评论兴起

20 世纪 90 年代以来，互联网技术迅猛发展以及人们的积极创造和利用，使互联网以超乎寻常的速度由信息传播工具嬗变为一种媒体形态。互联网的出现，使新闻评论有了新的传播载体，也放大了新闻评论的威力。一般来说，网络新闻评论包括网民对新闻事件进行即时评论、网络新闻评论专栏和网络论坛三种形式。虽然部分网络媒体拥有专职的网络新闻评论员，但参与网络新闻评论的主体是广大普通网民。网民"我为伊狂"的评论性文章《深圳，你被谁抛弃》、西安网民"秦透社"组织网民评选"2004西安十大教训"等，就是网民参与新闻评论的很好范例。而且，这些参与评论的行为本身也成了当时显著的新闻事件，成了当时各大媒体竞相报道的重点。

网络论坛是网络新闻评论的集中地，部分论坛如人民网的"强国论坛"、新华网的"新华论坛"、东方网的"东方论坛"等不但在网民中具有了很强的影响力，而且越来越引起了官方的注意，网络论坛已经成为一个反映民意、下情上传的窗口。2006 年 3 月 14 日上午 10 时，温家宝总理在十届全国人大四次会议举行的记者招待会上，一出场就坦言："……据人民网、新华网、搜狐网、新浪网和央视国际网不完全的统计，对政府提出的意见和给总理本人提出的问题，多达几十万条。我从群众的意见感受了大家对政府的期待和鞭策，也看到了一种信心和力量。"

（七）博客尤其是微博迅速成长

如果说 2003 年"木子美性爱日记"在博客网的传播使博客开始走入大众视野，那么经过两年的发展，2005 年则是不折不扣的"博客年"，博客如雨后春笋般在中国的各大网站生长起来。可以这样说，我们对国外博客的认识和了解是伴随着对众多突发性事件的报道而不断深入的。克林顿性丑闻、"9·11"恐怖袭击、印度洋海啸灾难、伦敦地铁爆炸和埃及旅游胜地爆炸等，在媒体对这些事件铺天盖地的报道中，博客在这些突发性新闻事件的报道和传播中所发挥的显著作用以及因此对传统媒体造成的挑战成为一个很重要的话题（张羽、赵俊峰，2007：161－165）。

微博诞生于强调用户交互性的 Web2.0 时代，是继博客后的最新型网络在线交互产品。《第 29 次中国互联网络发展状况统计报告》显示，截至 2011 年 12 月底，中国微博用户数达到 2.5 亿，较上一年底增长了 296.0%，网民使用率为 48.7%。报告还显示，微博仅用一年时间就发展成为近一半中国网民使用的重要互联网应用，并且已经渗透到中国社会生活的各个层面。

网络传播的普及、民主意识的增长、信息资讯的充足、数字技术的便捷，传统的大众一改往日被动消费新闻信息的局面，他们渴望并迫切需要参与新闻的生产制作进而去自主传播。微博就是目前最能满足公众自发、自由、自主传播信息的载体。因而，微博时代由普通公民而非专业新闻从业者主导的公民新闻得到了快速的发展。随着微博这一即时、便捷、简洁的新闻传播载体的影响力日增，促使我国公民新闻迅速崛起。

当然，目前我国公民新闻还存在诸多问题，例如，部分网民的理性精神缺失，缺乏宽容、超越的气度，整体素养有待提高等。这些都需要我们下气力加以研究，并拿出切实可行的方案，使我国公民新闻健康快速发展。

参考文献

蔡雯，2004，《"公共新闻"：发展中的理论与探索中的实践——探析美国"公共新闻"及其研究》，《国际新闻界》第 1 期。

范东升，2006，《公民新闻的兴起和启示》，《国际新闻界》第 1 期。

彭兰，2010，《影响公民新闻活动的三种机制》，《上海师范大学学报》第 4 期。

奥汀，斯蒂夫，2006，《公民新闻：一种全新的尝试与冲击》，《今传媒》第 3 期。

邵培仁、章东轶，2004，《市民新闻学的兴起、特点及其应对》，《新闻界》第 4 期。

徐贲，2007，《"公民新闻"和新闻的公共政治意义》，http：//blog. sina. com. cn/s/blog __4cacf1f301000az9. html。

张羽、赵俊峰，2007，《我国公民新闻的发展现状与问题》，《西北大学学报》第 5 期。

Rosen, J. 1995. "A Case for Scholarship. Change." *Public Journalism.* May.

责任编辑　张丕万

公共空间中知识分子的意见表达：
以《南方周末》（1996—2006）为例

张丕万*

内容摘要 本文主要采用比较研究与文本分析等方法，以《南方周末》为例，考察在社会转型期间，知识分子在公共空间中的话语表达特点。研究发现，在当代中国"去政治化"的政治背景中，知识分子自我身份认同矛盾，在经济领域和政治话语的表述空间不一样，他们在限制与突破中寻找着公共领域边界。本文还探讨了在第三次改革的争论以及新左派和自由主义之争等思潮中，知识分子在《南方周末》话语空间中的表达特点。

关键词 《南方周末》 知识分子 公共空间 社会转型

引　言

知识分子是掌握一般的抽象符号，在社会上更多地使用这种抽象符号，从而表达对宇宙、人生、自然和社会的理解、关怀以及批判情怀的人。20世纪80年代末以后，在社会转型时期，知识分子开始分化或边缘化了。知识分子是公共领域的重要意见的主要来源，当知识分子不再是社会的立法者，而成了解释者，这种转变自然会影响公共空间的建构。

《南方周末》作为一份严肃的主流周报，它努力营造一种知识分子的话语空间，前主编左方在《我们的追求》一文中就谈到："我们将报纸定位为知识分子与普通民众的桥梁。通过我们的报纸将知识分子的优秀思想普及到民众中去，将民众的生存状态和心态传递给知识分子。"（左方，1999）《南方周末》具有知识分子的良知和悲天悯人的情怀，在社会转型与价值失范的时代，知识分子身份特点和文化性格自然也会发生变化，这种转变影响着公共空间话语表达的质量。

公共空间与公共领域有着一定联系。哈贝马斯认为，公共领域一般假定为一个由自由平等公民互动所构成的空间，他们互动的方式是理性讨论和沟通。公共领域和大众传媒在公众舆论问题上具有内在的同一性，公众

---

* 张丕万，西北大学新闻传播学院讲师，博士，研究方向为媒介社会学。

舆论是在国家与社会关系框架中展开的社会性沟通与互动，传媒是公众舆论的体制性生成渠道，也是现代社会中公共领域的重要建制（夏倩芳、黄月琴，2008），知识分子的批判性与精英性质，使他一直是公共领域建构的重要来源。公共领域是在西方语境中诞生的，国家 - 社会关系是公共领域理论的核心问题，中国的制度和文化语境与西方有很大不同，也没有独立的社会空间，因此不加辨析地把公共领域概念套用于中国社会，形成公共领域学术研究的误区。有人认为在中国，作为"喉舌"的中国媒体与公共权力相抗衡的力度有限，因此，探讨中国传媒的公共领域角色就必须有一个更为宽泛的现实语境——公共空间（汪晖，1995）。

本文以西方公共领域理论为参考依据，运用适合中国国情的话语表达——公共空间，试图回答：在《南方周末》这个公共话语空间中，知识分子话语表达特点如何？这些特点如何体现？为何呈现此特点？这种特征又是如何在知识分子具体思潮话语中得以表现？本文主要采用比较研究与文本分析等方法。分析的途径是研究《南方周末》的文本，时间段为1996—2006 年，找出富有争议的思潮，置于社会大背景之下，对比民间或者国外与此相关的一些观点，从而探讨知识分子在《南方周末》公共空间所呈现的话语表达特点。

一　《南方周末》与当代中国知识分子的话语空间

（一）《南方周末》知识分子身份认同的矛盾

我们要了解 20 世纪末至今的中国知识分子的思想状况，首先就必须理解伴随其变化的社会状况。随着中国融入全球化之中，市场化、职业化、和学院化逐渐改变了知识分子的社会角色，于是，知识分子阶层逐渐蜕变为专家、学者和职业作者（汪晖，1995）。

在社会转型期间，知识分子的阶层也随之分化，呈现出阐释中国的焦虑（陶东风，2002）。在全球化的浪潮中，在多元主义文化、相对主义理念和现代虚无主义的各种理论瓦解了任何重建统一的价值和规范的时候，批判性本身正在悄悄地丧失活力，因此知识分子需要重新确认批判的前提。知识分子的文化空间和价值取向呈现多元交叉的局面，知识分子"一方面是对当代社会变迁所做的一种批判性的道德化的姿态，另一方面又是以这些姿态来进行自我重新确认的社会行为。1980 年代的知识界把自己看作是文化英雄和先知，1990 年代的知识界则在努力地寻求新的适应方式，面对无孔不入的商业文化，他们痛苦地意识到自己已经不再是当代的文化英雄和价值的塑造者"（汪晖，1997）。

　　知识分子的身份该如何选择呢？《文论报》1998 年 11 月出版的第 448 期上余杰的文章《昆德拉与哈维尔——我们选择什么，我们承担什么》引起了很大的反响。余杰认为，从 80 年代以来，中国知识分子全面地接受着昆德拉。昆德拉是"智者"，他有一种很强烈的置身于事外的"游戏"的态度。余杰认为中国遗忘了哈维尔，而哈维尔是"圣人"。他把"承担"作为知识分子的职责，他把"勇气"作为知识分子的品格，他在直面世界的黑暗和自身的黑暗中获得道德上的自足。余杰认为中国知识分子选择了专家职业身份，而忽视了对社会的发言，因此他对钱钟书、余秋雨、王小波等人进行了批评。

　　针对余杰的文章，祝勇在《南方周末》2000 年 3 月 17 日的阅读版上发表了自己的看法：《我为什么批评余杰》。祝勇认为，余杰"排斥价值选择的多元性和个体自由的神圣性，也有悖于现代精神"。祝勇在文中指出他和余杰的根本分歧在于对知识分子的界定不同，祝勇肯定了知识分子的专业精神和智慧的天性，"除了良知这个起码的标准之外，知识分子的价值与尊严，正蕴含于学问之中。"余杰对"牛蝇"角色的过分专注，使得他对"批判"的立场顶礼膜拜，"批判"在他那里已经不是手段，而成了目的。

　　那么，知识分子应该是具有理想的批判激情，还是具有冷静的理性思维呢？谢凯在 2004 年 4 月 21 日《南方周末》上发表了《贴着地面步行》一文，他认为知识分子应该是低调、冷静的。知识分子"应该是当别人亢奋时，他比别人低两度，当别人虚脱时，他又高两度"。低调进入是因为从常识常理出发，结结实实，同样可以而且更加能够走向制高点，更容易获得"分梳复杂思想事物的原创力"。

　　90 年代的知识分子少了几分激情，多了一些理性。正如在 2003 年 2 月 13 日《南方周末》文化版《什么是知识分子的独立性》一文中，崔卫平谈到："我觉得当前中国的知识分子和西方知识分子不一样在于，中国知识分子要维护和帮助建立社会的一些基本价值，维护人类的一些基本原则，而不是像法国知识分子一味地出奇，对中国来说，知识分子的工作就在于帮助建立秩序和整合，以推动社会的进步。"

　　我们选择谁？余杰选择哈维尔，反对者更多的是选择昆德拉，实际上这并不是一个选择的话题，这二者都可以互为补充地存在，因为知识分子的角色和价值本来就是多元的。对昆德拉与哈维尔的理解和选择应该放在一个特定的语境中去，两者选择显得思路狭隘。

　　《南方周末》知识分子认同一种低调理性的姿态，这是国情和政治环境使然，也是对自己的一种重新确认，在一个社会同质性瓦解的时代，任何人没有权力将自己认为的普遍真理作为共识强加于别人。善恶二元对立价值的瓦解，我们批判谁？我们以什么名义来批判？批判的底线存在着质疑。可同样的，我们又可以问：难道恶真的就不再存在了？恶的确存在，这又是我们批判的理由和利器。在一个多元的价值体系中，知识分子的传统就是批判的精神，批判是知识分子的天性，知识分子天生是社会的批判者，异端的提出者，他总是站在社会正统意识形态的对面上。在一个多元的社会中，知识分子的批判精神作为一个重要的指向，是必须存在的。回避批判，无疑体现了知识分子身份认同的一种矛盾。这种矛盾的身份自然会影响《南方周末》公共领域的建立。

（二）《南方周末》知识分子的社会建构

为什么《南方周末》会成为全国瞩目的文化公共空间呢？我们可以从《南方周末》知识分子的社会建构中找到一些线索，《南方周末》自 20 世纪 90 年代中期秉承着"向中国发言"的理念，吸纳了一大批知识分子，他们成为公共领域建构的重要来源。《南方周末》为知识分子提供了一个意见交流的平台，《南方周末》知识分子撰稿人的作品，主要集中在《芳草地》版、《阅读》版、《写作》版、《视点》版，以及《周末茶座》专栏、《法眼》专栏、《专家评说》专栏、《学者论坛》专栏上，大体上它们可以被归纳为中国报纸的"副刊"，它们包括了杂文、随笔、文论和评论等多样的文体。《芳草地》《阅读》与《写作》的版面大多具有强烈的社会现实关怀精神。

《南方周末》的知识分子撰稿人主要有两种类型，一类是作家，另一类是学院派知识分子。他们大多出生于 20 世纪 20~30 年代，历次政治运动的人生经历使得他们对社会有了更深的理解，在政治领域的发言中有着成熟的见解。这一代知识分子和上一代人相比，少了一些沉重的心灵负疚感，和下一代人相比，少了一些反讽、幽默和无厘头，他们认同一些理想的传统的人格，也更容易具备知识分子的公共性（洪兵，2005）。在作家和学院派知识分子之外，值得关注的还有少量的自由撰稿人，比如王小波和薛涌，他们虽然屈指可数，以至于不能算一个群体，但是他们独立的精神和自由的风格，脱离于体制之外的存在对知识分子的内涵是一个有意义的补充。

知识分子是一个社会最宝贵的精神资源和财富，知识分子的力量就在于言说与思想，任何一个社会都会存在一个知识分子言说的平台，这个言说的空间如果不能公开形成，就一定会在私下展开，而私下的空间不利于社会的发展和民意的形成，因此当局者最明智的选择是允许一个知识分子言说空间的存在，问题只是言说空间的大小而已。当权者需要一个窗口了解世象，而世人也需要一个排气阀。《南方周末》处于经济改革开放的前沿，毗邻香港，能接触到不同的观念，思想相对自由，能开思想风气之先。

党需要一个空间了解民间的情绪和思想，民间也需要一个空间去释放和交流，这个空间能缓和社会与国家之间的紧张，从这些层面上分析，《南方周末》的存在有其必然性。

执政者需要一个批评的空间，批评是一种微调，有利于执政者的发展，执政者要的是一种能够控制的批评空间，所以当《南方周末》触犯到这个底线时，一定会受到规劝和处罚。同时，主管意识形态的官员价值尺度和主观意志的不同，也给《南方周末》一定的伸缩空间，也就不难理解为什么《南方周末》会在不同的时期呈现相对缓和或激越的情绪，这种空间也就具有了不稳定性。《南方周末》在这种审查与自我审查之间，为了保护自己言说的空间，自觉地放弃一些话语空间，将自己限定在一个大家彼此可以接受的范围内。于是，执政者的审查控制和《南方周末》的努力突破试图构成一个最大的公约数，这样就形成了一个知识分子寻找公共领域的边界。

（三）知识分子寻找公共领域的边界

《南方周末》是中国舆论环境的晴雨表，它是当代中国知识分子建构公共领域的重要媒体。"整个社会透过公共媒体交换意见，从而对问题产生质疑或形成共识"（汪晖，1998）。在当前的环境下，公共领域呈现出脆弱和不稳定性，但同时知识分子也正努力寻找着公共领域的边界。

知识分子在公共领域的话语空间主要表现为庙堂意识、广场意识和民间岗位意识。庙堂意识体现了知识分子与政治和权力的关系，广场意识是知识分子游离于庙堂后继续表现的一种政治热情，知识分子的民间岗位意识包含着两个方面的含义：一是职业意识，二是一种批评意识。

20世纪90年代以来，中国的改革更加深入，不过这都发生在经济领域之中，中国的政治体制改革很少触及。知识分子在经济领域的民间岗位意识得到了加强，表达是自由而多元的，而在政治话语的表述中依然受到意识形态的控制，不能充分自由地表达，广场意识得以消减，这种一伸一缩一张一抑的两极构成了公共领域的边界，这种边界在当代中国也是不稳定的。

市场经济发展带来了中国知识界的知识权力结构的重大变化，这种变化大大强化了社会科学特别是经济学知识分子在当代中国社会和知识话语体制中的话语权力。"经济改革带来了一系列社会、文化、政治、法律问题。因此许多看起来是某个专业领域的问题，其实都与经济社会发展的问题分不开。"（朱苏力，2003）例如在《南方周末》中很多教育话题、法律话题和社会问题都是围绕着经济问题而展开的。

《南方周末》的知识分子在经济学领域中表达相对自由些，而在政治领域中讨论的空间相对有限，政治领域的讨论大多不能公开自由进行，于是他们一般采用两种方式，一是通过书评的形式介绍一些政治思想，二是通过挖掘史料以此来借古喻今。

书评是知识分子在《阅读》版等文化副刊上的重要体裁。《阅读》等副刊版面的设立意图，"隐含着阅读现实、阅读社会和阅读时代等意思……"借古喻今更多的是挖掘一些历史上的政治史料，表达民主和自由的理念。2002 年底，胡锦涛总书记主持中央政治局集体学习《宪法》，有评论者认为这标志着中国宪政意识的新觉醒。2003 年 3 月 3 日《南方周末》中，学者徐显明、蔡定剑、季卫东、刘军宁在《宪政之路：从尊重宪法开始》一文中谈到：自由立宪实现一个"有限政府"。他们从中国历史的情境和西方宪政的精神要义上进行了分析，触及了宪政改革的意义，提出了一些中肯的意见。2006 年 11 月 16 日袁伟时在《回望百年共和路》中，关于百年历史的总结涉及许多问题。他主张学习借鉴具有"普世价值"的先进制度，坚决反对各种各样人为的"特色"，他说："市场经济就是市场经济，全世界的市场经济都是一样的，不存在不同于整个世界的自己独有的所谓市场经济。""制度层面上尽可能与国际惯例接轨。"这样的表述冷峻而深刻。

在政治议题的表达上，知识分子自觉地调整自己，林贤治就曾经自述说，他绝没有像野马的那种无拘无束；恰恰相反，由于同样自觉到了骑者的压力他常常绕了不少弯子（林贤治，1999）。另一位学者也说了这样一段话："目前我们所使用的语言，是诸多力量在很多年内由数不清的磨合而成的，其中存在着很多不管是外人还是我们自己都难以察觉的细小的规则。"（崔卫平，2003）在政治话语的表达上，知识分子在限制与突破中寻找着最大的话语空间的可能，这种话语的表达自然也就不是自由充分而独立的，它体现着寻求公共领域的边界的努力，这些特点在《南方周末》的一些思潮表达中得以体现，同时它在中国"去政治化"的背景中展示出一种未完成的公共领域的状态。

二 "去政治化"的政治背景与未完成的公共领域

《南方周末》是在什么背景中展开的呢？当代中国是在"去政治化"过程中展开的，"去政治化"是政治的一种特定形式，是用一种非政治化的方式表述和建构特定支配的方式。"去政治化"的关键在于政治价值的颠覆和消退（汪晖，2007）。"去政治化"过程体现在三点：一是意识形态的"去理论化"。二是政党内部路线斗争的终结。三是政党和国家处于一种更为支配性的意识形态之中，即市场化和全球化（汪晖，2006）。"去政治化"这一概念所涉及的政治，不是指国家生活或国际政治中永远不会缺席的权力斗争，而是指基于特定政治价值及其利益关系的政治组织、政治辩论、政治斗争和社会运动，亦即政治主体间的相互运动（汪晖，2007）。

在这种"去政治化""去理论化"的政治背景下，中国思想界在20世纪90年代展开了激烈的辩论，这种辩论不是发生在政党体制内部，而是在知识分子之间。在这种"去理论化"的政治背景中不同的社会运动的诉求和政治性辩论能进入国家政治生活之中而形成公共决策吗？"去政治化""去理论化"的政治背景和政治辩论这种悖论是如何呈现的？有哪些话语被扭曲或遮蔽？我们通过观察《南方周末》的一些思潮辩论试图寻找一些线索。

（一）第三次改革的争论及话语的缺失

改革是当代中国的一个永恒的话题。吴敬琏认为中国改革有过三次大的争论：第一次发生在1981年到1984年，争论围绕着计划与市场的关系展开；第二次发生在1989年到1992年，争论焦点是市场经济的姓"社"姓"资"问题；第三次则是郎顾关于国有资产流失的争论（新旺，2006）。

2004年8月，香港教授郎咸平就国企改革中的国有资产流失问题炮轰格林柯尔董事长顾雏军，拉开了第三次改革争论的大幕。他指出"国企改革是一场瓜分国有资产的盛宴"，并对内地主流经济学家进行了高调批评。张维迎、周其仁和林毅夫分别接受媒体专访，反驳郎咸平的观点。而左大培、丁冰、程恩富等10名"非主流派"教授则联合发表"产权改革风向不能错"的声明，公开声援郎咸平。反思改革成为当时的风向。争论的关键点在于双方认识的差异，一系列的社会问题是市场化改革所致，还是不彻底的改革所致。2006年3月6日，胡锦涛总书记强调，要毫不动摇地坚持改革方向，进一步坚定改革的决心和信心。这次发言是第三次改革争论的重要转折点（李梁，2006）。

在这场争论中，媒体上关于坚持改革深化改革的主张占据主流，《皇甫平：改革不可动摇》（皇甫平，2006）中认为：一切改革中遭遇的问题，应当依靠深化改革来解决，并尖锐批评了当前否定改革的部分言论。《周瑞金：改革不可动摇　我们都是改革的得益者》（陈宝成，2006）中，周瑞金即皇甫平认为要坚持改革方向的坚定性、改革决策的科学性、改革举措的协调性、改革利益的普惠性有机统一。《"改革不可动摇"发表前后——与皇甫平对话前后》（朱红军，2006）中细数了《皇甫平：改革不可动摇》一文的发表过程，他认为对改革反思的各种意见不应该导入姓"资"姓"社"

的制度之争，而应该是改革如何深入的问题。

在中国，改革具有政治内涵，改革就是最大的政治，改革的经济成就有着特定的政治内涵，改革绩效所派生的统治合法性与中共性命攸关，因此"中国的改革已经不可逆转""改革动摇不得"之类的说法在中国几乎成了"公理"（杨光，2006）。改革的话语几乎成为一种准意识形态的话语，任何否定、贬低改革的话语都是"离经叛道"的，被认为是妄图重回"文革"时代。改革的讨论应该是多元公开的，在这种"去政治化"的背景下，中国当局会站在主流经济学家一边，坚定改革的决心，将问题简化为是赞成还是反对改革。

汪晖认为这场讨论的政治性是不完整的，原因是：第一，各种观点的代表性并没有以直接的政治形式表现出来，从而我们不能确保这场讨论的民意取向对于公共政策的实质影响；第二，政治、经济和文化权力的精英同盟正在努力压制和取消争论本身（汪晖，2006）。这种讨论是有一定限度的，也受到一些压制和扭曲。同样在《南方周末》中，讨论也突破一些边界，多元地反映了郎顾之争，呈现多种声音，比如《双面郎咸平》中给了郎咸平很多发言和辩论的空间。《秦晖纵论"郎旋风"》一文中指出了国企改革缺乏公正性，要求公正至上，起点平等。还有《郎咸平诊对病症，却开错了药方》分析了两种国有企业和两种国资流失，指出国资流失需要程序正义，意见也是中肯客观的。

总体上看来，《南方周末》对于郎顾之争给予了较自由的表达空间，但在"去理论化""去政治化"的政治背景中，这些表达都限制在一定的政治框架之中，很多激烈的对立的政治性的改革表达的辩论却给省略了，或者说一些反主流的改革话语被遮蔽了。在改革话语的限制下，主流经济学家习惯于粉饰改革、淡化问题，总是以"转型时期出现这样那样的问题难以避免"和"改革是一个不断摸索、不断完善的过程"来加以搪塞。而那些来自"左"的、民粹的或国家主义立场的"非主流"们，认为中国目前的半吊子市场经济早就已经"市场化过度"了，而改革之错在于国家管制得不够宽、政府干预得不够强、官方的权威不够大，"第三次改革争论"最后竟然归结到要不要"毫不动摇地坚持改革"（杨光，2003）。

中国真正的问题不是要不要改革？而是怎么改？朝哪个方向改？改革开放 30 多年来出现的很多问题，在改革中没有消化，反而越来越激烈，那些矛盾在未来的经济改革中也不可能得以解决，"因为经济的发展并不能解决公平与民主，法治和人权的问题"（杨光，2004）。而这些矛盾或多或少都与政治改革不到位有一定的关系，热衷于政治改革的话题又为媒体所遮蔽。"这种缺乏政治民主化、日益向个别利益集团倾斜的'改革'只会使中国陷入深刻的社会危机。"（何清涟，2002）秦晖所言"从掌勺者私分大锅饭到掌勺者私占大饭锅"、郎咸平所言"保姆私分主人财产"、吴敬琏所言"坏的市场经济"，是社会主义市场经济所必然带来的（杨光，2004）。因为没有政治体制改革的成熟，就不能为经济改革创造条件，也不能认同平等、自由、人权、法治的价值观以及宪政民主的制度方向。自然，这些对改革的讨论不会出现在《南方周末》上，只会出现在境外杂志上。

（二） 自由主义与新左派之争及话语的模糊性

"二十世纪最后十年中国思想学术界最引人注目的事是知识界内的大争论。先是出现了新左派思潮并引起了广泛的批评，然后是自由主义思潮正式露面并引发了新左派和自由主义的对峙。"（徐友渔，2000）在中国内部就存在着两种相互对峙的政治势力：一种是自由派政治势力，另一种是原教旨的正统派的保守左派，这两种力量均力求通过权力中心来取得对政治的主导权，"它们冲突的消长过程构成了改革开放以来的中国政治史的主线"（萧功秦，2003）。

中国关注市场化改革后的社会不公正现象和弱势群体，以及对阶级话语的重提（房宁，2006）。政治思想意义上的自由主义，就是关于公民在现代国家享有何种权利与义务的学说。在当代中国，"自由经济刚开始萌芽，还不足以给自由主义思想的充分发育提供足够的经济支援；没有独立的媒体，没有私立的不受思想钳制的高等教育体制，就无法给自由主义提供足够的论坛；没有组织政党和社团的自由，也就无法给自由主义提供发展的政治空间。这种社会环境决定了当代中国的自由主义只能是局限于少数思想精英圈子里的理论探讨，而不是现实的思想运动和政治运动。"（单正平，2004）

在中国，自由主义的诉求在 20 世纪 90 年代中期开始崭露头角，1997年 11 月，当西方自由主义学说的大师以赛亚·伯林去世的时候，《南方周末》阅读版推出了一个纪念专版，朱学勤为这个专版撰写了《伯林去矣》。他认为，伯林提出了积极自由和消极自由的概念，而《南方周末》的纪念伯林专版，是做到了"专业学术报刊没有做或不愿做的事"（朱学勤，1997）。它是自由主义学理的言说从学术圈走向公众的一次尝试，是当代中国自由主义亮相的标志。在 1998 年末，为了回应被认为是"新左派"代表学者之一的韩毓海《在自由主义姿态的背后》一文，朱学勤在《南方周末》阅读版又发表了《1998：自由主义的言说》，该文通过对顾准、陈寅恪和王小波这三个人物的讨论来传达自由主义的理念。《1998：自由主义的言说》阐述了在中国的现实语境中，作为一个自由主义知识分子与"新左派"在理论和现实要求上的种种分歧：自由主义知识分子认为西方的自由主义所代表的自由、民主、市场经济等是具有普世性的价值体系和社会制度，而"新左派"则认为，中国的现实问题与全球的资本主义问题有密切关联，中国必须在反思西方资本主义的基础上，走一条超越资本主义和传统社会主义的制度创新道路。

在《南方周末》中，我们看到的是一场很有限度的争论，这场争论虽然很热闹，却很模糊，它并没有充分地展开，而是断断续续欲遮欲掩的。具体表现如下。

（1）争论双方的边缘化。在"去政治化"的政治背景中，自由主义和"左派"都边缘化了，这种脱两极化的过程，使社会的理想主义精神蜕化，政治意识淡薄，在报纸上偶尔有关的政治争论，都是在一定学术范围内展开，学者们投入了很多的热情，但在社会上反响并不大。在"稳定压倒一切"方针的指导下，"不争论"意味着政治辩论空间的压抑和萎缩。"关键之关键，是政治体制改革一定要推上议事日程"（朱学勤，1999）。"就以中国政治的现代化进程而言，中国要实现民主政治……就必须引进西方的自由主义政治思想，这几乎是一切致力于解决中国现代政治问题的思想家们的共识。"（胡伟希，2000）这种思想是绝对不为当局所容忍的。而"新左派"作为刚崛起的一支流派，在理论的完整性和实践操作方面都不太成熟，"新左派"的理论家大多为学院派知识分子，不少代表"新左派"思想的理论著述因政治环境的压力而表现得相当学术化，表达上晦涩难懂，这些限制了其思想的传播与影响。"新左派"中的一些人把改革中出现的一些问题都归结为市场化的必然结果，他们对改革的否定，以及要求重新树立国家集权专制的力量，这种晚年毛泽东的情结和空想主义色彩又不为当局所欢迎，自然也就逐步边缘化了。

（2）争论双方话语表达的不对称。虽然"左派"与自由主义话语空间都呈现边缘化特点，但相对而言，左派表达空间更大一些。何清涟（2002）认为，"新左派"有浓厚的毛泽东情结，表现出对毛体制与"文革""大跃进"的怀念，为当局所宽容。另外，自由主义的光谱非常宽广，包括激进自由派、立宪温和派、党内民主派等。何清涟（2002）认为，自由主义政治学所主张的民主与宪政，在当局不受欢迎，他们在争论中处于弱势地位。真正的自由主义"是站在民间立场上争取每一个普通人和弱者的权利和自由、力主宪政民主和有限的政府、强调约束不受节制的专横权力的民间自由主义。正因为自由主义的这种特性，它在今日的中国仍然是极其边缘的，真正的自由主义者仍属少数派，是个弱势群体"（刘军宁，2000）。

自由主义内部的话语也是不对称的，自由主义经济学者对社会不公呈现出两种意见，一是认为"这种消极现象是不可避免的，目前中国存在的贫富分化过程是现代化所必须付出的代价"。另外一种意见是"权力腐败、贫富分化、分配不均等社会不公平现象不是市场经济良性发展的必然结果，而是在指令性经济向市场经济转化期间政治权力不受制约而造成的"。"他们要求推行民主化的政治改革、加强多元社会对权力的监督、以民主来制衡腐败与两极分化、改变权力的垄断地位，才是根本的出路。"（萧功秦，2003）

（3）争论双方的主题被掩盖。由于言论空间的狭窄，而争论的真正主题被有意掩盖。朱学勤曾明确地指出：自由主义与"新左派"的学术分歧首先是在对基本国情的判断上。"新左派"认为，中国已经卷进了全球化，资本主义在中国已泛滥成灾，近代西方左派"批判理论"中对资本主义的丑恶描绘已成为中国的现实。而自由主义一方则认为，中国并没有进入后现代，也没有进入资本主义社会阶段，更远未卷进全球化；阻碍中国社会进步的不是外来的资本主义、跨国公司，而是内在的陈旧体制与意识形态，必须坚定不移地扩大和深化对外开放（朱学勤，2000）。判断的基点不一致，争论自然是各说其理。

另外，"新左派"们故意将权势自由主义者和真正的自由主义者混为一谈，"新左派"将自由主义经济学家最容易在中国引起非议的"腐败有理论"作为自由主义学说的"精髓"加以批评，以此占据道德上的制高点。"新左派"进而以批评自由主义经济学家为名，声色俱厉地打击主张民主与宪政的自由主义学者（何清涟，2002）。"新左派"对自由主义的批评没有触及自由主义的要害点，自由主义源自西方，和中国的政治环境是不一样的，西方的自由主义是立足于法治经济之上的，是在法律限制之下的自由，这个主题也一直为"新左派"所忽略。

结　语

公共领域是架构国家与社会互动的空间，《南方周末》建立的毕竟是一种未完成的公共领域，公共领域中主体的表达自由，对民主对话与信息沟通至关重要，它有利于社会与国家的良性互动。那么重建一个理性讨论多元表达的公共领域的可能途径是什么呢？（1）公共领域的存在必须以言论自由、出版自由为前提。（2）公共领域的存在必须以公民社会的存在为前提。（3）知识分子的成熟为公共领域的发展提供了可能。（4）网络技术为公共领域的发展提供了可能。

在中国政治体制下，公共领域建构的许多条件还未成熟，公共领域并不健全，由于知识分子的不断努力，这些主观行动也时不时改变着公共空间结构特征，由此使我国公共话语空间呈现一种不稳定的以及未完成的状态。以《南方周末》知识分子的话语空间为其代表，它寻找公共领域边界的努力，使其卓然而立，备受瞩目。本研究以《南方周末》为个案，此个案研究具有一定局限性。此外，2006 年后《南方周末》知识分子话语表达特点又有哪些变化？与其他媒体比较，其特点又如何？新媒体环境下，知识分子话语表达特点又如何？诸多问题都还有待补充研究。

参考文献

崔卫平，2003，《组织中场的自白》，《博览群书》第 8 期。

陈宝成，2006，《周瑞金：改革不可动摇　我们都是改革的得益者》，《新京报》3 月 15 日。

房宁，2006，《当代中国三大思潮》，《复旦政治学评论》第 4 辑。

皇甫平，2006，《改革不可动摇》，《财经》杂志第 1 期。

胡伟希，2000，《传统与自由之间》，《中国图书商报》1 月 11 日。

何清涟，2002，《中国改革的得与失》，《当代中国研究》第 9 期。

洪兵，2005，《转型社会中的新闻生产——〈南方周末〉个案研究》，博士学位论文，复旦大学。

林贤治，1999，《本马非"野"》，《书屋》第 4 期。

李梁，2006，《2004 - 2006 中国第三次改革论争始末》，《南方周末》3 月 16 日。

刘军宁，2000，《自由主义与公正，对若干诘难的回答》，《当代中国研究》第 7 期。

单正平，2004，《现代中国的自由主义》，《当代中国研究》第 11 期。

陶东风，2002，《现代与后现代之间》，山东友谊出版社。

汪晖，1995，《公共领域》，《读书》第 6 期。

汪晖，1997，《当代中国的思想状况与现代性问题》，《天涯》第 5 期。

汪晖，1998，《〈文化与公共性〉导论》，载汪晖、陈燕谷主编《文化与公共性》，三联书店。

汪晖，2006，《去政治化的政治与大众传媒的公共性》，《甘肃社会科学》第 4 期。

汪晖，2007，《去政治化的政治、霸权的多重构成与六十年代的消逝》，《开放时代》第 2 期。

新旺，2006，《形成改革共识　再铸改革辉煌》，《南方周末》3 月 10 日。

萧功秦，2002，《新左派与当代中国知识分子的思想分化》，《当代中国研究》第 9 期。

萧功秦，2003，《中国改革开放以来政治中的自由派与保守派》，《当代中国研究》第 10 期。

徐友渔，2000，《评中国九十年代的"新左派"》，《当代中国研究》第 7 期。

夏倩芳、黄月琴，2008，《"公共领域"理论与中国传媒研究的检讨：探寻一种国家 - 社会关系视角下的传媒研究路径》，《新闻与传播研究》第 8 期。

杨光，2003，《政治改革："中国模式"的难题》，《当代中国研究》第 10 期。

杨光，2004，《中国改革的政治障碍》，《当代中国研究》第 11 期。

左方，1999，《我们的追求》，《南方周末 1984 – 1998 年》电子版合订本。

朱苏力，2003，《公共知识分子的社会建构》，《社会学研究》第 2 期。

朱红军，2006，《"改革不可动摇"发表前后——与皇甫平对话前后》，《南方周末》2 月 23 日。

朱学勤，1997，《伯林去矣》，《南方周末》11 月 28 日阅读版。

朱学勤，1999，《书斋里的革命》，长春出版社。

朱学勤，2000，《"新左派与自由主义之争"》，（香港）《亚洲周刊》第 4 期。

责任编辑　李洋

政府新闻发言人的形象呈现与公众认知

——基于隐喻抽取技术（ZMET）的实证研究

张　媛*

内容摘要　本研究试图探索中国政府新闻发言人形象，研究方法是来自市场营销学者 Zaltman 于 20 世纪 90 年代发展出的隐喻抽取技术，透过图片为中介与一对一深入访谈，来挖掘人们内心的想法。本研究在对 8 位受访者进行访谈之后发现，从 ZMET 访谈总结出来的中国政府新闻发言人形象包括：政府代言人、权威、信息沟通渠道以及个性鲜明等正面形象，还有不专业、不诚实、官僚化、传声筒等负面形象。

关键词　新闻发言人形象　隐喻抽取技术（ZMET）

新闻发言人制度起始于 19 世纪后半叶，真正完善则是在 20 世纪 70 年代。作为政府公关的一个重要组成部分，新闻发言人制度的一个重要目的就是构建和维护政府形象。经济学家熊彼特认为，政治实际上是一种营销，既然说为追求良好政府形象而设的新闻发言人制度是在政府公共关系框架下的一部分，那么新闻发言人的形象传播对于政府形象传播就具有非常重要的影响，对于政府形象的塑造也有着重要意义。

鲍汀（K. Boulding）在《形象》一书中指出，人对外在世界的所有事物，都有某种程度的认识，这种认识即为"形象"（转引自 Nimmo and Savage，1976）。"形象"并不是自然存在的，它是被建构出来的，媒介传播过程即"媒介真实"的建构过程（Tuchman，1978）。在媒介建构社会事件的过程中，个人和组织通过对新闻报道事实的界定、选择、强调或省略来重组事件的意义。而在政府形象建构的过程中，作为媒介主要信息来源之一的新闻发言人起到了重要的作用。在此意义上，新闻发言人成为公众理解和形成政府形象认知的桥梁，借助新闻发言人的信息传播，是树立良好政府形象的重要依托，新闻发言人的形象认知在一定程度上代表着公众对于政府的形象认知。

---

*　张媛，贵州大学人文学院讲师，浙江大学传播学研究所博士研究生，主要研究方向为政治传播。

尽管中国的新闻发言人制度在 1983 年就已经正式建立，而且近年来也有大量的学者开始关注并且研究新闻发言人的信息传递以及沟通技巧，但是大多数研究偏重于理论分析，缺乏实证研究的支撑，尤其是对于新闻发言人的形象研究更是匮乏。由国务院新闻办公室政府发言人培训班主编的教材《政府发言人 15 讲》，可谓囊括了国内外新闻发言人和新闻发布制度最前沿的理论和实践成果，然而在所有的 15 篇讲稿中，没有一篇是关于新闻发言人的定性或者定量的研究。而在中国期刊网全文数据库检索"新闻发言人"这一关键词，相关学术论文有 20172 篇，加上"形象"这一关键词之后学术论文数量锐减到 8 篇，其中没有一篇有实证研究支持。本研究选择实证研究作为切入点，通过隐喻抽取技术（ZMET）对公众有关新闻发言人形象的认知进行深度的挖掘，通过科学的研究方法对新闻发言人形象呈现与公众认知进行分析。

一 隐喻抽取技术 （ZMET）

20 世纪 90 年代，Gerald Zaltman 研发出了新的市场调查方法"隐喻抽取技术"（ZMET)[①] 试图提供一种更深入探索消费者内心想法的途径。ZMET 是一种结合非文字语言（图像）与文字语言（深入访谈）的市场研究方法，目的在于了解消费者对产品的感知，对品牌的态度、情感，以及消费者的个人价值观、过往消费经历、对消费体验的期望所构成的心智模型。它包含了心理学、认知科学、社会学、符号学、视觉人类学等许多领域的学术研究成果。

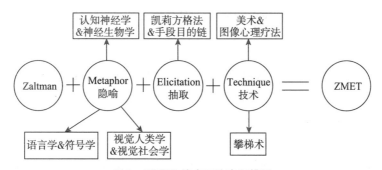

图 1 ZMET 技术理论来源模型

资料来源：本研究整理。

---

① 由哈佛大学商学院教授 Gerald Zaltman 所创立的"市场心智实验室"（Mind of the Market Laboratory）于 20 世纪 90 年代发展出来。全名为 Zaltman Metaphor Elicitation Technique（简称 ZMET，中文通译为隐喻抽取技术）。简言之，是通过以图片为中介与一对一深入访谈，来了解人们潜意识层面的想法。本研究中都以 ZMET 简称之。

Zaltman 等（1995）的主要观点包括：多数的交流不采用语言形式，95%
的思维过程都是在潜意识中发生的，思维常常是以图像的形式出现的。记忆
是一种"隐喻体"，而隐喻是认知的核心，认知根植于亲身体验中。人类的理
想、情感和体验是相互交织在一起的，深层次的思维结构是可以被获知的。
因此，ZMET 旨在通过非文字语言的方式，结合投射等技巧，挖掘消费者潜在
的动机和思考。

二　应用 ZMET 方法研究新闻发言人形象的意义

在政府新闻发言人形象研究问题上，研究者同样想了解，人们心目中的
政府新闻发言人究竟是什么形象？在这个问题上，ZMET 技术为本研究给予了
启发。

表 1　ZMET 技术理论的应用

市场营销学者	利用	隐喻抽取技术	了解消费者内心对品牌的看法
传播学者	利用	隐喻抽取技术	了解公众内心对政府新闻发言人的看法

目前在国外和港台地区用来测量政府发言人形象的方法主要有以下三种。

（1）结构式问卷。这种方法便于实施，但是缺乏答案的丰富性，并且大
多数结构式问卷在设计上存在先天的不足[①]；台湾政治学者游清鑫（2002）在
研究中发现，一般公众在接受问卷调查时往往受限于用简要的词语去表达想
法，从而所得到的测量结果只能部分反映或者可以说是无法完整地表述他们
的看法。

（2）开放式问卷。其常常面临的问题是：受访者愿意配合作答，也愿
意耗时地思索出答案吗？他们愿意说出内心真实的想法吗？正如 Klinge-
mann 与 Wattenberg（1992）所言，受访者不愿意就其想法侃侃而谈或者
就算回答也只是拿从身旁亲友所听到的观点或以最近新闻媒体报道的言论
来做答覆。另外，在实际应用上，开放式问卷的设计源自美国惯以施行的
调查方式，究竟能否符合中国人的文化背景或习惯值得商讨。

（3）焦点团体访谈。其存在的问题是能否准确地挖掘出参与者内心的
想法。大约两小时的焦点团体访谈，每位参与者的发言时间并不相同，不
易仔细追问、挖掘或引导出背后更多的想法及潜藏的思维。

---

① 实际上大量的问卷在调查前期并没有进行深入的访谈或者态度测试，因此对于政府新闻发言
人在受众感知中的形象的测量结果效度有限。

基于上述观点，本研究认为，为了更进一步了解人们内心的想法，使用 ZMET 作为研究当前政府新闻发言人形象的研究方法会比较好。这是国内首次应用 ZMET 来探索政府新闻发言人形象。

ZMET 应用于对政府新闻发言人形象的研究，是基于这一技术的四个特点。第一，ZMET 方法论以非文字形式的意义探询为基础。其目的是抽取出人们隐晦的想法，以图片为中介，在深入访谈下，ZMET 提供一个深入了解人们对研究主题内心想法的途径。第二，ZMET 的深入访谈过程以引导式谈话为手段，能够在"一对一"深入访谈下经由反复提问去确认受访者提供的构念①，除了掌握表面的想法之外，更能挖掘出受访者对主题想法提供的深层意义。第三，ZMET 透过图片作为引导，除了让研究者更全面地了解受访者的想法之外，往往也比较有可能出现意料之外的答案。换言之，它比传统深入访谈更能将原本隐晦难明的想法引导出来。第四，ZMET 的研究成果结合每位受访者的心智地图，呈现出汇集多数受访者对研究主题内心想法的"共识地图"。它是一个方便理解的构念关系图，有助于读者迅速掌握大部分受访者对主题的想法。

三 研究设计

（一）招募受访者

根据 ZMET 实施程序，同时考虑到选取受访对象的便利性，计划挑选 8 名研究生②配合进行测试（4 男 4 女），本研究在选择受访对象时尽量以研究信度③为主要考虑因素，利用"修正的个人涉入量表"（RPII）（Zaichkowsky，1994）④，针对浙江大学 20 个专业共计 200 名研究生进行涉入程度测量⑤，并且筛选出对政府新闻发言人有较高涉入程度的受访者进行访谈。

---

① 此名词非 Zaltman 所创，而是其借用认知心理学界的概念来说明，原意来自认知科学家将人们在反映脑神经活动认知过程中产生的意念所赋予的标签。Zaltman（2003）引入这一名词，其目的在于让研究者在诠释理解时方便使用。

② ZMET 作为一种质性研究，其挑选受访者的方法主要有方便抽样（convenience sample）以及立意抽样（purposive sample）。受访人数方面，一般的研究人数为 4~10 人，商业研究达到 25 人左右。

③ 在此，质化研究的信度主要是指研究的互动形式、原始资料记录、资料分析以及资料诠释意义的一致性（Mishler，1986）。

④ Zaichkowsky（1994）"修正的个人涉入量表"共 10 个问句，是对广泛使用的 Zaichkowsky（1985）个人涉入量表（Personal Involvement Inventory Scale；PII）的精简。

⑤ 在浙江大学全校公选课名单中随机挑选了两个校区的两门课程进行问题涉入量表的测试，由于选课的学生来自多个不同专业以及年级，基本能够保证样本覆盖的多样化和信度。

表 2　修正的个人涉入量表（RPII）

问题：对我而言，政府新闻发言人的形象是：

重要的							不重要
无趣的							有趣的
与我相关的							与我无关的
令人兴奋的							不令人兴奋的
没有意义的							意义重大的
吸引人的							不吸引人的
迷人的							不迷人的
没有价值的							有价值的
让我有参与感							让我没有参与感
不需要的							需要的

资料来源：Zaichkowsky（1994）的研究成果。

　　"修正的个人涉入量表"（RPII）共包括 10 道题 7 个点的测量尺度，总分范围从 10 分至 70 分，分数越高，代表对主题的涉入程度越高，10 分至 35 分为低涉入程度，36 分至 55 分为中等涉入程度，56 分至 70 分为高涉入程度。

　　在对 20 个专业共计 200 名学生进行涉入度调查之后发现，学生们对于政府新闻发言人问题的认知平均分数为 42 分，属于中等认知程度，文理科的学生在这一问题上的平均分数相差不大，本科生、硕士研究生和博士研究生的平均分数分别为 38 分、42 分和 48 分，总体上看，由于博士研究生对社会问题关注普遍较多，因此对政府新闻发言人的认知程度也最高。

　　考虑到高涉入程度的受访者对研究主题具有较多的参与感，其呈现之主要构念与共识地图可相当程度地代表多数相关人士的意见（Zaltman and Coulter，1995）。本次研究最终选取的 8 位被试者的得分为 59 分到 68 分，均为高涉入程度者。

表 3　8 位受访者基本资料

	性别	姓名	专业/年级	RPII 分数	涉入度
受访者 A	男	黄某	哲学博士二年级	68 分	高
受访者 B	男	段某某	行政管理博士一年级	66 分	高
受访者 C	男	郑某某	中文博士三年级	66 分	高
受访者 D	男	杨某	传播学硕士一年级	67 分	高
受访者 E	女	曹某	传播学博士一年级	67 分	高

	性别	姓名	专业/年级	RPII 分数	涉入度
受访者 F	女	钟某	新闻学硕士二年级	65 分	高
受访者 G	女	许某某	历史学硕士一年级	59 分	高
受访者 H	女	田某某	对外汉语硕士一年级	67 分	高

资料来源：本研究整理。

每位受访者在正式访谈前一周需要认真思考研究主题，配合主题进行图片搜索，找出能够代表研究主题想法的图片，并且事先要准备能够表达对这些图片与主题相关的想法或者感觉。每位受访者接受一次约 90 分钟的一对一访谈。

（二）引导式访谈

1. 说故事

根据 Schank（1990）的观点，人类的记忆和沟通都是以故事为基础的。受访者将会被要求逐一描述他们所带来的图片的内容，并询问这些内容如何反映受访者对主题的想法与感觉。

2. 遗失的影像

访问者会询问受访者是否想到了一些能代表其想法的图片，但这些图片没有找到。请受访者描述他/她无法找到的图片，并说明该图片如何反映其对主题的想法与感觉，这个步骤可以让受访者补充所有相关的感受。

3. 分类整理

受访者被要求按照一定的意义将所有的图片分组，并且为各个分类命名，这个步骤的目的是概括出几个核心构念。

4. 构念抽取

运用凯利方格技术（Kelly Repertory Grid Technique）以及攀梯术（laddering technique）来抽取核心概念：首先，随机或人工选取三张图片，请受访者描述哪两张相似，哪张与其他两张不同；接下来展开攀梯抽取构念。凯利方格技术能提高浮现相关构念的可能性，而攀梯术则可以提高理解构念之间关联的可能性。这一步骤是提炼出概念共识地图的关键。

5. 最具代表性的图片

受访者会被要求指出，在其带来的所有图片中，哪张最能代表他/她对主题的想法与感觉。

6. 相反的影像

要求受访者描述，带给他/她与主题相反的感觉的图片/图像。

7. 感官影像

受访者被要求使用其他感官知觉来传达什么能够或者不能够代表所讨论的主题。例如，请受访者描述，"最能代表您对政府新闻发言人的想法与感觉的颜色/声音/触觉/滋味/气味/情绪是？"并追问为什么。

8. 心智地图

受访者被要求建立一个心智模式图去描述重要的构念之间的联系。

9. 总结影像

让受访者创造一个总结图像，该影像由受访者自行从所带来的图片中选择并拼制。图像应表达他/她对于主题的想法。

10. 文字描述

受访者被要求以一段小短文或一段话来描述与主题有关的重要构念。

在引导式访谈过程中会发现一些重复的地方，但这是刻意所为，Zaltman 等（1995）指出：所有步骤中，既有偏重思辨的步骤，也有偏重感性思维的步骤，从而尽可能挖掘得更深，收集到更多的概念。每个步骤之间有所重合交叉，这是为了使重要的构念被凸显，并确认概念间的相关性。

最后，在所有受访者测试结束后，整理相关资料，并且绘制共识地图。共识地图依据所有受访者提出的构念以及构念与构念之间的关系构成，换言之，它集合了所有受访者对于研究主题的重要构念。在绘制共识地图时要注意以下两个原则（Zaltman，Coulter，1995）。第一，提到概念的人数：1/3 以上受访者提到的概念。第二，提到概念之间关系的人数：1/4 以上的受访者提到的概念间关系。

表 4　ZMET（隐喻抽取技术）访谈程序

简介程序与准备图片	（6）相反的影像
（1）说故事	（7）感官影像
（2）遗失的影像	（8）心智地图
（3）分类整理	（9）总结影像
（4）构念抽取	（10）文字描述
（5）最具代表性的图片	描绘共识地图

资料来源：本研究整理。

四　研究结果与分析

本研究的访谈时间从 2011 年 10 月 10 日至 11 月 25 日，历时约一个半月，共访问 8 位被访者，总计抽取出 120 个构念，如表 5 所示。

表 5 新增构念数、构念总数与受访者人数

受访者	A	B	C	D	E	F	G	H
构念个数	40	35	38	30	40	36	38	36
新增构念数	40	20	12	12	10	10	8	8
重复构念数	0	15	26	18	30	26	30	28
构念总数	40	60	72	84	94	104	112	120

资料来源：本研究整理。

通过 1/3 收敛原则得到的构念一共是 32 个，其中有 4 个构念由于不及 1/4（两人）提及构念关系，故实际放入共识地图①分析的有 28 个，如表 6 所示。

表 6 政府新闻发言人两人以上提及的构念

编码	构念	次数	编码	构念	次数	编码	构念	次数
A	政府代言人	7	L	专业职位	3	W	培训学习	2
B	权威	3	M	姜瑜	3	X	态度坚定	3
C	信息沟通渠道	3	N	王勇平	6	Y	专家知识	3
D	不专业	5	O	发布会	4	Z	信息不实	4
E	不诚实	3	P	温家宝	2	a	高高在上	3
F	官僚化	4	Q	形象端庄	2	b	姿态亲切	2
G	信息来源	3	R	语言得体	3	c	外表干练	3
H	主持人	2	S	传递信息	4	d	姿态不符*	2
I	传声筒	3	T	言论不当	4	e	角色冲突*	3
J	个性鲜明	3	U	替罪羊*	2	f	不负责任*	2
K	政府主导	3	V	政府形象	5			

资料来源：本研究整理。标有 * 为不及 1/4 的人提及的构念关系，因而无法纳入共识地图。

研究者根据受访者自行提供的图像，经过访谈程序的十个步骤，对每一个受访者分别抽取构念，进一步理清所有受访者的共同构念与相关构念，再将这些构念绘制成为共识地图。依照共识地图的关联性，本研究发现包

---

① 需要指出的是，构念与构念之间的连接，不一定是指涉因果关系，而是指受访者对于研究主题思考上的关联，是由研究者依据受访者发表的看法，传达出构念与构念之间的关系。

含"个性鲜明""信息沟通渠道""政府代言人""权威""不专业""不诚实""官僚化""传声筒"是受访者对于政府新闻发言人形象的最终价值认同。

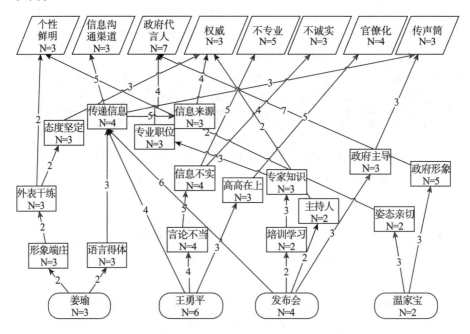

图 2　全体受访者对政府新闻发言人的形象的共识地图

说明：图中的 N 的数字为构念被提及的次数，肩头上的数字为两个构念之间关系被提及的次数。共识地图上，最初层次为起始构念，以椭圆形表示；将两个构念串联起来的为连接构念，以长方形表示；最后，当受访者无法再提出更抽象意义的构念时，则为最终构念，以平行四边形表示。

资料来源：本研究整理。

（一）"个性鲜明"

关于"个性鲜明"这一特点，多数受访者认为政府新闻发言人应该拥有自己的个性特点，比如说盛来运的坦诚态度、姜瑜的干练得体、秦刚的正直朴实、焦扬的端庄形象等，很多时候新闻发言人自身的外表和形象及其个性特点能够有效地帮助其工作的开展，因此，面带微笑、眼神交流、平易近人的新闻发言人能够更加符合公众的期待，成为更加可靠的信息来源。

（二）"信息沟通渠道"

新闻发言人是政府和受众之间的桥梁，实际上和记者一样都是政府和公众之间信息交流的桥梁。因此在信息传递和发布的过程中，新闻发言人应该承担起这一责任，做好政府与公众之间的信息桥梁。尤其是针对突发事件，充分的信息披露或者诚恳的态度将会有助于公众形成对危机的正确的认知和态度，如果对某些问题确实不知道答案，也要表现出诚恳的态度，说明情况。"公众对风险的过度反应和反应不足都是有害的，有时候比危险本身更加危险。"（孙玉红，2004：56）

（三）"政府代言人"

8 位受访者中有 7 位提到了"政府代言人"这一构念，我们也发现很多其他的关于政府新闻发言人的论述中都将政府新闻发言人理所当然地看成"政府代言人"。但是如果让公众感觉发言人完全站在政府一边，这是非常危险的，会严重影响对政府新闻发言人的信任度。多位受访者在推导"政府代言人"这一终极构念的过程中，提到诸如"政府控制""隐瞒真相""信息不实""作秀"等构念，从一个侧面说明了将政府新闻发言人等同于"政府代言人"的不利影响。

（四）"权威"

新闻发言人的职责就是在一定时间内就某一重大事件或时局的问题，举行新闻发布会，或约见个别记者，发布有关新闻或阐述本部门的观点立场，并代表有关部门回答记者的提问。尤其是在突发事件发生时，新闻发言人及时迅速的信息披露，能够有效地维护政府的公共形象和权威，有利于社会的安定。由于新闻发言人的出现时常都会伴随着比较权威的场合，例如新闻发布会，或者是伴随重要的事件，因此也使得新闻发言人的形象呈现出"权威"性。

（五）"不专业"

新闻发言人的工作面临着巨大的压力和挑战，尤其是在应对突发事件的时候。在访谈中多位受访者提到了王勇平，王勇平在"7·23"事故新闻发布会现场的不恰当的言论被多位受访者作为"不专业"的典型范例提到。因此作为一名专业的新闻发言人，必须提高政策水平和业务水平，培养新闻敏感度，能对各种复杂的现象进行分析判断，并且熟练掌握语言技巧；重视经验积累，扩大知识面，善于和记者打交道；掌握全局情况，具有人文关怀精神，尤其对突发事件或者重大灾难事件，一定要表现出对受伤害者及其家人的关怀之情。根据受访者提到的一些关键构念，就是新闻发言人要做到"应对得体""姿态合适""思路敏捷""灵活反应"，能够有效地

"控制现场"，达到良好的信息传递功能。

（六）"不诚实"

新闻发言人制度作为政府公共关系框架的一个组成部分，致力于向媒体和公民及时提供信息。在公众中努力塑造良好的形象，获取公众的参与和支持，是现代高效政府施政的重要方式。但是在访谈中发现，数位受访者提到了新闻发言人"不诚实"，主要原因是新闻发言人说的话常常和真实"信息不符"，常常没有"关键信息"，并且很多发言人喜欢说"无可奉告"，这种回答通常会被理解为逃避，试图隐瞒某些信息。正如奥美公关（中国）总裁柯颖德对新闻发言人的建议："如果不知道问题的答案，只需要说'我不知道'就可以了，不要害怕将这一点说出来"；"要始终如一地保证传递的信息的真实""不要欺骗"（汪兴明、李希光，2006：124），这些是每个新闻发言人都要注意做到的。

（七）"官僚化"

尽管常常提到新闻发言人要严肃，有权威性，但是并不代表要表现出一副居高临下的架势，高高在上的姿态容易让人感觉官僚化。为何有时候新闻发言人无论说真话还是假话，都会被认为是说假话、隐瞒真相？这种信任度不足与新闻发言人和公众之间的距离感有关。而许多新闻发言人高高在上，不会像平时说话那样讲话，打官腔、绕圈子。新闻发言人如果对于公众来说是陌生的、高高在上的，那么公众自然就会对他们所说、所做的一切质疑不断。如果新闻发言人多到事故现场发言，到公众身边发言，用日常讲话的语气发言，要说真话，坦诚、开放，不说空话套话，可能就不会遭到那么多的质疑。

（八）"传声筒"

国务院原新闻办主任赵启正曾经说过，"新闻发言人不应该是政策的传声筒，应该对政策有充分的了解和说明，并有充分的新闻素养。"（汪兴明、李希光，2006：124）然而实际情况常常是，新闻发言人控制传播以达到某种宣传目的的使命。作为授权的代言人，在授权不够的情况下，一些新闻发言人在面对记者提出的尖锐问题时十分紧张，不敢越雷池一步，便注定了只能是"传声筒"的角色。新闻发言人要想走出"传声筒"和"新闻发布官"的简单角色，除个人素质外，积累必不可少。积累包括两个方面，一是自身经验的积累，二是管理、设计、规范新闻发言人制度的积累。新闻发言人一是要知情，二是最好能参与决策。

在我国，政府新闻发言人制度是党和政府宣传思想工作的有机组成部分，是党和政府密切联系群众、联系实际的桥梁和纽带。政府新闻发言人在充分享受新闻发布的权力时，更要认清自身所肩负的重任，争取使政府新闻发布做到贴近实际、贴近生活、贴近群众。立足实事求是，按新闻规律办事，把广大群众普遍关注的、重要的、有价值的、真实的信息及时发布出来，不断增强新闻发布的针对性、实效性、吸引力和感染力，使政府新闻发布成为人民群众了解政府、理解政府进而信赖政府、配合政府的一条不可或缺的途径。

五　结论

ZMET 属于质化的研究方法，其研究目的不在于验证假设。许多心理学研究着重探讨认知、态度与行为三者之间的关系，缺少处理认知的前端的影响因素：心智模型（mental model）。心智模型对于后续的认知、态度与行为三者之间的关系研究能够起到事半功倍的效果，这也是 ZMET 研究方法的主要价值所在。

本研究虽然过程力求严谨，但还存在不足之处。针对后续研究，笔者提出以下几点建议。

（1）样本规模。本研究仅仅选择浙江大学在校大学生（研究生）进行较为复杂的政府新闻发言人形象研究，建议未来在可能的情况下，将访谈样本扩展到多背景的群体以提高样本的代表性和可信度。

（2）引入定量研究方法对实验结果进行验证。由于目前缺乏有关政府新闻发言人形象的定量研究数据，因此建议在本研究的基础之上，根据 ZMET 所绘制的共识地图的相关构念，可以通过大规模的问卷调查或者认知神经科学的其他研究方法进行实验结果的验证。

参考文献

孙玉红等编著，2004，《直面危机：世界经典案例剖析》，王文彬等译，中信出版社。

汪兴明、李希光主编，2006，《政府发言人 15 讲》，清华大学出版社。

游清鑫，2002，《政党认同与政党形象——面访与焦点团体访谈的结合》，《选举研究》第 9 期。

Nimmo, D. , & Savage, R. L. 1976. *Candidates and Their Images*. California：Goodyear Publishing Co.

Tuchman, G. 1978. *Making news：A Study in the Construction of Reality*. New York：Free Press.

Zaltman, Gerald, and Robin H. Coulter. 1995. "Seeing the Voice of the Customer: Metaphor-Based Advertising Research", *Journal of Advertising Research*, 35 (4).

Klinemann, Hans-Dieter, and Martin P. Wattenberg. 1992. "Decaying Versus Developing Party Systems: A Comparison of Party Image in the United States and West Germany." *British Journal of Political Science*, 22 (4).

Zaichkowsky, J. L. 1994. "The Personal Involvement Theory: Reduction revision and application to advertising." *Journal of Advertising*, 23 (4).

Zaltman, G. 2003. *How Customers Think: Essential Insights into the Mind of the Market*, Boston: Harvard Business School.

责任编辑　张丕万

广播电视公共服务的"3U"原则与评估体系

柴巧霞[*]

内容摘要 《贝弗里奇报告》主张社会福利应遵循"3U"原则，即普享性原则、统一性原则和均等性原则，这对我国广播电视公共服务体系建构也有重要的参考意义。广播电视公共服务的评估体系应该从普享性、统一性、均等性三个维度，通过传输覆盖、内容提供、统一管理、均等性、受众满意度等二级指标来建立评估标准。

关键词 公共服务"3U"原则 功利主义 评估

1942 年英国贝弗里奇委员会发表了《社会保险与相关服务》（即《贝弗里奇报告》），主张社会福利应遵循"3U"原则，即普享性原则、统一性原则和均等性原则，这一精神成为许多国家进行社会福利和保障建设的重要参考。广播电视的频率属于稀缺资源，早在 20 世纪 20 ~ 30 年代，西方国家就把广播频率视为一种公共资源，并通过颁发执照等手段予以控制，而其产品也具有消费的非排他性和收益的竞争性，因此广播电视属于准公共物品。广播电视公共服务是否也需要践行"3U"原则？如何建构其评估体系？这是本文着重探讨的内容。

一 "3U"原则的理论内涵与哲学基础

1941 年 6 月，面对英国持续严重的失业、贫困和养老问题，英国政府宣布成立一个由各部门组成的关于社会保险合作问题的委员会，并由著名经济学家威廉·贝弗里奇担任主席。该委员会经过多次讨论，于次年 10 月发表著名的《贝弗里奇报告》。该报告对战后英国社会保障制度的发展产生了直接的影响，并对世界社会保障制度的发展产生推动作用（丁建定，2007a）。

---

* 柴巧霞，华中科技大学新闻与信息传播学院 2011 级博士生。

（一）"3U" 原则的理论内涵

《贝弗里奇报告》提出了现代福利国家普遍认同的社会保障原则——
"3U" 原则，即普享性原则（Universality）、统一性原则（Unity）和均等性
原则（Uniformity）。

普享性原则（Universality），即所有公民不论其职业为何，都应被覆盖
以预防社会风险。它规定了社会福利政策的广泛覆盖面，显示社会福利政
策从应急性、特殊性、局部性的救济政策，逐步过渡为长期性、一般性、
广泛性的普享政策，也标志着其实质从专门针对社会问题治理的低位政策
转向了体现全体公民基本人权的高位政策。社会福利普享性的实现，是社
会公平的重要尺度。

统一性原则（Unity），即建立大一统的福利行政管理机构。它要求所有的
福利政策和相关机构的设置都要由国家统一管理，社会保险的缴费标准、待
遇支付也要按照统一规定执行。这样做，一方面能够更好地保证社会福利的
公平性，避免不同地区由于经济发展水平的差距而导致社会福利事业资金来
源的高低悬殊；另一方面也有利于各部门相互协调，提供优质的公共服务。

均等性原则（Uniformity），即每一个受益人根据其需要，而不是收入状
况，获得资助。由于人们的出身、背景、资质、能力，以及所处的环境不
可能完全一样，造成所占有的社会资源和所得到的利益也不相同。均等性
原则就是为了缩小这种分配结果的不平等，向那些处于不利地位的人提供
更多的资源和可能性，尽量使所有的人获得更为均等的机会。当然，均等
性并不等于平均化，而是允许在全国大体均等的基础上允许存在地区性、
阶段性、需求性的差异，其实质是保障全体社会成员生存底线的一项制度
安排，即保障"平等的最低生活"。它体现了政府对处境最不利者的关怀，
使弱势群体得到比较公正的对待。

（二）"3U" 原则的哲学基础

"3U" 原则的哲学基础来源于 J. 边沁创立的功利主义哲学。

正当（right）和善（good）是伦理学的两个基本概念，它们之间的关
系是伦理学的一个主要问题。功利主义认为善是独立于正当的，是更优先
的，是我们据以判断事物正当与否的根本标准；正当则依赖于善，是最大
限度地增加善或符合善的东西（罗尔斯，1988：10）。

功利主义强调"合乎最大多数人的最大善"。所谓"最大善"的计算必
须依靠此行为所涉及的所有个体之苦乐感觉的总和，其中所有个体都被视
为具有相同分量，且快乐与痛苦是能够换算的，痛苦仅是"负的快乐"。不

同于一般的伦理学说,功利主义不考虑一个人行为的动机与手段,仅考虑一个行为的结果对最大快乐值的影响。能增加最大快乐值的即是善;反之即为恶。

边沁和密尔都认为,人类的行为完全以快乐和痛苦为动机。密尔还认为,人类行为的唯一目的是求得幸福,所以对幸福的促进就成为判断人的一切行为的标准。功利主义在现代道德哲学中占主导地位,其影响深远。由英国庇古奠定的福利经济学,就认为一个人的福利是他所感到的满足的总和,社会福利则是个人的福利的总和,个人总是力图使自己的满足成为最大量。

然而,功利主义也具有不可忽视的缺陷。罗尔斯就认为,功利主义在产生最大利益总额(或平均数)的前提下容许对一部分人的平等自由的严重侵犯。他主张"合乎最少受惠者的最大利益",并提出两个正义原则,第一个原则是平等自由的原则,第二个原则是机会的公正平等原则和差别原则的结合。其中,第一个原则优先于第二个原则,而第二个原则中的机会公正平等原则又优于差别原则(罗尔斯,1988:6-7)。

虽然《贝弗里奇报告》的出现略早于罗尔斯的《正义论》,但我们可以看到"3U"原则的均等性与罗尔斯的正义原则,具有一定程度的相似性,尽管"3U"原则并不主张绝对的平均主义。

二 "3U" 原则与我国广播电视公共服务现状

"公共服务"作为现代公法制度的基本概念,是由法国学者莱昂·狄骥于1912年提出的。广播电视公共服务是基本公共服务的一个部分,是满足人民群众精神文化需求的公共产品,它既具有社会性公共服务的一般属性,也具有公共文化服务和传播媒介服务的特殊性,它既是电视公共职能的体现,又包含了媒介内容价值的传播。

(一)"3U" 原则与广播电视公共服务

不同于一般的公共服务,广播电视公共服务综合了传输覆盖网络服务、节目内容服务和公共平台服务等多种功能,是政治、经济、社会等与公众生活密切相关的各种基本信息和基本文化娱乐服务的总称。它不仅是为了消除市场失灵,而且肩负着环境监测、社会协调以及社会教化等多种责任,体现了公民价值和社会价值。作为一种"准公共物品",广播电视公共服务也需要遵循"3U"原则。

普享性原则。广播电视公共服务与其他公共服务一样,具有普享性。即它应该满足不同民族、种族、地域、性别、年龄、教育水平、贫富状况的公众的需求，尤其是应该满足农民、少数民族、残疾人、老人、儿童等弱势群体和特殊人群的需要。广播电视公共服务的目的是让所有的公民享受广播电视信息、教育和娱乐节目。

统一性原则。由于广播电视公共服务涉及范围广、影响力大，需要庞大的资金支持，这就决定了广播电视公共服务是一种集体消费，"就其性质和规模，其组织和管理职能是集体供给"（Castells，1976：15），也就是说，广播电视公共服务是由集体或国家所供给的，是不能被分割的产品和服务。统一的管理使得广播电视公共服务，是为公民服务而不是为消费者服务的，使公民有针对议题发表意见、进行辩论的权利，从而促进社会的平等和谐。

均等性原则。广播电视公共服务的均等化就是要为全体社会成员提供大致具有相同水平的广播电视公共服务，具体体现在不同区域之间、不同群体之间都享有大体一致的广播电视公共服务（王文杰，2011）。这也是我国广播电视公共服务体系建设的首要目标。

（二）我国广播电视公共服务的现状：以电视公共服务为例

在我国，广播电视公共服务是在政府向"公共服务"型转向的过程中逐步推进的。2004 年，温家宝总理在《政府工作报告》中首次提出推进政府公共服务职能转变的任务，次年进一步提出了"建设服务型社会"的目标。2006 年 10 月，中共十六届六中全会正式提出"基本公共服务均等化"。2011 年 7 月 1 日，胡锦涛总书记在建党 90 周年的讲话中，再次提出"要加快文化体制改革，加快构建公共文化服务体系，加快发展文化事业和文化产业"。在这一系列政治话语背景下，国家广电总局将建立广播电视公共服务体系提上了日程。

1. 电视公共服务的传输覆盖体系

在广播电视渠道覆盖方面，我国已经形成了无线、有线、卫星、互联网多重覆盖，模拟和数字并存的格局，并通过"村村通工程""西新工程"等加强了对西部边远地区和少数民族地区的覆盖。

2006 年构建和完善中国公共文化服务体系被提上了日程，到"十一五"计划结束，已经取得了阶段性成果。据 CSM 媒介研究数据显示，目前全国共有广播电视媒体单位 1638 个，电视台 247 座，人均每天收视时间 151 分钟，电视推及人口 12 亿 5794 万人，全国电视人口综合覆盖率达 97.62%。平均每百户电视机拥有量为 135 台，家庭电视机拥有率达 98.2%，拥有 2台以上电视机的家庭比例达 29.4%，其中城市家庭的电视机拥有率为98.1%，农村家庭的电视机拥有率为 98.3%，拥有 2 台及以上电视机家庭的比例，城市为 31.6%，农村为 28.3%。

　　全国平均每户可以接收 39.1 个频道，其中城市居民家庭平均可以接收 50.2 个频道，农村居民家庭平均可以接收 33.2 个频道。央视依靠其强大的资源优势和作为国家级频道的特殊地位，在覆盖率方面占有绝对的优势。据 CSM2009 年收视调查显示（见表 1），全国覆盖率排名前 5 位全部是央视频道，而进入覆盖率排名前 20 位的频道中，央视频道占了 13 个。在省级卫视频道中，湖南卫视覆盖率排名最靠前，位列第 6，山东、浙江、江苏、上海和四川这 5 个省级卫视频道也跻身前 20 位。

表 1　2009 年全国卫视频道覆盖率前 20 位

排名	频道	覆盖率（%）	排名	频道	覆盖率（%）
1	CCTV - 综合	96.0	11	CCTV - 4	70.3
2	CCTV - 7	86.5	12	江苏卫视	70.3
3	CCTV - 2	81.7	13	东方卫视	70.0
4	CCTV - 少儿	80.1	14	四川卫视	69.8
5	CCTV - 10	78.3	15	CCTV - 12	66.3
6	湖南卫视	77.9	16	CCTV - 3	64.8
7	CCTV - 11	74.9	17	CCTV - 6	64.5
8	山东卫视	74.8	18	CCTV - 5	64.3
9	浙江卫视	74.1	19	CCTV - 8	64.3
10	CCTV - 新闻	72.8	20	中国教育台一套	64.1

　　数据来源：CSM 媒介研究 2009 年全国收视调查网基础研究。

　　此外，调查还显示，2009 年农村地区卫视频道覆盖率整体上比城市要低。从覆盖率排名前 20 位的频道看，在农村地区，2009 年排名第 20 位的频道覆盖率是 56%，而城市地区已经达到 76%（中国广播电视年鉴社主编，2010：288 - 289）。

　　在有线电视网络建设方面，近年来国家广电总局大力推动有线网络实现由小网变大网、模拟变数字、单向变双向、看电视变成用电视。2010 年，全国有线广播电视用户达 18730 万户，其中数字电视用户 8798 万户，已接近有线电视用户的一半。目前，江苏、海南、宁夏、广西等 13 个省区市已经完成"一省一网"的目标。全国已有 160 多个地市、460 多个县市完成了数字化整体转换。另有 102 个地市和 600 多个县启动了整体转换工作。

　　从 1998 年起，国家开始建设"村村通工程"和"西新工程"。"村村通工程"主要是解决边远贫困地区广播电视覆盖的盲区问题。2006 年"村村通工程"作为农村公共文化服务体系建设的重要组成部分，被列入"十一五"计划，仅中央财政就安排专项资金 96 亿元，地方各级政府也加大了投入力度。目前已完成全国 11.7 万个行政村"盲村"、10 万个 50 户以上自然村"盲村"的建设任务，解决了近 1 亿人口的听广播、看电视难的问题。

2000 年 9 月，"西新工程"开始实施，旨在加强西藏、新疆等边远地区的广播电视覆盖。国家广电总局数据显示，到 2010 年，中央财政向"西新工程"累计投入 194.8 亿元，其中投入建设资金 82.2 亿元，财政部累计安排运行维护经费 112.6 亿元。目前，新疆、西藏、内蒙古及宁夏、甘肃、云南、青海 4 个省份藏区广播电视覆盖率大幅度提高，彻底扭转了广播电视覆盖滑坡的趋势，这些地区的居民普遍能收到 3~4 套中央和当地的电视节目，基本实现了"让党和国家的声音进入千家万户"的目标。

然而，这种发展却是不平衡的，我国广播电视渠道覆盖仍存在城乡和地区二元结构。城市已经开始从模拟电视向数字电视转变，而在中西部偏远地区，仍有 70 万户已通电的自然村无法收到广播电视信号，即使是中央人民广播电台一套、中央电视台一套和七套的无线人口覆盖率也只分别达到 84%、82%、68%。此外，中西部少数民族居民能接收到的地方语种类节目也比较有限，这也制约了公共服务的有效推进。因此，现阶段广播电视公共服务的渠道建设应以加强农村的传输网络覆盖为基本要务，为农民提供政策解读、农业信息传递、知识普及和文化娱乐等公共服务，提高农民的科学文化素质，为少数民族居民提供足够的地方语种节目。

2. 电视公共服务的内容提供体系

节目内容是电视公共服务的核心，其价值取向应当以满足公民需求和知情权为宗旨，着眼于社会效益和为公众服务，强调公益性内容的传播，注意节目的普适性、多样性、丰富性、优质性和创意性。20 世纪 90 年代以后，我国电视走上了频道专业化的道路。进入 21 世纪以来，电视公共服务的内容提供体系也逐步完善。

在电视频道资源方面，近年来，我国电视频道增多，覆盖面扩大。到 2009 年电视频道增加至 353 个，其中东部地区 184 个，中部地区 73 个，西部地区 96 个；在少数民族频道的分配方面，东部、中部地区没有少数民族频道，西部地区创办有 7 个少数民族频道。这都表明，我国电视频道目前仍然发展不平衡，呈现东西部二元格局，在频道对象分配上严重不平衡，少数民族频道匮乏。

在电视栏目资源方面，我国电视栏目数量增多，类型多样化，并出现了许多品牌栏目。到 2009 年，全国共有电视栏目 1388 个，其中新闻栏目 208 个，娱乐栏目 759 个，社教栏目 247 个，服务栏目 113 个，其他栏目 61 个；在对象分配上，农民栏目 28 个，少儿栏目 128 个，老年人栏目和妇女栏目均为 0 个,其他类型则有 1231 个。这表明,我国电视栏目构成形式的不平衡,具有严重的娱乐化倾向,新闻栏目比例偏小;对象构成严重不平衡,对弱势群体关注不够,忽视了面向老年人、妇女和农民的栏目建设。

在节目内容播出方面,各类节目的播出时长有所增加(见表 2)。2009 年,新闻资讯类节目播出 195.97 万小时,专题服务类节目 170.32 万小时,综艺娱乐类节目 131.47 万小时,电视剧 698.21 万小时,广告 204.70 万小时,其他节目 177.00 万小时。从 2005 年到 2009 年的播出总情况来看,电视剧一直占据着绝对的优势,而广告的播出时间甚至超过了新闻资讯类节目,这说明我国公共电视节目的播出份额仍然不大,各级电视台在衡量经济效益与社会效益时,仍然更侧重于经济效益。

表 2 2005－2009 年全国公共电视节目播出情况

单位:万小时

内容 年份	新闻资讯类	专题服务类	综艺娱乐类	电视剧类	广告类	其他
2005	147.21	135.14	116.74	559.90	148.06	152.11
2006	159.03	139.50	121.98	607.08	178.01	154.85
2007	171.33	149.74	126.09	652.13	190.18	165.19
2008	181.04	157.62	121.41	662.90	198.62	173.38
2009	195.97	170.32	131.47	698.21	204.70	177.00
合计	854.94	752.32	617.69	3180.23	919.57	822.53
均值	170.99	150.46	123.54	636.05	183.92	164.51

资料来源:赵玉明主编《中国广播电视年鉴(2010)》,2010,中国广播电视年鉴社。

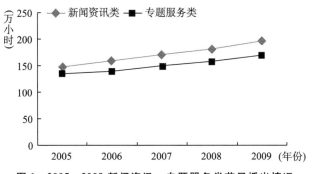

图 1 2005－2009 新闻资讯、专题服务类节目播出情况

从图 1 我们可以看到,从 2005 年到 2009 年,新闻资讯类节目和专题服务类节目播出时长有了明显的增长,但增幅不大。

　　综上所述，我们可以看到，我国电视公共服务体系建构取得了一定的成效，经过"村村通工程""西新工程"等重点建设项目的推进，电视在覆盖率方面取得了十分显著的成效，基本覆盖全国范围，但在公共服务的内容体系建构方面，则出现了忽视弱势群体和少数族群的现象。此外，公共服务类节目的播出份额也相对偏小，这均显示广播电视公共服务的"3U"原则在贯彻执行过程中存在着一些不容忽视的问题，而这些问题的解决依赖于相关评估体系的建构。

三　"3U"原则的评估体系

　　广播电视公共服务"3U"原则的评估指标主要包括以下内容：普享性指标、统一性指标、均等性指标和满意度指标（见表3）。

表 3　我国广播电视公共服务评估指标体系

指标维度	二级指标	三级指标	评估要目
普享性指标	传输覆盖	广播覆盖率	发射功率、开机率、节目套数、覆盖信号强度
		无线电视覆盖率	发射功率、开机率、节目套数、覆盖信号强度
		有线电视覆盖率	布局、入户率、开机率、节目套数、价格
		卫星电视覆盖率	开机率、节目套数、信号质量、设备质量、价格
		视听新媒体覆盖率	节目总量、播放质量、价格
	内容提供	频道设置	科学性、合理性、平衡性、公正性
		有效播出时长	首播时长、重播时长
		节目设置	普适性、多样性、丰富性、优质性、创意性
		收视/听率	收视/听率
		收视/听质	满意度、忠诚度、影响力
统一性指标	统一管理	公共服务机构设置	合理性、科学性
		公共政策制定	可行性、科学性、合理性
		公共财政拨款	投入情况、使用效率、公开性、公正性
		组织运营	科学性、合理性、稳定性
均等性指标	均等性	区域均等	覆盖区域均等公平、内容提供均等公平
		城乡均等	同上
		群体均等	同上
		民族均等	同上

续表

指标维度	二级指标	三级指标	评估要目
满意度指标	受众满意度	传输覆盖满意度	丰富性、针对性、适宜性、公平性、科学性
		节目内容满意度	同上
		服务态度满意度	传输覆盖服务态度、内容服务态度
		服务效率满意度	传输覆盖服务效率、内容服务效率

其中普享性指标,主要评估广播电视公共服务的传输覆盖和内容提供是否能做到全民普遍享有。而传输覆盖主要包括广播、无线电视、有线电视、卫星电视的覆盖情况,未来也应当把网络电视等视听新媒体纳入评估范围。内容提供则主要评估频道设置、有效播出时长、节目设置、收视/听率和收视/听质。重点评估内容提供是否全面、平衡,是否能关注少数族群及老人、儿童、残疾人等弱势群体,满足他们的需求。

统一性指标,主要评估是否有统一的广播电视公共服务管理机构,是否做到统一管理、有效管理,政策的制定是否合理、有效,公共财政拨款的投入与使用是否合理、公正。由于公共财政资源有限,广播电视公共服务可以考虑通过发展第三部门、部分引入市场等手段,来争取扩大公共服务的财政投入,形成以国家投入为主、其他投入为辅的多元化公共财政投入。

均等性指标,主要评估广播电视公共服务是否做到区域均等、城乡均等、民族均等、群体均等,使之尽量符合罗尔斯提出的"合乎最少受惠者的最大利益",当然这并不是说要实现绝对的平均主义。

满意度指标是对广播电视公共服务"3U"原则指标实施情况的反馈,通过评估受众对传输覆盖、节目内容、服务态度和服务效率等指标的满意度,来进一步调整"3U"原则的指标内容和执行情况,具体可以采用李克特量表实行分级评分的方式。

总之,由于我国广播电视的管理体制形成了"条块分割"的局面,加上经济发展的"二八分律",这都导致广播电视公共服务提供很难做到平衡、公正。当前需要解决的首要问题是普享性和均等性问题,要使全国各地的各类人群均有机会享受相对公平的广播电视公共服务,尤其是少数族群及老人、儿童、残疾人等,在此基础之上再考虑受众对广播电视公共服务提供的满意度问题。

参考文献

岑子彬,2010,《〈贝弗里奇报告〉的社会保障理念及其启示》,《重庆科技学院学报》（社会科学版）第 12 期。

丁建定，2007a，《〈贝弗里奇报告〉及其评价》，《社会保障研究》第 1 期。

丁建定，2007b，《〈贝弗里奇报告〉评价中值得注意的几个问题》，《中共福建省委党校学报》第 10 期。

丁建定、白洪刚，2008，《重解〈贝弗里奇报告〉》，《中国社会保障》第 5 期。

方雪琴，2011，《广播电视公共服务绩效评估体系的构建》，《现代传播》第 12 期。

刘祥平、肖叶飞，2011，《广播电视公共服务：理论内涵与评估体系》，《河南社会科学》第 12 期。

罗尔斯，约翰，1988，《正义论》，何怀宏、何包钢、廖申白译，中国社会科学出版社。

穆勒，约翰，2008，《功利主义》，徐大建译，上海人民出版社。

王文杰，2011，《我国广播电视公共服务均等化路径解析》，《中国广播电视学刊》第 12 期。

袁正领、魏蕾，2009，《对广播电视公共服务几个基本问题的思考》，《现代传播》第 12 期。

杨明品、李江玲，2011，《论中国广播电视公共服务的转型升级》，《中国广播电视学刊》第 3 期。

张国涛，2008，《广播电视公共服务的基本内涵》，《现代传播》第 12 期。

赵玉明主编，2010，《2010 中国广播电视年鉴》，中国广播电视年鉴社。

Castells，M. 1976. "Theory and Ideology in Urban Sociology." In *Urban Sociolgy*, edited by Pickvance.

责任编辑　张丕万

新媒体与政治传播

2013 年西安政务微博报告

韩 隽[*]

内容摘要 本报告通过对比 2013 年第二季度与 2012 年西安政务微博同期的基础数据，归纳了西安政务微博在新阶段的发展概况和特征，并对政务微博的发展趋势进行了预测。

关键词 政务微博 西安市 2013 年

一 综述

自 2011 年以来，微博作为一种新生力量不断渗透到我国社会生活的方方面面，"微博问政"快速兴起。从 2012 年开始，政务微博逐渐由试水阶段迈入成熟发展期，其管理运营逐步规范化、专业化、科学化。相关数据显示，截至 2012 年 12 月 20 日，新浪网、人民网、新华网等多家微博网站共有政务微博账号 17.2 万多个。[①] 2012 年 11 月 7 日，陕西省政府政务微博平台"@陕西发布"正式开通。截至 2012 年底，陕西在新浪网等网站上的政务微博数共计有 3434 个，排名全国第 17 位，影响力排在全国第 19 位。

至今，政务微博的建设已经成为各级党政机构的一项重要工作。2013 年初各省市召开了人大、政协会议，上海、陕西等地纷纷把办好政务微博作为一项重要的工作提上日程。2013 年 1 月 27 日发布的陕西省《政府工作报告》提出办好政务微博是"推进政务公开""畅通联系群众的渠道"的一项重要工作。2013 年 1 月 16 日的陕西省宣传部长会议上提出了"全省宣传干部开微博"。[②] 这说明微博时代的党政工作已经正式对公务人员个人开设和使用微博提出了要求。在 2013 年 2 月 27 日召开的陕西全省宣传思想文化系统开设微博动员暨政务微博培训会议上，省委常委、省委宣传部部长景

---

* 韩隽，西北大学新闻传播学院副院长，教授。

① 数据转引自新浪网新闻《2013 陕西政务微博大会举办，龚晓燕大会致辞》，http：//sx. sina. com. cn/news/b/2013－07－04/100976091. html，最后访问日期：2014 年 3 月 25 日。

② 参见华商网新闻《赵正永：每天睡前都刷微博 宣传干部应多发声》，http：//news. hsw. cn/ system/2013/01/17/051588969. shtml。

俊海进一步提出，至 2013 年底全省宣传思想文化系统要微博全覆盖。[①] 这标志着政务微博已经正式被当作信息化时代党政机关密切联系群众、落实群众路线的重要载体。

统计数据显示，当前政务微博的发博数量已超过 4000 多万条，政务微博的活跃度非常高。此外，当前我国中央部委微博正和基层微博齐头并进，7 万多个政务微博中 5.8 万个是基层微博。当前政务微博的发展趋势包括政务微博的集群化与全覆盖，政务微博进入务实应用阶段。政务微博群众工作在向基层延伸，从问政平台扩展为办公平台，注重运营规范技巧，更接"地气"。政务新媒体融合化趋势加强，制度化使政务微博可持续发展。政府已开始使用微博做公益事业，包括搭建公益平台等。在突发事件舆情应对中，政府已经开始有了自己的改变和实际的做法。这些改变将使政务微博在为百姓服务方面做得越来越好，将来的发展方向越发清晰。

当前，政务微博的发展一方面所面临的是当前及未来一个时期中国政府社会管理所提出的紧迫要求；另一方面，在 Web2.0 时代，作为新媒体的微博自身也不断经受着技术发展所带来的一系列新的变化与挑战，处在这样一个平台上的政务微博不可避免地要为应对各种变化做出适时的调整，以便更好地发挥"微博问政"的良性作用。自 2013 年以来，政务微博开始由自媒体向媒体转化，这一方面使政务微博的媒体特性得到了更好的表现，使微访谈、微直播等多媒体形式得到了更灵活的运用；另一方面，微博作为自媒体的灵动特性有被弱化的迹象。而依托于移动终端的微信的蓬勃兴起一定程度上也在抢占着微博原有的用户市场。

总体来看，陕西政务微博的发展较之东部发达地区尚处于起步阶段。在陕西，政务微博主要集中在大西安及周边地区。本报告将对比 2013 年第二季度与 2012 年西安政务微博同期的基础数据，以期通过纵向对比来归纳西安政务微博在新阶段的发展概况，分析其特征和问题，并对政务微博的发展趋势进行预测和积极探索，总结出在运作、管理政务微博方面值得借鉴的经验。

二 本报告的监测对象

本报告的监测对象为新浪微博所提供的 245 个西安市党政机构和公务人员微博，其中包括 198 个党政机构微博以及 47 个公务人员微博。报告对上述微博账户 2013 年的数据进行了统计，并与 2012 年同期数据进行对比、分

---

① 参见新浪网新闻《2013 陕西政务微博大会举办，龚晓燕大会致辞》，http://sx.sina.com.cn/news/b/2013-07-04/100976091.html，最后访问日期：2014 年 3 月 25 日。

析。统计微博的指标包括以下 8 项。

（1）微博注册天数：从注册微博到截止日期时长。

（2）粉丝数量：至截止日期微博拥有的粉丝数量。

（3）微博数量：至截止日期所发的微博数量。

（4）微博原创率：发布原创微博数量占微博总数的百分比。

（5）日均微博数量：日均所发微博数量。

（6）活跃粉丝率：用户微博活跃粉丝占总粉丝的比率，其中活跃粉丝指的是自身微博粉丝数大于 30 个、微博数大于 30 条且一周内有互动的微博用户。

（7）日均与网友互动率：给用户微博评论和转发的人数，占活跃粉丝的比率。

（8）平均评论与转发数：用户所发最近 200 条微博中，获得转发/评论的数量。

以上指标均为客观指标，直接通过数据统计得出，所有的数据均量化表示。

三 2013 年西安政务微博发展趋势状况

（一）政务微博粉丝数分布

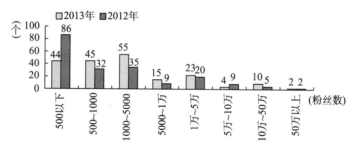

图 1　2013 年与 2012 年党政机构微博粉丝数分布对比

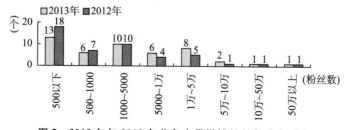

图 2　2013 年与 2012 年公务人员微博粉丝数分布对比

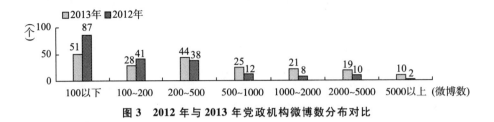

图 3 2012 年与 2013 年党政机构微博数分布对比

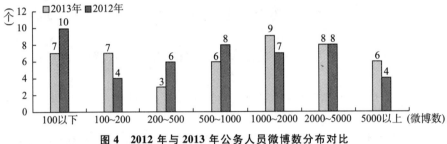

图 4 2012 年与 2013 年公务人员微博数分布对比

通过数据分析可以看出，总体上讲，西安地区党政机构政务微博发展日趋成熟，粉丝数目总体上有所增长。经过从 2012 到 2013 年一整年的运作，粉丝数 500 以下的政务微博数目大幅减少，粉丝数目分布在 500~1000，1000~5000，5000~1 万，1 万~5 万的这些区间内的党政机构微博账户数目都有不同程度的增长，但是拥有 5 万以上粉丝的党政机构微博的数目与 2012 年同期相较，基本持平。而党政机构微博账号的微博总数在这一年的时间里稳步增加，经过一年的经营微博数量很少的账号大幅度减少。

公务人员微博呈现出相同的变化趋势。而政务微博中能抓住大批粉丝的"大 V"依然只是少数。粉丝数目稳定地维持在 5 万以上的公务人员包括西咸新区管委会常务副主任王军的个人微博"@ 王军—骥野"，西安市委宣传部网络处处长袁永君的个人微博"@ 琼钧"，陕西省西安市公安局莲湖分局劳动南路派出所社区民警郝世玲个人微博"@ 郝大姐的微博警务室"以及西安铁路局党委宣传部副部长李喆个人微博"@ 西铁李喆"。其中有三个账户是政府部门官员的个人微博，有一个账户属于基层警务工作者。就微博数而言，公务人员个人账号的微博数总体上比党政机构官方微博的数量少很多，这是由于组织与个人在人力、物力资源上悬殊的差距所造成的。2013 年第二季度微博数在 1000 以上的公务人员微博账号数量有所增加，位于 200~1000，以及 100 以下的账号数目有所下降。

（二）政务微博传播力发展状况

本部分从微博内容的原创率、日均微博数量这两个方面对监测样本当中党政机构微博与公务人员个人微博账户的传播力进行分析。

1. 政务微博原创率

微博原创率是指发布原创微博数量占微博总数的百分比。

监测样本当中的党政机构微博包括以下四类部门的微博：警务机构、政府机构、共青团委和旅游景区官方微博。其中警务机构微博共计 101 个，政府机构微博共计 60 个，共青团委微博共计 25 个，旅游景区微博 12 个。这四类部门所占比例如图 5 所示。

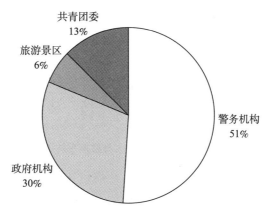

图 5 西安党政机构微博部门分布

本报告对所有监测样本的微博原创率进行统计，并按照四个部门分类计算各个部门的微博平均原创率，见图 6。

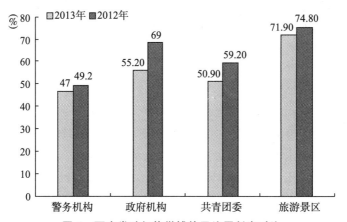

图 6 西安党政机构微博的平均原创率对比

由图 6 可知，四类部门微博的平均原创率排名保持不变，旅游景区微博的平均原创率最高，政府机构位列第二，共青团委与警务机构分别位列第三、第四。对比两年的数据，可以看出，2013 年总体上党政机构微博的平均原创率有轻微下滑，其中政府机构微博的平均原创率的下降幅度最大，为 13.8 个百分点。共青团委微博的平均原创率下滑了 8.3 个百分点。

2012 年与 2013 年公务人员微博原创率的平均值分别为 46% 和 43.2%，总体态势基本保持稳定。但数据显示，分布在高原创率区间 70% ~90% 的微博数目有所减少，分布在原创率相对较低的 30% ~50% 这一区间内的公务人员微博有所增多。此外，2013 年原创率极端低（10% 以下）和极高的（90% 以上）基本与 2012 年同期保持不变（见图 7）。

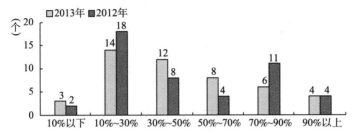

图 7　2012 年与 2013 年公务人员微博平均原创率分布

由此可知，2013 年西安警务机构、政府机构、共青团委、旅游景区官方微博以及公务人员个人微博的平均原创率略有下滑。总体上讲，旅游景区微博的平均原创率稳居高位，而党政机构官方微博的平均原创率高于公务人员个人微博的平均原创率。

2. 日均微博数量

日均微博数量指的是每一政务微博账户日均所发微博数量。警务机构、政府机构、共青团委以及旅游景区官方微博 2013 年和 2012 年同期的总平均微博数量的对比数据见图 8 所示。

2013 年，西安共青团委的官方微博日均微博数量比 2012 年同期有显著增长，位列四类部门之首，旅游景区微博的日均微博数也有所上升。而政府机构和警务机构的日均微博数有所下降。统计中发现，在检测时段截止的最后一周内，警务机构微博中有 18 个微博账户的日均微博数为 0，这些微博多是基层派出所、警务室、巡警大队的官方微博，与更上级的党政机构的官方微博相比，它们更缺乏管理运营微博的人力资源以及相关的知识储备，虽然开设了官方微博，但是没有形成成熟的运作模式，对微博没有很好地加以利用，账户长期处于一种虚设的状态。

通过数据统计发现，2013 年公务人员个人微博账户的日均微博发布总

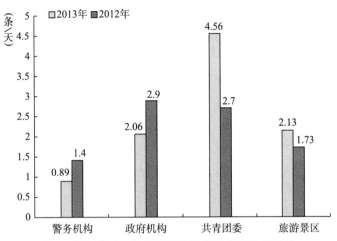

图 8　西安党政机构微博日均微博数量平均值对比

体情况与 2012 年同期相比变化不大（见图 9）。大多数公务人员的日均微博发布数量还是在 5 条以下。粉丝总数在 5 万以上的"大 V"当中"@郝大姐的微博警务室"以及"@西铁李喆"的日均微博发布数量分别为 15 条/天和 16 条/天，2012 年同期的该数据为 33.8 条/天和 13.1 条/天。因而，在 47 个公务人员个人微博当中，粉丝数目最多的几位加"V"账户的微博发布频率在 2013 年其实是有所下降的。

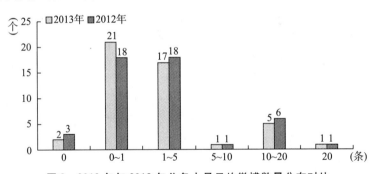

图 9　2012 年与 2013 年公务人员日均微博数量分布对比

（三）政务微博互动性发展状况

本部分从活跃粉丝率、日均与网友互动率、平均评论与转发数这三个方面的数据来对比、分析 2012 年与 2013 年西安党政机构和公务人员个人微博互动性的发展状况。

1. 活跃粉丝率

活跃粉丝是指自身微博粉丝数大于 30 个、微博数大于 30 条且一周内有互动的微博用户。在新浪微博平台上，某一账号所拥有粉丝的活跃程度影响着其潜在的传播力和商业价值。那些自身拥有较多粉丝且微博发布频繁的用户更能成为微博信息呈几何级数扩散的有效渠道。通过数据统计发现，2013 年，共青团委官方微博的活跃粉丝率有所提升。但政府机构与旅游景区官方微博的活跃粉丝率分别下降了 5.66 个百分点和 2.99 个百分点。警务机构的平均活跃粉丝率保持稳定态势（见图 10）。

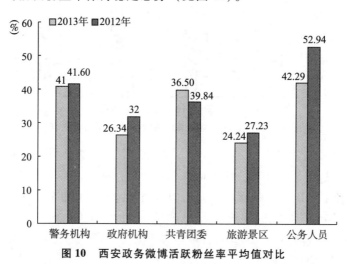

图 10　西安政务微博活跃粉丝率平均值对比

公务人员个人微博的活跃粉丝率由 2012 年的 52.94% 降到了 2013 年的 42.29%。2013 年，粉丝数居前四位的四个微博账户，除了警务工作者"@郝大姐的微博警务室"这一微博的活跃粉丝率从 2012 年的 0.4% 上升至 5%，其他三个属于公务人员的个人微博的活跃粉丝率都有所下降。"@西安李喆"的活跃粉丝率数值还是很高，达到 11.1%，但是与 2012 年同期的 22.7% 相比较，下滑了 11.6 个百分点。当然，这主要是因为"@西铁李喆"的粉丝数目从 2012 年的 17117 位增长到了 2013 年的 51607 位，而新增加的粉丝当中并不都是活跃的微博用户。

结合图 1 与图 2 当中西安政务微博粉丝数分布的变化情况，可知虽然总体上看政务微博的粉丝有所增长，但是增长的粉丝中那些比较活跃的、具有影响力和传播力的微博用户数量的增长率远远低于表面上总数的增长率，其中可能会有"僵尸粉"以及虽然形成关注关系但是很少真正关心政务微博的粉丝。

2. 日均与网友互动率

日均与网友互动率这一指标所测定的是每天给党政机构以及公务人员个人的政务微博账号发评论和转发的人数占活跃用户的比率。统计数据见图 11。

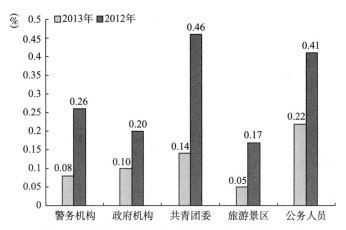

图 11　西安政务微博日均与网友互动率平均值对比

3. 平均转发数与评论数

平均转发数与评论数指的是监测时段截止之前政务微博用户所发的最近的 200 条微博的平均转发数与平均评论数。

微博平台上，信息的传递主要是通过转发与评论两种方式。粉丝对某一条微博进行评论时，微博信息以及评论内容就会在当前用户的粉丝圈子里进行传播，对评论的浏览会进一步促进用户之间的交流。当一条微博被用户转发之后，该信息会进一步在被转发者的粉丝圈子里传播，而一个用户拥有多个粉丝，通过转发方式的消息传播速度呈几何级数增长。因而，转发与评论是政务微博信息传播的重要途径，转发数与评论数是衡量政务微博互动性的重要指标。

图 12　西安政务微博转发数平均值对比

通过对截止日期前最近发布的 200 条微博进行数据统计发现，2013 年，在四类部门中政府机构官方微博所发布的微博获得的平均转发数是最高的。总体上看，政府机构微博平均转发数相较于 2012 年同期的 2.9 条大幅度增长到了 2013 年的 24.75 条。警务机构微博平均转发数增长至 7.31 条，而旅游景区微博平均转发数也略有增长（见图12）。但是共青团委和公务人员的微博平均转发数与2012年相比有所下降。通过进一步的数据分析发现，政府机构微博平均转发数虽然大幅度上扬，但其发展并不均衡。西安市旅游局官方微博平均转发数达到了1061条，陕西省西安城墙保护基金会官方微博"@陕西省西安城墙保护基金会"的平均转发数为181条，陕西省文物局官方微博"@汉唐网"平均转发数达到了74条。但其中有22个微博账号的平均转发数不足1条，有26个微博账号的平均转发数在1~5条，有5个微博账号的平均转发数在5~10条，有3个微博账号的平均转发数在10~20条。

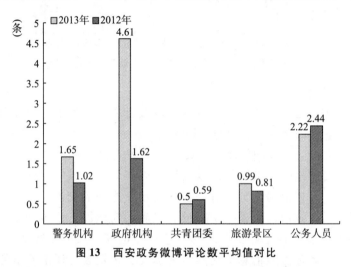

图13　西安政务微博评论数平均值对比

通过对截止日期前最近发布的200条微博进行数据统计，2013年度政府机构官方微博的平均评论数位列第一，达到4.61条，比2012年同期的1.62条有较大的增长。公务人员个人微博的平均评论数位列第二，但是2013年有轻微下滑。此外，警务机构与旅游景区官方微博的平均评论数都有缓慢增长，只有共青团委官方微博的平均评论数较2012年同期有所下滑（见图13）。与平均转发数的情况相似，平均评论数位列第一的政府机构中，各个机构官方微博的发展状况也不平衡。平均评论数最高的是"@汉唐网"，达到了32条。但是有33个政府机构的官方微博近200条微博的平均评论数不足1条，有21个属于政府机构的官方微博近200条微博的平均评论数在1~5条。

（四）　总结

通过对2013年及2012年的数据进行对比、分析，可以看出西安政务微博呈现出了以下变化趋势：西安政务微博的运作模式日趋成熟，粉丝数目与微博数量经过一段时间的经营稳步上涨。通过对西安政务微博传播力和互动性发展状况的进一步分析发现，就微博信息的内容而言，从 2012 年到 2013 年，旅游景区官方微博一直是原创内容最为丰富的一类，其微博多是结合景区具体情况的原创信息。西安地区共青团委相关部门在微博平台上的信息发布较之 2012 年更加频繁了，关注这些部门的粉丝中那些较为活跃的用户所占的比例也有所增加。但是微博的评论数与转发数没有显著的改善，所发布的微博内容在引起网友互动上还有所不足。而政府机构官方微博所发布的微博在 2013 年互动性有了显著的增长，所发布的微博较之其他几类部门更能引发评论与转发。总体上，2013 年，警务机构官方微博的互动性也在稳步发展，但是一些基层派出所、刑警队的官方微博出现了"空壳微博""僵尸微博"的现象，虽然开设过由新浪网认证过的微博账号，但其实用于发布信息的次数很少。而公务人员个人微博的发展状态非常平稳，与 2012 年同期相比，其传播力与互动性都没有显著的变化。

四 2013 西安政务微博案例分析

（一）政府机构官方微博案例分析

1. "@西安公安"

（1）微博介绍。

"@西安公安"是西安市公安局开设的官方微博，2010 年 12 月 26 日，"@西安公安"发出第一条微博。在开通微博之初，"@西安公安"以发布信息为主，包括"被困电梯怎么办""如何防范他人设骗局"等服务信息，并转发同行微博，配合热点时事进行服务信息发布。早在 2011 年，新浪网发布的陕西首份政务微博年度报告就指出了"@西安公安"微博的影响力、传播力、活跃度、覆盖力均排名第一。至今，"@西安公安"仍然是政务微博中粉丝数目居于首位的。

（2）2013 年微博发展分析。

经过 3 年的经营，"@西安公安"的微博粉丝数达到了 134 万，微博数达到了 5640 条，微博原创率高达 95%，平均每天的微博数为 5.2 条，平均评论数与转发数分别为 15 条与 40 条。

a. 传播力分析。

根据分析可知，经过了 3 年的经营运作，"@西安公安"吸引了大量在微博平台上具有传播力和话语权的博友。有 27% 的"@西安公安"好友粉丝数分布在 1 万~10 万，有 28.7% 的"@西安公安"好友的粉丝数分布在 10 万~100 万。有 17.9% 的"@西安公安"好友粉丝数在 100 万以上。这些人的微博账号有大量粉丝，能使 "@ 西安公安" 发布的微博逐级扩散，呈几何级数裂变（见图 14）。

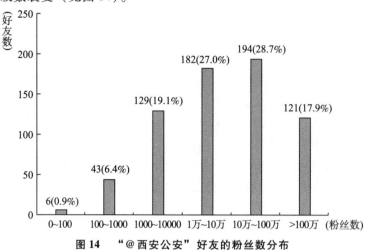

图 14　"@ 西安公安" 好友的粉丝数分布

b. 微博内容分析。

"@ 西安公安" 的微博内容有以下几种标签：先进模范、微警示、路况播报、最新播报、警方提醒、微博寻人、微联播、温馨提示、微提醒、警讯等。对上述内容进行分类，可以得出以下几大类：一是警务新闻，二是便民信息，三是安全警示，四是协助破案性信息。可以说，这几类信息较为全面地涵盖了警务工作的方方面面，而且信息的互动性、实用性很强。

在微博页面上搜索 2013 年 1 月 1 日以来的微博进行内容分析，可以发现 "@ 西安公安" 2013 年以来共有微博 2404 条，其中原创内容 2087 条，使用标签搜索的方法对最近的 600 余条原创微博进行内容分类（见表 1）。由分析可知，截至 2013 年 12 月底，"@ 西安公安" 微博最常发挥的是发布警讯与警方提醒的作用。它是一个警务信息发布的窗口和平台。

表 1　"@ 西安公安" 原创微博内容分析

正能量	19 条
先进模范	1 条
警讯	258 条
微警示	84 条
微博寻人	15 条
警方提醒	213 条
路况播报	27 条

c. 互动案例分析——体育赛事期间"@西安公安"的信息发布。

2013 年 11 月 15 日，西安市举办大型体育赛事。为确保市民出行安全，"@西安公安"在当天的 11 时 2 分和 17 时 47 分发布交通信息，提醒市民尽量利用公共交通工具出行，并发布了赛事结束以后的地铁运营时间（见图 15）。微博内容充分彰显了服务性。

【#赛事出行#乘坐地铁去看球赛的注意了！】今晚7点30分国足与印尼亚洲杯预选赛将在省体育场举行，广大球迷可以乘坐地铁二号线到省体育场站下车从A口站出站。提醒：体育场站开往会展中心站方向的末班车时间为23:25，开往北岸站方向末班车为23:16，球赛结束后有序进站乘车！by:地铁办

11月15日 17:47 来自人民微管家　👍(7) 转发(19) 收藏 评论(5)

【#赛事出行#今晚国足战印尼比赛期间省体育场及周边道路禁止停车】为确保赛事顺利进行，保障省体育场及周边道路畅通和赛事安全，今明两日，省体育场周边，除体育场北路现有停车位外，附近的朱雀大街、长安北路、南二环全部禁止停车。比赛逢周末交通晚高峰，警方建议到现场观看赛事的球迷尽量公交出行。

11月15日 11:02 来自人民微管家　👍(2) 转发(20) 收藏 评论(5)

图 15　"@西安公安"发布的两条交通信息微博

在当日比赛开始前，"@西安公安"再次连发 3 条"赛事观看提示"微博，就比赛的门票购买、进场、退场等为观众提供温馨提示（见图 16）。微博佐以"警方发布"这一醒目的红色字块，彰显了微博内容的权威性与严谨性。

#赛事观看提示之三#进场后要按指定通道行走，对号入座，服从现场执勤民警和工作人员的管理，配合做好相关安全注意事项。观看比赛时要热情、友善、文明，不扰乱赛场秩序，做文明观众。

警方发布

11月15日 18:59 来自iPad客户端　👍(2) 转发(1) 收藏 评论(1)

#赛事观看提示之二#观看比赛的观众通过正规渠道到指定售票点购买门票。提前凭票经安检门安检后进场，配合安检人员工作，遵守入场安检政策和禁限带物品相关规定，严禁携带易燃易爆物品、剧毒危险品进场，避免携带体积较大，不适宜带入坐席区的箱包。

警方发布

11月15日 18:56 来自iPad客户端　👍(2) 转发(1) 收藏 评论(2)

#赛事观看提示之一#足球赛进退场时，省体育中心周边车流量较大，请观众尽量乘坐公交工具前往，途经车辆和行人请自觉遵守交通规则，服从现场执勤民警的指挥。同时，请积极配合公安机关做好相关安全注意事项，共同营造文明友谊的主场气氛。

警方发布

11月15日 18:54 来自iPad客户端　👍 转发(4) 收藏 评论(1)

图 16　"@西安公安"发布的 3 条"赛事观看提示"微博

2. "@汉唐网"

（1）微博介绍。

"@汉唐网"是陕西省文物局官方微博。该微博至今已经拥有 16 万粉丝。该微博立足于传播汉唐文化，在同行业微博中的影响力排在前 100 位。相较于 2012 年同期的 98813 个粉丝，粉丝数目增长得十分迅速。

（2）2013 年微博发展分析。

截至 2013 年 12 月 18 日，"@汉唐网"微博数量达到 20388 条，平均日微博数为 15 条，微博原创率为 90%，平均评论数与转发数分别为 30 条和 93 条。

a. 传播力分析。

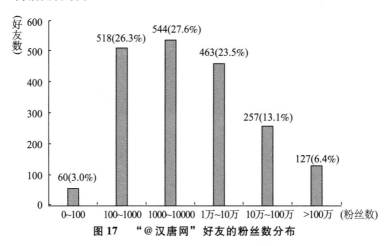

图 17　"@汉唐网"好友的粉丝数分布

根据分析可知，"@汉唐网"的好友当中，27.6% 的好友微博粉丝数在 1000 ~ 10000，有 23.5% 的好友微博粉丝数在 1 万 ~ 10 万，有 13.1% 的好友微博粉丝数在 10 万 ~ 100 万，有 6.4% 的好友微博粉丝数在 100 万以上（见图 17）。可见，"@汉唐网"所拥有的粉丝质量较高，其中活跃粉丝较多，微博的传播力较好。

b. 微博内容分析。

"@汉唐网"的微博发布频率较高。从 2013 年 1 月 1 日至今，共发布微博 6970 条，其中转发 + 评论这种形式的微博占到了 5317 条。对最近的 200 余条微博进行分析，可以发现，涉及各类文化的、历史纪念的活动的微博共计 20 条，与文物保护直接相关的微博 88 条，与历史直接相关的微博 41 条，展览信息 18 条，提醒市民的微博 2 条，展示汉唐文化的微博 43 条。

"@汉唐网"很好地发挥了传播历史文化的作用，微博的信息构成比较简单，但是能很好地引发网友共鸣，微博的评论数量和转发数量比较理想。

c. 互动案例分析——微博发起诗词歌赋背诵活动。

2013 年以来，"@汉唐网"在微博平台上发起了"主题背诗词歌赋"

活动，截至 2013 年 12 月 18 日，共计发布微博 358 条。每次的背诗活动都会设立由一个汉字组成的主题。每天至少会有一个主题发布（见图 18）。

图 18　"@汉唐网"背诗活动微博截图

　　诗词歌赋背诵活动得到了良好的反映。最近 10 次活动的微博获得的平均转发数是 534 条，平均评论数达到 257 条。笔者选择 2013 年 12 月 17 日主题为"夜"的活动进行分析。该活动发布后，获得转发 961 条，评论 434 条。如图 19 所示，有 434 位网友发表了以"夜"为主题的诗句作为评论。这样既

图 19　"@汉唐网"2013 年 12 月 17 日微博评论截图

提高了微博的知名度，又与网友形成了良好的互动关系，传播了中华传统文化。

（二）公务人员个人微博分析

1. "@郝大姐的微博警务室"

（1）微博介绍。

"@郝大姐的微博警务室"是陕西省西安市公安局莲湖分局劳动南路派出所社区民警郝世玲的个人微博。该微博目前发微博共 8899 条，粉丝有6.9 万，微博原创率为 27%，日平均微博数为 13 条。在警务系统的个人微博当中，该微博的影响力排名在前 300 位。

（2）2013 年微博发展分析。

a. 传播力分析。

根据分析可知，"@郝大姐的微博警务室"微博粉丝众多，但是大多为粉丝数目在 500 以下的"草根粉丝"，数目占到了 98.8%，关注"@郝大姐的微博警务室"的人当中仅有 0.7% 的粉丝数目在 1000~5000，仅有 0.2%在 1 万~50 万（见图 20）。该微博的平均转发数只有 0.4，微博能获得的评论很少。这是因为其粉丝中大量都是不太活跃的、号召力和影响力都偏弱的微博用户。

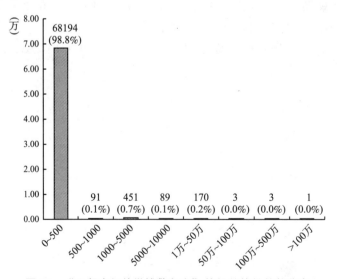

图 20 "@郝大姐的微博警务室"的粉丝的粉丝数分布

b. 微博内容分析。

2013 年 1 月 1 日至今，"@郝大姐的微博警务室"共发布原创性的微博427 条，微博直接以图文组合的方式展现普通民警的日常工作（见图 21）。

图 21　"@郝大姐的微博警务室"微博截图之一

　　但是这一类微博的语言较为简单，缺乏新媒体语言的生动性。内容所能引起的互动性反响也比较少。

　　另外，"@郝大姐的微博警务室"中比较显著的一类内容是"微提醒"，是关于市民生活中各种防火、防盗、防诈骗的贴心提示，彰显了博主本人作为民警良好的服务意识（见图22）。

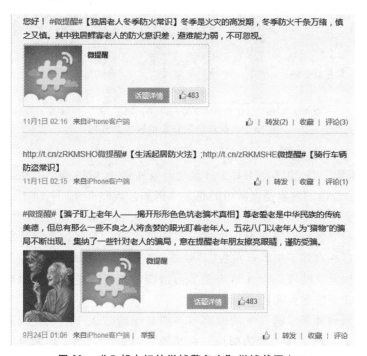

图 22　"@郝大姐的微博警务室"微博截图之二

2. "@琼钧"

（1）微博介绍。

"@琼钧"是西安市委宣传部网络处处长袁永君的个人微博。截至2013年12月底，"@琼钧"共发布微博3957条，粉丝有29万。微博原创率为30%，日平均微博数为2.8条，平均评论数和转发数分别为3.5条和3条。

（2）2013年微博发展分析。

a. 传播力分析。

根据分析可知，"@琼钧"的好友中，有14.0%的粉丝数目分布在100~1000，26.9%的粉丝数目分布在1000~10000，25.3%的粉丝数目分布在1万~10万，18.9%的粉丝数目分布在10万~100万，12.0%的粉丝数目分布在100万以上（见图23）。可见，"@琼钧"的好友中能够吸引众多微博用户的粉丝不在少数，微博的传播力强。

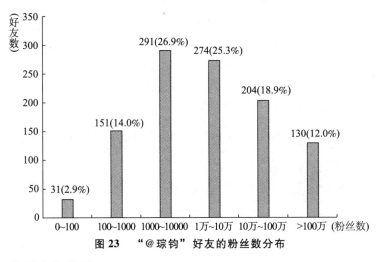

图23 "@琼钧"好友的粉丝数分布

b. 微博内容分析。

"@琼钧"从2013年1月1日至今共发布微博1224条。其中原创内容402条。公益性的内容是微博中的亮点。例如，2013年12月18日，西安市遭遇雾霾天气，空气重度污染。"@琼钧"从早8点开始发布空气污染指数，第一时间通报交通状况受到雾霾影响的情况，并将信息转给交通管理部门。随后一直到下午1点左右，"@琼钧"发布多条微博跟进空气质量污染情况，以及反映雾霾天气给市民生活造成的不良影响，并发布微博向疏导交通的交通警察致谢。

这一系列关于雾霾天气的微博与一些其他的"大V"们，例如西咸新区管委会常务副主任王军的微博"@王军—骥野"和西安新闻网旗下老城根论坛版主"@康康先锋"，形成了良好的互动（见图24）。第一时间的消息发布与问题讨论在一定程度上起到了引导微博舆论的作用。

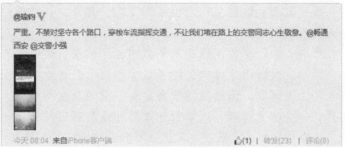

图 24　"@琼钧"微博截图

五　问题与对策

（一）西安政务微博存在的问题

第一，从总体上看，西安地区政务微博的发展不均衡。粉丝数目多，关注度高的党政机构微博仅仅是少数。公务人员个人微博账号中比较活跃的明星博主也只是个别人。这导致西安政务微博没有集群效应，缺乏统一发声，进一步造成了西安政务微博舆论引导能力的缺乏。

第二，部分基层党政机构官方微博活跃度很低。一些基层警务微博和政府机构微博长期处在"空壳微博""僵尸微博"的状态，空有微博账号，但很少通过这一平台与广大网民进行沟通。

第三，政务微博的运作尚未形成高效、成熟的运作模式。根据数据统计中对微博发布条数和发布时间的分析，可以看出，部分政务微博在运作过程中并不能很好地把握传播规律，这导致了其微博的传播力不足。

第四，政务微博的语言体系与自媒体语言仍然存在话语框架不一致的问题。尤其是政府机构和共青团委这一类部门的官方微博，在通过微博平台发布政务信息时还是沿用以往的程式化语言风格。

第五，政务微博运作中缺乏危机传播意识。面对危机事件的危机传播管理能力缺乏，反应不够灵敏，往往导致政务微博错过了第一时间通报官方信息，引导网络舆论走向的最佳时机。

（二）西安政务微博发展对策建议

针对 2013 年西安政务微博的发展现状和暴露出的问题，当前政务微博的运营需要从以下几个方面作出改进。

第一，加强基层党政机构政务微博管理团队建设。为了适应新媒体快速变化的要求，基层党政机构政务微博的反应机制要进一步增加灵活性。设有官方微博的各部门应该成立专门的政务微博维护小组来强化日常管理，对信息进行统一发布，以避免信息混乱和矛盾。此外，基层单位还要加强微博维护人员的培训工作。

第二，形成、推广高效成熟的政务微博运作模式。要规范政务微博发布的时间与频率。微博用户虽然关注了某个账户，但其能看到所发信息往往集中在某一个时间段。因此微博发布要有一定的频次与时间。为应对各种突发事件，一些政务微博，例如警务微博和旅游部门的微博，在周末和节假日也必须保持账号的活跃度，要把微博内容的更新持续下去。

第三，要增强政务微博的互动性。政务微博要认真关注和回复微博网友的留言，与之形成良性的互动关系，以此增强粉丝与政务微博账号的黏合度，抓住粉丝中那些活跃的微博用户，使之成为在信息传播过程中进行二次传播的舆论领袖。

第四，要形成亲民、朴素、生动、活泼的政务微博沟通话语系统。要采用适应新媒体环境的网络语言习惯和沟通方式，这样才能解决对话框架的一致性问题，彻底转变传统宣传式的话语系统，以提高网络舆论引导的有效性。

第五，要增强政务微博的危机处理与舆论引导能力。在各种资源都比较充足的部门建立一个完善的微博舆论监控、分析和评估体系，以便于党政机构在面对微博舆情时能够作出正确判断和决策，进一步避免或化解潜在的风险，有效应对复杂的网络环境。

责任编辑　李洋

微博在突发公共事件中的影响作用研究：
以温州"7·23"甬温线事件为例

张智新　李　瀛*

内容摘要　通过对"7·23"甬温特大事故中微博所起作用的分析可以看出，微博在一定程度上动摇了传统媒体的霸权，重构了公共领域，从而强化了人们的参政作用。但与此同时，我们可以看到微博在发挥积极作用的同时也成为谣言传播的平台，对社会的稳定产生了阻碍作用。因此，传统媒体以及政府都应充分认识到微博这一新兴媒介的强大影响力，在不断变化的社会条件下与时俱进——传统媒体应当改进自身，取长补短，实现新老媒介的融合，而政府更是需要制定合理的政策引导微博的良性发展，从而促使社会和谐稳定地发展下去。

关键词　微博　政治传播　突发公共事件　影响

改革开放以来，我国经济飞速发展，社会变革不断加剧。在向城市化、信息化、全球化迈进的过程当中，突发事件对社会产生的破坏性、冲击性与以往相比，早已不可同日而语。我国突发事件频发，并且成因复杂，影响广泛。在当今这一信息化背景下，互联网日益成为民众了解信息的平台，大有取代传统媒介之势。而微博作为当前主流网络文化的新兴产物，虽然进入中国只有数年时间，但因其突出的便捷性、互动性，微博已迅速成为仅次于新闻报道的第二大舆情源头。作为一种新兴的传播手段，微博在突发事件中更是体现了其强大的传播力、影响力，不少评论称"微博改变社会生态"。近年来，有突发公共事件的地方就必会有微博的身影，2009年的央视配电楼火灾，2010年的舟曲泥石流、上海静安大火等，微博都以其迅速及时的信息给我们留下了深刻印象。在"7·23"甬温线事故当中，微博作为网络舆论的一股新生强势力量，更对事态发展产生了

---

*　张智新，湖北省大悟县人，首都经济贸易大学城市经济与公共管理学院副教授、博士，主要研究方向为公共管理和政治学；李瀛，北京市人，首都经济贸易大学城市经济与公共管理学院2009级本科生。

重要而持续的影响。

本文以"7·23"甬温线特大铁路交通事故为例，对微博在我国突发公共事件中的影响进行了分析梳理，探讨了微博在事故各个阶段产生的影响以及原因。随着微博不断地发展，其对社会事件的影响力也将日益加深，有关部门应当重视微博的发展，适时、适度地引导微博的发展，从而为构建和谐社会奠定坚实的基础。

一　突发公共事件中的微博

（一）作为新兴传媒的微博

微博，即 micro-blog，从形式上看，微博是博客这一综合性网络平台的微缩体或变体。由于每条微博的字数被限定在 140 个字符（目前世界上大部分提供微博服务的网络服务商采用 140 个字符作为限制字数，只有少数例外如网易微博的字符限制为 163 个），因此微博作者不需要也不能够撰写很复杂的文章，取而代之的是利用微博这一平台发表简单的心情文字或者传递简短的信息资讯。自世界上第一家提供微博服务的网站 Twitter 2006 年诞生于美国之后，由于其功能强大并且切实满足人们的生活需要的特性，微博迅速在世界范围内走红并逐步蔓延到发展中国家，对人们的生活产生了深刻的影响。我国大陆地区也于 2007 年由"校内网"创始人王兴创建了第一家提供微型博客服务的网站"饭否网"。在不到 4 年的时间里，各大门户网站纷纷推出自己的微博服务，微博用户数量也呈爆发式增长之势。截至2011 年 12 月底，我国微博用户数已达到 24988 万人（中国互联网络信息中心，2012）。从数量上看，2010 年微博使用人数仅有 6311 万，2011 年则暴涨近 300%；从网民使用率看，2010 年网民的微博使用率仅有 13.8%，而2011 年该数据猛涨到 48.7%。庞大的用户基数决定了微博在人们的日常生活中将扮演越来越重要的角色。

（二）微博的传媒特征

作为近年来发展最为迅猛的新媒体产业，微博由于其自身所具备的即时性、交互性、开放性等特征，充分发挥了其作为传播媒介的特点，实现了信息的快速传播，满足了人类对于信息传递的需求。与传统媒体对比，微博具有以下几个特征。

（1）数字化。微博与传统媒体相比，最重要的特征之一就是其数字化的传播方式。不同于平面媒体的文字、图像传播方式，广播媒体的声音表达方式，电视媒体的影像表达方式，微博涵盖了这些传统媒体所采用的所有传播方式，文字、图像、声音、影像样样俱全，使得同一内容的多介质传播成为可能。微博在表达形式上颠覆了传统媒体一成不变的固定表达模式，微博的数字化将使报纸、杂志、电视等媒介的未来变得更难以区别。

（2）即时性。一般来说，传统媒体受限于出版周期以及播出周期的制约，其传播受到时间和空间的严格限制。而微博由于其自身强大的功能以及其数字化的传播特征，微博用户可以随时更新新闻信息，能够做到24小时不间断发稿，对突发公共事件进行报道，从而使受众群体在第一时间获得信息。与传统媒体相比，微博在传播的即时性上具有明显优势，可以说是真正打破了时间和空间对信息传播的局限。

（3）交互性。传统媒体的信息传播以单向传播为主，尽管传统媒体也会采取一些互动的活动如热线电话等与受众群体进行互动，但其互动程度比起微博显然微不足道。通过微博，用户不仅可以随时发布信息或评论，还可以浏览符合自己喜好的信息，使得信息的传播不再依赖由某一方发出，而是在双方的交流过程中形成并传播，信息的受众群体也因此成为信息传播的参与者。

（三）突发公共事件的含义

根据国务院 2006 年发布的《国家突发公共事件应急预案》中的阐释，突发公共事件是指"突然发生，造成或者可能造成重大人员伤亡、财产损失、生态环境破坏和严重社会危害，危及公共安全的紧急事件"。突发公共事件通常在人们缺乏思想准备的情况下骤然发生，且一般会导致人身伤亡、财产损失等严重后果，因此，突发公共事件往往会在极短的时间内迅速吸引社会大众的目光，引发社会公众的高度关注，并且随着突发公共事件的不断深化发展，公众也会通过各种途径参与其中，在突发公共事件深刻影响社会公众的同时，公众的互动过程也会对突发公共事件的发展进程产生不可忽视的作用。

根据我国著名学者、中国政法大学新闻与传播学院姚广宜教授的划分，按照是否有人为因素的影响，突发公共事件具体可划分为灾害性重大突发事件（无人为因素）和社会性重大突发事件（有人为因素）两种基本的类别（姚广宜，2011）。前者是指来自自然界的、人类不可抗拒的力量，即由非人为因素导致的重大事故或自然灾害。例如 2008 年的"5·12"汶川大地震，2010 年的"8·7"甘肃舟曲特大泥石流等。后者则多与各种社会矛盾有关或属人为因素导致的重大事件，诸如成都公交燃烧案、重大矿难等，都属于社会性重大突发事件。而本文所选的"7·23"甬温线特大铁路交通事故这一案例，根据此种划分方法属于社会性重大突发事件。

二 微博对"7·23"动车事故的影响

2011年7月23日晚8时30分左右，由北京开往福州的D301次列车行驶至温州市双屿路段时，与由杭州开往福州的D3115次列车发生追尾事故。此次事故共造成40人死亡、172人受伤，中断行车32小时35分，直接经济损失约19371.65万元（国家安监总局，2011）。

"7·23"甬温线特大铁路交通事故发生后，迅速引发了全国乃至全世界媒体的关注，全国民众纷纷将目光聚焦在甬温线，时时刻刻关注事故的进展。在事故发生5个月后，国家安监总局于2011年12月28日晚间公布了温州动车事故调查报告，将"7·23"甬温线特别重大铁路交通事故定性为一起因列控中心设备存在严重设计缺陷、上道使用审查把关不严、雷击导致设备故障后应急处置不力等因素造成的责任事故。此次事故是近年来影响十分严重的社会性重大突发事件。

（一）微博对"7·23"甬温线事故的全程影响分析

1. 事故发生——微博提供最早的信息来源

2011年7月23日20时27分，在距离事故发生还有3分钟的时候，新浪微博用户"@smm苗"率先发布了自己的微博："狂风暴雨后的动车这是怎么了?? 爬的比蜗牛还慢……可别出啥事啊……"此时追尾事故中的被追尾动车D3115次动车已经停车，事故发生已近在咫尺。这条微博也因此成为事故最早的预兆之一，然而不幸的是，事故还是发生了。但仅在事故发生8分钟后的20时38分，位于事故现场D301次列车上的乘客、新浪微博用户名为"@袁小芫"的微博网友便迅速发出了一条微博："D301在温州出事了，突然紧急停车了，有很强烈的撞击。全部停电了!!! 我在最后一节车厢。保佑没事!! 现在太恐怖了!!"正是这条微博，向整个网络世界发出了事故发生的播报，也正是借由这条微博在网络中的疯狂转发，让众多的网友获悉了事故发生的信息。这条微博比国内媒体在互联网上的第一条关于"温州甬温线D301次列车脱轨"的报道早了两个多小时，新浪微博也因此成为"7·23"甬温线特大铁路交通事故发生的最早信息来源。

在"7·23"甬温线特大铁路交通事故发生后的第13分钟，新浪微博用户名为"@羊圈圈羊"的受伤乘客，利用手机发出了第一条求救的信息："求救! 动车D301现在脱轨在距离温州南站不远处! 现在车厢里孩子的哭声一片! 没有一个工作人员出来! 快点救我们!"这条求救的信息在微博用户中被迅速转发，使得人们在一定程度上了解到事故现场的情况。可以说，正是由于新浪微博上求救信息的迅速发布以及转发范围的逐渐扩大，为救援工作的及时展开争取了一定的时间。

2. 事故处置——微博影响甬温线事故处置过程

现场救援信息平台。事故发生后，由于现场情况十分混乱，很多乘客在逃难过程中与自己的亲友走散。加上很多事故现场乘客的亲属不能够完全了解事故的情况，如何获得自己亲人的信息并与他们取得联系，就成为人们迫切需要解决的问题。新浪微博、腾讯微博、网易微博敏锐地洞悉到这一情形，在事故发生后不久迅速开辟了"微博寻亲"专题栏目。在这一专题栏目中，网友可以打破好友关注对微博信息传播的限制，一切有关寻亲的信息都可以在这里集中发布、转发，这一措施在非常大的程度上扩大了微博信息的受众群体，很多伤员就是通过寻亲微博的迅速转发与家人取得了联系。在"微博寻亲"专栏疯狂传播寻亲信息的同时，众多网友还自发地大量转发已公布的在各医院接受治疗的伤员名单以及动车乘客名单。这使得外界及时了解到事故造成的人员伤亡情况，很多乘客亲属也因此得知了自己亲人的安危情况。

社会力量聚集平台。由于事故发生后伤员众多，所需用血量急剧上升，温州当地血液库存告急。此时一条内容为"温州血液中心陈主任介绍，目前温州血液库存告急，正在从丽水和各县调集血液。如果需要献血，请到温州血液中心。其他献血点晚上不一定有设备。省卫生厅在征调全省血液库存救急，恳请温州本地的网友救急！"的微博在网上疯狂地被转发，在相关请求献血微博被大量传播后，各地群众纷纷赶往温州血液中心。为了使受伤乘客的救助工作顺利展开，许多人甚至是深夜排队献血。经过广大博主的共同努力以及人民群众无私的奉献，事故救援工作最终得以顺利进行。

3. 事故善后——微博促使政府更加慎重处理事故

督促行政问责。"7·23"甬温线特大铁路交通事故发生26小时之后，铁道部官方新闻发布会于7月24日晚22点43分，在温州水心饭店举行。但在短短的20多分钟内，铁道部新闻发言人王勇平就社会对掩埋车体以及在救援结束后拆解车体时发现存活小孩子等诸多疑问未能给公众以合理的解答。其间王勇平在回答记者问题时所用的"至于你信不信，我反正是信的"的句式，被微博网友戏称为"高铁体"进行嘲笑，在微博上甚至出现了以"高铁体"造句的比赛，在网络中形成了强大的舆论力量，使得政府不得不直面来自民间的舆论压力。在发布会后承受来自社会各界巨大压力的铁道部新闻发言人王勇平最终未能幸免，于8月16日被铁道部以"7·

23"甬温线特大铁路交通事故首次新闻发布会上言辞不当为由免除了新闻发言人的职务。这一事件随后也引起了学术界以及政府相关人士对我国目前新闻发言人制度和信息公开制度的反思。

促使政府制定更加合理的赔偿标准。在新华网 7 月 26 日播报了"7·23"甬温线特大铁路交通事故善后工作组有关负责人表示此次事故每位死亡旅客的赔偿金总计人民币 50 万元的新闻后，微博上又轰轰烈烈地展开了对赔偿标准的质疑。在经过多方的探讨与事故遇难人员家属具体协商后，"7·23"事故遇难人员赔偿救助标准提高到 91.5 万元。微博在这期间发挥了不可替代的传播民众心声的作用。

鞭策政府慎重开展调查工作。此次事故由于微博的强势介入，关注事故进展的受众群体相对以往更为广泛，使得广大人民群众前所未有地关注事故的真相。7 月 24 日下午，国务院宣布成立"7·23"甬温线特别重大铁路交通事故调查组；7 月 28 日，温家宝总理亲临事故现场，对事故调查工作提出了明确要求；7 月 27 日和 8 月 10 日，温家宝总理先后主持召开国务院第 165 次、第 167 次常务会议，对事故调查工作进一步提出明确要求，指出事故的调查一定要给人民群众一个真诚、负责任的交代。由于微博在此次事故中的强势介入，促使政府对待事故的态度前所未有的谨慎，直到国家安监总局公布温州动车事故调查报告为止，广大人民群众都在借助微博不断鞭策着政府慎重对待事故调查工作。

（二）微博对"7·23"甬温线事件新闻报道的影响

1. 报道更为迅速，微博成为传统媒体信息源

仅在事故发生 8 分钟后，互联网上便出现了第一条表明事故发生的微博，而随后类似微博的出现也从侧面证实了事故发生的真实性，这使得嗅觉灵敏的传统媒体立刻获悉了新闻报道的事件，众多记者纷纷以最快速度赶赴事故现场，对事故情况进行采访报道。而在新闻媒体赶到现场之前，相关的事故发生、求救等由微博提供的信息早已在互联网上被疯狂转载，众多处于事故现场的乘客或事故现场附近的居民，利用手机、笔记本等互联网终端设备，大量地传播事故现场的相关信息。即使是新华社最早公布的事故信息，也不是来自其派出记者，而是来自网友现场拍摄的图片及其简短说明。在随后的事故后续报道中，各大媒体频繁引用微博这一平台提供的信息，对事故进行报道，微博已成为传统媒体十分重要的信息来源。

2. 报道更为公开深入，微博提升新闻报道真实性

在 20 世纪 80 年代之前，受限于当时的社会情况以及传媒技术条件的制

约，中国政府出于对社会稳定和政治因素等多方面考虑，对新闻报道提出了明确的要求。政府要求新闻媒体对灾难新闻须持特别慎重的态度，在灾难新闻的报道中必须积极宣传党带领群众战胜灾难的成绩，反对纯客观地报道灾难的发展情况。这种对待灾难新闻的理念可从 1950 年 4 月 2 日中央人民政府新闻总署给各地新闻机关的"关于救灾应即转入成绩与经验方面报道的指示"中窥见一斑，指示要求"各地对救灾工作的报道，现应即转入救灾成绩与经验方面，一般不要再着重报道灾情"（田中初，2005：67 - 70）。这种新闻报道理念至今对我国媒体报道突发公共事件采取的方式影响深远，用复旦大学王中教授的话来说，当时的灾难新闻报道理念就是："灾难不是新闻，抗灾救灾才是新闻"（王益民，1987：32 - 33）。这一理念直接导致了媒体在报道突发公共事件时只着重报道救灾的情况、歌颂模范人物，而忽视了对灾难其他层面的更为深入的报道。

反观这次"7·23"甬温线特大铁路交通事故的报道，正是因为有了微博这一传播媒介的介入，新闻报道不再像以往那样只能任由传统媒体进行控制，任何一个微博用户都可以成为新闻的报道者。人们不仅看到了对救灾情况进展的报道，还更为真实地了解到了在灾难背后遇难乘客以及社会上各个阶层的人对事故的深层次反思。这一趋势甚至推动了传统新闻媒体报道事故新闻的变化。在 7 月 29 日发行的《东方早报》的头版上，甚至出现了"一个政府最大的责任，就是保护人的生命安全""失掉了安全，就是失掉了高铁的可信度""事故能否处理好，关键在于能否让群众知道真相"等十分尖锐的文字，这在以往的新闻报道中是不可能出现的。微博对突发公共事件报道的介入，使得媒体的报道更为公开也更为深入，人们开始对事故进行更深层次的思考，对待"7·23"甬温线特大铁路交通事故的态度也更为理智。

3. 微博也成为传播谣言的帮凶

微博作为近年来新兴的一种媒介，在迅速发展壮大的同时，对社会也起到了双刃剑的作用。在此次"7·23"甬温线特大铁路交通事故中，一方面微博对事故救援起到了积极的推进作用，另一方面在微博上传播的谣言也对整个社会产生了难以估量的负面作用。

此次事故发生后，新华网在事发当晚公布了第一批死亡人数，据报道称，截至 2011 年 7 月 23 日 20 时 34 分，此次脱轨追尾事故已造成 35 人遇难、210 人受伤。而当这一死亡人数公布后的数小时内，微博上便迅速流行起死亡人数不实的言论。这些微博利用死亡人数上限做文章，称"事故死亡人数超过 36 人，当地市委书记将被免职"。有些别有用心的微博用户发布微博，列举了近年来国内一些重大事故死亡人数，这些事故的死亡人数无一例外都是 35 人。类似言论一经微博发布，便如细菌繁殖般在微博上被大量转发，致使很多网友纷纷对新华网发布的死亡人数表示怀疑，认为官方对真实的死亡人数进行了虚假播报。类似的谣言微博还有很多，例如"列车事故后当场掩埋活人""高铁司机上车前只培训 10 天"等，都在微博上被大量转发，对社会稳定产生了极其不好的影响。后经各大微博官方辟谣微博账号以及权威媒体不惜余力地发布公开声明辟谣，并对发布谣言的微博账号采取关闭、取消转发功能等措施，才及时遏制住了谣言的继续扩散，避免了谣言借助微博平台继续对社会产生更为不利的影响。

三　微博改变了传统媒体的生态格局

微博的迅速崛起，对传统媒体产生了极大的冲击。在以互联网技术为基础的微博冲击下，传统媒体的生态格局正在发生重大变化，传统媒体的生存空间越来越受到挤压，以往的强势地位也开始动摇（严三九，2011：67 - 68）。微博不仅能够比传统媒体更加及时地提供信息，又由于其能够传播个人的感受和评论，使得微博在更大程度上引起受众的共鸣。反观传统媒体，报纸还是一天一份，电视节目还是线性播出，受众无法按照自己的时间和喜好来接收信息。微博相比传统媒体的巨大优势由此可见一斑。

（一）微博促进我国公共领域的重构

1. 微博打破传统媒体霸权

微博铺天盖地的信息量，使得人们的注意力成为一种稀缺资源，而以往因媒介缺乏而形成的渠道霸权也早已被渠道过剩所取代（石磊，2009：105 - 107）。微博使得受众群体的注意力不再集中于传统媒体，而是不断地分流到以微博为代表的新兴媒介上，报纸的发行量和广播电视的收视率日益下降，微博对社会公众的影响力日益加深。

在微博不断取代传统媒体的地位的同时，微博这一平台所提供的信息也已经成为传统媒体的重要信息来源，从本文分析的"7·23"甬温线特大铁路交通事故案例中，我们可以发现传统媒体已无法脱离微博来独立对事件进行报道。微博以不可阻挡之势改变着传统媒体的生态格局，从而在一定程度上实现了对公共领域的重新构建。

2. 微博的政治参与作用不断强化

随着微博在我国的迅速发展，微博用户呈井喷式增长，微博也由最初的单纯应用于社交领域逐渐向参与政治生活发展，并在其中发挥着重要的政治效能。微博的产生并不仅仅是传播技术的发展进步，更体现了新兴传媒力量与社会关系变革之间的深刻变化（吴飞，2009：46-47）。

微博这一平台的出现，为普通民众行使知情权、参与权、监督权提供了重要的渠道（来扬，2011）。在目前我国参政渠道不畅通的现实条件下，微博参政发挥了重要的作用。"7·23" 甬温线事故中政府的许多决策正是在不断通过微博了解民意的基础上制定的，事故的处置流程也正是由于微博的介入而发生了改变。在传统媒体发挥主导作用的时代，民众的声音在现实生活中很难得到政府部门的重视与反馈，这就使得人们不得不另辟微博这块虚拟的权利疆土，实现自己的政治参与权和监督权。

总而言之，微博在人们参政的过程中发挥了重要的作用，微博既使民众有了表达自身意愿的机会，又弥补了传统政治沟通渠道的不足，也使得民众对政府以及政府官员的所作所为形成了一定的监督，促使政府在创建 "阳光政府" 和 "透明政府" 的道路上不断前行。微博对密切官民关系，发挥公共领域的促进作用从而推动公众有序参与公共事务管理具有重要意义。

（二）微博的积极作用应得到更好的发挥

1. 传统媒体取长补短

比起微博，传统媒体虽然在即时性、互动性等方面远远落后，但以报纸、电视为代表的传统媒体也具有自身独特的优势。其优势主要体现在传统媒体的专业性、内容生产能力和可信度上，这些特性是微博在短时间内很难赶上的，也是难以复制的。因此，传统媒体在目前的情况下，应当在保持自身优势的同时，借鉴微博的经验，从而实现自身的良性发展。

首先，传统媒体要做信息的提炼者。在人类历史上，由于技术的进步，原有产业被新的替代性产业取代已成为一种常态，就像汽车的出现取代了马车，电灯取代了煤油灯那样。在目前微博迅猛发展的情况下，传统媒体的衰退是不可避免的。按照经济学理论，商品的价值和它的丰沛程度呈反比，即物以稀为贵。在微博传播大量信息的同时，信息变得人人可得，相对于以往，信息的价值就变得不那么重要了。但由于微博自身的局限，其所传递的信息往往是描述性的，缺乏深度，这就为传统媒体的生存提供了机会。人们需要权威的、可信任的信息源，这就是传统媒体需要抓住的需求，传统媒体应当在最短时间内找到受众最需要的信息，对其进行深度加工，将有价值有深度的信息呈现在受众眼前。

其次，传统媒体应建立公信力。媒体的公信力来自真实的信息和权威的内容。在当今这一信息爆炸的时代，媒体受众对信息真实性的要求大大提高了，传统媒体应当为受众群体提供值得信任的信息，而不是像微博提供的信息那样，真伪留待事后鉴别。

最后，足够专业的东西永远是有市场的，传统媒体在今后的发展道路上，应当时刻保持自身的专业性，这是其区别于微博的最为核心的特征（王少磊，2008：12－15）。在保持自身专业性的同时，传统媒体亟须学习微博，采用新的技术手段，将自身服务进行技术整合，以多种方式将信息呈现给受众群体。

2. 政府应充分发挥微博的促进作用

2010 年被誉为中国的微博元年，今天微博已成为人们生活中获取信息不可或缺的一种途径。很多国家政府和党派都开通了自己的官方微博，公布政治信息，宣扬政治立场，应对政治事件。世界各国著名政要纷纷开通了自己的微博账户，如美国总统奥巴马，俄罗斯总理梅德韦杰夫等，充分利用微博这一平台宣传政治政策，乃至化解政治危机。目前，我国政务微博也呈逐渐发展态势，不少政协委员、人大代表开通了微博账户与民众进行互动，宣传自己的政治理念。一向保守的党政机构在这一大趋势下也越来越多地开通了政务微博，很多地方政府明确表态要利用微博问政、亲民。微博在政治生活中的参与作用越来越被强化，而政府对突发公共事件的处置作为政治生活的一种表现形式，微博在其中所起到的作用也早已达到令人不可忽视的地步。在此大势所趋下，政府部门应该更加重视政务微博的建设工作，加强微博经营管理，加强与民众的互动交流，正确处理民众的合理诉求，完善微博问政制度化建设。

但我们同时也看到由于微博注册门槛较低，任何人都可以十分简单地成为微博用户，造成了微博用户整体素质良莠不齐，很多网络推手也聚集于各大微博，甚至有些别有用心的团体利用微博宣传反动观念，动摇我国社会的稳定。但这并不能成为限制微博发展的理由，我们应当正确地审视微博，微博只是一种信息交流的媒介，本身并无好坏之分，关键是看我们如何利用它。政府部门不要一味地惧怕微博，封堵微博，而是要对微博进行科学合理的引导，同时制定相关政策对微博进行监管。只有这样，微博在人们的社会生活中才能够发挥其积极的促进作用。一句话，政府对待微博应当趋利避害，充分发挥微博对社会进步的促进作用。

纵观此次"7·23"甬温线事故，我们不难发现，微博这一新兴媒介正是依靠对突发公共事件报道的影响，打破传统媒介对信息的垄断，进而影响了整个事态的发展。有了微博，突发公共事件被加工后才告知公众的方式已越来越难横行于世。更重要的是，当重大突发公共事件的报道变得透明后，第一时间援助甚至对政府的问责，才成为可能。本文以"7·23"

甬温线事故为例分析了微博在我国突发公共事件中所起到的作用，主要是一种非实证的逻辑推理研究，缺乏足够多的数据作支撑。运用数据和调查资料深入分析微博对我国重大突发公共事件的作用和影响，是未来学术界需要进一步研究的重要领域。

参考文献

阿尔蒙德、鲍威尔，1987，《比较政治学：体系、过程和政策》，曹沛霖等译，上海译文出版社。

蔡晓婷，2010，《突发事件中的微博客传播》，《新闻爱好者》第 6 期。

陈力丹，1999，《舆论学——舆论导向研究》，中国广播电视出版社。

邓正来，2008，《国家与社会：中国市民社会研究》，北京大学出版社。

高源、王少松，2008，《试论我国政府职能转变》，《科教文汇》第 4 期。

国家安监总局，《温州动车事故调查报告》，2011，新浪网，http://news.sina.com.cn/c/2011 - 12 - 28/201223711187.shtml，最后访问日期：2014 年 3 月 25 日。

霍仟、来扬，2011，《微博改变传播方式：突发事件不再先加工后曝光》，《中国青年报》7 月 25 日。

匡永琼，2002，《经济全球化与我国政府职能转变》，《惠州学院学报》第 4 期。

来扬，2011，《微博改变传播方式》，《中国青年报》。

李瑷瑷，2010，《微博舆论形成的机制及特点分析》，《新闻界》第 6 期。

林尚立，2009，《上海政治文明发展战略研究》，上海人民出版社。

石磊，2009，《新媒体概论》，中国传媒大学出版社。

田中初，2005，《新闻实践与政治控制》，山东人民出版社。

王益民，1987，《中国当代精彩新闻评说》，武汉大学出版社。

王少磊，2008，《网络传播与社会发展》，新华出版社。

王萍、张伟，2010，《简析微博的社会效应》，《新闻爱好者》第 6 期。

吴飞，2009，《传媒批判力》，中国传媒大学出版社。

姚广宜，2011，《重大突发事件中的媒体应对》，《中国政法大学学报》第 6 期。

严三九，2011，《新媒体概论》，化学工业出版社。

杨晓茹，2010，《传播学视域中的微博研究》，《当代传播》第 2 期。

杨光斌，2007，《政治学导论》，中国人民大学出版社。

喻国明，2010，《微博：影响力的产生机制与作用空间》，《中关村》第 4 期。

赵士林，2006，《突发事件与媒体报道》，复旦大学出版社。

张兵、张金华，2010，《从微博的特点看危机潜伏期政府如何预警》，《新闻世界》第 6 期。

张柠，2011，《2010 年的眼睛：从看客到围观者》，《羊城晚报》1 月 2 日。

张书舟，2011，《数百腾讯微博官员博主交流"微博问政"经验》，《南方都市报》8 月 26 日。

中国互联网络信息中心，2012，《第 29 次中国互联网络发展状况统计报告》，ht-

tp：//www. cnnic. cn/research/bgxz/tjbg/201201/t20120116＿23668. html，最后访问日期：
2014 年 3 月 25 日。

Sonnenfeld，Sandi. 1994. "Media Policy—What Media Policy?" *Harvard Business Review*，
July（4）.

责任编辑　张玉万

当代中国公民网络政治参与文化的
困境与出路探析

金　毅　许鸿艳[*]

内容摘要　理性包容的政治文化是公民进行网络政治参与的基本要求，而政治参与盲从则是公民网络政治参与的非理性心态的反映。网络信息的可操纵性，公民掌握信息的不对称性，"网络推手"和"网络水军"的恶意引导，"网络意见领袖"的影响以及有些管理机构和人员对某类信息的刻意放大，都会使民众的政治参与理性大打折扣，导致盲目参与跟从和非理性政治参与的扩大。要构建理性的网络政治参与文化，打造公民网络政治参与的文化基础，就要树立自主表达与自我约束的政治参与意识，运用公开、透明、包容的网络管理方法，加强政府与社会公众对网络治理的合作共治。

关键词　网络政治参与　理性包容文化　政治参与盲从

公民的政治参与是现代民主政治的核心，往往被视为一个国家民主发展程度的标尺，而广泛的政治参与则是民主政治发展的本质要求。近年来，随着网络信息技术的迅猛发展和互联网用户规模的跨越式发展，我国公民网络政治参与的热情与日俱增，参与方式也日益多元化。所谓网络政治参与，就是在信息网络时代，主要以互联网为活动空间，目标指向现实社会政治体系，并以网络作为信息载体和活动途径，以网民、网络共同体和网络政治精英等为政治参与主体，直接或间接地影响国家政治决策的行为。它往往呈现出参与主体的平等性，参与身份的隐蔽性，参与空间的开放性，参与范围的广泛性，参与成本的廉价性，以及参与程度的"难控性"等特点。当前，随着网络信息技术的发展，以及公民网络政治参与水平和能力的提升，我国逐渐出现了一种全新的政治参与文化形态，即网络政治文化，并且日益深刻地影响着公民网络政治参与的质量和水平。

---

* 金毅，陕西西安人，渤海大学政治与历史学院网络政治问题研究所所长，法学博士，主要研究方向为网络政治；许鸿艳，内蒙古赤峰人，渤海大学文学院新闻系讲师，主要研究方向为网络传播。本文系 2012 年度教育部人文社会科学研究青年基金项目"当代中国公民网络政治参与的困境与出路研究"（项目批准号 12YJC810009）的阶段性成果。

一 理性包容文化：公民网络政治参与的基本要求

在政治体系中，政治文化与政治参与相互影响。政治文化是政治参与发展的精神动力，往往对政治参与的发展起着指导作用，而公民的政治参与则是政治文化发育的温床，深刻影响着政治文化，也是公民接受政治文化的有效途径。通过政治参与，能够增强公民对国家的政治责任感和对政治体制的宽容精神，也有助于公民的民主观念和民主能力的提升。而政治参与文化则是民主政治能够形成和发展的必备条件，以及推动社会政治文明发展进步的强大力量。

一般来说，参与型政治文化"是指社会成员对政治体系作为一个整体以及体系的输入方面和输出方面都有强烈而明确的认知、情感和价值取向，并对自己作为政治体系成员的权利、能力、责任以及政治行为的效能具有积极的认识和较高的评价"（方盛举，2006）。它具有自身特定的规定性，强调对国家理性的认同和积极参与政治生活，强调政权合法性来源于民主授权，强调开放、合作与宽容的政治心态，政治输入输出并重的价值取向，以及民主、法治、自由、平等、人权等理念（方盛举，2006）。参与型政治文化往往体现出三个方面的基本特征：一是公民能够将自己视为政治主体的积极成员，主动地参与国家政治生活；二是公民能够明确意识到自己所享有的权利和义务，并能评价和批评任何层次的政治体系；三是公民本身要同时趋向政治体系的两个方面——输入部分和输出部分。平等、参与、自由等价值观念是参与型政治文化的核心，这本身也与民主制度的科学内涵相一致。而"如果有机会的话，参与型文化更易于动员人民"。因为"只有参与型政治文化才真正适合现代民主政治的发展要求，才能够为公民提供参与决策过程的机会"（阿尔蒙德、鲍威尔，1987：42－43）。从而成为民主政治形成和发展的必备条件，以及推动社会政治文明发展进步的重要力量。另外，参与型政治文化所设计的政治人格是具有强烈民主性质的自主人格，这种人格"意味着视自己为一个自由的、负有责任的人，而不是无意志地受控于他人的期待或冲动的工具"（乔兰德，1989：15）。而自主人格则往往同时铸造普通公民和公职人员，构成参与型政治文化的基本框架，并为这种文化的全面发展奠定深厚的基础。

当前，随着网络信息技术的发展，以及公民网络政治参与水平和参与能力的提升，我国逐渐形成了一种全新的政治参与文化形态，即网络政治文化，它"是指以计算机技术和通讯技术为物质依托，存在于网络之中，以发送、接受信息为核心而衍生出来的人类对自身政治价值、政治生活方式、政治思维方式的反思，是与现实社会和网络社会政治现象有关的精神现象的总和"（李斌，2006：264）。这种文化不仅具有传统政治参与文化的特性，而且还具备传统政治文化所不具备的高科技性、虚拟性、开放性、多元性、层次性、整合性和交互性等新特征，能够进一步培育网络参与主体的平等、自主人格，促进参与主体和客体之间的良性互动，从而营造多元、理性、包容的政治参与氛围。

网络政治文化的理性包容性主要体现为以下三个方面。

第一，从政治参与主体的层面来说，体现为参与主体对人类理性精神的恪守。网络自身所具有的交互性，能够使公民从"受众"转变为"对话者"，从而巩固和提高自身的权利义务意识，使其感受到政治参与权利的不可让与性，以及政治参与责任的不可逃避性。同时，通过对公共事务更为深入的了解，使其能够从现实主义的立场来理解政治，从多侧面、多维度思考问题，从而能够客观公正地评价政治事务，理性地参与政治过程。

第二，从网络公共治理的层面来说，体现为政府对网络政治空间的治理要符合网络政治空间的本身特点和规律，以及人类政治生活的基本价值。政府在进行网络治理的过程中，要允许不同声音的充分表达和自由讨论，这样才能有利于网络舆论的生态平衡。同时，对于网络舆论的"生态治理"，需要社会的管理者和每一位网民保有更为开放的心态，因为包容比压抑更为有效也更有益。同时，就政府来说，只有允许不同声音进行彼此竞争辩论，才能够使得互联网的自我净化机制效能实现最大化。

第三，从网络互动交流的层面来说，体现为作为网络政治两大主体的社会公众与政府之间保持一种信息通畅和相互信赖的关系。只有公众和政府相互宽容和适应，才能保证政治参与行为的有序进行。"政治参与的制度和渠道应该适应公民的要求和社会的发展而不断调整，这样才能吸纳不同群体的利益输入，将公民群体整合到政治体系中，增加政治体系的社会基础和公民对政治体系的信任度，以促进社会的稳定。"（高旺，2008）另外，担负着对个人进行社会化教育的机构，特别是学校和媒体，应该与政府一起相互合作，共同强化对公民的宣传教育，加强以个人的理性、合作精神、宽容精神、法治观念等为主要内容的公民教育，从而减少非制度性、非理性政治参与的发生。

二 政治参与盲从：公民网络政治参与的非理性心态

所谓政治参与盲从，"是指公民进行政治参与，既不是被一定的目的或动机所驱使，也不是由于直接迫于某种外在的压力，而是源于自身的一种盲目的本能和不自觉。"（郭小安，2008）如同闵琦所述："相当大数量的人参与政治不是基于公民的责任感，不是出于对自己的权利和义务的认识，不是出于对推进我国社会主义民主政治建设的考虑，不能正确理解中国国情对现实政治参与的制约，而是凭着心中激荡的冲动参与政治，有时甚至是为了发泄心中的不满情绪，不能采取规范化、程序化的参与形式。"（闵琦，1989：221）这种参与往往会超出法律和制度的界线，明显呈现出较强的破坏性、发泄性、狂热性和非理性等特征。

而在互联网时代，往往由于网民难以驾驭无限的网络信息，基于网民的网络认同感和归属感驱使，受到"网络推手"和"网络水军"的恶意引导，以及"网络意见领袖"的示范引导等原因，往往使得公民在隐蔽性、便捷性极强的互联网上的政治参与盲从行为时有发生。

第一，网民难以驾驭无限的网络信息导致参与盲从行为。公民进行理性政治参与的前提条件是其必须拥有大量的客观信息。然而，快速传播着信息的互联网上，不计其数的海量信息却是泥沙俱下，在诸多有效信息中，不乏有害的、误导性的信息元素，并且很多人也难以从中加以辨别，也没有足够的时间和精力去消化和吸收这些信息。这就出现了网络信息的无限性与个人吸收、处理信息的有限性之间的矛盾。而人们在茫然无措时往往又极易从众，失去理性。另一方面，信息是网络政治参与的基础，而不同网络参与主体的"信息不对称"也容易引起参与的盲从行为。所谓信息不对称，就是指在社会政治、经济等活动中，一些成员拥有其他成员无法拥有的信息，由此造成信息的不对称。网络信息纷繁复杂，要想在海量的信息中找出真正的有效信息，需要很强的信息驾驭能力，然而由于很多网民难以全面、立体地了解真实信息，很难进行理性的深入思考，往往容易人云亦云，产生盲目的从众行为。

第二，网民网络归属感推动"群体极化"导致参与盲从行为。人类自古惯于群居，在群体生活中往往能够获得安全感。而当今日新月异、不断变化的社会，却使很多人失去了安全感和归属感。为了适应社会，他们本能地追求与他人的认知一致性和情感共鸣感。在网络世界里也同样如此。尽管网络参与者往往只是通过信息符号来进行交流，但是由其虚拟身份所构建起的团体，同样可以使其产生一种集体自豪感和群体归属感。共同的经历、共同的爱好或观点态度，使得很多参与者能够共享着社区的信息和资源，他们趣味相投、志同道合、政见相近，通过日常的沟通、相互交流，来共同表达自己对时事和政治的看法。他们与群体融为一体，自愿接受群体的影响，并产生极为强烈的认同感和归属感。在这样的团体中"许多人所听到的是自己的观点的更多和影响力更大的版本，以致使通过接触相反的观点和被忽略的问题所获得的好处减少"（桑斯坦，2010：102－103）。而如果网民总是同自己志趣相投的人进行讨论，他们的观点就会走向高度一致并且得到加强。并且，群体还不自觉地窒息不同声音，产生"群体极化"现象，最终导致"社会流瀑效应"（social cascades）的发生。当这种"流瀑"发生时，信息和观点就会从一些人那里传播给另一些人，以致许多人往往不是依靠自己实际所知，而是依靠自己认为别人持有什么想法来采取行动，从而致使很多成员不自觉地盲目跟从群体的意见。

第三，"网络推手"和"网络水军"的恶意引导导致参与盲从行为。近年来，某些民意制造者雇佣一些"网络推手"和"网络水军"，使之按照自己的意旨批量生产"民意"。这些推手和水军往往熟悉受众心理，通晓网络操作规则，常常身披"马甲"，隐身于普通网民之中，以普通网民的身份留言、发帖、跟帖。他们借助于各种技术手段，如伪装身份发送信息的软件——"发帖机"，在短时间内往指定的网站发送成千上万条帖子，或者谣言惑众，或者火上浇油，伪装民意、裹挟网民，通过制造话题、操纵流量、推动某种议题信息的扩散，从而影响网络舆论动态。特别是当网络热点事件发生以后，舆论真空里出现的"先声"，最容易影响人们的认知和判断，具有很强的导向性，甚至为其后的讨论定下基调和方向。当大多数网民对某一事件形成共识时，人们常常选择随大溜，盲目顺从多数人的意志，形成"羊群效应"，而那些持反对意见的人们则逐渐形成"沉默的螺旋"。"网络推手"和"网络水军"正是利用了这一点，往往抢先发声，对网络舆论进行恶意引导，传播其"民意病毒"。另外，他们也常常会利用社会公众的仇富、仇官的心理，传播谣言，制造虚假的网络焦点事件，或者歪曲事实来左右网络舆论。

第四，"网络意见领袖"的示范引导而导致参与盲从行为。如前所述，在社会特征隐匿的虚拟空间，无论是实名、匿名，还是具有先赋性权力（如系出名门、社会名流、版主）与否，只要其发言能够获得网友的广泛支持，那么，具有强大影响力和号召力的网络活跃分子就有可能成为网络意见领袖。他们往往是网络论坛中的政治精英，致力于打捞"沉没的声音"，通过对事件的深入思考和理性分析，来凸显其强烈的公共意识和公共责任感，并且也往往能够代表相当数量"拥趸"的心声，从而在网络政治参与中主要发挥着启蒙和引导的重要作用。一般来说，网络意见领袖是议题的主要设定者，他们在"说什么"和"如何说"两个方面都具有巨大的能动性。他们的话语往往具有公共服务性和社会共享性，议题设置和舆论放大效用明显，在某些情形下甚至有可能掌握着"舆论核按钮"。他们主要依靠所发表帖文的数量和质量来赢得领袖地位，这些帖文往往直击社会热点问题，甚至一些敏感议题，极易引起网民的兴趣，成为点击率最高和回复最多者。此外，当前中国网民还普遍比较年轻，年龄和文化程度往往低于传统媒体的受众。因此，在酝酿、发酵网络舆论的过程中，他们更容易受到网络意见领袖的影响，产生"绝对主义的迷信"，出现盲目跟从参与现象。另外，网民参差不齐的受教育程度，也难以保证所有人的网络政治参与行为均能具有理性。

三　理性包容文化与政治参与盲从的冲突

网络空间往往是操练公民理性包容精神的有效场所，那些具备这一精神的现代公民通常也只有在政治参与的实践中才能得以淬炼（郑维伟，2011）。而理性包容的网络文化则内含于公民有序的网络政治参与之中。这就要求公民在政治参与时，能够理智、独立、清醒地作出选择，使其意见主张和政治立场不会因外界一时的鼓噪或宣传而发生改变。并且也只有培育和形成健康有序、理性宽容的网民，其网络政治参与才能具备有效的行动力。同时，也要求网民在行使权利时，具有一定的参与知识和参与能力，能够运用法律制度所赋予的基本权利来独立地进行价值判断。但是网络信息的可操纵性恰恰是互联网的一个致命缺陷。在收集、利用、传播信息方面，互联网是一把双刃剑。它既能增强人类利用信息的能力，也为虚假信息打开了方便之门，甚至成为制造、操纵虚假信息的有力工具。这是因为，无论个人或机构，要通过网络发布信息都无须受到环节重重的内容审查，服务器本身就可以自动完成登录网站、下载信息、发布信息等工作。由于缺乏有力的内容监管，也无法有效地监控、驾驭信息发布者和信息的真实性，因此，网络信息的可信度自然无法得到很好的保证。这也就为一些别有用心的组织和个人提供了可乘之机，导致网络上各种虚假新闻层出不穷，很多假消息经过巧妙的编辑足以以假乱真，混淆视听。正是由于网络信息的这种可操纵性，使得网民难以辨别和驾驭政治信息，导致茫然无措、不知何为，加之"网络推手"和"网络水军"的恶意引导，并且容易受到"网络意见领袖"的影响，从而大大降低公民网络政治参与的理性程度，盲目参与跟从和非理性政治参与行为也就日益增多。

另外，政府或相关网络管理机构本应包容互联网上不同意愿的充分表达和自由讨论，积极与网络互动交流，营造和谐的网络环境。然而，有些管理机构和人员出于对网络舆论监督的恐惧，或者出于对网民批评的压制，或者急于应对群情沸腾的网络群体性事件，以达到引导控制舆论的需要，有时会刻意放大对自己有利的舆论信息，而压制不利的舆论信息。加之公民掌握信息的不对称，以及对管理机构的充分信任，往往不自觉地会受到某些代表官方意见的"网络意见领袖"的引导而出现盲目参与的现象发生。

四 构建理性的网络政治文化，打造公民网络政治参与的文化基础

如前所述，理性的网络政治参与文化体现为参与主体对人类理性精神的恪守、政府对网络政治空间的合法有效治理，要符合网络政治空间的本身特点和规律以及人类政治的基本价值，以及作为网络政治两大主体的社会公众与政府之间保持一种信息通畅和相互信赖的关系。这就要加强网络政治参与文化建设，在互联网上传播先进的思想理论、意识形态、价值体系，培养网民理性、积极的公民精神，以文明、稳定的价值理念指导网络政治参与行为。

第一，要树立自主表达与自我约束的政治参与意识。当前，在网络政治空间中，依然明显缺乏必要的法律道德规制。这也使得一些信息造假者和谣言传播者时常利用网络自由平台，发表一些不负责任的政治言论，或者散布虚假信息，造成网络混乱。现代社会对公民的最基本要求就是要做到权利与义务的相互统一，这些要求在网络空间同样适用。因此，网络主体在享有言论自由的同时，也要有为自己所传播的信息负责任的态度和精神。这就要求参与主体"在自主表达各种利益诉求、进行网络论政和网络评判时，必须严守法律和道德的规范。尤其是在面对各种可能对他人和社会利益造成危害的信息时，要学会运用理性来甄别和判断，而不轻易人云亦云，从而成为一个成熟、理性的公民"（唐亚林，2009）。

第二，要运用公开、透明、包容的网络管理方法。公开、透明是谣言的现形石，包容、理解是智慧的酝酿石。运用公开、透明、包容的网络管理方法，有助于建构理性的网络政治文化。这就要求，一方面，立法机关应完善网络政治参与的法律法规，政府部门要构建公开、透明的政治参与渠道，通过设立专门的网络投诉专栏，开设网络热线等方式受理公众投诉，在与民众的直接接触中，实现政务信息的透明化。另一方面，在对公民网络政治参与的管理过程中，要积极接纳政治参与新方式，并从中汲取经验智慧，认真分析网络政治参与形式中的深层语义，特别是其背后所折射出的公众利益、公共意志、公众舆论的倾向等，对多元化的声音秉持更加包容的态度，从现实的政治生活中寻找良好的解决路径，重视网络舆论监督的力量，从而实现网络政治参与与现实政治参与的良性互动。

第三，要加强政府与社会公众对网络治理的合作共治。一是通过合适

的方式引入社会公众的立法参与和政策参与，在充分吸纳社会公众意见的基础上，制定网络法规和网络政策。二是网络治理的政策内容应当体现出宽容性。网络政治空间具有独特的自身规律，政府网络治理应当适当放宽管理口径，通过事后处罚代替事先审查，并积极合理地利用经济手段来引导社会公众的网络政治活动。三是秉持权利与权力相平衡的理念，确定公众网络政治参与的权利和义务。为充分保护公民的权利，应严格规范行政行为，在传统纵向监管的基础上，设计合理的横向分权制衡体制，明确制定公民利益受损后的救济程序。四是政府应积极开展与网络信息行业的合作，通过行业自律、信息共享、管理信托、联合治理等方式实现网络政治空间的优化治理。

参考文献

阿尔蒙德、鲍威尔，1987，《比较政治学：体系、过程和政策》，曹沛霖等译，上海译文出版社。

方盛举，2006，《参与型政治文化与当代中国政治文明建设》，《社会科学研究》第 5 期。

高旺，2008，《政治参与模式的演变与社会政治转型》，《天津社会科学》第 2 期。

郭小安，2008，《网络政治参与和政治稳定》，《理论探索》第 3 期。

李斌，2006，《网络政治学导论》，中国社会科学出版社。

闵琦，1989，《中国政治文化——民主政治难产的社会心理因素》，云南人民出版社。

乔兰德，S. M.，1989，《健康的人格》，许金声、莫文彬等译，北京大学出版社。

桑斯坦，R. 凯斯，2010，《极端的人群：群体行为的心理学》，尹宏毅、郭彬彬译，新华出版社。

唐亚林，2009，《网络政治空间与公民政治参与》，《文汇报》3 月 17 日。

郑维伟，2011，《网络公共空间与公民有序参与》，《学习时报》8 月 29 日。

责任编辑　张玉万

政府网站在公共危机传播中的优势与存在的问题研究

罗宜虹[*]

内容摘要 当前已有众多的关于危机传播的研究，本文以政府网站为研究对象。在研究中，以中国的一些公共危机事件及其传播作为材料，探讨政府网站在公共危机传播中的优势和存在的问题。本文尝试分析在危机传播的特定过程中，政府网站如何实现其传播与治理的双重作用。

关键词 公共危机传播 政府网站 新媒体

所有新的信息传播技术在诞生之时，都伴随着美好的憧憬与预言。当网络的影响力深入每个人的生活时，其实意味着另一种危机的开始。网络没有了守门人过滤的屏障，任何真实或不真实的信息，都可以经过网络立即传输到全球各个角落。任何人都可以在匿名网络上变成专家、化身记者，发挥"病毒式营销"的力量，在顷刻间使遭受攻击的个人或组织遭受危机攻击，而危机的源头来自完全虚拟的失控。

网络不但模糊了传播者与受众之间的界限，也改写了危机管理的操作逻辑。网络少了守门人的过滤与筛选，上网者只要想说，几乎可以随意找到发言的空间高谈阔论，各种资讯也因此在网络上自由散布。网络在危机传播的过程中扮演着多重角色。一方面，网络可能是社会大众乃至于媒介记者获知危机事件的第一个管道；网络甚至可能是危机事件本身的起点或"扳机"——例如网络黑客、网络谣言或网络恐怖主义（cyberterrorism）等。另一方面，网络所持有的即时性与互动性功能，也使其成为危机沟通时不可或缺的重要工具。因此，可以说，网络如水之载舟与覆舟，既是危机传播的有效武器，也可能是危机发生的第一现场（吴宜蓁，2005）。

在具体的公共危机事件当中，政府、媒体和公众无疑是影响危机处置的三大要素。政府具有最终的决策权，也是解决危机的领导者。而媒体在政府和大众之间架起一座桥梁，一方面是危机情况的散播者，使得危机事

---

* 罗宜虹，湖北大学文学院新闻系讲师，武汉大学政治与公共管理学院博士后。

件迅速为广大受众所知；另一方面是公众舆论的收集者，使得政府听到公众的声音。公众中既有危机事件的直接受害者，也有利益相关者，因此政府对危机决策时必须考虑到他们的反应。危机传播是危机处置的一个重要组成部分。媒体的自身性质决定了它的传播面广，影响巨大。政府要与媒体合作，利用媒体化解危机，挽回影响，树立政府的良好形象。在危机发生时，政府要及时与媒体接触，发布准确消息，更正不实报道，与公众进行沟通交流，确立政府在信息传播中的主动权，树立政府的良好形象。

但我们也应该注意到，遇到危机时，并非所有媒体的意见都保持一致，对同一事件，不同媒体从媒体自身的定位、受众需求、事件的新闻点等不同角度进行报道评论。在众多的声音当中，网络媒体因为自身的特点在危机传播过程中有独特的作用。而政府网站兼具网络媒体的传播优势与政府权威信息平台的双重作用，在危机传播中拥有其他媒体无法比拟的优势。政府网站是我国政府运用信息化手段面向社会提供服务的窗口，提倡"服务政府、责任政府、法治政府"。在新形势下，政府网站建设具有重要的战略意义。中国互联网络信息中心（CNNIC）2012 年 7 月发布的《第 30 次中国互联网络发展状况统计报告》显示，截至 2012 年 6 月，我国使用的".gov.cn"域名的政府网站总数达 54808 个，占 CN 总数的 1.4%。在危机传播中，政府网站发挥着重要的作用（中国互联网络信息中心，2012）。

一 政府网站的优势

（1）超时空性。网络作为一种数字化传媒，突破了以往许多传统媒介地域性传播的局限性，可以使信息实现"实时传播"（real-time communication），在时间和空间上，网络要比其他类型媒体受到更少的限制。一方面，在网络上信息可以存储，需要时可以随时查阅检索，在时间上实现错位阅读；另一方面，信息通过网络的传播，较少受到地域的限制，并随着科技的不断发展，只要有电脑，在哪里都可以轻松上网。

（2）互动性。在传统的媒体传播活动中，新闻的发送者通过媒体将大量信息传送给受众，受众只是被动地接收信息，对于这些信息往往没有发言权。这种传播活动实质上是一种自上而下的"一对多"（one to many）传播。网络的出现，使得每一个有条件上网的人都可以花费很少的成本、经过很少的"过滤"而将自己的观点、看法、意见、建议等传达给很多人，从而实现一种"多对多"（many to many）平等互动的传播。一方面，网民可以通过新闻跟帖、论坛、留言栏等对新闻消息发表意见和看法，往往这时能够形成舆论；另一方面，网民也通过个人微博或网站论坛等发布新闻，成为新闻信息的发布者（杨炯，2009：71－72）。

（3）信息来源广泛。公民新闻直接成为传统媒体的重要信息源。由于互联网的开放性，各种各样的受众随时可能成为传播者，网上信息资源异常丰富。比如汶川地震发生后，成千上万的网民纷纷以第一人称方式报道所见所闻所感。网络论坛和QQ群也担当起现场直播的网民记者角色。

（4）形式多样。网络传播新形态不断出现。由于互联网可以容纳海量信息以及其在技术手段上的优势，这就使网络传播在新闻报道中可以广泛地采用多种传播方式和手段。汶川地震的报道，网上信息铺天盖地，除了及时收集各专业媒体的报道外，网上论坛、博客、视频、跟帖、网络即时通信工具等都成为独立的新闻源头，汇聚成海量、快捷、透明的超级信息广场。美国《华尔街日报》、英国《每日电讯报》等境外主流媒体相继登载文章对此进行了专门的分析和评述，认为科技进步催生新的网络传播形态，使得信息传播大大加快。

（5）现代民间舆论场在互联网上初步成形，对决策构成直接影响。近年来，有学者以美国学者哈贝马斯的"公共领域"理论对网络论坛进行了研究，认为论坛就是"虚拟空间的公共领域""现代民间舆论场"。在现代的危机传播中，网上舆论对主流舆论的影响力更加突出，对政府决策的影响更加直接。一是公众意愿在网络上大规模集结。网络的开放性和平等性，保证了所有信息源的充分涌流和所有社会成员的广泛参与，使得网络成为最重要的公共空间，民间舆论的最佳载体。二是网络的民主平台功能集中体现。科技的进步、网络的普及，意味着新的公共权力空间的诞生和成长，网络发挥着民主平台的重要作用。公众意愿产生强大的影响力，甚至直接影响国家机构的决策。三是网络积极发挥舆论监督作用。众多网民在危机事件中，也执行了网络特有的"监督"功能。比如网民检举某地红十字会工作人员虚开发票、中饱私囊（肖枢，2008）。

（6）权威信息的平台。黑龙江大学新闻与传播学院2005级研究生2005年12月10日在中华传媒学术网上集体发布《水危机事件中哈尔滨市民舆情调查报告》，该报告认为，面对突发事件，当没有明确的官方信息时，大多数人首先是通过人际传播来获取信息的。该调查报告还显示，大多数民众在危机时刻会相信政府发布的相关信息，持怀疑和不信任态度的民众只占少数。由此可见，政府新闻发布在危机公关中的重要性（张明、靖鸣，2006）。政府享有处理社会公共事务的合法地位及能力，因此政府是社会危机合法的管理者。也就是说，管理社会危机是政府的天职。政府不是一个抽象的概念，在社会危机状态下，作为媒体的权威信息源，政府一般有四种选择：不提供危机核心信息（无语）；提供缩小的危机核心信息（低调）；

提供真实的危机核心信息（客观）；提供放大的危机应对信息（高调）。政府在危机状态下对媒体议程的严格控制使媒体在基本态度上与政府保持一致，但媒体在政府允许报道的范围里为了在媒体竞争中凸显出来而可能更进一步放大被允许报道的内容。因此，危机时期的信息流状由于传播政策以及媒体竞争的影响会表现得更为多样。

二 政府网站在自身建设上存在的问题

近几年随着网络新闻事业的发展，政府网站在建设理念上已经发生或正在发生一些变化，有些甚至是重大的变化。但是网站自身的问题和缺陷使得其难以在公共危机传播中发挥充分的作用。我们结合网站评估情况，对我国政府网站当前存在的问题进行了总结，并在危机传播的具体实例中去观测、分析政府网站出现的问题。截至 2012 年 6 月，我国政府网站总数达 54808 个，一般可分为国家（部）级、省级、市和县级等。虽然近年来中国政府网站数量倍增，然而高增长背后存在着困境。

（一）政府网站"信息孤岛"现象

信息孤岛（information island），通常又被称为信息岛或孤岛式信息系统。一般"指在一个单位的各个部门之间由于种种原因造成部门与部门之间完全孤立，各种信息无法或者无法顺畅地在部门与部门之间流动"①。随着中国电子政务发展，"信息孤岛"的内涵得到了拓展，即"信息孤岛"概念可以从两个层面理解：一是从技术层面理解，指一个个相对独立的不同类型的数字资源系统，由于系统间相互封闭，无法进行正常的信息交流，犹如一个个分散、独立的岛屿。二是从非技术层面理解，一方面指信息资源稀缺的政府系统，表现形式主要为不能提供有效政府信息和业务服务的政府网站；另一方面指的是与服务客体之间的无互动或单向行为（商晓帆，2008）。

政府网站一般可分为国家（部）级、省级、市和县级等。前两类政府网站因受重视程度较大，相对而言，"信息孤岛"问题较小，后两类情况则正好相反。考虑地市级政府网站是联系我国省部级政府网站与县区级政府网站的纽带，主要起到了"承上启下"和"上传下达"的关键性作用。翟光勇在《网络计量学视角下的政府网站"信息孤岛"实证研究》中以安徽省 17 个地市级政府网站作为样本，做了很细致的研究。分析 Altavista 检索

① 参见百度百科，"信息孤岛"，http://baike.baidu.com/view/912383.htm? fr = ala0_1。

所得各组数据，结果见表1。

表1 Altavista 检索安徽地市级政府网站链接指标数据

网站名	总链接	外链接	内链接	非政府链接	非政府链接占比（％）	总网页	WIFt	WIFe	WIFn
合肥	28300	25900	2400	15300	54.06	24300	1.165	1.066	0.630
芜湖	25900	18500	7400	13800	53.28	13400	1.933	1.381	1.030
蚌埠	14500	9740	4760	6220	42.90	15900	0.912	0.613	0.391
安庆	12000	6360	5640	2870	23.92	57600	0.208	0.110	0.050
铜陵	11800	5250	6550	3880	32.88	22500	0.524	0.233	0.172
黄山	21400	14100	7300	8720	40.75	14300	1.497	0.986	0.610
池州	8610	4020	4590	2380	27.64	13800	0.624	0.291	0.172
巢湖	14000	9830	4170	3160	22.57	9350	1.497	1.051	0.338
六安	24100	9140	14960	4230	17.55	133000	0.181	0.069	0.032
滁州	18000	8760	9240	3280	18.22	38400	0.469	0.228	0.085
淮南	20500	14700	5800	12800	62.44	7550	2.715	1.947	1.695
阜阳	12300	9590	2710	4330	35.20	7470	1.648	1.284	0.580
宿州	7130	4290	2840	3970	55.68	13500	0.528	0.318	0.294
淮北	9630	6130	3500	4170	43.30	11100	0.868	0.552	0.376
亳州	8400	5320	3080	3080	54.06	29900	0.281	0.178	0.173

WIF 很大程度上反映了网站内部关联度和外部影响力。具有高外部WIF 的站点，其值明显比 1 大，即平均每个页面至少有一个链接可以从外部链进来。表 1 数据分析显示，安徽地市级政府网站总网络影响因子（WIFt）的指标值普遍较低，仅黄山、淮南、芜湖、巢湖、阜阳和合肥的WIFt 值在 1 以上。深入分析发现，巢湖、淮南和阜阳的 WIFt 值较高，得益于总网页数较少，因此三者的总网络影响因子值较高得分的说服力大打折扣。总网络影响因子数值分析，地市级政府网站中仅芜湖和合肥的WIFt 值尚可。对 WIFe 值进行分析可知，安徽地市级政府网站 WIFe 值中仅芜湖、巢湖、合肥、淮南和阜阳五家达到中等水平。列表内 WIFe 值小于 0.32 者达 46.7%，足以说明安徽地市级政府网站在同外界沟通上存在着明显的"信息孤岛问题"。安徽地市级政府非政府链接百分比同样普遍不高，其非政府网络影响因子（WIFn）的指标值也可以证明这一点，表中显示仅合肥、芜湖、黄山、淮南和阜阳五家非政府网络因子值属于中等，

同样说明安徽地市级政府网站相对非政府网站而言存在着明显的"信息孤岛"（翟光勇，2010）。

造成政府网站"信息孤岛"原因很复杂，思想观念的落后、行政体制层面的条块分割，使得政府网站群甚至部门内部很难达到资源的共享。在危机传播中，首先需要的是信息资源整合，要对不同地域的信息形式、管理单位中分散存储和管理的各类信息资源，通过一定的手段联结成为一个结构有序、管理一体化、配置合理的整体（商晓帆，2008）。"信息孤岛"现象的存在不仅严重影响了政府政务信息的共享和交换，更严重地影响了政府网站的形象及其在危机传播中的功能的实现。

（二）网站定位不科学，政府网站与电子政务发展相脱节

网站定位是指关于网站对服务对象和内容的定位，大多数的政府网站在定位问题上较为模糊，甚至是不符合发展要求。例如，有的地方将政府网站做成了一张"报纸"，发布大量新闻，包括从商业网站上转载来的社会性和娱乐性新闻；还有的政府网站做成了政府机构的"宣传栏"，主要围绕政府机构和社会进行宣传；一些政府网站将领导作为其最主要服务对象。这些问题的产生在于没有将政府网站与电子政务发展统筹考虑，只是就政府网站而做政府网站。网站定位不科学，不仅影响到政府网站自身的可持续发展，更影响到电子政务的深入应用，影响到对信息资源的利用能力。

（三）"政府中心"痕迹严重，"用户中心"意识没有树立

政府网站"以政府为中心"，主要表现在从政府角度出发，按照政府机构设置提供服务项目；"以用户为中心"则主要体现在从网站使用对象角度出发，按照用户需要提供服务项目，方便用户迅速获取所需服务。政府是全社会的管理者，因此，政府根据社会管理目标实行相应的管理手段是政府的职责，于是很多危机报道中媒体受到了制约。比如中国政府对中国媒体"非典"危机报道的控制。这种"政府中心"的态度，也体现在网站服务不够易用，公共服务性不强等方面。我们以湖北省为例，中国软件评测中心（CSTC）2011 年 12 月公布的"2011 年中国政府网站绩效评估"数据显示，湖北省政府网站虽提供比较丰富的行政办事服务，但公共服务实用性不强。例如，网站提供的教育机构名单链接至湖北省教育厅，且提供的学校名单服务内容简单，仅包括学校名称和地址，未提供学校概况、招生计划、师资力量等信息（工业和信息化部中国软件评测中心等，2011）。

（四）公开内容不深入，真正需要公开的内容公开不够

从政府网站的内容来看，政务信息公开要强于网上公共服务，但是由于我国绝大多数地区缺乏相关法规作为政务公开的依据，使得我国政府的政务公开内容不够深入。公开的政务信息主要集中在基本的信息领域，对公众最需要了解的政府决策信息和办事类信息远远不够，在满足公众的知情权方面仍有待提高。在机构设置、领导分工、人事任免、政策法规等方面，政务公开程度相对较高，而对于深入政府内部、敏感性较强的政策制定信息，如危机信息的发布公开不够。我们以湖北省为例，中国软件评测中心（CSTC）2011年12月公布的"2011年中国政府网站绩效评估"数据显示，湖北省政府网站存在着部分栏目信息更新不及时，如网站上的财政信息只更新到2010年，未提供2010年财政决算信息及2011年的财政预算信息；另外，网站上的规划栏目只更新到2008年，信息更新滞后。

（五）需求把握不好，用户针对性不强，网站服务不实用

政府网站上大量的服务内容杂乱无章，超过90%的政府网站上的主要服务内容没有明确的用户指向。即使对于绩效较好的少数网站，网站的使用率也并不理想。总结我国政府网站服务项目，主要存在两个问题。第一，网站服务建设没有贯彻需求导向的原则，尽管很多网站服务项目规划得较为全面，但是很多公共服务项目好比"花瓶"，不实用。第二，服务分类不科学，服务内容的用户针对性不强，使得用户获取网上服务较为困难（孙国锋，2005）。同样，中国软件评测中心（CSTC）2011年12月公布的"2011年中国政府网站绩效评估"数据显示，有些政府网站信息公开目录部分栏目不可用。网站部分部门信息公开目录链接无法打开，例如，湖北省教育厅信息公开目录链接到其他网站且页面无法打开。

三　政府网站在公共危机传播中存在的问题

上文讨论了政府网站在自身建设方面存在的种种问题，这些现象的存在严重影响了政府信息的共享和交换，更严重地影响了政府网站的形象，制约了其传播功能的实现，使得政府网站无法很好地在政府和公众之间搭起良好沟通的桥梁，这些都会影响政府对危机事件的干预和治理。政府网站除了在自身建设方面存在许多问题之外，还存在危机意识缺乏、危机反应力缓慢等问题。

（一）对突发公共危机的报道缺乏危机意识

危机，是对公共安全、社会稳定、国家政权有较大影响的突发事件或状态。危机传播，是对社会的危机现象如何采取有效的传播手段，对社会加以有效控制的信息传播活动。它的目的在于，按照社会传播和新闻传播的规律，对危机处理过程进行干预和影响，促使危机向好的方向转化。从以往的经验来看，并没有一个完整的危机传播系统，政府对危机传播的重视也不够。政府危机管理中的传播已经成为政府危机管理不可缺少的一部分，及时的政府新闻发布在突发事件的处理中有着非常重要的作用。当前我国政府危机管理的实践中暴露出危机意识的缺乏。公共危机事件的发生使政府面临危机所具有的突发性、破坏性、扩散性以及不确定性，这要求政府在尽可能短的时间内作出快速反应，及时控制危机，把危机造成的损失降低到最低限度，这需要政府官员在危机管理中具有强烈的时间观念和传播意识。如前所述，信息的公开、透明在危机管理中意义重大，它可以满足公众的知情权，让民众和社会及时了解危机的进展状况，并以此调动社会资源配合政府公关，这将有助于危机的早日解除。信息不透明的结果是小道消息盛行，从而加剧人们的恐慌和不安。在"非典"初期，由于地方政府缺乏利用媒体进行有效传播的意识，缺乏正确的信息透明和引导，致使各种信息得不到确认，谣言四起，人心惶惶。因此，在危机管理中，政府必须及时利用媒体进行有效的传播，这对突发事件的处理起着非常重要的作用。它既可以为决策者提供及时准确的信息，也能向公众传递恰当的信息，避免公众情绪失控，促进政府与公众沟通与交流。然而不容回避的是，当前很多地方政府网站缺乏危机意识，指导方针错位，"大"政府"小"民众的陈旧管理理念导致政府网站重宣传轻服务，政府网站仅是政府机关发布公文的电子"公告板"。

（二）对网络舆论反应不及时和信息发布不权威导致公众质疑增加

随着以网络媒体为代表的新媒体进一步发展，信息资源已经开始大范围共享，政府对信息来源渠道的控制力明显减弱，信息封锁已经不可能。在此种情况下，政府如果仍然采用封锁消息、限制公众知情权的方式，不但无法达到目标，反而容易使自身陷入被动。当危机发生时，公众渴望的是听到来自政府或主流媒体的权威消息；如果权威信息渠道缺乏，就会导致流言四起，使公众陷入恐慌。因此，信息披露机制逐步取代了信息封锁制度，开始成为政府危机管理的核心。这对制止不良传闻，以正视听，缓解大众的恐慌心理是非常有效的（喻国明，2003）。尊重公众的知情权，针对公众关注的热点和谣言，第一时间发布消息，公布事实，并客观地承认政府在危机事件中存在的不足，以诚恳的态度赢得公众的谅解。

表2　2011年中国省级政府网站绩效评估数据（部分）

排名	省（市）	总分	教育服务指数	社保服务指数	就业服务指数	医疗服务指数	住房服务指数	公用事业指数	信息公开指数	互动交流指数	日常监测与调查指数	新技术应用指数
1	北京	75.25	0.62	0.92	0.56	0.49	0.58	0.61	0.80	0.76	0.89	0.46
2	广东	68.07	0.60	0.66	0.38	0.46	0.42	0.81	0.79	0.66	0.84	0.25
3	上海	66.33	0.73	0.48	0.44	0.56	0.65	0.74	0.88	0.79	0.80	0.53
4	四川	66.28	0.32	0.32	0.34	0.38	0.61	0.38	0.90	0.60	0.84	0.69
5	海南	63.39	0.44	0.46	0.31	0.49	0.54	0.56	0.76	0.64	0.87	0.13
6	陕西	61.54	0.27	0.33	0.38	0.40	0.34	0.34	0.77	0.61	0.89	0.22
7	福建	58.31	0.31	0.52	0.30	0.49	0.50	0.57	0.57	0.59	0.86	0.21
8	江苏	56.21	0.44	0.25	0.21	0.43	0.29	0.76	0.82	0.66	0.81	0.12
9	湖南	54.64	0.35	0.42	0.28	0.34	0.51	0.31	0.59	0.66	0.91	0.14
10	安徽	54.41	0.54	0.30	0.50	0.39	0.47	0.88	0.48	0.45	0.75	0.11
11	浙江	53.12	0.21	0.30	0.35	0.33	0.39	0.41	0.61	0.46	0.78	0.13
12	山东	48.32	0.51	0.46	0.43	0.48	0.47	0.42	0.52	0.52	0.48	0.13
13	湖北	47.53	0.24	0.26	0.30	0.23	0.42	0.47	0.62	0.58	0.71	0.13

资料来源：工业和信息化部中国软件评测中心等，2011。

从表2中我们不难看出，山东、湖北等省的政府网站在信息公开、互动交流上，与北京、广东、上海等省市的政府网站存在着很大差距。政府网站出于各种利益的考虑，不想、不愿，甚至不敢公开信息，必然会导致信息共享的障碍，无法在危机传播当中以正视听、缓解恐慌，更不利于危机的治理。

（三）新媒体手段的运用不充分，导致舆论引导的效果不明显

面对以网络媒体为代表的新媒体对公共危机管理的冲击，政府还没有充分地运用新媒体的手段来引导网络舆论，树立政府的正面形象。

（1）门户网站的建设不完善、维护不及时。当前，政府网站的建设还参差不齐，在省、自治区、直辖市一级，门户网站建设还比较规范。但是很多地方还没有建立政府网站，有的网站还停留在信息上网阶段，只作为

其所在部门的宣传窗口和信息平台，有的只是"面子工程""政绩工程"而摆设的花架子。登录不少政府网站，会发现内容长时间没有更新，类似于"死站"；或者内容简单，相当于"空站"。在杨佳袭警案中，上海市公安局闸北分局作为当事一方，居然没有门户网站，更谈不上利用网站来发布消息、澄清事实了。

（2）与网民的互动性不强。互动性是以网络媒体为代表的新媒体的重要特性。利用互联网络，公众可以在最短的时间内，把自己对政府的意见上传给政府，政府也可以在第一时间发布信息。信息的直接沟通消除了传统大众媒体沟通中的信息延迟和失真现象，这样就能从被动变为主动，从而提高政府公关的效果。但目前，政府还没有充分利用网络的互动特性，及时澄清事实、消除误解。在很多危机事件中，面对网友的诸多质疑，政府没有通过网上聊天、网上问答等方式直接回答公众关注的问题，使公众的疑虑进一步加深。中国软件评测中心（CSTC）2011 年 12 月公布的"2011 年中国政府网站绩效评估"数据显示，湖北省政府网站的网上调查栏目自 2009 年 3 月以来未开展网上调查活动，栏目内容缺乏更新。缺乏沟通、疏远网民，必将导致政府网站认知度降低（工业和信息化部中国软件评测中心等，2011）。

（3）没有运用多种新媒体信息传播手段。在石首事件中，面对公众通过论坛、电子邮件、个人博客、网络视频等多种方式表达对政府的质疑时，政府只是通过门户网站发布新闻和召开新闻发布会的方式简单应对。事实上，如果政府在危机发生以后，立即通过电子邮件、个人博客、论坛等方式发布有利于政府的言论，开展进一步的引导，可能该起危机就能得到及时的控制和缓和。

表 3　2011 年中国地市级政府网站评估结果（部分）

排名	地市	总分	教育服务指数	社保服务指数	就业服务指数	医疗服务指数	住房服务指数	交通服务指数	公用事业指数	信息公开指数	互动交流指数	日常监测与调查指数
1	佛山	66.86	0.39	0.49	0.46	0.49	0.54	0.74	0.64	0.79	0.68	0.81
2	中山	64.83	0.38	0.33	0.38	0.63	0.55	0.66	0.28	0.73	0.61	0.85
3	苏州	63.07	0.34	0.28	0.28	0.58	0.54	0.60	0.79	0.46	0.78
4	无锡	62.21	0.79	0.28	0.44	0.32	0.41	0.51	0.82	0.92	0.70	0.82
5	潍坊	61.29	0.63	0.55	0.50	0.51	0.50	0.52	0.53	0.67	0.70	0.68
6	温州	60.63	0.44	0.51	0.46	0.49	0.50	0.46	0.42	0.67	0.73	0.79

续表

排名	地市	总分	教育服务指数	社保服务指数	就业服务指数	医疗服务指数	住房服务指数	交通服务指数	公用事业指数	信息公开指数	互动交流指数	日常监测与调查指数
7	南平	59.98	0.52	0.53	0.48	0.45	0.41	0.36	0.46	0.70	0.66	0.83
8	柳州	59.25	0.47	0.42	0.52	0.59	0.41	0.45	0.44	0.73	0.61	0.75
9	咸阳	58.82	0.46	0.43	0.02	0.52	0.49	0.54	0.67	0.67	0.39	0.84

资料来源：工业和信息化部中国软件评测中心等，2011。

2011 年中国省级政府网站绩效评估数据（见表2），以及 2011 年中国地市级政府网站评估结果（见表3）均显示，在政府网站互动指标、信息公开、新技术应用等方面，安徽、山东、湖北等省的政府网站与网站评估前三名差距较大。湖北省政府网站的新技术应用指数只有 0.13，仅为北京市政府网站的 1/4 左右。政府网站互动性缺失，新技术的应用不足，必将导致与网民沟通和交流的缺位。

（四）专门机构和人才的缺乏导致对新媒体的应对不力

目前，政府还没有应对危机的专门机构和人才，使得对新媒体的舆情分析和引导能力不强，处置不力。

（1）缺少专门的互联网舆情收集和分析机构。目前，政府在处置与新媒体有关的公共危机事件中，主要是通过临时性的舆情联席会议制度来进行。在这一制度下，对网络舆情的收集由信息安全部门进行，舆情的分析由宣传部门进行，缺少专门的互联网舆情收集和分析机构。

（2）缺乏应对新媒体的专业人才。拥有先进的新媒体理念、掌握新媒体技术的人才是加强公共危机管理的"软件"需要。从目前从事公共危机管理的工作人员的知识结构和素质来看，真正懂得政府公关业务的很少，掌握新媒体技术的就更少。此外，还缺乏人才培养的机制。虽然各级政府在信息安全部门补充了一批有一定学历、掌握一定新媒体技术的人才从事公共危机管理，但在实际运作中，仍然存在诸如缺乏有效的培养体系、缺乏有效的激励机制、工作人员知识结构与群体构成不合理等问题。

参考文献

工业和信息化部中国软件评测中心、人民网、新浪网、神州数码举办，2011 年 12 月 2 日在北京召开，第十届（2011 年）中国政府网站绩效评估结果发布暨经验交流会，http：//2011wzpg.cstc.org.cn/fbh2011/pgbg/index.shtml，最后访问日期：2012 年 10 月 10 日。

商晓帆，2008，《电子政务信息资源整合与信息孤岛》，《现代情报》第 2 期。

孙国锋，2005，《我国政府门户网站问题分析与发展建议》，《信息建设》第 4 期。

吴宜蓁，2005，《危机传播：公共关系与语义观点的理论与实证》，苏州大学出版社。

肖枞，2008，《从汶川大地震的传播报道看互联网的作用》，《中国广播电视学刊》第 12 期。

杨炯，2009，《警务危机与媒体关系之研究》，博士学位论文，复旦大学。

喻国明，2003，《在突发公共危机中保障公民的知情权》，《人民日报》5 月 8 日。

张明、靖鸣，2006，《政府新闻发布与民众知情权、话语权冲突与协调——以松花江污染事件为例》，《新闻大学》第 1 期。

翟光勇，2010，《网络计量学视角下的政府网站"信息孤岛"实证研究》，《新闻与传播研究》第 6 期。

中国互联网络信息中心（CNNIC），2012，《第 30 次中国互联网络发展状况统计报告》，http://www.cnnic.cn/research/bgxz/tjbg/201207/t20120719_32247.html，最后访问日期：2014 年 3 月 25 日。

责任编辑　张丕万

网络公共危机演化机理及预警治理政策研究

章　领[*]

内容摘要　随着网络的普及和应用，公民民主参与意识的增强，网络媒体在政治社会中的影响愈加广泛，随之而来的网络公共危机也越来越多。网络公共危机的匿名性较高、煽动性较强，爆发迅速、更新速度快、跟风现象严重，参与者数量众多、影响广泛。网络公共危机的演化一般要经过三个阶段，即潜伏与孕育阶段、发展与扩散阶段及演变与终结阶段。在这三个阶段中，每个阶段表现出来的特征都不一样。健全和完善网络公共危机的预警机制一要把握网络舆情主导权，二要加强网络舆论生态治理，三要创新社会管理机制。

关键词　网络公共危机　演化机理　治理政策

随着网络社会的到来，网络对政治生活、社会生活的影响越来越大。因网络传播而导致的公共危机也越来越多。因此，关注网络公共危机的演化机理及其预警机制的构建具有重要的理论意义和现实意义。

一　网络公共危机的内涵

从国内外研究文献来看，学界目前还没有人提出网络公共危机这一概念。对网络公共危机，我们可以简单地理解为发生在网络中的公共危机。学者对于公共危机的界定，普遍趋向于罗森尔塔（Rosenthal）等给出的概念，是"指对一个社会系统的基本价值和行为准则架构产生严重威胁，并在时间压力和不确定性极高的情况下，必须对其做出关键决策的事件"（Rosenthal 等，1989）。参考国内外学者有关公共危机在网络中的传播或产生的研究现状，我们将网络公共危机的概念界定为源自网络或现实中的公

---

* 章领，安徽枞阳人，中南财经政法大学行政管理专业 2011 级硕士研究生。本文系 2012 年湖北省普通高等学校人文社会科学重点研究基地基金项目（项目编号：31540920805）的阶段性研究成果。

共危机经由网络的传播，在相对自发的无组织的和不稳定的情况下，因为某种普遍的影响和鼓舞而发生的，可能扰乱社会正常秩序，乃至可能或已经发生影响社会政治稳定的网络聚集行为。

二 网络公共危机演化机理分析

网络公共危机的演化是指网络公共危机在发生发展过程中，性质、类别、级别、表现形式、范围及区域等各种变化过程。网络公共危机的演化一般要经过三个阶段，即潜伏与孕育阶段、发展与扩散阶段及演变与终结阶段。在这三个阶段中，每个阶段表现出来的特征都不一样。

（一）潜伏与孕育阶段

公共危机的发生一般是某一隐患因素由量变到质变达到一定的临界点而最终导致事件发生的过程，网络公共危机的孕育阶段就是隐患因素的出现和量变的积累过程。网络公共危机事件往往始于现实，发端、蔓延于网络。由此可见，网络公共危机多是孕育于现实中的突发性群体事件和危机。多数群体性事件的爆发，根本上还在于群众合理的利益诉求得不到体制的及时反应，其合理诉求的表达、回应渠道不够畅通，党政部门回应性不足，导致干群矛盾、官民矛盾持续累积，这些利益冲突在目前的制度结构中缺乏有效消解的途径，矛盾慢慢潜伏、积淀和发酵，最终酿成冲突和对抗。很多时候，在现实社会中群众利益受损后，诉求又得不到合理的表达和回应，群众多由此转向求助于网络。网络公共危机在孕育阶段的时候，一般具备的特征有：利益诉求在现实社会中得不到有效回应，事件涉及的利益群体范围较为广阔或者能够得到群体的认同（只有当网络事件能够触发网络认同机制，才能引起网民的广泛关注继而引发网络聚集行为），事件有机会为网络媒体所接触。具备这些特征的群体性事件极有可能发展为网络公共危机。

通过对大量网络公共危机案例的分析，可以发现，这些案例都有一个共同的规律，即都有一个引发事件的诱因。这个诱因本身并不重要，重要的是网民对诱因的解释形成的信念。我们把事件诱因和信念的关联性归结为：关注同一个诱因的网民通过过去的社会经验对诱因进行认知和解释，形成了作为认知结果的信念，与此同时，网络公共危机的潜在参与者也就形成了，这些潜在参与者的情绪在诱因的刺激下，构成共同的态度倾向，并开始孕育危机事件中的行为倾向，由此网络公共危机的一致行动的心理基础形成。

（二）发展与扩散阶段

互动仪式链理论认为，宏观水平现象最终是在个人之间，由微观的相遇来创造并维持的。从本质上来说，宏观的和长期的社会结构是由他所称的"互动仪式"建立起来的。这种"互动仪式"经由时间延伸以复杂的形式组合起来，宛如一条"链"（侯钧生，2001）。互动仪式链理论认为，只要有互动因素，如至少有两个人的互动所构成的群体，他们关注共同的目标或行动，他们具有共同的情绪或情感，彼此的关注点和共享的情绪有积累性强化特征等，互动仪式就可产生一系列的结果，主要包括形成群体归属感或团结性、强化文化资本和情感能量以及社会道义感。因此，我们认为，网络公共危机的发生发展过程就是一个互动仪式链，当现实中的群体性事件得不到合理有效的解决，利益主体转而求助于网络这一互动仪式市场，网络舆论成为网络公共危机的导火索，网络公共危机的行为方式表现为现实问题与网络舆论的彼此交互，网络舆论成为现实问题的放大镜和加速器。现实中的群体性事件经过网民这一特殊群体经由网络这一互动仪式市场的渲染，发展成为网络公共危机，现实中的问题得到网民的认同和价值标准评价，通过网络分享、讨论与分化聚合为网民的共同经验和感受，同时由于网民的非理性情绪的渲染，导致网络公共危机这一仪式链在互动的过程中，网民根本不关注或很少关注探讨话题的真实性，只关心他们共同探讨的共同话题，这样就将小事件拓展为网民共同关注，偏离理性途径的公共危机。例如"12·25"浙江乐清交通肇事案，也就是网络上所称的"钱云会案"，由于当地政府未能及时公布案件的调查和发展经过，导致网民的各种猜测，有的认为是谋杀，有的认为是上访被人杀害，猜测的相关帖子在各大网站的转发量达到80多万条。

截至2011年12月，中国网民规模达到5.13亿人。这表明互联网已经成为覆盖率仅次于电视的大众传媒，中国的互联网普及率攀升至38.3%（中国互联网络信息中心，2011）。这么大的网民规模构成了网络扩散的基础；微博、贴吧、博客、移动互联网、社交网站等新兴媒体的兴起，给群体性事件的网络扩散提供了场域条件；在网络媒体越来越发达的"大众麦克风"时代，公众的话语权实现了空前的普及，社会各阶层已经习惯于在网络上"喊话"、表达个人观点，为网络公共危机的扩散提供了多样性的主体结构。这些条件为网络互动仪式的开展提供了强有力的基础。

信息的发布者和发布渠道多样化、快速化，使公共危机的扩散能力变得越来越强，参与网络公共危机的网民们在关注同一个诱因的前提下，同时关注共同的目标或行动，具有共同的情绪或情感，于是他们在彼此的交互过程中，导致彼此的关注点和共享的情绪积累性强化，这样的强化的积累会产生很多影响，如网民政治参与和真实意见表达延缓政策的出台，媒体对于个别案例的曝光阻碍政策的执行，"虚假民意"导致政策的失误。

（三）演变与终结阶段

网络公共危机经过扩散，其结果会演变成三种情况。

一是网络公共危机没有得到合理解决，进而演化为不可控制的危机，对各种相关主体产生巨大的影响。例如郭美美事件，虽然郭美美本人出面澄清自己和中国红十字会没有任何关系，但是由于中国红十字会自身仅仅是口头承诺，并没有采取什么有效的措施，例如公布所有受捐财物的流向和清单等，结果还是对中国红十字会等慈善组织造成了重大影响。中民慈善捐助信息中心之前公布的监测数据显示，自 2011 年 6 月下旬郭美美事件发生后，全国 7 月份社会捐款数为 5 亿元，环比下降 50%，慈善组织 6 月至 8 月的捐赠额降幅则达到 86.6%。

二是网络公共危机在现实中得到有效的解决。例如厦门 PX 事件。①大众传播媒介如厦门网等通过网络专题与网络评论的形式对厦门 PX 事件进行跟踪报道，并将厦门 PX 事件的进展信息完整地呈现出来，从而打破事件在网民心中的既有观念，弱化网民的非理性情绪；②主流媒体新华社、《人民日报》、《光明日报》对网络公共危机的报道往往带有政府态度的隐喻，当主流媒体与政府保持一致时也会对网民心理造成重大影响，从精神上迫使公共危机参与者考虑自己行为的性质；③地方政府积极出面处理事件，厦门市政府开启公众参与的最重要环节——市民座谈会，让各阶层对事件发表意见和看法。在三方面的努力下，厦门 PX 项目最终暂停，后迁址漳州。

三是通过强制措施压制网络公共危机。强制措施有两种。一种是采用技术措施压制。如有些地方政府通过各种技术措施，删除诱发网络公共危机的源贴以及转发到各大论坛的相关热门帖子。这种方式治标不治本，这种解决方式还可能引起网民的不满而形成集体声讨，可能掀起新一轮的网络公共危机并危及政府在公众心中的公信力和权威。另一种是撤销网络公共危机事件的合法性确认（亨廷顿，2008：21），即政府界定网络公共危机事件为非法行为。政府对网络行为的合法性确认是影响网民判断是否参与网络公共危机以及参与的合理性的关键标准，当政府撤销对发展中的网络公共危机事件的合法性确认时，网民的参与成本和参与风险都急剧增加，迫使大量的核心参与者撤出，围观者也会转移议题和视角，诱发网络公共危机的危机信息逐渐淡出公众视野。

三 网络公共危机预警与治理政策建议

对于网络公共危机的预警机制，学界尚没有明确的界定，笔者认为，网络公共危机的预警是指在网络上已经发现可能引发网络危机的某些征兆，但网络危机仍未爆发前所采取的危机管理措施，如信息搜集、信息扩散、信息处理和信息识别、信息发布与发布渠道以及政府部门对扩大化信息引发的事件的处理等。建立网络公共危机的预警机制有利于及时搜集和发现网络公共危机信息，对搜集到的危机信息迅速地进行分析处理，然后根据科学的方法和程序对形成网络公共危机的可能性作出准确的预测、判断和评估，也有利于及时向政府相关部门发布危机可能爆发或即将爆发的信息，以引起有关人员的警觉，并在一定程度上制定相应的防范措施。

（一）把握网络舆情主导权

网络已经进入社会生活的各个层面，政府再依靠传统的管理模式来处理公共事务已不现实，网络舆情的发展对党和政府的执政和行政管理提出了新的考验，领导干部要接触新兴媒体，面对和处理网络舆情，牢牢把握网络舆情的主导权。把握主导权不是控制而是引导，要根据形势积极作为，科学应对。具体来说，应从以下几方面着手。

第一，及时、准确、持续、科学地发布权威信息，公布事件进展。当事件发生的时候，很多地方政府没有及时发布消息，导致谣言四起，出现了大规模的网络舆论情况，从而形成网络公共危机。还有的地方政府在事件发生以后，习惯于以"捂""压""盖"的方式，处理公众关心的事件，阻碍公众了解相关信息。政府要把握好网络舆情的主导权首先就要公布真相，发布信息，在最短的时间里公布事件的基本情况，持续公布事件的进展，及时回应公众的关切、质疑和猜测。各部门要加强沟通，相互配合，及时发布公正科学的信息，避免发生口径不一致的现象，避免政府陷入"塔西佗陷阱"的尴尬境遇，提高政府的公信力。

第二，建立交流沟通机制，促进政府和网民的互动。亨廷顿认为，要求的落空和参与政治制度的机会被否认，可能造成一个集团具有革命性（亨廷顿，2008：230）。由于政府与公众之间缺乏有效的信息交流与互换，导致政府与公众信息不对称，由此产生了很多的误会和矛盾，同时政府和公众所处的地位也不一样，现实社会中公众的意见有时候是很难进入政府的公共政策议题的，群众有话无处说，因此要充分发挥网络的沟通交流功能，让群众话有地方说，气有地方出。具体来说，政府要正确认识网络的作用，发挥好网络的功能，这样才能为政府处理相关事件提供广泛的群众基础。

第三，要及时搜集汇总真实的网络民意，为公共决策提供科学依据。数据显示，截至 2011 年 12 月，我国网民中间，学历在本科及以上的网民占 11.9%，学生和企业职工各占 30.2% 和 9.9%（中国互联网络信息中心，2011）。通过分析这些网民的意见建议，可以把握群众的基本诉求、基本意愿，做到心中有数，从而引导社会舆论、凝聚社会共识。同时，具备高学历的网民较多，他们是我国社会的中坚力量，他们的智慧和力量是无穷无尽的，他们的意见可以为政府的公共决策和解决公共问题提供可行性对策建议。

第四，建立和完善门户网站，引导舆论风向。加强官方网站和民间网站的建设，积极引导各大网站的运营，取得网络舆论的引导权，加强政府门户网站的互动功能，加强政府同公众的互动交流，及时有效地处理网民的提问和要求。

（二）加强网络舆论生态治理

邵培仁等学者提出了媒介生态学的概念，将媒介视作"生态系统"进行研究。媒介生态学"是一种基于系统论的思维方式，即把媒介及其所处其中的社会类比成一种生物圈，并按照生物系统的方式理解媒介及其环境，同时也运用了生物生态学的一些研究方法"（邵培仁，2008：4）。

基于媒介生态学的研究，我们有理由从媒介生态学的视角来研究网络舆论。网络舆论生态是建设和谐网络环境的基础，在自然界当生态处于平衡的时候，自然就能和谐发展，网络舆论生态同样需要平衡与和谐，当舆论生态失调，各种意见尖锐对峙，互相声讨，安定的环境就会遭到破坏，网络公共危机就会形成。同自然生态一样，网络舆论生态也需要治理。

第一，积极治理网络谣言，建立微博辟谣机制。互联网信息传播，能量越大，责任也越大。特别是在微博上，一些未经证实的传言、恶意炒作的谣言也传播开来。2011 年，网上就出现了武侠小说家金庸的第二次"病故"、日本地震后的中国抢盐风波等让人啼笑皆非的谣言。这些谣言对个人的名誉和社会的稳定造成严重的危害。针对这样的问题，政府、各大网站、民间机构和网民们要联合在一起，建立辟谣机制，特别是利用微博辟谣，及时发布真相，让谣言无处生存。

第二，引导集聚网民的分流，减少网络跟风现象的发生。网络跟风现象成为网络公共危机的发生原因之一，有些网民不明真相，盲目跟风，有些激进的网民自我封闭，在网络上发布消极的激进言论，在网上形成了骂战等毫无意义的口水战，无端地形成了矛盾。设法调节和改善网民的空间分布，倡导网友社群的多元化，也是消减网络舆论的对抗性的重要途径。同时也倡导网络议题和语言的多样化，很多地方政府在回复网民提问的时候运用一些亲和力很强的语言，甚至于网络语言，给予网民很大的认同。

第三，鼓励网民结构的多元化，汇集不同群体的意见。现阶段，网民约占全国人口的1/3。其中，上网发帖、回帖的，占网民数的31.7%，占全国总人口的10.6%（中国互联网络信息中心，2011）。以上数据说明，只有1/3的网民在网络上发声，其他网民多停留在浏览、"打酱油"和看帖不回的阶段，为促进网络舆论的健康发展和覆盖全社会的民主政治，需要鼓励不同的人群都上网，表达利益诉求，开展平等对话。只有鼓励广泛协商对话，才能为社会解决问题和矛盾冲突提供有效的机制。

（三）创新社会管理机制

中央提出社会管理创新，要以解决"影响社会和谐稳定突出问题"为突破口，提高社会管理科学化水平，完善党委领导、政府负责、社会协同、公众参与的社会管理格局，而网络舆论就是检测和判断这些"突出问题"最快捷、最丰富的信息源。

网络公共危机大部分是因为现实社会中的事件得不到有效合理的解决，缺乏有效的沟通及利益诉求机制才转而求助于网络，在网民交互的过程中形成了巨大的舆情，酿成了公共危机。

公共治理，说到底是政府与多元化的公共机构共同治理，是以公开、公平、公正为准则，妥善进行资源配置和利益分配，化解社会矛盾的过程。善治就是使公共利益最大化的社会管理过程（俞可平，2000）。要达到善治的目的，在当前的信息时代，我们可以借助互联网改进政府治理的方式方法，采用新的方法开展行政管理和进行社会管理；要重视媒体的作用，提升政府的舆情理念和媒体素养，转变政府的治理理念，促进公民社会的建立健全，加强政府与民间社会的沟通，构筑多元化的治理主体机制。

一是加强政务微博建设，利用新兴媒体来开展政务管理工作。从2010年起党政机关和企事业单位纷纷开设机构微博，2011年，政务微博的发展"提速"，不仅数量大幅增长，而且在微博使用能力和技巧上也有了长足的进步。很多政务微博不仅能及时发布消息，而且能以清新活泼的语言与网民交流。例如2011年12月南京市公安局白下区公安分局在微博上发布"三国杀"通缉令，看到如此"潮"的通缉方式，网友纷纷转载留言评论，"三国杀"通缉令发布两天后，迫于网络、媒体、社会的压力，外逃7年的犯罪嫌疑人王宁强自首。

二是构建社会管理主体多元化机制。亨廷顿认为，根据民主理论，政府行为的合法性来源于它们对人民意志的体现（亨廷顿，2008：21）。如果说政府已经习惯与市场经济背景下的新社会阶层合作，那么在互联网时代，政府还得习惯与一个挑剔公共治理并任意发表意见的"新意见阶层"共处，网络"意见领袖"[①] 和"自组织力量"在传统体制的缝隙和网络世界的广大空间中成长起来了，虽然有些时候，他们的声音与政府相背离，但从长远来看，他们是政府决策的监督者和合作者。无论是目前的社会管理，还是长远的"公民社会"建设，政府都需要他们的帮助和支持，构建"网络统一战线"，将这些网络"意见领袖"和"自组织力量"纳入社会管理的辅助主体，和他们一起来解决中国复杂的社会管理问题。

四　结束语

全球进入风险社会已经成为普遍共识，各种类型的危机事件常发、频发成为常态。特别是处在现代化转型关键时期的中国社会，社会结构的急剧转型而次生的社会风险日益加大，网络公共危机作为一种新型的社会危机类型，也在不断挑战传统的社会治理模式和政府治理结构。然而一些官员在处理网络公共危机事件时的不及时，失言，乱说话，不求解决问题，反而压制网民参与事件，漠视合理的利益诉求，这既不能缓和事态、化解矛盾，也不符合宪法对于保障人民知情权、参与权、表达权、监督权的规定。与此同时，在一些地区，官员没有很好的媒体素养，甚至于抵触新兴媒体对政府的监督，采用删帖、限制回帖等压制性手段，认为这些"不稳定因素"起源于网络，只要把网络控制住了就能遏制问题的发展，殊不知这些不仅不能够解决难题，反而弄巧成拙，从长远来看，只会恶化政府与公众的关系，违背以人为本的科学发展观，也不利于当前和谐社会的构建。

在网络公共危机事件中，媒体和互联网既不是事件的起点，也不是终点，诚恳回应公众利益诉求才是根本。对于网络公共危机的演化和预警机制的研究，有利于强化各级官员和社会各群体对当前网络公共危机事件的正确认识，并为各级政府处理可能出现的网络公共危机事件提供理论指导，从而重塑政府在公众中的形象和公信力；也有利于政府随时接受舆论监督，增强施政透明度，树立良好形象，而且有助于民众更加便捷地参政议政；

---

① "意见领袖"是"通过一切合适的媒介将本群体与社会环境的相关部分连接起来"的人，他的存在左右着人们对信息的认识、态度和决策。参见孟威《网络互动：意义诠释与规则探讨》，经济管理出版社，2004。

架起政府与民众之间的桥梁，减少公民与政府间的距离感，增强政府对于民情的了解，在政府和民众之间保持信息畅达，并在双方互动的过程中增加共识，从而提高政府的公信力与执政力。

参考文献

侯钧生，2001，《西方社会学理论教程》，南开大学出版社。

亨廷顿，P. 塞缪尔，2008，《变化社会中的政治秩序》，王冠华、刘为等译，上海人民出版社。

邵培仁，2008，《媒介生态学——媒介作为绿色生态的研究》，中国传媒大学出版社。

俞可平，2000，《治理与善治》，社会科学文献出版社。

中国互联网络信息中心（CNNIC），2011，《第 29 次中国互联网络发展状况报告》，http：//www. cnnic. cn/research/bgxz/tjbg/201201/t20120116 __23668. html，最后访问日期：2014 年 3 月 25 日。

Uriel Rosenthal, Michael T. Charles, and Paul't Hart, eds. 1989. *Coping with Crises: the Management of Disasters, Riots and Terrorism.* Springfield, IL: Charles C. Thomas.

责任编辑　张丕万

会议综述

破解公共治理中的政治传播问题

——"新改革时期的公共治理与政治传播"
学术研讨会综述

张丕万　华炳啸

2012 年 11 月 3 日，由中央编译局比较政治与经济研究中心、西北大学、陕西省政治学会、陕西省应急管理学会主办，西北大学政治传播研究所承办的"第一届公共治理与政治传播论坛"在西北大学成功举办。本届论坛还获得了中国传媒大学政治传播研究所以及《中国治理评论》、人文杂志社等单位的鼎力支持和协助，来自全国各地以及台湾地区的学者专家 50余人参加了此次会议。他们分别来自中央编译局、陕西省人大常委会、中国传媒大学、中国社会科学院、北京交通大学、北京联合大学、北京大学、华中科技大学、中南财经政法大学、台湾中山大学、台湾中国文化大学、台湾世新大学、广东省委党校、湖北大学、渤海大学、燕山大学、延安大学、西安邮电大学、西安交通大学、陕西师范大学、西北政法大学、西安外国语大学、西安政治学院、人文杂志社、西北大学等单位。此外，会议还收到了来自浙江大学、浙江传媒学院、首都经济贸易大学、深圳大学、南京大学、兰州大学、东北大学等校学者的论文，会议交流论文共计 40余篇。

本届论坛以"新改革时期的公共治理与政治传播"作为研讨主题，聚焦于"公共治理中的政治传播问题"以及"新改革时期中国气派的政治传播理论构建"等核心议题，在上午举办了开幕式并进行了大会主题发言，下午则以"治理转型期的政治传播""传媒公共性与政治传播""新媒体与政治传播""政治传播的国际视野"为主题组织了分会场研讨，从不同学科背景出发，开展了多视角、深层次的学术探讨，体现出鲜明的时代性、前沿性、创新性。

政治传播研究是国家深化改革的现实需要

在论坛开幕式上，西北大学副校长李浩教授发表了热情洋溢的欢迎致辞，介绍了西北大学的历史沿革与研究特色，认为本次研讨会对于推进公共治理与政治传播研究具有十分重要的意义，寄望与会学者能够为社会主义的民主建设、法治建设和公民社会建设做出自己应有的贡献。随后李浩校长和中央编译局比较政治与经济研究中心主任何增科教授、时任陕西省人大常委会秘书长桂维民教授、陕西省政治学会会长董小龙教授共同为"西北大学政治传播研究所"揭牌。研究所初创于 2011 年 3 月，发展初期挂靠在西北大学新闻传播研究中心之下。2012 年 10 月，西北大学批准独立设置"西北大学政治传播研究所"，以凝聚整合校内的政治传播研究力量，并成为国内第二家正式组建的政治传播学研究机构。中央编译局副局长俞可平教授在贺信中写道："欣闻西北大学政治传播研究所正式成立，谨致热烈祝贺！愿研究所为推动我国的政治传播研究和政治文明建设做出贡献。"

何增科教授代表主办单位发表致辞。他指出，研究新改革时期的公共治理与政治传播问题意义特别重大，是学术界向即将召开的党的十八大送上的一份特别的礼物。从政府统治走向政府的公共治理，既是市场经济时代社会政治发展的重要趋势，同时也是社会政治改革自觉追求的目标。政治传播的结构与功能，需要适应政府统治向公共治理的转变而实现相应的转型，可以说，政治传播能否成功实现转型，直接关系到社会政治改革能否顺利地向前推进。因此，对于新改革时期的公共治理与政治传播问题进行深入的学术研讨，既是学者们的一种强烈的学术兴趣，更是国家深化改革的一种强烈的现实需要。何增科教授最后表示，中央编译局比较政治与经济研究中心希望今后能与西北大学政治传播研究所建立更加紧密的学术合作关系，为推进新改革时期的公共治理与政治传播研究做出最大努力。

荆学民教授在致辞中介绍了国内政治传播研究机构设置与学科布局的基本情况，并指出了当前政治传播研究存在的四个不足：第一，"政治传播"在 2011 年才开始进入国家资助的重大课题项目，研究的自觉性不够；第二，学科背景比较单一，基本上是从政治学和传播学各自的学科视角去研究，没有实现两个学科或者更多学科的视界融合；第三，研究层次偏低，多年来以传播学为龙头，偏重于传播技巧、应用策略研究，对于政治传播学的理论构建不足；第四，学科研究的范围偏窄，政治学、社会学、哲学等领域对这一新兴学科关注参与不够。但是，随着中国社会主义政治文明建设的推进，未来中国政治传播研究一定大放光彩。荆学民教授表示，为开创中国特色、中国品格、中国气派的政治传播研究，中国传媒大学政治传播研究所愿与西北大学政治传播研究所遥相呼应、紧密合作，共同担当起中国政治传播研究的学术使命。

西北大学政治传播研究所所长华炳啸最后介绍了西北大学政治传播研

究所的创建历程、主体力量以及重点研究方向，诚挚答谢中央编译局、陕西省人大常委会、陕西省政治学会、中国传媒大学政治传播研究所以及西北大学等方面领导和师友们的鼎力提携和扶持，表示一定要"沉下心来，做好学术"。

开创中国气派的政治传播理论

在开幕式后，中央编译局何增科，中国社科院孙旭培，中国传媒大学荆学民，陕西省人大常委会桂维民，西安邮电大学董小龙，北京交通大学施惠玲，延安大学张纯厚，西北大学周树智、张羽、华炳啸等作了大会主题发言。

我国地方政府公共治理现状与问题如何？何增科指出，公共治理需要地方政府改革和创新才能实现善治，才能适应社会和时代的发展。他以2000年以来五届"中国地方政府创新奖"中的113个政府创新项目为例，把这些获奖项目的类型分为政治改革类政府创新、行政改革类政府创新、公共服务类政府创新、社会管理类政府创新等四类。他细述这四大类型中各子类分布比例，认为过去几年中国政府创新中政治改革和行政改革类政府创新开始衰减，民主选举类政府创新实践仍停留在县乡等较低政府层级上和少数省份范围内，参与式决策、官民协商对话、社会监督等民主决策尚未制度化并在更大范围内加以推广等等。这些问题需要在全面推进公共治理改革中予以解决。

荆学民就当代中国政治传播中的若干突出问题结合有关案例做了精辟剖析，并进而探讨了建构中国特色、中国风格、中国气派的政治传播理论的逻辑路径。他认为，目前的中国，国家包括政党和政府仍然是政治传播的主体，主导着政治传播的过程，同时，当我们强调中国特色政治传播中国家作为"主体"的主导地位不能动摇的时候，并不排斥社会包括社会组织和个人的积极作用。相反，努力培育和积极发挥"社会"的政治传播功能，实现国家与社会的良性互动，是目前中国特色政治传播构建的重要战略理论之一。

孙旭培先生回顾了新中国成立以来政治传播的历史特征，分析了我国政治传播结构的弊端。他指出，权力不能离开制约，政治不能离开监督，而政治传播自由度和透明度影响领导层信息结构的畅通。孙旭培先生在剖析我国政治传播结构中人际传播与组织传播诸多弊端的基础上，认为只有当人际传播、组织传播、大众传播三个系统紧密耦合时，方能构建一个信息及时、全面、准确的社会传播结构，才能优化领导层的信息结构，使推行政治以及监督政治的信息畅通无阻，推动社会主义政治民主化实现质的飞跃。

桂维民在发言中指出，政治传播正日益成为妥善解决中国转型时期社会突发事件的重要手段和方式。目前中国突发事件的政治传播中存在着主观上不愿意说，行动上不主动说，时间上不及时说，内容上不真实说，态度上不端正说，有关领导不让说的问题。在网络时代崛起的时代背景下，增强突发事件政治传播中的"忧患意识""说服意识""传播意识"和"公信意识"，才能最大限度地减缓危机事件的发生，切实改善政治传播的现状和政府应急决策的水平。

张纯厚比较了交往传播在中国民族国家和西方资本主义民族国家的形成中的不同历史作用，探讨了苏联交往传播失灵所造成的国家解体的历史教训，指出建构一个广泛、自由、平等、有序的交往传播格局是奠定社会主义现代化国家社会文化基础的重要手段。

施惠玲认为，随着现代化进程的深入，社会结构领域的纵深分化，政教分离成为一种趋势。在这一过程中，宗教的社会性及其功能愈来愈发展，逐渐成为独立于政治和市场之外的独立的社会力量。在当下中国，多元宗教呈现出明显的社会性特征，并在实际运行中逐渐发展出服务社会的强大功能。在这种背景下，宗教的政治传播功能引起了与会者的关注和思考。

周树智教授认为，公共舆论式政治传播监督是公共治理必须有的不可或缺的重要因素和必备条件，而具体落实公共舆论式政治传播监督又必须有宪政民主制度作保障，因此，必须构建公共舆论式政治传播监督的宪政民主体制。

网络媒体崛起为公民新闻提供了舞台，张羽认为，学界应该探讨为什么网络会促生我国公民新闻的发展等一系列问题，并从公民新闻启蒙到通讯员队伍、新闻线人、公民记者、网络新闻评论以及博客、微博的兴起等历史脉络中挖掘传媒的公共特征及其意义。

华炳啸指出，中国已经进入了一个以社会政治领域深层次改革为重点和难点的新改革时代，政治场域的民主化、法治化及其治理转型已经成为大势所趋，而通过制度创新、体制改革和宪法认同来重新整合和聚合多元化社会、保障改革开放的可持续发展成为必然选择。在这个转型过程中，宪法治理始终处于核心位置，并伴随着适应社会政治领域深层次改革要求的"政治传播革命"。这就要求我们开创中国气派的政治传播研究，结合中国实际与改革目标从宪法治理的视角，开创新时期政治传播研究的新境界。

董小龙对大会主题发言作了总结，他指出，参加政治传播理论研讨的学者们，既有从事传播学的，也有从事政治学、法学研究的。在这样一个主题下，要从社会主义的价值理性出发去做更深入的思考。有些概念真正说清楚并不容易，人们会有不同的理解和判断。但我们没有必要求全责备，专家学者们应当更加包容地去看待各种不同的观点，这样研讨才会更具有民主性、广泛性，而作为学术思想的最终的价值理性正体现在这一点。董小龙教授进一步认为，在治理转型的过程中，民主的诉求必然增加，必然带来社会的转型，带来民主的进程。民主和民生的关系紧密相关，谈民主不能脱离民生，结合民生谈民主才能体现民主的实质。民主也经常和自由结合在一起被认知。我们追求社会主义政治文明，就是要让我们的人民活得更有尊严，更有自由，更有基本保障。而渐进和可控的中国特色的民主实践，关键就在于以党内民主带动人民民主。在公共治理转型的背景下研究政治传播问题，将有助于这一改革进程。

社会转型期的政治传播

研究中国的政治传播，需要首先理解政治传播在中国古代政治中的功能及其特定的政治传播传统。中国传媒大学白文刚指出，各国的政治传播既有共性，也有个性，必须将其置于特定国家的政治历史环境中才能被深刻理解。政治传播在中国古代政治的各个环节都扮演了重要角色，古代政治合法性离不开政治传播，政治传播在王朝维系、王朝运转、王朝形象塑造以及王朝更替上都发挥了独特作用。因此，中国有理由也有必要建构具有中国特色、中国风格、中国气派的政治传播理论，而丰富的中国古代政治传播实践无疑能为这种理论的建构乃至当代中国的政治传播实践提供有益的借鉴。

中国传媒大学张晓峰立足现实，探讨了社会转型期对政治传播的新要求。他指出，政治传播的观念应由单向的宣传转向双向的传播，内容应由历史合法性与经济发展合法性诉求转向人民政治权利诉求的合法性，传播方式应由政府主导的传播模式转向社会主导的传播模式，传播途径应由传统平面式途径转向立体式途径，在意识形态上应由以往的革命意识形态转向适应民众需要的，以幸福、公正、民主、平等为主要内容的意识形态，由工具理性转向价值理性。

陕西师范大学王振亚、西安政治学院徐荣梅认为，马克思主义大众化契合了政治传播的本质内涵，马克思主义大众化与政治传播存在内在逻辑关联，而政治传播对于马克思主义大众化具有重要意义。

西北大学李洋从宪法治理角度来解释政治传播中的批评权与监督权。为什么我国《宪法》第 41 条单独列出批评权与监督权，这与第 35 条言论自由有何区别？李洋对此问题从立宪主义角度做了解释，他指出中国《宪法》第 41 条对于舆论监督等民主实践具有重要意义，并以哈贝马斯的话语商谈理论重构了批评权和建议权的内涵，代之以"宪法商谈"原则。他还进一步提出，在大众媒体与其他社会因素的共同作用下，当代中国宪法商谈的现实路径初步得到了建构。

北京大学萧衡钟认为，媒体产业化改革影响着中国大陆媒体管制制度。他指出，在改革开放以后，中国大陆媒体管制在国家与市场双重影响下有所改变，他借由分析国家、市场、社会与媒体专业的互动影响，彰显当代中国大陆媒体专业性的内容和程度，来解释其专业性的发展和差异因素之间的关系，并试图呈现出当代中国大陆媒体专业性成长的过程、限制以及机会结构。

民族认同与危机传播是转型期政治传播研究中的热点问题。中央编译局张萌萌以 1980 年至 2011 年《人民日报》国庆头版报道为研究对象，讨论中国民族认同的政治传播在 30 多年间的特征和变化，包括认同标签和性质、构建和表达方式、影响和决定因素等，其中数据揭示，认同重心从传统政治性意识形态向普世、中性的"发展"主题的变化，民族认同的边界与主体对象由早期的"他者"话语逐渐向内部转移。她从实证角度回答了国内外学界对中国民族认同的各种质疑。西北大学来向武关注危机传播体系建构，他指出了危机传播边界，其价值取向中存在危机公关与公众利益最大化间的差异，以及中国语境下危机传播的特点等。

中国传媒大学苏颖提出，现代社会里多元的文化和价值观冲击了传统社会的统一共识的特征。她指出，中国政治传播应该引入民意调查相关技术，提高谋求"特定支持"的能力，以及调整政治合法性的来源，提高谋求"散布性支持"的能力，这样就可以维系多元共识社会的稳定性及其发展。

在治理转型期，传媒公共性与政治传播的关系问题也日益凸显。政治传播与公共治理需要一个意见自由的市场，知识分子是政治传播中的活跃者。西北大学张丕万针对《南方周末》谈及知识分子的意见表达环境，谈及《南方周末》知识分子在对其批判性特点认同上存在矛盾，他们在政治领域和经济领域里发言的不平衡性。他还谈及在"去政治化"的政治环境下，知识分子在《南方周末》副刊中所展开的有关第三次改革争论以及自由主义和新左派之争的话语中，话语呈现缺失或模糊性等特征。华中科技大学柴巧霞根据《贝弗里奇报告》所主张的社会福利应遵循普享性、统一性和均等性等"3U"原则，开始建构我国广播电视公共服务体系，这些二级指标评估标准包括传输覆盖率、内容提供、统一管理、均等性、受众满意度等。

比较视野中的政治传播

大众传媒参与影响政治是一个渐进过程，中央编译局李月军以美国大众传媒为个案讨论了美国大众传媒参与影响美国政治的过程，他认为基本的技术条件是大众传媒政治影响力得以产生的物质基础，社会政治条件的成熟则为之提供法律、体制等方面的基本运行环境与保障。留美传播学博士、西北大学董海滨以海外华人网站为例，讨论在意识形态之争中海外网评者的文化身份的认同与定位。他指出，在涉及中国的政治话题上，海外网评者文化身份是矛盾的，没有一个绝对概念，语言有批评性和防御性等特征。有国外留学经历的施惠玲回应道，如今中国不再是技术决定政治，而是政治在左右技术，董海滨讨论海外华人意识形态之争复杂性有其现实意义。李彦冰也进行了回应，认为文化存在差异性，对外政治传播要尊重差异性、体现包容性、扩大公开性，增强软实力。西北大学李莉通过考察哈雷特·阿班在华14年的新闻采访实践及其1000余篇的涉华报道作品，展现阿班及所属媒介组织《纽约时报》如何通过其特有的新闻话语系统建构起一种典型化、历史性的近代中国形象，并揭示此种政治传播形象背后所蕴含的政治文化意涵。

台湾中山大学郑博宇指出，台湾民主政治是政治精英争取选票的竞争过程，他以2010年高雄市长选举的竞选广告为例检视选民之认知特性，指出高雄选民的认知判断较偏向直觉特性，对于支持候选人的印象考虑比例较高，而考虑政见内容者比例较低，因此高雄选民的认知特性较偏向感性直觉。可见，在台湾式的民主政治条件下，政治传播未必是一个理性化的过程。台湾世新大学余阳洲则探讨了台湾政治传播的特点及其与公民媒介素养的关系。

基于国家利益，在国际竞争中政治谣言被普遍运用。燕山大学刘邦凡、刘莹讨论了国际关系中政治谣言有打击他国和维护本国的功能，并具体指出国际关系中政治谣言的作用，即：影响他国政策制定，损害一国利益；影响国际舆论走势，损害一国声誉；影响国际组织决策，损害一国主权等。

北京联合大学李彦冰认为，国家形象对外传播的公共化其实质是有关国家形象的信息在国外受众那里实现普遍知晓、理解和接受的过程。他谈到国家形象的对外传播是通过政府间国际组织、国际非政府组织以及个人等途径来实现的。陈沐岸认为中国对外报道的"内外有别"原则在中国社会发展各个历史阶段中扮演着不同的角色，他追溯了新媒体时代传播格局的变化、"内外有别"原则的历史发展脉络，并谈及该原则如何影响公众对政府的认同的过程。

新媒体与政治传播

新媒体的兴起使政治传播具有了新的特点。陕西师范大学新闻系主任滕鹏探讨了互联网新媒体在政治传播中的新的功能及其意义，认为互联网政治参与具有横向传播特点。他指出，互联网技术特征使个体与群体的界限模糊，它使个体身份由虚拟走向现实，互联网是在复制你的生活真实性，传播呈现地域特点。他还指出，我国传统政治传播是纵向传播强，横向传播弱，互联网崛起打破了纵向传播垄断生态。西北大学梁仲明指出，公民广泛的网络参与给公共治理带来全新的机遇和挑战，为适应新的政治传播形势要求，公共治理必须积极培育成熟的网络参与主体、努力建立防止网络参与"数字鸿沟"的机制、不断加强公民网络参与的法制化建设等。西北大学高春艳着重分析了政务微博与社会管理创新的关系，中南财经政法大学陈安刚则探讨了政府视角下网络舆论的管理问题。

政府网站是处理公共危机的主要渠道之一，湖北大学罗宜虹指出了政府网站在公共危机传播中的优势和存在的问题，其中问题包括政府网站"信息孤岛"现象，网站定位不科学，政府网站与电子政务发展相脱节，"政府中心"痕迹严重，公开内容狭窄，用户针对性不强等。中南财经政法大学章领探讨了网络公共危机诱因、演化机理及预警机制的构建问题。网络中也有忧心之处，譬如网络谣言。中国传媒大学白杨指出，这些谣言包括针对政府官员、政府行为的，也包括政治化标签等类型，谣言产生主要缘于现实生活中表达渠道不畅通，网络技术本身特点，群体非理性以及匿名性等。

凝聚政治传播研究学术共同体

在新形势下，研究公共治理中的政治传播问题既具有重大的现实指导意义，也具有重要的理论创新价值。研讨会经过整整一天的充分交流，获得了圆满成功。在闭幕式上，张晓峰、韩隽、李月军、施惠玲分别汇报了各单元的研讨情况。荆学民、孙旭培作了精彩的点评发言，何增科则代表主办单位作了大会总结发言。

荆学民在点评发言中指出，研讨会主题具有鲜明的时代特征，论域宽广，方法多样。古今中外乃至高层与草根的政治传播问题都涉及了，同时在研究方法上，有案例与理论的结合，有实证与论证的结合，有定性与定量的结合，有宏观与微观的结合，有历史与逻辑的结合，这反映了中国的政治传播研究正处在逐步铺开和深化的阶段，不仅理论创新点多，而且适应社会政治改革的需要，正在走向深水区。

孙旭培指出，虽然国内的政治传播学研究机构只有两家，这样的专题研讨会过去还没有过，但从这次研讨会来看，人才济济，前景广阔。要深化研究，就必须从一开始就要重视学术规范，重视研究方法。同时，要适应社会政治改革的需要研究政治传播问题。在社会转型期，正是做学问、出成绩、实现理论创新的最佳机遇期，作为学者，要有胆有识，有责任担当。

何增科最后总结指出，本届论坛非常成功，主要有三点原因。第一，发言安排非常合理，老中青学者，东部、西部、北方、南方的学者，不同学科背景的学者，甚至男性、女性学者在每个小组里都有发言，代表广泛，知识结构合理，体现出会议组织者具有高度的自觉意识。同时，发言人和点评人严谨求真，相互启发，自由、平等地交流，都很有收获。第二，发言内容具有非常强烈的问题意识，政治传播基础理论与方法策略研究并重，不仅具有方法论上的自觉，也能在多点上以问题为导向纵深突破。第三，一个跨学科的结构合理的政治传播研究学术共同体正在更加紧密地形成，我们期待这个学术共同体能秉承开放、多元、自由、平等的精神，继续开展更加多样、更加深入的交流，对推动中国的政治传播研究和政治体制改革发出自己的声音，做出自己的贡献。

责任编辑　李洋

书　　评

优化执政党的传媒治理

——《执政党的传媒治理》序

王长江[*]

　　传媒是人类社会传递信息、进行沟通的重要工具，因而一度被当作增强政党影响的手段来研究。然而，当今世界传媒技术高度发达，特别是社交媒体、自媒体的迅速增多和移动互联终端的广泛运用，使得传媒越来越作为一种独立的民意表达渠道和工具。传媒不仅能够为政党增加影响，而且可以挤占一部分原来属于政党的领地，取代政党的一部分职能，削弱政党的影响力。因此，如何与传媒相处，成为世界各国的政党、政府都十分关注的课题。

　　当前涉及"执政党与传媒"的相关研究，普遍强调要改善党对媒体的领导，要善于运用好传媒这一重要的执政资源。这无疑是重要和必要的。但是，究竟如何认识当前国内国际环境下"执政党与传媒"的互动关系，如何改善执政党对传媒的领导、实施有效的传媒治理，面向实际的深入研究仍远远不够。李舒的论著《执政党的传媒治理》[①] 以治理理论为依托，在政治学和新闻传播学的双重学科视野下，探讨了转型期党和政府对传媒业实施的一整套制度安排与规范。她不仅提出，执政党应该更新观念，提高传媒治理的科学化水平，而且直接回应现实需求，就如何构建科学的传媒治理结构、如何完善传媒治理的手段等进行了系统而深入的分析。这项研究，不仅拓展了党建理论研究的视野，而且对于认识和解决执政党与传媒互动中的一些难点问题颇具现实意义。

　　在我看来，本论著可以在若干方面启迪我们的思考。

　　一是把传媒治理这一论题放到历史和现实、国内和国际的双重维度下来考量。回顾历史，我国传媒业的发展一直是党政主导下的强制性变迁，与传媒相关的制度安排与政治、经济的起伏变迁表现出一致性。可以说，在这方面，我们既有成功的经验，也有过不小的教训。在当今时代，越来越多的新情况新问题摆在我们的面前。放眼国际，西方国家在传媒治理上

---

　　* 王长江，中共中央党校党的建设教研部主任，教授，博士生导师，主要从事政党理论研究。
　　① 李舒：《执政党的传媒治理》，中共中央党校出版社，2014。

纷纷采取"放松规制"的政策，带来传媒企业大规模的并购、整合，我国传媒业面临的国际竞争的激烈程度和国际信息流向的不平衡进一步加剧。这双重维度形成了传媒治理研究的坐标系。无论是对传媒体制、治理结构、治理手段等方面存在问题的剖析，还是对构建科学传媒治理结构、健全传媒治理规范体系的探讨，对这一背景了然于胸，才可能做到分析中肯，持论中正。

二是深入讨论了传媒治理的体制机制问题。当下传媒业的发展对国家的软实力和硬实力的影响进一步凸显，以深化传媒体制改革来推进传媒业发展是执政党的必然选择。在传媒治理的体制机制问题上，难点是处理好"变与不变"的关系——如何既坚持"党管媒体"的原则，又通过体制机制的调整，释放传媒业的能量，推进传媒产业实力的提升和传媒公共属性的充分发挥。作者围绕这一难点问题，对重构党政与传媒的关系、建立以党政为主导的多中心治理结构等进行了前瞻性的探讨，具有相当的实践价值。

三是厘清了一些模糊认识。特别是在传媒经济领域，一些有关完善传媒治理体制机制的关键问题常常被忽视。针对此，对一些极易混淆的概念或似是而非的认识，本书在适当的地方分别予以了区分或澄清。比如，传媒业的规模经济和范围经济是怎样体现的；传媒产品为什么既有可能是公共品也有可能是消费品；建立现代传媒产权制度中如何认识所有权与产权、怎样理解国有和公有；传媒公共服务体系的受众与一般意义上的受众的区别在哪里，等等。对于一项研究来说，廓清概念是理性逻辑的基础，逻辑严密才会具有说服人的力量。

四是提倡并贯穿了信息论的思想。作者坚持将信息作为一种重要的社会资源来看待，并将执政党的传媒治理置于这一前提下来剖析，这在认识论和方法论层面上提升了传媒治理的层次。从认识论上看，在信息论的框架下分析执政党的传媒治理，强调的是"通过政策、法规、契约等形式引导传媒机构，实现对信息的性质、数量、强度、流向等的控制"，以及"对公众接收、利用信息的均等化配置"，这有助于避免走入将"传媒治理"等同于"控制传媒"的误区。从方法论上看，信息论思想的导入，使执政党的传媒治理更着眼于从整体和顶层出发，变以往零散、微观、被动的状态为讲究系统性、能动性的宏观领导，从而更好地履行治理国家、推动社会发展的责任。

"骐骥日千里，亦在御功者。"如果说当下以不断革新的传播技术为支撑的传媒是"骐骥"的话，那么其能否在转型期中国政治、经济、社会的发展中发挥作用、贡献力量，能否在更加复杂的国际舆论环境中发出中国声音，能否在日趋激烈的国际传媒业竞争中谋得一席之地，离不开"御功者"——执政党的科学治理。执政党传媒治理的优化，是建立在对自身的角色定位以及治理结构、治理手段等的一系列转变之上的。正如鲁迅先生所说，"改造自己，总比禁止别人来得难"。在新的历史条件下，执政党能否在传媒治理的理论和模式上自觉地做出相应的转变，无疑是问题的关键，也是难点所在。

对于党建研究，我主张将理论研究与工作性质的研究相区分，把党的建设纳入政党政治的视野范畴，落脚在研究和把握政党活动的规律，唯此，党的建设才能成为一门科学。同时，政党研究不仅仅是关于政党自身和政党体制的研究，还要把政党放到整个政治系统当中去，探讨政党和国家、社会中的诸多元素之间的关系。就社会来说，可以分解成诸如阶级、群体、社会组织、经济组织、传媒等元素，政党与这些元素之间的互动，都是我们要研究的对象，都应当给予足够的关注。遗憾的是，相关的专门研究还比较有限，从这个角度来看，《执政党的传媒治理》在丰富党建研究内涵上做出了努力，具有特别的意义。因此，这些文字，与其说是序，不如说是期待，期待更多来自不同领域的专业人士加入进来，用各自的专业背景和丰厚的学养丰富党建研究的视角和内涵，共同推进党建研究科学化水平的提升。

稿约与论文规范

一、稿约

（一）《公共治理与政治传播》集刊由西北大学政治传播研究所主办，并由西北大学"211"经费资助出版。

（二）本刊的宗旨是"研究公共治理中的政治传播问题，开创中国气派的政治传播理论"。欢迎国内外学界同人及各界有识之士赐稿。

（三）本刊拒绝一稿多投，除约稿特稿之外，一般只接收符合本刊宗旨的原创稿件。来稿必须符合学术规范，具体要求可参考本刊的论文规范要求。

（四）投稿论文字数最好控制在 0.5 万～1.5 万字之间（含注释）。作者投稿时需同时提交 300 字以内的内容摘要、关键词和自我介绍，包括姓名、出生年月、性别、籍贯、职称、学历、研究方向、电子邮箱等，并请注明本人手机号码，以方便编辑联系。

（五）本编辑部保留对来稿文字按照编辑体例作一定程度删改的权利，不同意修改者请于投稿时注明。

（六）本刊实行匿名评审制。所有来稿先经编辑部初审，通过的稿件方可进入正式评审程序。编辑部实行主编负责制，并设责任编辑若干名。评审工作按双向匿名方式进行，在执行回避原则的前提下，每篇论文至少由本论丛编委会两位学术编委评审。特殊情况下亦可由编辑部聘请编委会以外的学术专家或知名学者评审。来稿必复，评审结果将在两个月内，严格根据论文学术质量回复给作者，评审意见分为三类：（1）安排采用；（2）须经修改，方可采用；（3）不宜采用。稿件最终采用与否，由编辑部根据宗旨、评审意见及学术论题设计情况作最后决定。

（七）投稿方式。所有来稿均提交 Word 格式电子版本一份，投稿信箱是：huabingxiao2021@163.com。投稿的 Word 文件名应按照"作者姓名＋工作单位＋论文标题"编排，电子邮件标题栏应注明"《公共治理与政治传播》投稿＋作者姓名"。

（八）本刊编辑部设在西北大学新闻传播学院，通信地址：陕西省西安市长安区学府大道 1 号西北大学新闻传播学院，邮编：710127。

二、论文规范要求

（一）标题部分

1. 中英文题目（中文用小二号宋体）。

2. 对作者简介或文章说明采取脚注形式，用（＊）标示，小五号宋体。同时提供作者简介和文章说明的论文，一般上标（＊）于作者姓名后，在脚注先列出作者简介，然后回行再列出文章说明。

3. 作者简介（包括姓名、性别 、籍贯、职称、学历、研究方向、电子邮箱）。

4. 来稿如果属于基金项目资助的成果，可作文章说明，如注明"基金项目：……（项目号）"。已经发表过的文章，也要在文章说明中注明。

5. 摘要（300 字以内，五号楷体，排在作者署名下方；单倍行间距）。

6. 关键词（3～5 个，空格隔开）。

（二）正文部分

1. 正文部分排小四号宋体，行间距 1.5 倍。

2. 标题序号采用"由大到小，由重到轻，变化有序，区别有秩"的原则，一般顺序为"一"、"（一）"、"1"、"（1）"、"①"等。一级大标题居中，排四号宋体，二级小标题顶左，排小四号宋体。

3. 外国人译名要保持前后一致；外国人名在第一次出现时，一般应于中文译名后加圆括号附注外文的姓名，如 J. W. 德雷珀（J. W. Draper）。中文译名中的名一般以缩略形式出现，如 M. 海德格尔、A. 蒙。在知名度高或不引起误解时，中译名前的缩写名也可略去。但如果同一文章中出现同姓的人，则不能省略。中文译名的内部分界，用间隔号（中圆点）分开，如列奥纳多·达·芬奇。

4. 名称较长的机构或会议或活动，首次出现时应用全称，并用括号标明后文简称或缩略语，中文译名一般须标明原文全称。例如，世界贸易组织（World Trade Organization，以下简称"世贸组织"或 WTO）

（三）注释部分

对文中提到的某个具体问题作补充说明或质疑，可以处理成脚注①……形式，排小五号宋体，单倍行间距排在相应正文同一页最下部。著、译、校、编者所加脚注，应注明"译者注""校者注"或者"编者注"。

（四）参考文献

1. 采用"作者—年份"制。

（1）通常文中标注格式为：（作者，年份：参考页码）。字号同正文。（作者，年份）为必备项，页码可根据需要进行标注。详细的参考文献列于文后，格式详见体例。

（2）文中标注注意事项。

①文中引用同一作者同一年份的不同作品，可在年份后加 a，b，c……以作区分。比如（韦伯，1949a）、（韦伯，1949b）。

②同一处引用同一作者不同年份的作品，年份之间用逗号隔开，如（韦伯，1949，1958）。

③同一处引用多种文献时用分号作区分，如（韦伯，1949；马克思，1956）。

④引用多位作者所著的同一著作时，作者之间用顿号隔开，比如（华炳啸、李洋，2013），或（华炳啸等，2013）；采用后一种注释时，文后参考文献应详细列出著作人。

⑤译著文内标注一般只标出作者的姓，比如（韦伯，2010：123）；多个作者时，也只标出姓，姓之间用顿号隔开，如（布迪厄、华康德，2004：39）；多于三个以上作者时，用"等"作为省略，但文后参考文献应详细列出著作人。

（3）文后参考文献注意事项。

①采用五号宋体，1.5 倍行间距。

②首行"参考文献"顶格，第二行起缩进四个英文字符，根据先中文、后英文的顺序排列。

③中文按照责任者姓氏的音序编排（包括中文译著的外国作者），英文按照责任者姓氏字母音序编排。同一责任者的多部作品按照出版时间先后次序编排在该责任者名下。

④译文参考文献不必翻译，从原文。

⑤重要文献（马列著作，毛著、邓选、江选等的著作，中央文件等）须以最新版本为准，引文必须校核准确。

2. 中文参考文献的体例。

以下第一行文字为文后参考文献体例，第二行括号加文字为正文中标注体例。

（1）专著：责任者及责任方式，出版时间，文献题名，卷册，出版者。

（责任者及责任方式，出版时间：引用页码）

示例：侯欣一，2007，《从司法为民到人民司法——陕甘宁边区大众化司法制度研究》，中国政法大学出版社。

（侯欣一，2007：120）

（2）论文集、作品集及其他编辑作品：析出文献作者，出版时间，析出文献篇名，文集责任者与责任方式，文集题名，卷册，出版者。

（析出文献作者，出版时间：引用页码）

示例：黄源盛，2007，《明初大理院民事审判法源问题再探》，载李贵连主编《近代法研究》第 1 辑，北京大学出版社。

（黄源盛，2007：5）

（3）期刊：作者，出版年，文章篇名，期刊名，期（或卷期，出版月日）。

（作者，出版年：引用页码）

示例：华炳啸，2013，《论公共政治场域中的宪法治理与政治传播》，《人文杂志》第 5 期。

（华炳啸，2013：28）

（4）报纸：责任者，出版年，文章篇名，报纸名，月、日，版次。

（责任者，出版年）

在强调报纸观点时，也可标注为：

报纸名，出版年，文章作者：文章篇名，月、日，版次。

（报纸名，出版年）

示例：鲁佛民，1941，《对边区司法工作的几点意见》，《解放日报》11月 15 日，第 3 版。

（鲁佛民，1941）

或者：《解放日报》，1941，鲁佛民：《对边区司法工作的几点意见》，11 月 15 日，第 3 版。

（《解放日报》，1941）

（5）转引文献：责任者，出版时间/原出版时间，文献题名，转引文献责任者与责任方式，转引文献题名，卷册，出版者。

（责任者，出版时间：引用页码）

示例：章太炎，1979/1925，《在长沙晨光学校演说》，转引自汤志钧《章太炎年谱长编》下册，中华书局。

（章太炎，1979/1925：823）

（6）学位论文：责任者，时间，文献题名，类别，学术机构。

（责任者，时间：引用页码）

示例：张太原，1997，《论陈序经"全盘西化"观的理论基础》，硕士学位论文，北京师范大学历史系。

（张太原，1997：34）

（7）会议论文：责任者，会议召开时间，文献题名，会议名称，会议地点。

（责任者，会议召开时间）

示例：中岛乐章，1998，《明前期徽州的民事诉讼个案研究》，国际徽学研讨会论文，安徽绩溪。

（中岛乐章，1998）

（8）档案文献：文献题名，文献形成时间（年月日），藏所，卷宗号或编号。

（文献题名，文献形成时间）

示例：《关于边区司法工作检查情形》，（1943 年 9 月 3 日），陕西省档案馆藏陕甘宁边区高等法院档案，档案号：15/149。

（《关于边区司法工作检查情形》，1943）

（9）电子、网上文献：责任者，时间，文献题名，出版者，学术机构，数据来源，网址，最后访问时间（引自知网等数据库的，无须标注访问时间）。

示例 1：邱巍，2005，《吴兴钱氏家族研究》，博士学位论文，浙江大学。据中国优秀博硕士学位论文全文数据库，http：//ckrd. cnki. net/grid20/Navigator. aspxID = 2。

（邱巍，2005：19）

示例 2：华炳啸，2013，《以制度改革红利释放制度自信》，共识网，http：//www. 21ccom. net/articles/sxwh/shsc/article __ 2013053084528. html，最后访问日期：2014 年 3 月 1 日。

（10）古籍：责任者与责任方式，出版时间，文献题名，卷次，版本。

（责任者与责任方式，出版时间：页码）

示例：（元）苏天爵辑，1996，《元朝名臣事略》卷一三《廉访使杨文宪公》，姚景安点校，中华书局。

（苏天爵辑，1996：257 – 258）

（11）译著：责任者与责任方式，出版时间，文献题名，翻译者，出版单位。

（责任者与责任方式，出版时间：引文页码）

正文中责任者只列出姓。多个作者时，姓之间用顿号隔开，如（布迪厄、华康德，2004：39）。在文后的参考文献中，姓列于前，逗号后列出名。

示例 1：韦伯，马克斯，2010，《新教伦理与资本主义精神（罗克斯伯里第三版）》，苏国勋、覃方明、赵立玮、秦明瑞译，社会科学文献出版社。

（韦伯，2010：123）

示例 2：苏国勋，2010，《新教伦理与资本主义精神·中文版前言》，载马克斯·韦伯《新教伦理与资本主义精神（罗克斯伯里第三版）》，苏国勋、覃方明、赵立玮、秦明瑞译，社会科学文献出版社。

（苏国勋，2010：2）

3. 英文参考文献的体例示例。

（1）独著。

Pollan, Michael. 2006. *The Omnivore's Dilemma：A Natural History of Four Meals*, New York：Penguin.

（Pollan，2006：99 – 100）

（2）合著。

Ward, Geoffrey C. , and Ken Burns, 2007. *The War：An Intimate History*, 1941 – 1945. New York：Knopf.

（Ward and Burns，2007：52）

如果有三个或更多作者，在正文中用"et al."，文后参考文献须详列。（如：Barnes et al. , 2010）

（3）主编，编著，编撰。

Lattimore, Richmond, eds/trans. 1951. *The Iliad of Homer*. Chicago：University of Chicago Press.

（Lattimore，1951：91 – 92）

（4）章、节或文集中的文章。

Kelly, John D. 2010. "Seeing Red：Mao Fetishism, Pax Americana, and the Moral Economy of War. " In *Anthropology and Global Counterinsurgency*, edited by John D. Kelly, Beatrica Jauregui, Sean T. Mithell, and Jereny Ealton, pp. 67 – 83. Chicago：University of Chicago Press.

（Kelly，2010：77）

（5）报纸、杂志文章。

在行文中，列出参考内容的具体页码。在参考文献中，则列出该篇文章在杂志中所在的页码。

Weinstein, Joshua I. 2009. "The Market in Plato's Republic. " *Classical Philology* 104：439 – 458.

（Weinstein，2009：440）

Mendelsohn, Daniel. 2010. "But Enough about Me. " *New Yorker*, January 25.

（Mendelsohn，2010：68）

（6）网上文献。

Google. 2009. "Google Privacy Policy. " Last modified March 11. http：//www. google. com/intl/en/privacypolicy. html.

（Google，2009）

图书在版编目(CIP)数据

公共治理与政治传播. 第 1 辑/华炳啸主编. — 北京:
社会科学文献出版社,2014.8
ISBN 978 - 7 - 5097 - 6160 - 1

Ⅰ.①公…　Ⅱ.①华…　Ⅲ.①公共管理 - 文集②政治
传播学 - 文集　Ⅳ.①D035 - 53②D0 - 53

中国版本图书馆 CIP 数据核字 (2014) 第 126657 号

公共治理与政治传播　第 1 辑

主　　编/华炳啸

出 版 人/谢寿光
出 版 者/社会科学文献出版社
地　　址/北京市西城区北三环中路甲 29 号院 3 号楼华龙大厦
邮政编码/100029

责任部门/社会政法分社 (010) 59367156　　　　责任编辑/黄金平
电子信箱/shekebu@ ssap. cn　　　　　　　　　责任校对/杜若普
项目统筹/王　绯　　　　　　　　　　　　　　责任印制/岳　　阳
经　　销/社会科学文献出版社市场营销中心 (010) 59367081　59367089
读者服务/读者服务中心 (010) 59367028

印　　装/三河市东方印刷有限公司
开　　本/787mm×1092mm　1/16　　　　　　印　　张/23.75
版　　次/2014 年 8 月第 1 版　　　　　　　　字　　数/423 千字
印　　次/2014 年 8 月第 1 次印刷
书　　号/ISBN 978 - 7 - 5097 - 6160 - 1
定　　价/89.00 元